*Romana Weiershausen*
Wissenschaft und Weiblichkeit

Romana Weiershausen

# Wissenschaft und Weiblichkeit

*Die Studentin in der Literatur der Jahrhundertwende*

WALLSTEIN VERLAG

Für meine Mutter,
mich immer begleitend

# Inhalt

# Eine Kalamität

»Es treffen sich die Unverwüstlichen, Paare von unterschiedlichem Alter aus den gediegenen Akademikerkreisen, Montagabend in den Schlemmerstuben.«[1] Der Akademikerstammtisch, den Botho Strauß in *Paare, Passanten* (1981) beschreibt, besteht aus einem »Chirurg[en] um die sechzig«, wortführend und »zu Scherzen immerzu aufgelegt«, der »junge[n] Frau des Kollegen«, die vom Chirurgen »anzüglich[]« bedrängt wird, der ältlichen Ehefrau des Chirurgen, nervös und zögerlich, einem kleinwüchsigen Chemiker (S. 69 f.). Zwischen den Wissenschaftlern und Ärzten und ihren Ehefrauen fällt eine Frau auf, partnerlos, die nicht recht dazuzugehören scheint. Sie ist die einzige Akademikerin in der Runde,

> die Tochter des Chemikers [...] hoch und schlaksig, Mitte zwanzig, [...] im wadenlangen Kostümrock, plumper genoppter Tweed, große tropfenförmige Brillengläser, im Juni das Assessorexamen der ›Jurisprudenz‹, wie der Vater sagt, hinter sich gebracht, häßlich in dem Sinne, als habe sie die Rechtsklugheit völlig zerzaust, als habe der Intellekt, um sich überhaupt auszubilden, das Opfer ihres Leibs gefordert; kurzes, höhnisches Lachen oft, als durchschaue sie etwas, wo indessen alles offenkundig zu Tage liegt; den Kopf halb gesenkt und zur Seite gewendet, stets im Besitz ihres Fachs, ihres eisernen Willens und den hochstirnigen Verzicht zur Schau tragend. Man mag sie sich einmal als Richterin vorstellen in einem Scheidungsfall, in dem sie wegen Befangenheit – Befangenheit in erwiesener Menschenunkenntnis, in erwiesener Unkenntnis der sexuellen Materie – abgelehnt wird: »Wissen Sie überhaupt, wovon hier die Rede ist?« Man mag sich auch vorstellen, wie sie im Innersten getroffen dann ins Richterzimmer eilt und, plötzlich in Tränen ausbrechend, in den Gesetzen stöbert, die ihr alle miteinander zu einer einzigen Gesetzeslücke zusammenzustürzen drohen. (S. 70 f.)

Die ›Studierte‹ ist eine zwiespältige Gestalt. Nicht von Natur aus ist sie »häßlich«, sie ist es durch ihr Studium geworden: »völlig zerzaust« von der »Rechtsklugheit«, im Zuge der nur mäßig geglückten Anstrengung, geistige Fähigkeiten zu entwickeln. Dafür hat sie früh das Examen ge-

---

1 Strauß, Botho: *Paare, Passanten*. 9. Aufl. München 2000, S. 69.

schafft, ein erfolgreicher Berufsweg scheint ihr offenzustehen – und auch wieder nicht: Die Entscheidung für die geistige Sphäre, für die sie den »Leib[]« ›geopfert‹ hat, gestaltet sich als Misere. Aufgrund ihres Versagens in »der sexuellen Materie« wird ein Versagen auch im Beruf antizipiert. Was weder beim Chirurgen noch beim Chemiker zum Problem wird, reibt sie auf: Körper und Geist bilden einen unauflösbaren Gegensatz; wissenschaftlich tätig zu sein heißt für sie, körperliche Bedürfnisse aufzugeben. Mit »eiserne[m] Willen[]« hat sie ihre ›Natur‹ bezwungen. Der ›Tausch‹ ist bei ihr nicht nur von fragwürdigem Erfolg, sondern gleichbedeutend mit einem Verlust des Lebens. Das Klischee von der Akademikerin, deren wissenschaftlicher Werdegang mit einem sexuell definierten Versagen als ›Frau‹ verbunden wird, mündet in das Bild einer in Tränen aufgelösten Richterin, die ihr eigenes Unglück selbstmitleidig der Ungerechtigkeit der Welt vorwirft – und damit, geschlechterstereotyp, einen äußerst emotionalen und subjektiven Umgang mit den Gesetzen offenbart.

Das Spiel mit dem Klischee wird an anderer Stelle von Botho Strauß selbst thematisiert. Der Erzähler beschreibt zunächst nur ihr äußeres Erscheinungsbild, danach ändert sich, ausgehend vom Eindruck des Häßlichen, der Modus: Im Konjunktiv spinnt der Erzähler seine Vorstellungen aus. Für diese Frau, jung, aber unansehnlich, Assessorin der Jurisprudenz, imaginiert er einen grundlegenden Konflikt zwischen Körper und Geist, in dem er die Ursache ihrer ›Häßlichkeit‹ mutmaßt und an dem er sie scheitern sieht. Der Erzähler führt für die Akademikerin vor, was er zuvor in einer Reflexion über Physiognomik angekündigt hat:

> Es gibt keine Wissenschaft vom menschlichen Gesicht. Auf dem Feld der untrüglichen Anzeichen stellt sich jeder Messung im Detail das halluzinierte Ganze eines lebendigen Wesens in den Weg. Trotzdem begegnen wir dem anderen Gesicht […] mit unermüdlichem Wissens- und Urteilsdrang, versuchen es zuerst auf das Spiel der Stereotypen, auf die hochverdichtete Mischung aus Bruchteilen des Ähnlichen und Allgemeinen hin zu durchschauen, um dann rasch unsere Schlüsse zu ziehen über die Eigenheiten, den »Inhalt« eines Menschen. (S. 66)

Ob als »richtige Ahnung« oder unerlaubter Kurzschluß (S. 67): Das »Spiel der Stereotypen« produziert Geschichten. Im Fall der Akademikerin werden dabei weibliche Attraktivität und Sexualität auf der einen Seite und Intellekt und akademische Würden auf der anderen verortet. Was ist der Grund dieser Entgegensetzung, die weder für den sexuell anscheinend sehr aktiven Chirurgen noch für den unscheinbaren Chemiker, der Familienvater geworden ist, aufgebaut wird? Und warum führt für diese Frau die Konfrontation beider Seiten zu einem notwendigen Versagen im Beruf? ›Weiblichkeit‹ und Wissenschaft werden als Bereiche dargestellt, die zu keiner Synthese geführt werden können. Durch die Polarisierung entsteht ein Spannungsfeld, das produktiv für die Entfaltung einer Lebensgeschichte genutzt wird. Mit der Irritation, die der Assessortitel auslöst, beginnt das Spiel der Imaginationen, bei dem – ganz nebenbei – grundlegende Themen angerissen werden. Hier geht es nicht nur um eine examinierte Juristin, sondern um ihre Rolle als Frau, um Sexualität und um ›Weiblichkeit‹ im allgemeinen.

Noch in diesem Beispiel aus dem späten 20. Jahrhundert bringt das Studium der Frau die einzelne Geschichte voran: im sich verselbständigenden Spiel von Stereotypen. Welche Energien aber lagen in der Studentin als literarischer Figur, als das Frauenstudium noch prinzipiell umkämpft war? Ihrer Wirkung in der Entstehungszeit des Sujets erstmals nachzuspüren, ihre Besetzungen und Funktionen in der deutschsprachigen Literatur der Jahrhundertwende auszuloten ist das Ziel der vorliegenden Untersuchung. Die Konfrontation von ›Weiblichkeit‹ und Wissenschaft, die ihre Vorläufer in den Gelehrsamkeitsdebatten des 18. Jahrhunderts hatte,[2] spitzte sich aus Anlaß des Frauenstudiums im letzten Drittel des 19. Jahrhunderts in grundlegender Weise zu, ging es doch nun um eine Institutionalisierung höherer Frauenbildung. In der breit und kontrovers geführten sozialpolitischen Debatte um die Zulassung von Frauen zu deutschen Hochschulen wurden grundsätzliche Fragen wie u.a. diejenige nach dem vermeintlich naturgegebenen ›Wesen‹ der Frau erörtert. Im Jahr 1897, dreißig Jahre nach der Zulassung von Frauen zum regulären Studium an der Universität Zürich und kurze Zeit bevor die ersten deutschen Universitäten dem Beispiel folgten (Baden 1899; Preußen, das größte Land, erst 1908; ein Jahr später schließlich als letztes Land Meck-

---

2  Die Zuschreibungen, die sich dabei für männliche Gelehrte und auch für gelehrte Frauen entwickelten, hat Alexander Košenina dargestellt: *Der gelehrte Narr. Gelehrtensatire seit der Aufklärung*. Göttingen 2003. Zur gelehrten Frau vgl. speziell S. 85 f., 92-109, 418-421. Zum Wandel in der Besetzung von ›Bildung‹ und ›Gelehrsamkeit‹ vgl. Bennholdt-Thomsen, Anke / Guzzoni, Alfred: *Gelehrte Arbeit von Frauen. Möglichkeiten und Grenzen im Deutschland des 18. Jahrhunderts*. In: *Querelles. Jahrbuch für Frauenforschung* 1 (1996): *Gelehrsamkeit und kulturelle Emanzipation*. Hrsg. v. Angelika Ebrecht, Irmela von der Lühe, Ute Pott, Cettina Rapisarda u. Anita Runge. Stuttgart/Weimar 1996, S. 48-76. Zum Diskurs über weibliche Gelehrte im 18. Jahrhundert vgl. insbesondere Bovenschen, Silvia: *Die imaginierte Weiblichkeit. Exemplarische Untersuchungen zu kulturgeschichtlichen und literarischen Präsentationsformen des Weiblichen*. Frankfurt a.M. 1979, sowie die Beiträge im genannten *Querelles*-Band.

lenburg-Schwerin), erschien eine ›Umfrage‹ unter »hervorragende[n] Universitätsprofessoren, Frauenlehrer[n] und Schriftsteller[n]« darüber, ob die Frau »zum wissenschaftlichen Studium und Berufe« befähigt und berechtigt sei.[3] »Ganz im allgemeinen«, so der Herausgeber Arthur Kirchhoff im Vorwort, sei festzustellen, »dass mit demselben [dem höheren Frauenstudium] eine Menge von anderen Fragen verquickt werden, die mit der Frage, ob dem weiblichen Geschlechte die Erwerbung einer höheren Bildung ermöglicht werden soll, absolut nichts zu thun haben«.[4] Offenbar liege eine »*instinktive*[] Abneigung gegen die ›gelehrte‹ Frau« vor. Als »Kernpunkt« nennt Kirchhoff: »*Diese Frau verstösst gegen das traditionelle Frauenideal*«.

Während es einzelne ›gelehrte‹ Frauen, sozusagen als ›kuriose‹ Fälle, immer gegeben hatte, stand nun die allgemeine Öffnung der Institution Universität zur Diskussion. Jacob Caro, Professor für Geschichte aus Breslau, gesteht in seinem Beitrag in Kirchhoffs Band zu, daß man Frauen wohl in gewisser Weise mitarbeiten lassen könne, etwa in »allerlei technischen und praktischen Instituten«, mit denen man die Universitäten »behängt hat, die allgemach das Allerwesentlichste ihres Daseinszwecks einengen«. »Aber«, so Caro mit Nachdruck, »in der eigentlichen Wissenschaft, in dem Heiligtum der Universitäten, da halte ich an dem alten Satz: *mulier taceat in ecclesia*.« Hier gehe es um nicht weniger als um den Erhalt einer »von Gott gewollte[n] Weltordnung«.[5] Erteile man den Frauen nun »das Wort, so erklärt man die Revolution in Permanenz«.[6] Caros mit Pathos vorgebrachte Gegenrede offenbart die Wichtigkeit, die der Geschlechterfrage, insbesondere dem Zugang der Frauen zur höheren Bildung, für die bestehende Gesellschaftsordnung beigemessen wird. Die Teilnahme am universitären Wissenschaftsbetrieb wird dabei damit gleichgesetzt, Mitsprache zu erlangen. Sobald aber die Frauen mitreden würden, müsse es zu grundlegenden Umwälzungen kommen, wobei Caro – und das ist bemerkenswert – nicht an eine einmalige Veränderung oder einen einfachen Mißstand denkt, sondern an ein beständig wirksames revolutionäres Potential der Frauen.

Die rhetorische Übersteigerung der Thesen und die Emotionalität, mit der nicht nur Caro seine Argumente vorbrachte, machen deutlich, daß

---

3  *Die akademische Frau: Gutachten hervorragender Universitätsprofessoren, Frauenlehrer und Schriftsteller über die Befähigung der Frau zum wissenschaftlichen Studium und Berufe.* Hrsg. von Arthur Kirchhoff. Berlin 1897.

4  Kirchhoff, Arthur: *Vorwort.* In: *Die akademische Frau*, S. VII-XVI, hier S. XII.

5  Caro, Jacob: o.T. In: *Die akademische Frau*, S. 186 f., hier S. 186.

6  Ebd., S. 187.

EINE KALAMITÄT

der Einzug von Frauen in die Universitäten von der Gesellschaft der Jahrhundertwende als einschneidendes Ereignis wahrgenommen wurde. Hin und wieder kam es sogar zu öffentlichen Kundgebungen und Protestnoten von Studenten und Professoren wie im Fall der Kliniker in Halle im Frühjahr 1902, also zu einer Zeit, als erst vereinzelte Gasthörerinnen an ihrer Universität weilten. Mit dem Argument, man habe schlechte Erfahrungen gemacht, und zwar sei es zu »*Situationen*« gekommen, »*welche zu widerwärtig sind, als daß man sie, ohne Anstoß zu erregen, hier genauer präzisieren könnte*«, wandte man sich vehement gegen die Zulassung von Frauen zum Medizinstudium: »*Hier wird die Emanzipation der Frau zur Kalamität, hier gerät sie mit der Sittlichkeit in Konflikt,* und deshalb muß ihr hier ein Riegel vorgeschoben werden.«[7]

Mit der allmählich steigenden Zahl von deutschen Universitäten, an denen Frauen das reguläre Studium erlaubt wurde, gewann die Literatur eine neue Figur, mit der eine doppelte Herausforderung verbunden war: das sozialpolitische Konfliktpotential der Gestalt und ihre Neuartigkeit. Die Studentin paßte nicht in die bestehenden Muster, namentlich die Bilder von ›Weiblichkeit‹, die die Literatur um 1900 dominierten: die Femme fatale, die Kindfrau und die Mutter.[8] Die um 1900 vieldiskutierte Frage nach Rolle und ›Wesen‹ der Frau traf auf ein völlig neues ›Untersuchungsobjekt‹. Angesichts des für die Jahrhundertwende charakteristi-

7  Protestnote der Klinikerschaft zu Halle aus dem März 1902 anläßlich der Bemühungen des Vereins »Frauenbildung – Frauenstudium« um Öffnung des Medizinstudiums für Frauen; zit. nach Bebel, August: *Die Frau und der Sozialismus* [1879]. Mit einem einl. Vorw. v. Eduard Bernstein. Neusatz d. 1929 ersch. Jubiläumsausg. 3. Aufl. Bonn 1994, S. 257.

8  Vgl. zu diesem viel beachteten Themenkomplex insbesondere: Frevert, Ute: »*Mann und Weib, und Weib und Mann*«. *Geschlechter-Differenzen in der Moderne.* München 1995; Hilmes, Carola: *Die Femme fatale: ein Weiblichkeitstypus in der nachromantischen Literatur.* Stuttgart u.a. 1990; Luckhardt, Ute: *Die Frau als Fremde. Frauenbilder um die Jahrhundertwende.* In: *Tel Aviver Jahrbuch für deutsche Geschichte* 21 (1992), S. 99-126; Meier, Ulrich: *Verführerinnen der Jahrhundertwende. Kunst – Literatur – Film.* In: *Don Juan und Femme Fatale.* Hrsg. v. Helmut Kreuzer. München 1994, S. 155-163; Pohle, Bettina: *Kunstwerk Frau. Inszenierungen von Weiblichkeit in der Moderne.* Frankfurt a.M. 1998; Stephan, Inge: *Musen und Medusen. Mythos und Geschlechterdiskurs in der Literatur der Moderne und Postmoderne.* Köln 1997; Wittmann, Livia Z.: *Zwischen »femme fatale« und »femme fragile«, die Neue Frau? Kritische Bemerkungen zum Frauenbild des literarischen Jugendstils.* In: Jahrbuch für internationale Germanistik 17 (1985), H. 2, S. 74-100; Helferich, Hede: *Frauen zwischen Eigen- und Fremdkultur. Weiblichkeitsbilder im Spannungsfeld von Tradition und Moderne.* Münster 1995.

schen Krisenbewußtseins ergibt sich im diskursiven Kontext der Epoche eine weitere Dimension: Welche Bedeutung wird einer solchen ›modernen‹ Figur zu einer Zeit zugewiesen, in der der Modernisierungsoptimismus des 19. Jahrhunderts in verschiedensten Bereichen in die Krise gerät? Wird die Figur der Studentin zum Ausdruck einer kulturgeschichtlichen Irritation? Außerdem stellt sich – besonders vor dem Hintergrund der positivistischen Deutungshegemonie der Naturwissenschaften und einer gleichzeitig zunehmenden Fortschrittskritik um 1900 – die Frage, ob mit der Akademikerin auch ihr Tätigkeitsfeld, die Wissenschaft selbst, zum Thema wird.

Mit dem Frauenstudium eröffnete sich ein für die Literatur produktiv nutzbarer neuer Imaginationsraum. Was in der Literatur am Ende des 20. Jahrhunderts bei Botho Strauß als Repertoire fester Bilder erscheint, aus denen sich »fast zwanghaft«[9] ein beinahe selbsttätiges Spiel ergibt, stellt sich in der Konstituierungsphase dieses Repertoires am Ende des 19. Jahrhunderts noch anders dar: als ein »Schau[platz] institutioneller und ideologischer Kämpfe« (Greenblatt),[10] an denen die Literatur als Indikator, aber auch als Faktor sozialgeschichtlicher Prozesse[11] teilhat. Das Auftreten einer Studentin in einem literarischen Text der Jahrhundertwende war zu einem Zeitpunkt, als der Einzug von Frauen in die Institution der Wissenschaft Anlaß zu grundlegenden Auseinandersetzungen war, prinzipiell irritierend und mit »soziale[r] Energie« (Greenblatt)[12] aufgeladen.

Soll dem diskursiven Spannungsfeld Rechnung getragen werden, in dessen Zentrum die Studentin um 1900 stand, kann sich eine Untersuchung dieser Figur in der zeitgenössischen Literatur nicht mit einer ›Typologisierung‹ der produzierten Bilder begnügen. Hier gilt es vielmehr, den Funktionen nachzuspüren, die die Gestalt innerhalb des jeweiligen literarischen Textes einnimmt. Warum ist die Protagonistin als Wissenschaftlerin ausgewiesen, was wird damit verbunden, was bedeutet das für die Figurenkonstellation und die Konzeption der Handlung? Und welche Diskursanschlüsse werden dabei im literarischen Text aktiviert, auf welche Weise wird das diskursive Potential, das ausgehend von gravieren-

---

9 Strauß, S. 68.

10 Greenblatt, Stephen: *Verhandlungen mit Shakespeare. Innenansichten der englischen Renaissance* [1987]. Aus d. Amerik. v. Robin Cackett. Frankfurt a.M. 1993, S. 11.

11 Vgl. Koselleck, Reinhart: *Einleitung.* In: *Geschichtliche Grundbegriffe. Historisches Lexikon zur politisch-sozialen Sprache in Deutschland.* Hrsg. v. Otto Brunner, Werner Conze u. Reinhart Koselleck. Bd. 1. Stuttgart 1972, S. XIII-XXVII, hier S. XIV.

12 Greenblatt, *Verhandlungen*, S. 15.

den sozialgeschichtlichen Umbrüchen um 1900 bereitlag, produktiv gemacht? Kunstwerke, so betont Greenblatt,

sind keine neutralen Relaisstationen im Umlauf des kulturellen Materials. Es geschieht etwas mit Dingen, Überzeugungen und Praktiken, wenn sie in literarischen Texten dargestellt, neu imaginiert und inszeniert werden, etwas oft Unvorhersehbares und Beunruhigendes.[13]

Für die Frage danach, wie sich im Fall der Studentin dieses Verhältnis zwischen Darstellung eines aktuellen sozialgeschichtlichen Phänomens und seiner (Neu-)Imagination und Inszenierung im literarischen Raum ausprägte, wurden solche Texte ausgewählt, in denen nicht nur die Bildung von Frauen behandelt wird, sondern tatsächlich Akademikerinnen als Protagonistinnen auftreten. Beispiele, in welchen die weibliche Hauptfigur noch studiert, wurden dabei ebenso berücksichtigt wie diejenigen, in denen sie das Studium bereits abgeschlossen hat.

Die Sondierung ergab eine genaue Eingrenzung des Untersuchungszeitraums: Gegenstand sind Texte, die zwischen 1867 und 1914 entstanden sind. Da das Frauenstudium in seiner institutionalisierten Form den sozialgeschichtlichen Hintergrund bildet, ist der historische Ausgangspunkt mit der Einführung des allgemeinen Immatrikulationsrechts für Frauen an einer deutschsprachigen Universität (Zürich, 1867)[14] festgelegt. Daß der Ausbruch des Ersten Weltkriegs als zeitliche Begrenzung gewählt wurde, ist weniger dem naheliegenden historischen Einschnitt gezollt als Ergebnis der Materialsichtung. Bei den literarischen Texten, in denen eine Akademikerin eine maßgebliche Rolle spielt, zeichnet sich ein bemerkenswertes Phänomen ab: Man hätte erwarten können, daß mit

---

13 Greenblatt, Steven: *Kultur*. In: *New Historicism. Literaturgeschichte als Poetik der Kultur*. Hrsg. v. Moritz Baßler. 2., aktual. Aufl. Tübingen/Basel 2001, S. 48-59, hier S. 57.

14 Hatte man in Zürich bisher Frauen als Gasthörerinnen geduldet und bereits 1865 zwei russische Studentinnen, Marija Knjažnina und Nadežda Suslova, die regelmäßige Fachstudien in Medizin betreiben wollten, für immatrikulationsfähig befunden (»damit ihnen die Bürgschaft einer entsprechenden allseitigen Verfolgung ihrer Studien gegeben sei und sie zugleich der allgemeinen Disziplin der Studenten untergeordnet seien«; zit. nach Forrer-Gutknecht, s.u.), sah man sich 1867 genötigt, das allgemeine Immatrikulationsrecht für Frauen zu erklären: Anlaß war die Promotion von Nadešda Suslova am 14.12. (Vgl. Forrer-Gutknecht, Else: *Zur Geschichte des Frauenstudiums an der Universität Zürich*. In: *Das Frauenstudium an den Schweizer Hochschulen/Les Etudes des Femmes dans les Universités Suisses*. Hrsg. v. Schweizerischen Verband d. Akademikerinnen. Zürich/Leipzig/Stuttgart 1928, S. 19-87, hier S. 20 f.)

dem großen Anstieg der Einschreibungen von Frauen durch die Öffnung preußischer Hochschulen (von besonderer Wichtigkeit war dabei natürlich Berlin)[15] Studentinnen auch häufiger in der Literatur auftauchen würden. Das Gegenteil ist der Fall: Das Sujet findet sich nach 1908 kaum noch, es kommt erst wieder in der Zeit der Weimarer Republik auf, und dies legt die Vermutung nahe, daß das Thema an Interesse verliert, nachdem die Auseinandersetzung um das Frauenstudium mit der prinzipiellen Zulassung von Frauen auch im wichtigsten und letzten großen Land im Deutschen Reich, Preußen, erfolgreich beendet war. Hinzu kommt der Ausbruch des Ersten Weltkriegs, in dessen Umfeld sich das Interesse der öffentlichen Diskussionen massiv verlagerte. Insgesamt ist festzustellen, daß die literarische Auseinandersetzung mit studierenden Frauen weitestgehend auf relativ krisenfreie Zeiten beschränkt bleibt – auch die Texte, die nach der hier betrachteten Anfangsphase in der Zeit der Weimarer Republik verfaßt wurden, entstammen vornehmlich der sogenannten Stabilisierungsphase zwischen der ökonomischen Konsolidierung der Republik (Dawes-Plan, 1923) und der Weltwirtschaftskrise (1929). In dieser Zeit gewann die Studentin als Figur an Alltäglichkeit, gleichzeitig ist von anderen diskursiven Konstellationen auszugehen. Der zeitliche Rahmen ist damit vorgegeben, die Eingrenzung der Untersuchung auf die Anfangsphase des Frauenstudiums klar geboten.

Die Suche nach Texten selbst gestaltete sich indes schwierig. Gelegentlich stillschweigend als Gattungsbegriff geführte Wendungen wie »Studentinnenromane« oder »Akademikerinnenlustspiele« täuschen über die Tatsache hinweg, daß Texte zum Sujetkomplex der Studentin bisher nicht Gegenstand systematischer Untersuchungen oder Titelaufnahmen geworden sind. Die eigene Recherche, deren Ergebnisse in einer Bibliographie zu Beginn des Literaturverzeichnisses zusammengestellt sind, hat das Material auf anderen Wegen erschließen müssen. Eine erste (der Textsorte entsprechend lückenhafte) Übersicht lieferte ein Zeitungsartikel von 1928.[16] Einzelne Titel konnten über ihre Erwähnung in literaturwis-

---

15 Hatten im Sommersemester 1906 noch 217 Frauen im Deutschen Reich studiert, waren im Wintersemester 1908/09 nach der Öffnung preußischer Universitäten 915 neu immatrikulierte Studentinnen zu verzeichnen; vgl. Huerkamp, Claudia: *Bildungsbürgerinnen. Frauen im Studium und in akademischen Berufen 1900-1945.* Göttingen 1996, S. 76. Vgl. dazu auch Titze, Hartmut: *Datenhandbuch zur deutschen Bildungsgeschichte. Bd. 1: Hochschulen. T. 1: Das Hochschulstudium in Preußen und Deutschland 1820-1944.* Göttingen 1987, S. 42.

16 Behler, Mally: *Die Studentin in der modernen Literatur. Versuch einer Uebersicht.* In: *Kölnische Zeitung. Beilage zur Morgenausgabe* vom Dienstag, den 26. Juni 1928 (Nr. 346), o.S.

senschaftlichen Forschungsbeiträgen über verwandte Themen und auch in sozialgeschichtlichen Arbeiten über den Beginn des Frauenstudiums ermittelt werden. Eine weitere Spur führte über die biographischen Hintergründe von Autoren und Autorinnen, von denen vermutet werden konnte, daß sie sich mit dem Thema des Frauenstudiums auch literarisch befaßt haben könnten (Schriftstellerinnen, die selbst studiert hatten; persönliche Bekanntschaften, politische oder künstlerische Einflüsse, die zu einer Beschäftigung mit dem Stoff angeregt haben könnten).[17] Eine wichtige Quelle waren zudem zeitgenössische Rezensionen und Literaturgeschichten über ›neueste‹ Tendenzen in der Literatur. Schließlich – und nicht zuletzt – waren verschiedene persönliche Hinweise von unschätzbarem Wert.[18] Auf diese Weise wurde ein Textcorpus zusammengetragen, das unterschiedliche Gattungen (Kurzprosa – besonders Novelle –, Erzählung, Roman, Satire, auch Jugendliteratur, ernstes Schauspiel, Lustspiel, dramatische Skizze) von bekannten und weniger bekannten Autorinnen und Autoren aus dem Zeitraum von 1881 bis 1912 umfaßt. Zum Teil sind die Texte nicht leicht erhältlich, so insbesondere im Fall nicht veröffentlichter Theatermanuskripte.[19] Es versteht sich, daß trotz der Bemühungen die literarische Produktion, die sich um 1900 dem Thema widmete, nicht vollständig erfaßt werden konnte.

Für die Auswahl der hier behandelten literarischen Texte war entscheidend, daß sie einen möglichst repräsentativen Querschnitt darstellen sollten. Das bedeutete insbesondere, die unterschiedlichen Gattungen zu berücksichtigen und Texte von weiblichen und männlichen Autoren gleichermaßen aufzunehmen. Verzichtet wurde dabei auf die Betrachtung von Jugendliteratur und von Beispielen der Alltagskultur, wie sie die in Studentenkreisen kursierenden Satiren über Studentinnen oder Boulevardtheaterstücke darstellen. Als Zeugnisse des ›Zeitgeists‹ sind speziell die Lustspiele über wissenschaftlich tätige Frauen gleichwohl nicht uninteressant, können hier jedoch nicht einbezogen werden: Eine diesbezügliche Untersuchung wird an anderer Stelle erscheinen.

---

17 So kannte Ilse Frapan Käthe Schirmacher, einen entfernten Kontakt gab es zudem zu Ricarda Huch. Weitere Beispiele aus dem Umkreis von Gerhart Hauptmann stellen die von einer Studentin ausgelöste Ehekrise von Hauptmanns Bruder Carl dar, sowie die Bekanntschaft mit Elsa Bernstein.

18 Ich danke insbesondere Andrea Albrecht, Gesa Dane, Yasemin Dayıoglu, Sabine Doering, Hiltrud Häntzschel, Irmela von der Lühe und Anita Runge für ausgesprochen hilfreiche Tips.

19 Hier gilt mein Dank insbesondere der Theaterwissenschaftlichen Sammlung der Kölner Universität Schloß Wahn.

Bei der Sichtung des Materials haben sich drei Bereiche als maßgeblich erwiesen, aus denen sich die Gliederung der Studie ergibt: Erzählprosa, die einen literarischen Beitrag zur Debatte um das Frauenstudium darstellt, sowie Erzähltexte, in denen ganz im Gegenteil die Studentin nur Mittel für die Entfaltung anderer Inhalte ist, und schließlich Dramen naturalistischer Prägung. Das naturalistische Drama, für das die Auseinandersetzung mit der eigenen sozialen Wirklichkeit und akuten gesellschaftlichen Problemen schließlich Programm war, ist mit zwei nicht nur in ihrer Zeit sehr bekannten Repräsentanten vertreten: Gerhart Hauptmann und Elsa Bernstein, alias Ernst Rosmer. Die Studentinnen, die in Hauptmanns *Einsame Menschen* (1891) und Bernsteins *Dämmerung* (1893) auftreten, haben in der zeitgenössischen Theaterkritik einige Irritation hervorgerufen: Dies ist nicht zuletzt Ausdruck des diskursiven Spannungsfeldes, in dem die Studentin stand. Da der Aufführungscharakter des Theaters die Figur in einem anderen Wirkungskontext präsentiert, soll die Untersuchung dieser Dramen zuletzt erfolgen. Den Einstieg bilden Erzähltexte, die im direkten Umfeld der Kontroverse um die Zulassung von Frauen zum Hochschulstudium entstanden sind. Sie wurden von Autorinnen verfaßt, die selbst zu den ersten Studentinnen gehörten: die Novelle *Die Libertad* (1891) der prominenten Frauenrechtlerin Käthe Schirmacher, der Roman *Auf Vorposten* (1903) der Germanistin und Publizistin Ella Mensch und die Romane *Wir Frauen haben kein Vaterland* (1899) und *Arbeit* (1903) der um 1900 sehr bekannten sozialistisch engagierten Schriftstellerin Ilse Frapan. Die politische Sprengkraft, die diese Texte für die Gesellschaft ihrer Zeit enthielten, offenbarte sich insbesondere im Fall des Romans *Arbeit*, der konkrete politische Auseinandersetzungen auslöste. Im Anschluß daran widmet sich die Studie den Erzähltexten, die bezüglich des Einsatzes der Figur nicht auf die konkrete Debatte um das Frauenstudium ausgerichtet sind. Hier geht es um das vielfältig nutzbare Potential, das mit der neu zu besetzenden Figur verbunden ist. Lou Andreas-Salomés *Fenitschka* (1898) und Erwin Guido Kolbenheyers *Montsalvasch* (1912) zeigen dies in besonders produktiver und disparater Weise. Ausgehend davon, daß die Wissenschaftlerin zeitgenössische Vorstellungen von ›Weiblichkeit‹ irritierte, wird sie in die literarische Entfaltung philosophisch-weltanschaulicher Konzepte eingebunden, die in der Jahrhundertwende um den Begriff des ›Lebens‹ herum virulent waren. Andreas-Salomés Erzählung und Kolbenheyers Roman stellen dabei die Studentin in den Kontext konträrer Ansätze. Die Beschäftigung mit Andreas-Salomé und Kolbenheyer erscheint für die diskursanalytisch akzentuierte Perspektive dieser Untersuchung um so vielversprechender, als bei beiden das Erzählwerk von theoretischen

Schriften flankiert wird, die im Kontext wirkungsmächtiger Diskurse ihrer Zeit stehen: zum Thema Geschlechterdifferenz bei Andreas-Salomé, zur Zivilisationskritik mit national-chauvinistischen und biologistischen Zügen bei Kolbenheyer.

Sowohl für die erzählenden Texte als auch für die Dramen gilt, daß sich Bedeutung und Funktion der Figur im jeweiligen literarischen Handlungsgefüge erst vor dem Hintergrund ihres aktuellen Zeitbezugs erschließen. Flankiert von einer methodischen Reflexion der diskursanalytischen Perspektive soll daher einleitend die Kontroverse um die Zulassung von Frauen zum Hochschulstudium im Deutschen Reich nachgezeichnet werden. Schon diese Debatte läßt erkennen, daß dem Thema des Frauenstudiums eine zentrale Position im diskursiven Feld um 1900 zukam.

# Das Frauenstudium
## im Diskurs der Jahrhundertwende

Jemand hat gesagt, man solle vom Weibe nichts verlangen, als dass es »gesund und dumm« sei. Das ist grob ausgedrückt, aber es liegt in dem Paradoxon eine Wahrheit. Uebermässige Gehirnthätigkeit macht das Weib nicht nur verkehrt, sondern auch krank. [...] Soll das Weib das sein, wozu die Natur es bestimmt hat, so darf es nicht mit dem Manne wetteifern. Die modernen Närrinnen sind schlechte Gebärerinnen und schlechte Mütter.[1]

Prof. Paul Julius Möbius nimmt seinem Fach gemäß Rekurs auf die Medizin, um die Frau in die Schranken des Hauses zu verweisen; der Kulturhistoriker und Schriftsteller Prof. Wilhelm Heinrich von Riehl beruft sich auf die Grammatik:

Der Staat ist männlichen Geschlechtes und die Gesellschaftsgruppen sind generis neutrius: wo bleiben da die Frauen? Sie sollen bleiben in der »Familie«, die ja die vorwiegende Signatur der Weiblichkeit schon in ihrem Geschlechtsartikel aufzeigt.[2]

Die Beweisführungen waren findig und verstanden es zumeist, Kausalitäten zu konstruieren, aus denen sich mit virtuoser Zwangsläufigkeit der grundsätzliche Einspruch ergab: Der Natur selbst laufe eine geistige Betätigung von Frauen zuwider, mindestens aber dem Wohl der Allgemeinheit und dem guten Geschmack. Die Gegner des Frauenstudiums argumentierten über die Anatomie, ›natürliche‹ Sittlichkeit, die Staatsordnung, den göttlichen Willen, allgemeine ›Erfahrung‹ oder eben sprachliche Konventionen als Ausdruck einer natürlichen Bestimmung. Frauen hätten im allgemeinen und im eigenen Interesse an den Hochschulen nichts zu suchen, wenn man mitunter auch zu recht verräterischen Zugeständnissen im Einzelfall bereit war: »Warum sollte man nicht (wo es sich nicht um ein Princip handelt) da und dort einer interessanten, intelligenten, auch hübschen Frau gestatten, eine Vorlesung

---

1 Möbius, Paul Julius: *Über den physiologischen Schwachsinn des Weibes.* 6., veränd. Aufl. Halle 1904, S. 23.
2 Riehl, Wilhelm Heinrich: *Die Naturgeschichte des Volkes als Grundlage einer deutschen Social-Politik.* Bd. 3: *Die Familie.* 4. Aufl. Stuttgart/Augsburg 1856, S. 9.

über irgend eine unverfängliche Disciplin zu besuchen?«[3] räumt der erbitterte Gegner des Frauenstudiums Prof. Theodor von Bischoff den Frauen scheinbar konziliant ein. »Solchen Aussprüchen haben wir Nichts entgegenzusetzen, als maßloses Staunen«, entgegnet die Publizistin und Frauenrechtlerin Hedwig Dohm. »Sind denn wirklich gesunder Menschenverstand und Gelehrten-Verstand etwas diametral Entgegengesetztes?«[4]

Gegen Ende des 19. Jahrhunderts drängte die Bildungs- und Berufsfrage für Frauen aus dem Bürgertum zunehmend nach einer Lösung: Mit der steigenden Zahl unverheirateter Bürgertöchter wuchs das Problem ihrer finanziellen Versorgung, eine aktive Frauenbewegung forderte in verschiedenen Bereichen mehr Rechte für Frauen, Reformbestrebungen im Ausland, besonders in England und Amerika, gaben neue Impulse. Im Deutschen Reich entbrannte seit den 70er Jahren des 19. Jahrhunderts in breiten Kreisen des Bürgertums eine öffentliche Debatte zwischen denen, die meinten, man müsse dem weiblichen Geschlecht den Zugang zu akademischen Berufen ermöglichen, und den Gegnern derartiger Neuerungen.

# 1. Literatur und Diskurs

Eine Untersuchung der Studentin als Figur in der Literatur der Jahrhundertwende sieht sich in besonderer Weise mit dem sozialgeschichtlichen Hintergrund konfrontiert: mit dem Kampf um die Zulassung von Frauen zum Studium an deutschen Universitäten, mit den konkreten Lebens- und Arbeitsbedingungen der ersten deutschen Studentinnen im Ausland und schließlich auch im Inland, mit den Reaktionen der zeitgenössischen Gesellschaft auf diese neue Form weiblicher Lebensgestaltung.

Der sozialgeschichtliche Hintergrund ist in der Forschung gut aufgearbeitet. Hier sei insbesondere auf Claudia Huerkamps umfassende Darstellung zu »Frauen im Studium und in akademischen Berufen 1900-1945« verwiesen,[5] die sich auf den gesamten deutschsprachigen Raum bezieht und in der zur Klärung der Voraussetzungen auch die Entwicklung

3  Zit. nach Dohm, Hedwig: *Die wissenschaftliche Emancipation der Frau*. In: Dies.: *Emanzipation*. Mit Vorw. u. Nachw. v. Berta Rahm. Nachdr. d. Aufl. Berlin 1874. 2. Aufl. Zürich 1982, S. 1-188, hier S. 53.
4  Ebd., S. 36.
5  Huerkamp, Claudia: *Bildungsbürgerinnen. Frauen im Studium und in akademischen Berufen 1900-1945*. Göttingen 1996.

bis 1900, das Bildungswesen für Mädchen[6] sowie die individuelle Sozialisation im Elternhaus[7] zur Sprache kommen. Des weiteren sind Arbeiten zur geschichtlichen Entwicklung des Frauenstudiums[8] sowie zahlreiche Monographien, Sammelbände und auch Ausstellungskataloge zum Thema erschienen, die sich in der Regel auf einzelne Universitäten beziehen[9] oder sich speziell mit dem Medizinstudium beschäftigen.[10]

---

6  Vgl. dazu auch: *Geschichte der Mädchen- und Frauenbildung.* Hrsg. von Elke Kleinau u. Claudia Opitz. Bd. 2: *Vom Vormärz bis zur Gegenwart.* Frankfurt a.M./ New York 1996. Für einen Vergleich mit der Situation in Österreich: Simon, Gertrud: *Hintertreppen zum Elfenbeinturm. Höhere Mädchenbildung in Österreich – Anfänge und Entwicklung.* Wien 1993 (zum Frauenstudium um die Jahrhundertwende vgl. Kap. 5, S. 193-211).

7  Zur literarischen Sozialisation vgl. die von Günter Häntzschel hrsg. Materialsammlung: *Bildung und Kultur bürgerlicher Frauen 1850-1918: eine Quellendokumentation aus Anstandsbüchern und Lebenshilfen für Mädchen und Frauen als Beitrag zur weiblichen literarischen Sozialisation.* Tübingen 1986.

8  Vgl. Costas, Ilse: *Der Kampf um das Frauenstudium im internationalen Vergleich. Begünstigende und hemmende Faktoren für die Emanzipation der Frauen aus ihrer intellektuellen Unmündigkeit in unterschiedlichen bürgerlichen Gesellschaften.* In: *Pionierinnen, Feministinnen, Karrierefrauen? Zur Geschichte des Frauenstudiums in Deutschland.* Hrsg. v. Anne Schlüter. Pfaffenweiler 1992, S. 115-144; vgl. auch die Beiträge in: *Barrieren und Karrieren. Die Anfänge des Frauenstudiums in Deutschland.* Hrsg. v. Elisabeth Dickmann u. Eva Schöck-Quinteros. Dokumentationsband der Konferenz »100 Jahre Frauen in der Wissenschaft« im Februar 1997 an der Universität Bremen. Bremen 2000; mit Schwerpunkt auf der rechtlichen Situation vgl. Soden, Kristine von: *Zur Durchsetzung des Frauenstudiums im Wilhelminischen Deutschland.* In: *Frauen in der Geschichte des Rechts.* Hrsg. v. Ute Gerhard. München 1997, S. 617-632.

9  Neben deutschen Universitäten befassen sich diese Beiträge vor allem mit der Zürcher Universität, da sie die erste deutschsprachige Hochschule war, die Frauen das ordnungsgemäße Studium ermöglichte. Für den deutschen Raum vgl. bes.: *Bedrohlich gescheit. Ein Jahrhundert Frauen und Wissenschaft in Bayern.* Hrsg. v. Hiltrud Häntzschel u. Hadumod Bußmann. München 1997; *Stieftöchter der Alma mater? 90 Jahre Frauenstudium in Bayern am Beispiel der Universität München.* Katalog zur Ausstellung. Hrsg. v. Hadumod Bußmann. München 1993; Glaser, Edith: *Hindernisse, Umwege, Sackgassen: Die Anfänge des Frauenstudiums am Beispiel der Universität Tübingen (1904-1934).* Weinheim 1989. Vgl. zur Universität Zürich insbes.: *Ebenso neu als kühn. 120 Jahre Frauenstudium an der Universität Zürich.* Hrsg. v. Verein Feministische Wissenschaft Schweiz. Verantw.: Katharina Belser/Gabi Einsele/Rachel Gratzfeld/Regula Schnurrenberger. Zürich 1988. Vgl. auch – mit speziellem Blick auf die Situation deutscher Studentinnen: Einsele, Gabi: *»Kein Vaterland«. Deutsche Studentinnen im Zürcher Exil (1870-1908).* In: *Pionierinnen, Feministinnen, Karrierefrauen? Zur Geschichte des Frauenstudiums in Deutschland.* Hrsg. v. Anne Schlüter. Pfaffenweiler 1992, S. 9-34. Für die das all-

Einen Eindruck von der konkreten Lebenssituation der ersten Studentinnen verschaffen die vielfältigen Autobiographien und Biographien von und über Akademikerinnen der ersten Stunde.[11] Ergänzt werden sie durch verschiedene zeitgenössische Darstellungen, die – nicht selten mit dem erklärten Ziel, herrschenden Vorurteilen entgegenzuwirken – Motivationen, Arbeitseinstellungen und Leistungen sowie den Lebenswandel weiblicher Studierender in Fallbeispielen und im allgemeinen Überblick beschreiben.[12] Der Ton dieser Beiträge verweist auf den Diskussions-

gemeine Bild prägenden russischen Studentinnen vgl.: Neumann, Daniela: *Studentinnen aus dem Russischen Reich in der Schweiz (1867-1914)*. Zürich 1987. Zur Anfangsphase des Medizinstudiums: Rohner, Hanny: *Die ersten 30 Jahre des medizinischen Frauenstudiums an der Universität Zürich 1867-1897*. Zürich 1972. Einen interessanten Einblick, hier allerdings bezogen auf Bern, liefert außerdem Rogger, Franziska: *Der Doktorhut im Besenschrank: das abenteuerliche Leben der ersten Studentinnen – am Beispiel der Universität Bern*. Bern 1999. Frühe Übersichtsdarstellungen und wichtige Dokumente aus der Anfangszeit des Frauenstudiums in der Schweiz versammelt der Band *Das Frauenstudium an den Schweizer Hochschulen*.

10  Vgl. insbesondere: Burchardt, Anja: *Blaustrumpf – Modestudentin – Anarchistin? Deutsche und russische Medizinstudentinnen in Berlin 1896-1918*. Stuttgart/Weimar 1997; Bleker, Johanna/Schleiermacher, Sabine: *Ärztinnen aus dem Kaiserreich. Lebensläufe einer Generation*. Weinheim 2000. Ein Forschungsüberblick findet sich bei Mahncke, Sabine: *Frauen machen Geschichte: Der Kampf von Frauen um die Zulassung zum Studium der Medizin im Deutschen Reich 1870-1910*. Hamburg 1998, S. 1-4.

11  Vgl. die umfangreiche Bibliographie bei Huerkamp, S. 366-371.

12  So Bluhm, Agnes: *Leben und Streben der Studentinnen in Zürich* [Vortrag]. In: *Jahresbericht des Vereins für erweiterte Frauenbildung*. Wien 1890, S. 2-27; Gundling, Katharina: *Die weiblichen Studenten in Zürich*. In: *Der Bazar. Illustrirte Damen-Zeitung* 17 (1871), H. 32, S. 262; Heine, Margarete: *Studierende Frauen*. 3. Aufl. Leipzig 1896; Schirmacher, Käthe: *Züricher Studentinnen*. In: *Neue deutsche Rundschau* 6 (1895), Teil 2, S. 817-825; dies.: *Studentinnen*. In: *Über Land und Meer* 86 (1901), S. 818 f.; Schubert-Feder, Cläre: *Das Leben der Studentinnen in Zürich*. 3. Aufl. Berlin 1894; sowie die Berichte von (ehemaligen) Studentinnen über die Situation an den einzelnen Schweizer Hochschulen in: *Das Frauenstudium an den Schweizer Hochschulen*. Eine Typologie der ersten Studentinnengenerationen versucht Marianne Weber zu entwickeln: *Vom Typenwandel der studierenden Frau* [1917]. In: Dies.: *Frauenfragen und Frauengedanken. Gesammelte Aufsätze*. Tübingen 1919, S. 179-201. Vgl. dazu auch die ›Rezension‹ von Claudia Alexander-Katz im Organ des Verbands der Studentinnenvereine Deutschlands, die der Weberschen Typologie ihre persönlichen Erfahrungen gegenüberstellt: *Zum »Typenwandel der studierenden Frau«*. In: *Die Studentin* 6 (1917), H. 8, S. 49-51; Schleinitz, Alexandra von: *Offener Brief einer Studierenden an die Gegner der »Studentinnen« unter den Studenten und Berichtigung dieses Schreibens*. Zürich 1872.

zusammenhang, in dem sie entstanden sind: die Kontroverse um das Frauenstudium. Um diese Kontroverse soll es zunächst gehen, im Sinne eines an Foucault anschließenden Diskursverständnisses, bei dem die literarische Produktion nicht als abgeschlossener, eigenständiger Bereich angesehen wird, sondern als eingebunden in »übergreifende historische Diskursformationen«.[13]

Mit dem – schon bei Foucault notorisch uneinheitlich verwendeten – Begriff des »Diskurses« soll hier weniger an die vage Metapher des »ordnungslosen Rauschen[s]« (Foucault)[14] angeknüpft werden als vielmehr an das Begriffsverständnis, wie er es in seinem semiologischen Ansatz entwickelt hat: als »eine Menge von Aussagen, die einem gleichen Formationssystem zugehören«.[15] Dieses »Formationssystem« läßt sich als ein »*System des Denkens und Argumentierens*«[16] verstehen, das sich auf einen Gegenstand (z.B. die Medizin) bezieht und bestimmten »*Regularitäten der Rede*«[17] unterliegt, die sich darin ausdrücken, daß nicht alles gesagt werden kann und nicht in beliebiger Weise. In dieses System sind die Sprecher mit ihren Äußerungen eingebunden, ein Standpunkt außerhalb der Diskurse ist unmöglich. Dementsprechend tragen die einzelnen sprachlichen »Ereignisse«[18] keine isoliert zu betrachtende ›Bedeutung‹, wie auch die Sprecher nicht als autonome Urheber von Bedeutungen anzusehen sind.

Diskurse sind dabei, so Jürgen Link und Ursula Link-Heer, die einen Beitrag zur literaturwissenschaftlichen Ausarbeitung der Foucaultschen Theorie geleistet haben,

lediglich die sprachlich-schriftliche Seite einer »diskursiven Praxis«. Unter »diskursiver Praxis« wird dabei das gesamte Ensemble einer speziellen Wissensproduktion verstanden: bestehend aus Institutionen,

---

13 Gerhard, Ute/Link, Jürgen/Parr, Rolf: *Diskurs und Diskurstheorien.* In: *Metzler-Lexikon Literatur- und Kulturtheorie: Ansätze – Personen – Grundbegriffe.* Hrsg. v. Ansgar Nünning. 2., überarb. u. erw. Aufl. Stuttgart/Weimar 2001, S. 115-117, hier S. 116.

14 Foucault, Michel: *Die Ordnung des Diskurses.* Aus d. Franz. v. Walter Seitter. Mit einem Essay v. Ralf Konersmann. 8., erw. Aufl. Frankfurt a.M. 2001, S. 33.

15 Foucault, Michel: *Archäologie des Wissens.* Aus d. Franz. v. Ulrich Köppen. 4. Aufl. Frankfurt a.M. 1990, S. 156.

16 Titzmann, Michael: *Skizze einer integrativen Literaturgeschichte und ihres Ortes in einer Systematik der Literaturwissenschaft.* In: *Modelle des literarischen Strukturwandels.* Hrsg. v. dems. Tübingen 1991, S. 395-438, hier S. 406.

17 Ebd.

18 Foucault: *Ordnung des Diskurses,* S. 37.

Verfahren der Wissenssammlung und -verarbeitung, autoritativen Sprechern bzw. Autoren, Regelungen der Versprachlichung, Verschriftlichung, Medialisierung.[19]

Entscheidend ist, daß die im Hintergrund wirkenden Regeln, die einen Diskurs formieren, als historische Größen begriffen werden. In der historischen Diskursanalyse, wie sie von Michel Foucault im Gegensatz zu einer dekonstruktivistischen oder linguistisch-psychoanalytischen Ausrichtung begründet wurde,[20] wird gerade dieser Aspekt wichtig. Aufgrund der historischen Kontextualisierung stellt Hinrich Fink-Eitel sogar in Frage, ob Foucaults Theorie tatsächlich so einfach unter die Begriffe »Poststrukturalismus« und »Postmoderne« zu subsumieren ist, wie die Forschung das gemeinhin tut: »Sicher ist nur, daß er diese geistige Strömung vorbereitet und an ihrer Fortentwicklung stets mitgewirkt hat. Und wahrscheinlich hat er sie am Ende überholt oder, je nachdem, hintergangen.«[21] Diskurse müssen in ihrer historischen Wandelbarkeit und in ihrer Wechselwirkung mit konkreten sozialen Bedingungen wahrgenommen werden, wenn man der Tatsache Rechnung tragen will, daß es sich nicht um selbstbezügliche Sprachspiele handelt, sondern daß sich Diskurse im gesellschaftlichen Raum entwickeln und Ausdruck von Machtbeziehungen sind, die ihrerseits soziale Wirklichkeit konstituieren. »Diskurse entstehen und regeln sich nicht aus sich selbst heraus«, resümiert Winko (mit Rekurs auf Foucaults in den 70er Jahren entstandene machttheoretische Arbeiten) den diskursgeschichtlichen Ansatz:

> Vielmehr sind sie Bestandteil von sozialen Kräfteverhältnissen, von Praktiken der *Macht* […]. Als ordnungsstiftende Kraft manifestiert sich die so verstandene »Macht« in denjenigen Ausschlußverfahren, mit denen ein Diskurs ›nach außen‹ abgegrenzt wird, und in den Kontrollmechanismen, die ihn intern regulieren.[22]

---

19 Link, Jürgen/Link-Heer, Ursula: *Diskurs/Interdiskurs und Literaturanalyse.* In: *Zeitschrift für Literaturwissenschaft und Linguistik* 20 (1990), H. 77, S. 88-99, hier S. 90. Vgl. mit speziellem Bezug auf Foucault auch Konersmann, Ralf: *Der Philosoph mit der Maske. Michel Foucaults »L'ordre du discours«.* In: Foucault, *Ordnung des Diskurses*, S. 51-94, hier S. 77.

20 Vgl. zur Differenzierung des Spektrums »diskursanalytischer« Ansätze Winko, Simone: *Diskursanalyse, Diskursgeschichte.* In: *Grundzüge der Literaturwissenschaft.* Hrsg. v. Heinz Ludwig Arnold u. Heinrich Detering. München 1996, S. 463- 478, hier S. 465, bzgl. des weiteren Umfelds auch S. 464.

21 Fink-Eitel, Hinrich: *Michel Foucault zur Einführung.* 4. Aufl. Hamburg 2002, S. 7.

22 Winko, S. 468.

Daß auch Literatur keineswegs unbeeinflußt von den sie umgebenden »Kräfteverhältnissen« entsteht, liegt auf der Hand. Erst vor dem Hintergrund »historisch fixierbare[r] Denk- und Sprechzusammenhänge und d[er] Bedingungen [...], unter denen sie entstehen und erhalten werden«,[23] gewinnt der literarische Text sein eigentliches Potential. Welche Rolle kommt nun aber der Literatur als speziellem Bereich mit eigenen Produktionsbedingungen zu? Weder der frühe Foucaultsche Ansatz, Literatur als einfachen Gegendiskurs zum wissenschaftlichen Diskurs zu begreifen, noch seine grundlegend veränderte spätere Vorstellung von Literatur als »Bestandteil von Herrschaftsdiskursen«, die selbst »Macht ausüben« können,[24] sind befriedigend. Hatte das erste Konzept nicht berücksichtigt, daß auch Literatur den gleichen Machtmechanismen unterworfen sein kann wie andere Diskurse, so gerät im zweiten die spezifische Qualität literarischer Texte aus dem Blick. Jürgen Links literaturwissenschaftlich ausgerichtetes Modell der Diskursanalyse macht sich eine begriffliche Trennung von »spezialdiskursiven Elementen«, die nur einem Diskurs angehören, und »interdiskursiven Elementen«, die verschiedene Diskurse miteinander verbinden, zunutze, um dem Dilemma zu entgehen: Literatur wird in diesem Ansatz als ein Spezialdiskurs verstanden, der sich dadurch definiere, daß er interdiskursive Elemente enthalte und bearbeite, dem also in besonderem Maß eine integrative Rolle zukomme. Innerhalb der »Vielfalt literarischer Diskursintegration« beschreiben Link und Link-Heer zwei »Haupttendenzen«: eine »extensiv[e]‹ [Diskursintegration] durch enzyklopädische Reihung und durch Akkumulation von Wissen verschiedener Spezial- und Interdiskurse« und eine »intensive[]‹ [...] durch polysemische Konzentration«, die beispielsweise mit Hilfe von Symbolen erreicht werden könne, die »gleichzeitig mehrere Spezialdiskurse (bzw. Wissensmengen) konnotieren«.[25] Die technische, in eine »Kollektivsymbolforschung« mündende Betrachtung von Literatur gewinnt in einem Aspekt an literarhistorischer Relevanz: Ausgehend vom Beispiel eines modernistischen oder aber gerade modernismuskritischen Umgangs mit der Maschinenmetaphorik gehen Link und Link-Heer auf die Verarbeitung »diskursive[r] Positionen« in der Literatur ein. Es lasse sich, so konstatieren sie,

häufig beobachten, daß literarische Diskurse sich gegenüber entgegengesetzten sozial dominanten diskursiven Positionen ambivalent verhal-

23 Ebd., S. 476.
24 Ebd., S. 469.
25 Link/Link-Heer, S. 95 f.

ten, daß sie sie verfremden, mit ihnen spielen, ja sich ihnen gänzlich zu entziehen suchen […]. Durch solche irritierenden diskursiven Positionen konstruiert der literarische Diskurs die Vorgaben einer Subjektivität, die den bestehenden Rahmen von Diskursen und Interdiskursivitäten utopisch überschreitet.[26]

Die Rede von einer ›utopischen Überschreitung‹ wird nicht weiter ausgeführt und trägt hier nicht viel mehr aus, als zu betonen, daß die Besonderheit literarischen Sprechens ebendarin liegt, daß es nicht der ›Wahrheit‹ verpflichtet ist. Der Hinweis auf ein ›ambivalentes Verhalten‹ des literarischen Diskurses bleibt allerdings interessant.

Gerade die ›Ambivalenz‹ wird im New Historicism zum produktiven Ausgangspunkt für die Beschäftigung mit Literatur. »Ein Kunstwerk in seiner Zeit zu sehen, eine bestimmte Schreibweise mit ihrem historischen Ort […] zu vermitteln« bedeute, so Moritz Baßler, über Versuche hinauszukommen, »die dem Kunstwerk eine Funktionsstelle in einer mehr oder weniger einsinnigen Geschichtserzählung zu[]weisen […] (etwa auf der Achse ›progressiv – konservativ‹ […]).«[27] Ausgehend von der These, daß Macht und Subversion in keiner einfachen Opposition zueinander stehen, sondern sich gegenseitig bedingen,[28] zeigt Stephen Greenblatt am Beispiel des Kolonialdiskurses, daß nicht nur die Kritik der Ordnung bedarf, indem sie sich gegen etwas wenden muß, um sich konstituieren zu können, sondern auch umgekehrt Ordnung und Macht von subversiven Tätigkeiten abhängig sind, um einen Anlaß zu haben, sich ihrer selbst zu versichern.

Doch aus welchem Grund sollte Macht daran interessiert sein, andere Stimmen zu dokumentieren, subversive Experimente zu dulden und in ihrem eigenen Zentrum jene Übertretungen zu registrieren, die ihr über kurz oder lang entgegenwirken? Teils, weil Macht niemals […] völlig monolithisch ist und daher in einer ihrer Funktionen auf Material stoßen und es dokumentieren kann, durch das sie in einer anderen Funktion gefährdet wird; teils, weil Macht von Wachsamkeit abhängt und Menschen gerade dann besonders wachsam sind, wenn sie Gefahr

---

26 Ebd., S. 97.
27 Baßler, Moritz: *Einleitung.* In: *New Historicism: Literaturgeschichte als Poetik der Kultur.* Hrsg. v. dems. 2., aktual. Aufl. Tübingen/Basel 2001, S. 7-28, hier S. 9.
28 Vgl. dazu auch die Überlegungen zu den inneren Zusammenhängen zwischen »Macht« und »Widerstand« bei Foucault, Michel: *Sexualität und Wahrheit.* Bd. 1: *Der Wille zum Wissen* [1976]. Übersetzt v. Ulrich Raulff u. Walter Seitter. Frankfurt a.M. 1983, S. 116 f.

wittern; teils schließlich, weil sich Macht über Gefahren oder schlicht-
weg über das nicht mit ihr Identische definiert.[29]

Literarische Texte versteht Greenblatt vor diesem Hintergrund als
»Schauplätze institutioneller und ideologischer Kämpfe«[30] mit speziellen
Gestaltungsmitteln und Produktionsbedingungen. Dabei bestehe eine
»komplizierte[ ] Wechselwirkung dreier verschiedener Kräfte«: der Intention des Künstlers und des gewählten Genres, die beide nicht unabhängig von gesellschaftlichen und ideologischen Einflüssen zu denken sind,
und der historischen Situation. Die ›historische Situation‹ meint zwei-
erlei: zum einen die dargestellten Gegenstände, zum anderen aber – und
darin zeigt sich das diskurstheoretische Fundament – »die damals herrschende Ideologie- und Ereignisstruktur, die bestimmte, ob etwas [...]
darstellungswürdig war«.[31] Intention, Genre und historische Situation
seien dabei »effektiv selbständige Kräfte, die sich aneinander reiben, miteinander Bündnisse eingehen oder in erbittertem Widerstreit liegen können«.[32] In dem Versuch, den Gegenstand zur Darstellung zu bringen und
dabei eine bestimmte Haltung zu vertreten, agiert der Text Probleme der
historisch-kulturellen Situation aus, auf die er sich bezieht und in der er
entstanden ist, und transponiert sie in eine eigene Ausdrucksprache.
»Jede künstlerische Repräsentation, an der die entsprechenden Diskurse
ebenfalls beteiligt sind«, so Baßler, »läßt sich folglich als Lösung lesen –
und macht in dieser Lesart Sinn.« Hier gehe »es darum, von einem re-
konstruierten historischen Horizont her Fragen zu stellen, auf die der
Text eine Antwort gibt«.[33] Die diskursanalytische Ausrichtung Greenblatts zielt darauf, »den literarischen Text wieder mit einem Teil der ›sozialen Energie‹ aufzuladen, mit der er zu seiner Zeit reichlich ausgestattet
war«.[34]

Mit der Vorstellung einer »Zirkulation sozialer Energie«[35] beschreibt
Greenblatt metaphorisch den kulturellen Prozeß von Austausch, Aneig-
nung und Zurückweisung gesellschaftlicher Macht, der den Herrschafts-
verhältnissen einer Sozietät zugrunde liegt. An diesem hat auch die

29 Greenblatt, *Verhandlungen*, S. 53.
30 Ebd., S. 11.
31 Greenblatt, Stephen: *Bauernmorden. Status, Genre und Rebellion.* In: *New Historicism. Literaturgeschichte als Poetik der Kultur.* Hrsg. v. Moritz Baßler. 2., aktual.
Aufl. Tübingen/Basel 2001, S. 164-208, hier S. 181.
32 Ebd., S. 182.
33 Baßler, S. 22 f.
34 Ebd., S. 16.
35 Greenblatt, *Verhandlungen*, S. 9.

Kunst, insbesondere die Literatur teil, insofern sie z.b. soziale Praktiken oder Diskurse symbolisch, also mit den Darstellungsmitteln der Literatur, verhandelt.[36] Die literarischen Texte, die in einer Zeit, als das Frauenstudium noch grundlegend umkämpft war, eine Studentin ins Zentrum ihrer Handlung stellen, entfalten ihre soziale Energie gerade vor dem Hintergrund der sozialpolitischen Kontroverse, so daß es im Folgenden darum gehen wird, diese Kontroverse zum literarischen Diskurs ins Verhältnis zu setzen und die »Transaktionen«,[37] die zwischen Text und soziokulturellem Umfeld bestehen, zu rekonstruieren.

## 2. Die Studentin im Schnittpunkt von Diskursen

Die Debatte um die Zulassung von Frauen zur Institution Universität, die sich im Deutschen Reich als ungewöhnlich langwierige Auseinandersetzung gestaltete,[38] zeigt vor allen Dingen eines: Das Frauenstudium wurde zum Anlaß, grundlegende Fragen der Zeit zu verhandeln – Geschlechterdifferenz und die Frage nach ›wahrer‹ Weiblichkeit, Sittlichkeit, seltener auch nationale Belange, sowie eine positivistisch argumentierende Wissenschaft vom Menschen. Das Thema des Frauenstudiums wurde so zum Katalysator und Kristallisationspunkt für verschiedene zentrale Diskurse. Die Frage, was gerade die provozierende Wirkung des Themas ausmachte, führt auf die in Foucaults Theorie wesentliche Achse:

---

36 Vgl. ebd., S. 18 ff.
37 Ebd., S. 32.
38 Im Vergleich zu den USA, aber auch zum europäischen Ausland war die Situation in Deutschland »zunehmend anachronistisch« (Huerkamp, S. 75): So war es Frauen beispielsweise in Frankreich, der Schweiz, Spanien und England bereits seit den 60er Jahren des 19. Jahrhunderts möglich, ein ordentliches Universitätsstudium aufzunehmen. Zur internationalen Perspektive vgl.: Costas, *Der Kampf um das Frauenstudium*, hier S. 115; dies.: *Das Verhältnis von Profession, Professionalisierung und Geschlecht in historisch vergleichender Perspektive*. In: *Profession und Geschlecht. Über die Marginalität von Frauen in hochqualifizierten Berufen*. Hrsg. v. Angelika Wetterer. Frankfurt a.M./New York 1992, S. 51-82, hier S. 52; Bock, Gisela: *Frauen in der europäischen Geschichte. Vom Mittelalter bis zur Gegenwart*. München 2000, S. 171 f.; vgl. auch Twellmann, Margrit: *Die Deutsche Frauenbewegung im Spiegel repräsentativer Frauenzeitschriften. Ihre Anfänge und erste Entwicklung 1843-1889*. 2 Bde. Meisenheim a. Glan 1972; Bd. 1, S. 68; mit speziellem Blick auf das Medizinstudium: Burchardt, S. 12 u. S. 217, Anm. 1; Mahncke, S. 68. Einen Überblick über die Darstellungen und Begründungen in der Forschungsliteratur liefert Burchardt, S. 21-27 u. S. 219.

die Verbindung von Macht und Wissen, die um 1900 in der Frage nach Frauen in der Wissenschaft unmittelbar und kondensiert vorlag.

In der *Ordnung des Diskurses* nennt Foucault den »Willen zum Wissen« als zentrale Säule in einem auf Ausschluß basierenden Machtgefüge. Die Produktion von Diskursen in der Gesellschaft wird, so die Annahme Foucaults, durch verschiedene Ausschließungssysteme reguliert: Sprechverbote (tabuisierte Gegenstände, ritualisierte Gesprächsumstände, Ausschluß aus der Gruppe der sprachberechtigten Subjekte), die Ausgrenzung von Diskursen als »Wahnsinn« und schließlich die Unterscheidung von wahr und falsch, die im »Willen zur Wahrheit« ihre historisch wandelbare, institutionell bedingte Dimension hat. Den Willen zur Wahrheit definiert Foucault als Wunsch, den »wahren Diskurs zu sagen«.[39] Als »wahr« könne aber nur angenommen werden, was bestimmten, innerhalb der Gemeinschaft festgelegten Bedingungen genüge. Im Laufe der historischen Entwicklung sei eine Haltung zum Wissen entstanden, die

dem erkennenden Subjekt (gewissermaßen vor aller Erfahrung) eine bestimmte Position, einen bestimmten Blick und eine bestimmte Funktion […] zuwies; ein Wille zum Wissen, der (in einem allgemeineren Sinn als irgendein technisches Instrument) das technische Niveau vorschrieb, auf dem allein die Erkenntnisse verifizierbar und nützlich sein konnten.[40]

In der Weise, wie reguliert wird, was überhaupt als ›Wahrheit‹ in Betracht kommt, liegt nach Foucault das maßgebliche Ausschließungssystem, das zunehmend Einfluß auf die beiden anderen Ausschließungssysteme (Sprechverbote und Ausgrenzung als Wahnsinn) ausübe, »sie gleichzeitig zu modifizieren und zu begründen« versuche.[41] »[G]erade dort, wo die Wahrheit es unternimmt, das Verbot zu rechtfertigen und den Wahnsinn zu definieren«,[42] wo sich also im Namen der Wahrheit Zensurmechanismen entfalten, sieht Foucault den geeigneten Ansatzpunkt für eine Analyse.

Die Debatte um das Frauenstudium ist nicht nur Beispiel für eine solche Legitimierung des Ausschlusses: Die besondere Brisanz des Themas ergibt sich aus dem Bezug auf die Institution der Universität und deren spezielle Rolle für die Herausbildung des ›wahren‹ Diskurses. Der »Wille zur Wahrheit« werde von einem »Geflecht von Praktiken« getragen, verstärkt und weiterentwickelt. Foucault nennt als Beispiele

---

39 Foucault, *Ordnung des Diskurses*, S. 17.
40 Ebd., S. 15.
41 Ebd., S. 16.
42 Ebd., S. 17.

vor allem natürlich [die] Pädagogik, [das] System der Bücher, der Verlage und der Bibliotheken, [die] gelehrten Gesellschaften einstmals und [die] Laboratorien heute. Gründlicher noch abgesichert wird er [der Wille zur Wahrheit] zweifellos durch die Art und Weise, in der das Wissen in einer Gesellschaft eingesetzt wird, in der es gewertet und sortiert, verteilt und zugewiesen wird.[43]

Die Bedeutung der Institution Universität in diesem Zusammenhang ist offensichtlich: Gerade die Wissenschaft beansprucht die Definitionsgewalt von wahr und falsch und nicht zuletzt im universitären Betrieb werden die gültigen Argumentationsvorschriften für disziplinäre Diskurse[44] geprägt. Vor dem Hintergrund einer strukturellen Ausgrenzung der Frau als dem ›Anderen‹ und ihrem damit einhergehenden Status als Objekt der Diskurse mußte ihr Eintritt in die universitäre Welt die bisher gültigen Ordnungssysteme grundlegend in Frage stellen.

Damit war ein Konflikt vorgezeichnet, den Foucault nicht beschreibt, der gleichwohl eine Zuspitzung der von ihm dargestellten diskursiven Machtmechanismen bedeutet. In der feministischen Foucault-Forschung wurde darauf hingewiesen, daß

in den Ausführungen Foucaults über die Formierung moderner Machtverhältnisse [...] der systematische Ort der Kategorie »Geschlecht« im Dunkeln [bleibt]. Auch Foucaults Infragestellung des Subjektbegriffs beruht nicht auf einer Unterscheidung geschlechtsspezifischer Konstitutionsmodi von Subjekten, sondern geht von einem, d.h. nicht geschlechtsspezifischen Prozeß der Subjektproduktion aus.[45]

---

43 Ebd., S. 15.
44 Zu den Disziplinen vgl. Foucault, *Ordnung des Diskurses*, S. 22-25. Die Disziplinen (nicht identisch mit den Wissenschaften) zählt Foucault zu den Prinzipien der Einschränkung: In ihnen würden sich die Spielregeln formieren, denen Äußerungen genügen müssen, um als Teil des disziplinären Diskurses in Betracht zu kommen. Erst dann befänden sie sich innerhalb der Sphäre des »Wahren« (S. 24) und könnten als ›wahr‹ anerkannt oder als ›falsch‹ widerlegt werden. »[E]in Satz [muß], damit er zur Botanik oder zur Medizin gehöre, Bedingungen entsprechen, die in gewisser Weise strenger und komplexer sind, als es die reine und einfache Wahrheit ist: jedenfalls Bedingungen anderer Art. Er muß sich auf eine bestimmte Gegenstandsebene beziehen [...]. Ein Satz muß aber auch begriffliche oder technische Instrumente verwenden, die einem genau definierten Typ angehören [...]« (S. 23).
45 Raab, Heike: *Foucault und der feministische Poststrukturalismus*. Dortmund 1998, S. 56.

Feministische Ansätze, die diesem Aspekt nachgehen, richten sich speziell auf Foucaults Arbeiten zum ›Sexualitätsdispositiv‹.[46]

In *Der Wille zum Wissen*, dem ersten Band von *Sexualität und Wahrheit*, geht Foucault der Frage nach, auf welche Weise Sexualität zum »Dispositiv« wird, also zu einer »machtstrategische[n] Verknüpfung[] von Diskursen und Praktiken, Wissen und Macht«.[47] Er kommt dabei zu dem Schluß, daß es weniger die Unterdrückung der Sexualität sei als vielmehr die Art, wie über sie gesprochen wird, in der sie eine Funktion innerhalb der Konstitution und Aufrechterhaltung von Machtgefügen erfüllt: Nicht im Verschweigen, sondern im institutionalisierten Reden über Geschlechtlichkeit verbänden sich Wissen und Macht.

> Zensur des Sexes? Eher hat man einen Apparat zur Produktion von Diskursen über den Sex installiert, zur Produktion von immer mehr Diskursen, denen es gelang, zu funktionierenden und wirksamen Momenten seiner Ökonomie zu werden. Diese Technik [wurde] […] gestützt und aufgegriffen […] [von] Machtmechanismen, für deren Funktionieren der Diskurs über den Sex […] wesentlich geworden ist.[48]

Zum zentralen Ort für diese Diskurse wurden im 19. Jahrhundert die Wissenschaften. Foucault spricht von der Entwicklung einer »scientia sexualis«.[49]

Für die Regularitäten, denen das Sprechen über Sexualität unterworfen war, verfolgt Andrea Bührmann die Foucaultsche Analyse weiter, indem sie nach der Bedeutung der Geschlechterdifferenz fragt. Während im wissenschaftlichen Diskurs des 19. Jahrhunderts bezüglich ›krankhafter‹ Abweichungen von der Norm beide Geschlechter in den Blick genommen worden seien, etwa im Bereich der Homosexualität oder in der Pathologisierung kindlicher Sexualität, konstatiert sie im Bereich

---

46 So Bührmann, Andrea: *Das authentische Geschlecht. Die Sexualitätsdebatte der neuen Frauenbewegung und die Foucaultsche Machtanalyse*. Münster 1995.

47 Fink-Eitel, S. 80. Vgl. zur Herkunft des französischen Begriffs (»dispositif«) aus juristischen, medizinischen und militärischen Zusammenhängen die Anm. der Übersetzer in Foucault, *Wille zum Wissen*, S. 35.

48 Foucault, ebd.

49 Vgl. zur »scientia sexualis« ebd., Kap. III, S. 67-93. Dabei betont Foucault, daß diese ›Wissenschaft‹ von »Ausweichmanövern« geprägt war; ebd., S. 69. Vgl. zur Sexualität als einem Bereich, in dem die Frequenz der Äußerungen und ihr innerer Zusammenhang mit Tabuisierungen am dichtesten ist, auch: Foucault, *Ordnung des Diskurses*, S. 11.

›normaler‹ Geschlechtlichkeit eine geschlechtsspezifische Asymmetrie: »Im Gegensatz zum Schweigen über den ›normalen‹ Mann und dessen ›natürlichen‹ Sex werden gerade im Komplex der ›Hysterisierung des weiblichen Körpers‹ erstens das Wesen des Weiblichen im allgemeinen und zweitens das Wesen des weiblichen Sexes im besonderen zum Gegenstand ausufernder Diskurse.«[50] Das von Foucault übernommene Beispiel der »*Hysterisierung des weiblichen Körpers*«[51] zeige dabei, daß ›normale‹ Weiblichkeit ohnehin in eine Nähe zur Krankheit gestellt wurde, da im Fall der Hysterie gerade ein ›Zuviel‹ an ›weiblichen‹ Eigenschaften das Krankhafte definierte.[52] Indem »das Wesen des ›normalen‹ Mann-Seins und das Wesen des ›normalen‹ männlichen Sexes von einem diskreten Schweigen umgeben [war] und zweitens das Wesen des ›normalen‹ Frau-Seins und das Wesen des ›normalen‹ weiblichen Sexes unablässig diskursiviert« wurde, so Bührmann, wurde »eine weibliche Sondernatur und gleichzeitig de[r] Mann und das Männliche als Norm […] reproduzier[t]«.[53]

An Foucaults Fragestellung anknüpfend, nach der es weniger darauf ankomme, »ob man nun Ja oder Nein zum Sex sagt«, sondern darauf, »*daß* man davon spricht, wer davon spricht« und von welchem institutionalisierten Ort,[54] präzisiert sie die Antwort in geschlechtsspezifischer Perspektive. Man sprach über die ›normale‹ Geschlechtlichkeit, indem man sie mit dem Körper der Frau identifizierte und ›Weiblichkeit‹ verhandelte, und geführt wurde dieser Diskurs von männlichen Wissenschaftlern:

> Diejenigen, die die Suche nach dem Sex wissenschaftlich betreiben, die dessen ›eigentliches‹ Wesen entziffern, sind Männer. Männliche Wissenschaftler, als Ärzte, Anthropologen, Physiologen, Anatomen usw. haben den Status, diesen Diskurs zur Dechiffrierung der ›eigentlichen Wahrheiten‹ […] hervorzubringen […]. In und um diese Experten und diese Techniken formierte sich das Sexualitätsdispositiv, das wiederum auf einem Geschlechterdispositiv ruhte. In diesem wurden […] die Sonderanthropologie des weiblichen Geschlechtes

---

50 Bührmann, S. 61 f. Zum Zusammenhang zwischen Medizindiskurs und Geschlechterdiskurs um 1900 vgl. auch Schmersahl, Katrin: *Medizin und Geschlecht. Zur Konstruktion der Kategorie Geschlecht im medizinischen Diskurs des 19. Jahrhunderts*. Opladen 1998.
51 Foucault, *Wille zum Wissen*, S. 126.
52 Vgl. Schmersahl, S. 277 f.
53 Bührmann, S. 60.
54 Foucault, *Wille zum Wissen*, S. 21.

und [...] eine neue Basis zur Begründung der Geschlechterhierarchie [...] hervorgebracht [...].[55]

Die Fußnote, in der Bührmann die männliche Dominanz damit begründet, daß »Frauen zumindest weitgehend bis zum Beginn des 20. Jahrhunderts von den Universitäten ausgeschlossen waren«,[56] benennt weniger einen Grund als vielmehr eine strukturelle Notwendigkeit innerhalb des von Foucault skizzierten Gefüges von Macht und Wissen. Frauen in der Institution der Universität mitwirken zu lassen stand im Widerspruch zu den herrschenden diskursiven Praktiken, speziell ihrem Ausschluß aus der Gruppe der sprachberechtigten Diskursteilnehmer.

In der Geschlechterordnung des 19. Jahrhunderts war die Ausgrenzung der Frauen ein entscheidender Faktor. Eine Gesellschaft, die Frauen von Entscheidungskompetenzen weitestgehend ausschloß, indem sie ihnen das aktive und passive Wahlrecht vorenthielt und in der Familie alle Rechte einseitig dem Vater oder dem Ehemann zuwies, mußte zwangsläufig Frauen von einer Institution fernhalten, die diese Praxis maßgeblich rechtfertigte. In dem Maße, in dem sich die Wissenschaften an der Mythenbildung im Geschlechterdiskurs beteiligten, trugen sie zu seiner gesellschaftlichen Wirksamkeit bei, verliehen ihr quasi einen ›Wahrheitsgehalt‹ im Sinne Foucaults. Als Projektionsfläche für den von der geistigen Sphäre abgetrennten Körperdiskurs wurde ›Weiblichkeit‹ dabei in eine Opposition zum Wissen gesetzt, einprägsam widergespiegelt in der Formel von Ludwig Feuerbach: »Sein ist das Weib – Denken der Mann«.[57]

Im kulturellen Zusammenhang verweisen die Konstruktionen von Weiblichkeitsmythen auf ihre Funktion für einen männlichen Selbstentwurf. Das eklatante Mißverhältnis zwischen der Unterrepräsentanz von Frauen als handelnde Subjekte in der Geschichte und ihrer überproportional häufigen Darstellung in der Kunst[58] lenkt den Blick auf ebendiese Bilder von Weiblichkeit: die »imaginierte Weiblichkeit«, die nach Silvia Bovenschen über ihren Status als Fiktion hinaus in einem bedeut-

---

55 Bührmann, S. 70 f.

56 Ebd., S. 64, Anm. 45.

57 Aufgenommen als Titel der Zitatsammlung über gelehrte Frauen von Renate Feyl: *Sein ist das Weib – Denken der Mann. Ansichten und Äußerungen für und wider den Intellekt der Frau.* München/Zürich 2002.

58 Dies ist ein Befund, auf den schon Virginia Woolf hingewiesen hat; vgl. *Ein Zimmer für sich allein.* Aus d. Engl. v. Renate Gerhardt, Übers. d. Gedichte v. Wulf Teichmann. Mit einigen Fotos u. Erinnerungen an Virginia Woolf v. Louie Mayer. 19. Aufl. Frankfurt a.M. 2000, S. 51.

samen Wirkungsverhältnis zur Lebensrealität steht.[59] Die Untersuchung kultureller, speziell auch literarischer Weiblichkeitsbilder führt zu einer »Vielfalt der gleichwohl stereotypen Bilder«, die sich »in ein dualistisches Schema« fügen: »Sie spalten das Weibliche in eine idealisierte und eine dämonische Gestalt. Die Frau ist läuterndes ›Ewigweibliches‹ oder Verderberin, ›Lilie‹ oder ›Rose‹, Heilige oder Hure, Engel oder Dämon. Immer aber ist sie mit ›Natur‹ identifiziert.«[60]

Der Funktionszusammenhang dieser Zuschreibung ist nach Christa Rohde-Dachser psychoanalytisch als »Abwehrphantasie[ ] des männlichen Subjekts« zu verstehen,[61] das für sein Selbstverständnis der Auslagerung dessen bedürfe, was zu dieser Konstruktion nicht paßt:

> Das ›Weibliche‹ [...] besitzt dabei eine Art *Containerfunktion* [...]: In einem imaginären, als weiblich deklarierten und damit gleichzeitig scharf von der Welt des Mannes geschiedenen Raum deponiert der Mann seine Ängste, Wünsche, Sehnsüchte und Begierden – sein Nichtgelebtes, könnte man auch sagen, um es auf diese Weise erhalten und immer wieder aufsuchen zu können.[62]

Die kulturelle Entgegensetzung von Geist (männlich) und Natur (weiblich) erweist sich nach Rohde-Dachser gleichsam als Bedingung männlicher Emanzipationsprozesse im Sinne der Aufklärung. Sie beruhe auf einer Entindividualisierung und Mythologisierung der Frau, innerhalb deren sie der Diskursbildung zwar als Objekt diene, sie notwendigerweise aber von der Gruppe der sprachberechtigten Diskursteilnehmer ausgeschlossen sei.[63]

---

59 Bovenschen erläutert: »Der Begriff des Weiblichen erschöpft sich nicht in den sozialen Existenzformen der Frauen, sondern er gewinnt seine Substanz aus der Wirklichkeit der Imaginationen. Die mythologisierte, zuweilen idealisierte, zuweilen dämonisierte Weiblichkeit materialisiert sich in den Beziehungen der Geschlechter und in dem aus diesem fremden Stoff gewonnenen Verhältnis der Frauen zu sich selbst. Weibliche Realität ist mehr als soziale Stellung plus ein wenig Ideologie. Die Morphogenese der imaginierten Weiblichkeit schiebt sich im Rückblick an die Stelle der weiblichen Geschichte. Die Grenzen zwischen Fremddefinition und eigener Interpretation sind nicht mehr auszumachen.« (Bovenschen, S. 40 f.)

60 Lindhoff, Lena: *Einführung in die feministische Literaturtheorie.* Stuttgart 1995, S. 17.

61 Ebd., S. 18.

62 Rohde-Dachser, Christa: *Expedition in den dunklen Kontinent. Weiblichkeit im Diskurs der Psychoanalyse.* 2. Aufl. Berlin/Heidelberg 1991, S. 100.

63 Vgl. Pohle, S. 9.

Die Analogie zur Geschlechterdimension des Sexualitätsdispositivs liegt auf der Hand. Auch hier war der Ausschluß von Frauen von einer aktiven Teilnahme am Diskurs ein zentrales Merkmal: Dem ›wissenschaftlichen‹ Sprechen der Männer über die Geschlechtlichkeit der Frau stand die »Schamhaftigkeit« als Ideal bürgerlicher Töchtererziehung gegenüber, die auf Tabuisierung des Themas Sexualität zielte.[64] In diesem Kontext verweist Sigrid Weigel auf die gesellschaftliche Forderung nach weiblicher »Unschuld«, in der das Nicht-Wissen integraler Bestandteil gewesen sei: Der »Begriff der ›Unschuld‹, der das weibliche Verhältnis von Wissen und Sexualität umkreist [,] [...] heißt in diesem Zusammenhang Jungfräulichkeit *und* Nicht-Wissen.«[65] Vor diesem Hintergrund läßt sich erahnen, welche Provokation vom Frauenstudium ausging. Eine Medizinerin, deren Studium Wissen und Sprechen über Sexualität mit sich brachte, stand per se im Widerspruch zum Sittlichkeitsdiskurs, in dem ›Unschuld‹ (als »Nicht-Wissen«) und ›Schamhaftigkeit‹ (als Schweigegebot) für Frauen Rollenvorgaben waren. Das Studium, speziell aber das Medizinstudium von Frauen, konnte aufgrund seiner kontroversen Stellung innerhalb der Setzungen des Geschlechterdiskurses als Testfall für das bestehende Geschlechtersystem gelten – mit prinzipieller Bedeutung für die geschlechterhierarchisch und arbeitsteilig organisierte Gesellschaft.[66]

Als Ergebnis feministischer Anknüpfungen an Foucault resümiert Heike Raab für die Geschlechterordnung:

> Das sich mit diesen [von Foucault analysierten modernen] Machtverhältnissen formierende Sexualitätsdispositiv ruht wiederum, als deren Effekt, auf dem Geschlechtsdispositiv. Analog verhält es sich mit Foucaults Analyse der Disziplinargesellschaft. So sind die von Foucault

---

64 Bei Foucault wird die »moderne Schamhaftigkeit« als allgemeines gesellschaftliches Phänomen behandelt, dessen Bedeutung für das 19. Jahrhundert im Zuge der Repressionshypothese jedoch überschätzt worden sei, wie die enorme Vermehrung des Sprechens über Sexualität im Laufe der letzten drei Jahrhunderte beweise. Eine geschlechterspezifische Differenzierung nimmt er nicht vor. Vgl. Foucault, *Wille zum Wissen*, S. 27.

65 Weigel, Sigrid: *Frau und »Weiblichkeit«. Theoretische Überlegungen zur feministischen Literaturkritik*. In: *Feministische Literaturwissenschaft. Dokumentation der Tagung in Hamburg vom Mai 1983*. Hrsg. v. Inge Stephan u. Sigrid Weigel. Berlin 1984, S. 103-113, hier S. 105.

66 Vgl. zum Komplex Wissenschaft und geschlechterdifferente Arbeitsteilung: Hausen, Karin: *Wirtschaften mit der Geschlechterordnung. Ein Essay*. In: *Zwischen Vorderbühne und Hinterbühne. Beiträge zum Wandel der Geschlechterbeziehungen in der Wissenschaft vom 17. Jahrhundert bis zur Gegenwart*. Hrsg. v. Theresa Wobbe. Bielefeld 2003, S. 83-107.

untersuchten institutionalisierten Mikrotechniken der Macht, wie z.B. die Bereiche Bildung, Militär und für die bürgerliche Schicht der Frauen der Bereich der Arbeit, in den meisten Fällen vom Ausschluß des weiblichen Geschlechts gekennzeichnet.[67]

Die konstatierte Analogie zwischen Mechanismen des Geschlechterdiskurses und Ausschluß der Frauen aus Institutionen markiert das Feld, innerhalb dessen der Eintritt von Frauen einen grundlegenden Konflikt auslösen mußte: Durch das Frauenstudium geriet das, was sich vorher gegenseitig stabilisiert hatte, in einen strukturellen Widerspruch.

## 3. Die Debatte in der zeitgenössischen Publizistik

In ihrem Plädoyer für eine höhere Mädchenbildung richtet Helene Lange, eine der zentralen Protagonistinnen in der Frauenbildungsbewegung, das Augenmerk auf die Bedürfnisse der (bürgerlichen) Mädchen:

> Welcher Art diese Bildung ist, sollte einzig und allein von der individuellen Anlage abhängig gemacht werden; […]. Was notthut, ist nur, unseren jungen Mädchen das Bewußtsein zu geben: wir können irgendetwas wirklich, wir sind nicht unnütze Glieder in dem großen Menschengetriebe.[68]

Die Debatte um höhere Mädchenbildung und insbesondere um das Frauenstudium, wie sie in Zeitschriftenbeiträgen und Streitschriften belegt ist,[69] zeigt jedoch deutlich, daß es um andere Kämpfe ging als dar-

---

67 Raab, S. 58.

68 Lange, Helene: *Mädchenerziehung und Frauenstudium.* In: *Die Frau* 1 (1893-94), S. 214-220, hier S. 217.

69 Die bislang vorliegenden Zeitschriftenauswertungen behandeln aufgrund der Breite des zu sichtenden Materials notwendigerweise jeweils Ausschnitte: Twellmann (darin speziell Bd. 1, Kap. B.I. *Frauenbildung – Frauenarbeit,* S. 54-129, sowie Bd. 2 (Quellen), S. 381-447); Mahncke; Burchardt; Gemkow, Michael Andreas: *Ärztinnen und Studentinnen in der Münchener Medizinischen Wochenschrift (Aerztliches Intelligenzblatt) 1870-1914.* [Mikrofiche-Ausg.] Münster 1991; Wischermann, Ulla: *Frauenfrage und Presse: Frauenarbeit und Frauenbewegung in der illustrierten Presse des 19. Jahrhunderts.* München u.a. 1983; Otto, Ingrid: *Bürgerliche Töchtererziehung im Spiegel illustrierter Zeitschriften von 1865 bis 1915. Eine historisch-systematische Untersuchung anhand einer exemplarischen Auswertung des Bildbestandes der illustrierten Zeitschriften »Die Gartenlaube«, »Über Land und Meer«, »Daheim« und »Illustrirte Zeitung«.* Hildesheim 1990; Röser, Jutta: *Frauenzeitschriften und weiblicher Lebenszusammenhang: Themen, Konzepte und Leitbilder im sozialen Wandel.* Opladen 1992.

um, die ganz persönlichen Neigungen und Fähigkeiten der Mädchen und Frauen zu fördern. Auf der Basis des herrschenden Geschlechterdiskurses argumentierend, gab es massive Widerstände gegen Reformen in den Inhalten und der Zielsetzung der Mädchen- und Frauenbildung und speziell gegen die Öffnung der Universitäten für Frauen.

Die von Kreisen der Frauenbewegung geforderte Beteiligung von Frauen an akademischer Ausbildung und Berufstätigkeit bezog sich zunächst meist explizit auf die Medizin.[70] Beim Kampf um die Zulassung zum Medizinstudium handelte es sich damit um die »›Speerspitze‹ in der Erschließung weiterer akademischer Berufe für Frauen«,[71] so Gemkow und Burchardt, die sich damit auf die Chronologie der Auseinandersetzung beziehen. Vergleichbar früh wurde lediglich die Öffnung des höheren Lehramts[72] gefordert. Twellmann resümiert, bis 1888 habe man in Kreisen der Frauenbewegung ausschließlich für die akademischen Berufe der Lehrerin und der Ärztin sowie en passant auch den der Apothekerin gekämpft.[73] Die ersten Petitionen, vom Allgemeinen Deutschen Frauenverein an die Kultusministerien gerichtet, erfolgten 1888: In ihnen ging es um die Zulassung der Frauen zum Medizinstudium, gleichzeitig wurde jedoch verlangt, »daß auch diejenigen Studien und Prüfungen, durch welche die Männer die Befähigung zum wissenschaftlichen Lehramt erlangen, den Frauen freigegeben werden«.[74] Aufgrund der Auswertung von Frauenzeitschriften führt Twellmann die Beschränkung auf diese beiden Berufszweige auf die auch in der Frauenbewegung verbreitete Annahme einer grundlegenden Geschlechterdifferenz zurück:

einerseits war man fest überzeugt, daß die Lehrerinnen und Ärztinnen für die weibliche Bevölkerung und für das Wohl einer Nation absolut notwendig seien, andererseits glaubte man, daß die Berufe des Erziehens, Helfens, Heilens und Pflegens der »spezifischen weiblichen

---

70 Entsprechend richtet sich auch das Forschungsinteresse an der Debatte besonders auf den Ausschnitt des Medizinstudiums; vgl. insbes. Mahncke und Burchardt.

71 Burchardt, S. 21; vgl. Gemkow, S. 7 f.

72 Frauen lehrten vorrangig in Volksschulen und in der Unterstufe der verschiedenen Mädchenschulen, »in der Mittelstufe der mittleren und höheren Mädchenschule konnten und durften sie gerade noch in einzelnen Fächern unterrichten; von der Oberstufe waren sie – vor allem an den öffentlichen Schulen – so gut wie ausgeschlossen« (Twellmann, Bd. 1, S. 97).

73 Ebd., S. 111 f.

74 Otto-Peters, Louise: *Das erste Vierteljahrhundert des Allgemeinen deutschen Frauenvereins gegr. am 18. Okt. 1865 in Leipzig. Auf Grund der Protokolle mitgeteilt.* Leipzig 1890, S. 82; zum Medizinstudium vgl. S. 79-81.

Individualität« und der ihr eingeborenen Liebesfähigkeit, Hingabe-
und Opferbereitschaft am innigsten entsprächen. Auch die taktische
Erwägung, daß die gebildete Männerwelt, die diese »ewig-weiblichen«
Eigenschaften anbetete, gegen ihre Transformation auf Berufsebene
keine gravierenden Einwände erheben könne, dürfte nicht ohne Einfluß gewesen sein.[75]

Vergleicht man die beiden Berufsfelder in ihrer Rolle innerhalb der gesamten Debatte um das Frauenstudium, erweist sich die Kontroverse um
das Medizinstudium als ungleich virulenter. Dazu mag zunächst einmal
beigetragen haben, daß Lehrerinnen gegen Ende des 19. Jahrhunderts
bereits zum allgemeinen Erscheinungsbild gehörten und der Beruf der
Lehrerin – als einziger – bereits als standesgemäße Versorgung für unverheiratete Bürgertöchter akzeptiert war.[76] Zudem war das Vordringen in
männliche Berufssphären im Fall des Lehramts schon dadurch entschärft, daß die angestrebte erweiterte Lehrberechtigung lediglich die
Oberklassen von Mädchenschulen betraf, die in keiner fachlichen Konkurrenz zu Jungengymnasien standen.[77]

Die Vehemenz, mit der um das Medizinstudium gerungen wurde, erklärt sich jedoch erst vor dem Hintergrund des Diskurszusammenhangs:
durch die Verknüpfung mit dem Körper- und Sexualdiskurs sowie durch
die spezielle Rolle der Medizin für den Geschlechterdiskurs der Zeit.
Claudia Honegger hat auf einen Paradigmenwechsel hingewiesen, der im
19. Jahrhundert dazu führte, daß die Medizin zur Leitdisziplin in anthro-
pologischen Fragen avancierte:

> Erst mit dem Aufschwung der naturalistischen Wissenschaften vom
> Menschen verlagerte sich das Problem zu Beginn des 19. Jahrhunderts
> definitiv aus der Gesellschaft in die *wahr*zunehmende Natur. Nun sollte
> der rein objektive Tatsachenblick des Menschenwissenschaftlers an der
> Grundstruktur des menschlichen Körpers direkt die soziale und sittli-
> che Aufgabenverteilung zwischen den Geschlechtern ablesen können.

---

75 Twellmann, Bd. 1, S. 112.
76 Vgl. ebd., S. 96.
77 So wurden auch männliche Lehrkräfte an Mädchenschulen von ihren Kollegen an
   Knabenschulen als »2. Garnitur« betrachtet; ebd., S. 98. Der qualitative Unterschied zwischen dem Anspruch der Mädchen- und der Jungenbildung führte in
   der Debatte zum Argument, für die Ausbildung zur Oberlehrerin bedürfe es
   eigentlich keines Universitätsstudiums. Da es aber zur Zeit noch keine adäquaten
   Bildungsstätten gebe, müsse man notgedrungen auf die Universitäten zurückgrei-
   fen. Vgl. dazu ebd., S. 108, S. 110 f.

An die Stelle der Moraltheologie (und spekulativer Geschlechterphilo-sophien) schob sich als zentrale kulturelle Definitionsmacht eine durch die »harte« Wissenschaft der vergleichenden Anatomie legiti-mierte Moralphysiologie. Damit wurden vor allem die Mediziner zu neuen Priestern der menschlichen Natur, zu Deutungsexperten, die sowohl für die Orthodoxie wie für den alltäglichen Moralkodex ver-antwortlich zeichneten.[78]

Die Frage nach der Studierfähigkeit von Frauen richtete sich entspre-chend zunächst einmal an die Mediziner, speziell an die Gynäkologen und Anatomen. Dadurch ergab sich eine doppelte Betroffenheit der Me-diziner: Im Fall des Medizinstudiums waren die Professoren unter ihnen als Mitglieder der Universität angesprochen, als ›Menschenwissenschaft-ler‹ fühlten sie sich generell als Experten herausgefordert.

In der Diskussion um das Frauenstudium nahm der wirtschaftliche Faktor insgesamt nur einen relativ geringen Stellenwert ein, obwohl er ja mit zu den auslösenden Momenten der Debatte gezählt hatte. Im Berufs-feld der Medizin erhielt er immerhin eine gewisse Bedeutung dadurch, daß die Notwendigkeit, den unverheirateten Frauen einen Lebensunter-halt zu ermöglichen, mit einer anderen wirtschaftlich motivierten Dis-kussion zusammenfiel: einer allgemeinen Konkurrenzangst unter Medi-zinern.[79] Die Bestrebungen, Frauen den ärztlichen Berufsstand zugäng-lich zu machen, trafen insofern einen ungünstigen Zeitpunkt, als gerade um die Jahrhundertwende die Furcht vor einer Ärzteschwemme und damit vor einer Einbuße an Erwerbsmöglichkeiten grassierte. Daß diese Angst allerdings unberechtigt war, hat Huerkamp anhand des um die Jahrhundertwende steigenden Realeinkommens von Ärzten nachgewie-sen.[80]

Entscheidender jedoch als diese konkreten Fragen des Lebensunter-halts waren in der Debatte grundsätzliche Aspekte der Geschlechterdiffe-renz: Was ist ›die‹ Frau, was darf sie, was soll sie sein? Die Forderung,

---

78 Honegger, Claudia: *Die Ordnung der Geschlechter. Die Wissenschaften vom Men-schen und das Weib 1750-1850.* Frankfurt a.M. 1991, S. IX. Den Beginn des Wandels setzt Honegger mit der Mitte des 19. Jahrhunderts an. Vgl. dazu auch Burchardt, S. 21.

79 Zum Aspekt der Abwehr wegen befürchteter beruflicher Konkurrenz (nicht nur im Bereich der Medizin) vgl. z.B. Troll-Borostyáni, *Das Recht der Frau* [3 Teile]. In: *Freie Bühne* 4 (1893), S. 543-553, 630-645 u. 753-775, hier S. 756. Vgl. zum Stel-lenwert der Konkurrenzangst innerhalb der Debatte um das Frauenstudium Mahncke, S. 92-95.

80 Vgl. Huerkamp, S. 232.

Frauen zum wissenschaftlichen Studium zuzulassen, wurde zum Anlaß, über die Grundfesten der für die bürgerliche Gesellschaft konstitutiven Geschlechterordnung zu diskutieren.

Twellmanns Auswertung belegt, daß auch aus den Reihen der Frauenbewegung ganz überwiegend mit einer prinzipiellen Geschlechterdifferenz und typisch ›weiblichen‹ Eigenschaften argumentiert wurde. Die prinzipielle Gleichbehandlung (gleicher Zugang zu Macht, Bildung und finanziellen Ressourcen) forderten nur wenige: Hedwig Dohm, die für eine grundsätzliche Gleichberechtigung auf dem Gebiet der Wissenschaft plädierte, beispielsweise, oder Irma von Troll-Borostyáni, die die von ihr konstatierte allgemeine Ansicht, »das moralische Gefühl [sei] bei der Frau, ihrer Naturanlage nach, kräftiger […] als beim Mann«, in eine pointierte Frage münden läßt: »Wie vermag man es zu rechtfertigen, daß die Frau, als das *bessergeartete* menschliche Wesen, dem *schlechteren* in allen gesellschaftlichen und staatlichen Verhältnissen nachgesetzt und untergeordnet ist?«[81] Statt einer prinzipiellen Gleichberechtigung forderte man zumeist ›geschlechtsspezifische‹ Betätigungsmöglichkeiten für Frauen. Man berief sich auf die ›Sittlichkeit‹ (die Notwendigkeit weiblicher Ärzte für Frauen; die standesgemäße Versorgung unverheirateter Frauen durch gehobene Berufe) und die besonderen weiblichen Fähigkeiten (vor allem Opferfähigkeit und Geduld), die man zum Wohl der

---

81 Troll-Borostyáni, Irma von: *Die Gleichstellung der Geschlechter und die Reform der Jugend-Erziehung. Die Mission unseres Jahrhunderts.* 3. Aufl., hrsg. vom Bayerischen Verein für Frauenstimmrecht. München 1913, S. 54. Zu Dohms Gleichheitsforderung in der Wissenschaft vgl. Dohm, S. 186. Einen wichtigen Bezugspunkt bildete John Stuart Mills *The Subjection of Women* [1869]. In: *Collected Works of John Stuart Mill.* Hrsg. v. John M. Robson. Bd. XXI. Toronto 1984, S. 259-340 hier S. 269 ff. Mill galt als besonders radikaler Vertreter des Gleichberechtigungsgedankens. So wies er bereits darauf hin, daß es nicht möglich sei, über die ›Natur‹ der Frau zu argumentieren, da sich in der vermeintlichen ›Natur‹ bereits eine künstliche Setzung verberge. Mill löste eine heftige Kontroverse aus, vgl. als zeitgenössischen Kommentar zu der Auseinandersetzung Cohn, Gustav: *Die deutsche Frauenbewegung* [in 4 Teilen]. In: *Deutsche Rundschau* 86 (1895/96), S. 440-468; 87 (1895/96), S. 47-59, S. 89-109, S. 201-223, hier Teil 2, S. 47-59. Im sozialistischen Lager fand August Bebels Buch *Die Frau und der Sozialismus* [zuerst 1879] große Beachtung, in dem er gegen die Benachteiligung von Frauen eintrat: Die Frau habe vielmehr »Anspruch auf die volle Gleichberechtigung mit dem Manne«. (9., gänzl. umgearb. Aufl. Stuttgart 1891, S. 221.) Auf seiten der sozialistisch orientierten Frauenbewegung betonte Clara Zetkin die Bedeutung dieses Sachverhaltes: Zetkin, Clara: *Die Arbeiterinnen- und Frauenfrage der Gegenwart.* Berlin 1893, S. 3.

Nation in die Gesundheitspflege einbeziehen müßte. Gerade auf weibliche Eigenschaften und auf das Wohl der Nation beriefen sich jedoch auch die Gegner des Frauenstudiums. Was vorgängig war und was Reaktion, ist dabei nicht zu entscheiden. Es gehört zu den Charakteristika diskursiven Sprechens, wie Foucault sie beschreibt, daß der Sprecher nicht außerhalb des Diskurses stehen kann, an dem er mitwirkt. »Der absolute, in die Leere des Raums und der Zeit gesprochene Beginn ist eine Fiktion. Reden bedeutet mitteilen, und es heißt auch, Beziehungen zu stiften und Positionen zu besetzen.«[82] Die möglichen Positionsnahmen sind dabei abhängig vom gegebenen diskursiven Kontext: Mitzusprechen bedeutet gleichzeitig, sich auf den Diskurs einzulassen. Die Argumentation aus den Reihen der Frauenbewegung stand im Zusammenhang mit dem zeitgenössischen Geschlechterdiskurs, war Vorstoß und (notwendigerweise) Reflex zugleich.

## »Über die Befähigung der Frau zum wissenschaftlichen Studium und Berufe«

Die Frage nach der »Befähigung« der Frau zur Wissenschaft, die für Kirchhoffs ›Umfrage‹ titelgebend war, wurde zu einer Leitfrage der Debatte, in der sich das Postulat einer prinzipiellen Geschlechterdifferenz niederschlug. Die Frau habe eine spezielle Begabung im Umgang mit Kindern und Kranken, so eine im 19. Jahrhundert verbreitete Vorstellung. Während man in Kreisen der Frauenbewegung daraus ableitete, daß man Frauen nicht nur den Lehrberuf, sondern gerade auch den ärztlichen Beruf öffnen müsse, zeigten die Gegner der Forderungen eine widersprüchliche Haltung: Geduld, Fürsorge, Einfühlungsvermögen würden die Frau zwar für Tätigkeiten in der Kindererziehung und in der Krankenpflege prädestinieren, bei Berufen mit höheren intellektuellen Anforderungen stünden der Frau ihre ›natürlichen Geschlechtseigenschaften‹ jedoch gerade im Wege.[83]

Bei den Versuchen, die Berufsfrage auf ›naturgegebene‹ Geschlechterunterschiede zurückzuführen, wurde zunächst einmal eine insgesamt zu schwächliche Konstitution der Frau angeführt.[84] Die Einschätzungen

---

82 Konersmann, *Philosoph,* S. 53.
83 Vgl. Mahncke, S. 77 u. Anm. 216.
84 Die durchschnittlich schlechte körperliche Verfassung der bürgerlichen Frauen wurde auch von seiten der Frauenbewegung im allgemeinen nicht bestritten, zur Begründung verwies man aber auf soziale Faktoren: die Erziehung und die Ernährung der bürgerlichen Töchter; vgl. Mahncke, S. 73.

differierten allerdings erheblich, ob die Körperkräfte der Frau nur für bestimmte ärztliche Tätigkeiten nicht ausreichen, z.B. in der Chirurgie oder für die Dauerbelastung eines Landarztes, eine Assistenz im Krankenhaus oder eine Stadtpraxis aber durchaus denkbar wären, oder ob Frauen generell zu schwach seien, nicht nur für den ärztlichen Beruf, sondern auch für das Gymnasiallehramt und schon das Studium.[85] Neben dem Argument der physischen Schwäche, dem jedoch mit der erwiesenen prinzipiellen Leistungsfähigkeit von Frauen in unterprivilegierten, aber körperlich nicht weniger anstrengenden Berufen begegnet werden konnte, wirkte ein anderes nachhaltiger. Die am 30. März 1892 im preußischen Abgeordnetenhaus geführte Debatte über eine Petition auf Einrichtung von Mädchengymnasien und Zulassung zum Studium spiegelt die Verschiebung wider: »Daß die Schwierigkeiten des ärztlichen Berufes die Kraft der Frau übersteigen«, so die Wiedergabe der Redebeiträge, »sei unrichtig. Was Diakonissen, barmherzige Schwestern, Hebammen leisten, zeige, was auf diesen Gebieten eine Frau zu leisten vermag. Die Schwierigkeiten liegen in der Ausbildung zu den studirten Berufsarten.«[86] Die postulierte Belastbarkeitsgrenze im geistig-psychischen Bereich eignete sich direkt zur geschlechterbezogenen Differenzierung der Berufe. Die Argumentation, die den gezielten Ausschluß der Frauen von der höheren Bildung und akademischen Berufen produzierte, aktualisierte die traditionelle Geschlechterdichotomie, die auf der Entgegensetzung von Vernunft und Gefühl beruhte. »Der Mann ist mutig, kühn, heftig, trotzig, rauh, verschlossen«, schreibt der Anatomie- und Physiologieprofessor Theodor von Bischoff in seiner vielbeachteten Streitschrift über das Medizinstudium von Frauen,

> das Weib [ist] furchtsam, nachgiebig, sanft, zärtlich, gutmütig, geschwätzig, verschmitzt.
> Der Mann besitzt mehr Festigkeit, das Weib ist wandelbar und inconsequent.
> Der Mann handelt nach Überzeugungen, das Weib nach Gefühlen; die Vernunft beherrscht bei jenem das Gefühl, bei diesem umgekehrt das Gefühl die Vernunft.[87]

Während der »männliche Geist« in »das Wesen« der Dinge vordringe, »ruhiger« prüfe und »unbefangener« urteile, berücksichtige der »weibli-

---

85 Vgl. ebd., S. 72 f., speziell auch Anm. 207.
86 Cohn [Teil 1], S. 453.
87 Bischoff, Theodor L. W. von: *Das Studium und die Ausübung der Medicin durch Frauen.* München 1872, S. 19 f.

che Geist« »mehr das Äußere, den Schein, als das innere Wesen; sein Urteil ist befangen, oberflächlich, sein Wille schwach, das Handeln unbestimmt«. Die Frau verfüge über eine größere Mitleidsfähigkeit, sei »schamhafter«, weniger stark auf den »groben Genuss[ ] der Sinnlichkeit« ausgerichtet, sie sei das »erhaltende«, der Mann das »schaffende Prinzip der menschlichen Gesellschaft«. Aus den aufgestellten Differenzen gehe, so Bischoffs Fazit, »unwiderleglich hervor, daß das weibliche Geschlecht für das Studium und die Pflege der Wissenschaften und insbesondere der Medizin nicht geeignet ist«.[88] Diese spezifische Besetzung der Geschlechterdifferenz hatte um die Jahrhundertwende Konjunktur, Möbius' Rede vom »physiologischen Schwachsinn des Weibes«[89] und Otto Weiningers Definition des Weiblichen als desjenigen Elements, das jenseits geistiger und moralischer Ordnungen stehe, es also weniger »schwachsinnig« als vielmehr »un-sinnig« sei,[90] beriefen sich auf die gleichen Grundannahmen. Auch die Behauptung, man bewege sich im Feld der exakten Na-

---

88 Ebd., S. 20.

89 Möbius, *Schwachsinn*, Titel, zur Erläuterung vgl. S. 11 f. Daß das Werk Möbius' eine breite Rezeption erfahren hat, beweisen die nach der Erstausgabe 1900 bis 1922 erschienenen 12 (z.T. veränderten) Neuauflagen (davon 9 in den ersten 8 Jahren) sowie die Flut von Leserbriefen (z.B. auch von Hedwig Dohm), von denen eine Auswahl [ab der 5. Aufl.] im Anhang abgedruckt ist.

90 Weininger, Otto: *Geschlecht und Charakter. Eine prinzipielle Untersuchung.* (Nachdr. d. 1. Aufl. Wien 1903) München 1980. Weininger formuliert seine Darstellung im bewußten Kontrast zu Möbius: »Das Weib ist weder tiefsinnig noch hochsinnig, weder scharfsinnig noch geradsinnig, es ist vielmehr von alledem das gerade Gegenteil; es ist, so weit wir bisher sehen, überhaupt nicht ›sinnig‹: es ist als Ganzes Un-sinn, un-sinnig. Aber das ist noch nicht *schwach*sinnig.« Die Kontroverse zwischen Weininger und Möbius, die sich auch anläßlich der Bewertung der »talentierten Weiber« entspinnt, beruht nicht zuletzt auf der Ähnlichkeit des Ansatzes, die in Möbius' Vorwurf des Plagiats kulminiert: ›Ich las es [das Buch *Geschlecht und Charakter*] und hatte dabei eine recht unangenehme Empfindung, als ob ich in einen Kopierspiegel sähe und mein eigenes Bild ins unförmliche verzerrt erblickte.« »Wenn aber ein Schriftsteller, nur um nicht als Plagiarius zu erscheinen, seinen Vorgänger verunglimpft, so hört der Spaß auf und das Strafbare beginnt. Der Vf. [...] steigert die Arroganz dadurch, daß er erklärt, die Behauptung des Ref. [d.i. Möbius], die talentierten Weiber seien Zeichen der Entartung, wäre irrig, die sexuellen Zwischenformen wären durchaus eine normale Erscheinung. Also der Mann im Philosophenmantel will bestimmen, was normal und was pathologisch sei!« (Möbius, Paul Julius: *Geschlecht und Unbescheidenheit. Beurteilung des Buches von O. Weininger »Ueber Geschlecht und Charakter«.* 3. Aufl. Halle a.S. 1907, S. 3, 4.) Zur großen Beachtung, die Weiningers Werk unter seinen Zeitgenossen fand, vgl. Bovenschen, S. 67.

turwissenschaften, ist ihnen gemeinsam. Die argumentative Vorgehensweise ist aufschlußreich. Sie läßt sich im Sinne von Foucaults drittem
Ausschließungssystem lesen: der Ausgrenzung von Diskursen als ›Wahnsinn‹. Das Sprechen von Frauen wird mit Rekurs auf die körperliche Differenz als eines deklassiert, das keine Bedeutung trage: Der Wahnsinn
(»Schwachsinn«, »Un-Sinn«) wird der Frau qua Geschlecht zugeschrieben.

Im Bereich des Geistigen war es freilich schwieriger als im Feld der
Physis, den Schein positivistisch meßbarer Forschungsergebnisse zu wahren. Nicht umsonst wirft Hedwig Dohm Bischoff Unwissenschaftlich-
keit und Unredlichkeit vor. »Ich wüßte keinen Gegensatz der Charaktere,
den man nicht unter den Männern selber fände«, schreibt sie und kritisiert im übrigen Bischoffs Schlußfolgerung: »Unbegreiflich, warum ein
Mensch nur mit Erfolg dem Studium obliegen kann, der kühn, heftig,
rauh, verschlossen ist, während derjenige, der eines zärtlichen, sanften,
gutmütigen, demütigen, sittsamen, aufopferungsfähigen Gemütes sich
erfreut, dieser Fähigkeit verlustig geht!«[91] Solche in der Debatte ums
Frauenstudium beliebten Kataloge männlicher und weiblicher Eigenschaften folgen in der Regel einem diskurstypischen Schema: Mit dem –
meist pauschal bleibenden – Verweis auf wissenschaftliche Autoritäten[92]
und der suggestiven Anknüpfung an physiologische Meßdaten wird den
positivistischen Bedürfnissen des zeitgenössischen Wissenschaftsdiskur-
ses entsprochen.[93] Hieraus resultiert die Bedeutung der Hirnforschung
für die Geschlechterordnung, denn über sie wurde die behauptete geistige
Verschiedenartigkeit der Geschlechter positivistisch ›bewiesen‹: In der
Regel gehen den Eigenschaftskatalogen wie bei Bischoff oder Möbius[94]
ausführliche Meßergebnisse zur Schädelbildung, zum durchschnittlichen
Schädelumfang, zum Hirngewicht und zu physiologischen Einzelheiten
wie der Ausprägung des Scheitellappens voran. Die Interpretation der
gemessenen Werte, die meist allerdings statistisch wenig aussagekräftig
sind,[95] erfolgt dann im Sinne des herrschenden Geschlechterdiskurses:
Bei einem quantitativ kleineren weiblichen Gehirn seien auch die intel-

---

91 Dohm, *Emancipation*, S. 79 f.
92 Ein typisches Beispiel liefert Bischoff, der seine Auflistung als »den erfahrensten
   Menschenkennern und Psychologen entnommene Schilderung der geistigen
   Eigenthümlichkeiten« einführt; Bischoff, S. 19.
93 Im Gegensatz zu den Medizinern Möbius und Bischoff ist es bei Weininger allerdings die Mathematik, vgl. z.B. seine in mathematische Formeln mündenden
   »Gesetze der sexuellen Anziehung«, S. 31-52; spez.: S. 35, S. 44 f.
94 Vgl. Möbius, *Schwachsinn*, S. 48-51.
95 Bereits von zeitgenössischen Medizinern wurde zuweilen angemahnt, man brau-
   che mehr, und in den äußeren Parametern (z.B. Alter der untersuchten Gehirne)

lektuellen Fähigkeiten unterentwickelt. Nicht selten folgt als Fazit, die Frau sei dem Kind ähnlicher als dem Mann, mitunter wird gar eine ›Tierähnlichkeit‹ der Frau postuliert.[96] Wenn auch diese Schlußfolgerung selbst Gegnern des Frauenstudiums zu weit ging,[97] wurde die Kernthese meist nicht angezweifelt: Aufbauend auf der Hypothese zweier differenter Geschlechtscharaktere wurde die herrschende Geschlechterordnung mit ihrer Aufgabenteilung als körperlich determiniert und damit von der Natur vorgegeben definiert.

Der Körperdiskurs bedingt seinerseits den Krankheitsdiskurs: »Je gesünder der Mensch ist«, so Möbius, »umso entschiedener ist er Mann oder Weib.«[98] Was aber einen »Mann« und eine »Frau« ausmacht, ist Gegenstand gesellschaftlicher Setzungen und nachzulesen in den bereits angesprochenen, vorgeblich ›objektiven‹ Kriterienkatalogen geschlechtsspezifischer Eigenschaften. Ein Verstoß gegen die gesellschaftliche Rollenvorgabe wurde so mit einer Gefährdung der Gesundheit gleichgesetzt: Vor diesem Hintergrund erklärt sich die wiederkehrende ›Warnung‹, zu starke Geistesanstrengung, insbesondere natürlich ein Studium, mache Frauen krank.[99] Ähnlich schlußfolgerte man im preußischen Abgeordnetenhaus. Von seiner Teilnahme an einer Sitzung im Jahr 1897 berichtet Ernst Heilborn:

> Der Gang, den die Debatten im Abgeordnetenhause nahmen, ist charakteristisch und wichtig. Der Abgeordnete Schall eröffnete sie mit der Klage über allzuhohe Anforderungen, die an die jungen Mädchen auf den Seminarien gestellt würden. Darunter litte ihre Gesundheit. Einer scharfen Kritik wurde vor allem das Oberlehrerinnenexamen unterworfen, dessen Bestimmungen zu unklar gehalten und zu hoch gestellt seien.[100]

---

vergleichbareres Material. Auch bezüglich der Auswertung regte sich vereinzelt Kritik, so vom Zürcher Professor Ludimar Hermann: »Sollen wir nun wirklich, wenn ein Schluß aus absolutem Hirngewicht auf geistige Befähigung zulässig wäre, die 134 Gramm, die das männliche Gehirn im Mittel nach Bischoff schwerer ist, als denjenigen Betrag an Hirnmasse ausmachen, der den Frauen fehlt, um Medizin zu studieren?« (*Das Frauenstudium und die Interessen der Hochschule Zürich.* Zürich 1872, S. 7.)

96 So z.B. bei Möbius, vgl. Möbius, *Schwachsinn*, S. 17.

97 Vgl. dazu Mahnke, S. 71 f.

98 Möbius, *Schwachsinn*, S. 53 f.

99 Vgl. dazu Schmersahl, S. 305.

100 Heilborn, Ernst: *Das Frauenstudium vor dem Abgeordnetenhause*. In: *Die Frau* 4 (1896-97), H. 9, S. 555-558, hier S. 555 (anläßlich der Sitzung am 3. Mai 1897).

Das Gefährliche der Konstruktion, die diskursive »Ausschließungsma-schinerie« (Foucault),[101] liegt darin, daß sich eine Intervention gegen das Frauenstudium auf diese Weise nicht nur auf ›die Natur‹, sondern auf eine geradezu moralische Verpflichtung den Frauen gegenüber berufen konnte und sich somit in die positiv besetzte männliche Verhaltensregel der ›Ritterlichkeit‹ einholen ließ.

Die Interpretation der gesellschaftlichen Geschlechtsrolle als Ge-schlechts-›Natur‹ führte gleichzeitig dazu, daß Frauen, die Studium und Beruf erfolgreich meisterten, die also eigentlich durch ihr Beispiel die all-gemeine Gültigkeit der Setzung widerlegten, ›umdefiniert‹ wurden: Sie seien weniger als Frau denn als Mann zu identifizieren. Die verbreitete Wahrnehmung emanzipierter und wissenschaftlich tätiger Frauen als »konträrgeschlechtlich« oder als geschlechtsneutrale »Blaustrümpfe«, die einem »dritten Geschlecht«[102] angehören würden, findet hier ihre Kon-

---

101  Foucault, *Ordnung des Diskurses*, S. 17.
102  Im antiken Mythos die androgyne Vollkommenheit eines ursprünglichen »Ku-gelmenschen« bezeichnend, wurde der Begriff gegen Ende des 19. Jahrhunderts innerhalb des Diskurses um Homosexualität gebräuchlich. Zunächst von Karl Heinrich Ulrichs als Ausdruck für eine Zwitterform zwischen männlichem und weiblichem Wesen verwendet (1862), wurde er von Magnus Hirschfeld, dem be-kannten Sexualwissenschaftler und prominenten Protagonisten der Homosexu-ellenbewegung, für dessen »Theorie der sexuellen Zwischenstufen« aufgegriffen (vgl. dazu z.B. die Aufklärungsschrift des von Hirschfeld mitbegründeten »Wis-senschaftlich-humanitären Komitees«: *Was soll [Umschlag: Was muss] das Volk vom dritten Geschlecht wissen!* Leipzig 1901, S. 4). Diskurstypisch, und so auch bei Hirschfeld ausgeführt, bezog man sich bei der Zuordnung von Frauen und Män-nern zu einem »dritten Geschlecht« nicht nur auf körperliche Aspekte, sondern auch auf geistige: auf »Neigungen« und Verhaltensweisen, die man dem jeweils anderen Geschlecht zuschrieb. Im Fall homosexueller Frauen zählten dazu insbe-sondere intellektuelle Beschäftigungen. So nennt Krafft-Ebing als charakteristi-sches Merkmal weiblicher Homosexueller »die Vorliebe für ernste, selbst philo-sophische Lektüre, de[n] Gang, die Haltung« (Krafft-Ebing, Richard von: *Zur weiblichen Homosexualität.* In: *Jahrbuch für sexuelle Zwischenstufen* 3 (1901), S. 20-36, hier S. 35). Der Sexualtrieb konnte auch vollständig in den Hinter-grund treten, so daß der Begriff des »dritten Geschlechts« mitunter synonym für emanzipierte Frauen, vorzugsweise Frauenrechtlerinnen und Studentinnen verwandt wurde; vgl. z.B. Elsa Asenijeff [d.i. Elsa Maria Nestoroff, geb. von Packeny]: »Die Emancipierte, welche sich zu der unserer Natur diametralen Mannescivilisation demoralisieren ließ, ist das werdende dritte Geschlecht.« (*Aufruhr der Weiber und das Dritte Geschlecht.* 3. Aufl. Leipzig 1898, S. 7.) Auch Ella Mensch schaltete sich mit ihrer Schrift *Bilderstürmer in der Berliner Frauen-bewegung* (3. Aufl. Berlin 1906) in die Debatte ein, indem sie sich vehement

textualisierung. Die kausale Rückführung geistiger Begabung auf einen ›vermännlichten‹ Körper hat Tradition in medizinischen Lehrbüchern der Zeit. Als Beispiel sei aus dem physiognomisch orientierten »Handbuch zur Menschenkenntnis« von Carl Gustav Carus zitiert: In einer spiegelbildlichen Entsprechung zu den zuvor abgehandelten Männern mit »weibischem Charakter«[103] behauptet Carus, daß,

> indem *Frauen mit mehr männlich gebildeten Händen*, Händen, an denen Größe, stärkerer Knochenbau, mehres Vortreten der Gelenke, derbere Muskulatur, und gröbere festere Haut, ganz außerhalb des eigentlich weiblichen Charakters liegen, stets dadurch auch eine Individualität verrathen werden, welche von der weiblichen sehr sich entfernt, vielmehr die schon oft erwähnte des Mannweibes (Virago) ist, in welchem stärkere Willenskraft und schärferer Verstand doch in der Regel keineswegs genügen, um das Unliebenswürdige der mangelnden Anmuth und eigentlichen Weiblichkeit zu ersetzen.[104]

Auffällig, dabei aber diskurstypisch, ist der wertende Gestus, der der ›wissenschaftlichen‹ Abhandlung beigegeben ist. Neben den dominierenden pejorativen Darstellungen der Frauen, die nicht der Norm von ›Weiblichkeit‹ entsprechen, sowie ihrer Verurteilung als naturwidrig findet sich auch die umgekehrte Bewertung. So will beispielsweise Weininger Frauen, die bedeutende Leistungen erbracht haben, nicht wie Möbius als ›Entartungserscheinungen‹ gewertet wissen,[105] sondern als Resultat positiv wirkender männlicher Anteile: »Von einem *moralischen* Aussichtspunkte kann man diese Frauen, da sie stets männlicher sind als die anderen, nur freudig begrüßen, und müßte bei ihnen eher das Gegenteil einer Entartung, nämlich einen Fortschritt und eine Überwindung, zugeben.«[106]

---

gegen eine, wie sie prognostizierte, zunehmende Identifizierung von Frauenbewegung und Lesbenbewegung verwahrte. Vgl. dazu: Szypulski, Anja: *Die »Entdeckung« der weiblichen Homosexualität.* In: *Ariadne* 1996, H. 29: *Fluch, Vergnügen oder …? Facetten weiblicher Homosexualität*, S. 5-11. Zur Repräsentation in der Kunst und Literatur des 19. Jahrhunderts (mit speziellem Blick auf den französischen Raum) vgl. Schmaußer, Beatrix: *Blaustrumpf und Kurtisane. Bilder der Frau im 19. Jahrhundert.* Stuttgart 1991, S. 233-241; zum Mythos ebd., S. 235 f.

103 Carus, Carl Gustav: *Symbolik der menschlichen Gestalt. Ein Handbuch zur Menschenkenntnis.* (Fotomechanischer Nachdr. d. 2., vielf. verm. Aufl. Leipzig 1858) Darmstadt 1962, S. 310.

104 Ebd., S. 311.

105 Vgl. Möbius, *Schwachsinn*, S. 24 f., 38 f.

106 Weininger, S. 343.

Beiden Ausrichtungen gemeinsam ist indes, daß geistige Fähigkeiten als unvereinbar mit ›Weiblichkeit‹ definiert werden. In der Vorgehensweise drückt sich die von Foucault beschriebene Wirksamkeit des »Willens zur Wahrheit« als übergeordnetes Ausschließungssystem aus: Die Diskrepanz zwischen den theoretischen Postulaten und der Lebenswirklichkeit führte nicht zu einer Revision der Theorie, sondern zu einer Umdefinition der realen Phänomene, so daß sie wieder den Kategorien entsprachen. Die konkrete Debatte um die Zulassung von Frauen zum Medizinstudium lieferte analoge Beispiele für den Umgang mit Geschlechtsdefinitionen, die dem Ausschluß von Frauen dienten. So argumentierte der Gynäkologe Rudolf Dohrn, Frauen seien qua Geschlecht nicht zum medizinischen Studium und Beruf befähigt. Sei dies aber doch der Fall, so müsse die entsprechende Ärztin notwendigerweise ihre weibliche Anmut und Emotionalität eingebüßt haben. Es handele sich dann um ein widernatürliches »Mannweib«, das auch eine Patientin »selbst sich nicht wünschen« könne.[107]

Obwohl die Argumentation sich selbst als interessengeleitet und damit eigentlich mit wissenschaftlichem Vorgehen inkompatibel entlarvte, wurde sie erstaunlich beharrlich in der Diskussion vertreten. Klarsichtig resümiert der Zeitgenosse Ottomar Rosenbach, Professor für Innere Medizin, hinter den »angeblich gewichtige[n] ideale[n] oder ethische[n] Gründe[n]«, die die Gegner des Frauenstudiums mit dem Hinweis auf die vorgebliche ›Natur‹ der Frau und einen drohenden »Verlust der Weiblichkeit« vorbrächten, verberge sich ein klares Interesse der Männer: »Als Schreckgespenst wird der Blaustrumpf, die weibliche Emanzipierte und die Zerrüttung der Familie in Aussicht gestellt, Behauptungen, die allzu deutlich nur die Furcht des Mannes vor einer Veränderung in der Stellung der Frau charakterisieren.« Was die Argumentation beweise, sei nicht die »*Unfähigkeit* der Frau, sondern der *Egoismus* des Mannes der Gegenwart«.[108]

---

107 Dohrn, Rudolf: *Ueber die Zulassung weiblicher Aerzte, speciell zur Ausübung der Geburtshilfe.* In: *Deutsche medizinische Wochenschrift* 19 (1893), S. 179 f., hier S. 180. Zur Vermännlichungsthese vgl. auch Runge, Arnold: *Das Wesen der Universitäten und das Studium der Frauen. Ein Beitrag zur modernen Kulturbewegung.* Leipzig 1912, S. 32-34.

108 Rosenbach, Ottomar: o.T. In: *Die akademische Frau*, S. 78-85, hier S. 81.

## Über den »hohen, heiligen Beruf der Frau«: Ehe und Familie

Die Zerrüttung der Familie, ein Schlagwort, das in der Debatte ums Frauenstudium einen wichtigen Stellenwert einnahm, verweist über den Rahmen einer angeblichen Geschlechtsnatur hinaus auf den Bereich der Gesellschaftsordnung. Die eigentliche Aufgabe der Frau liege darin, Ehefrau und Mutter zu sein. Vom »hohen, heiligen Beruf der Frau«[109] ist die Rede, der »angeboren«[110] sei und sich eben im Gegensatz zur Berufswelt der Männer auf Haus und Familie beziehe. Auch von den Vertreterinnen der Frauenbewegung wurde das weitestgehend nicht in Frage gestellt:[111] Im allgemeinen ging man davon aus, die Ehe würde insgesamt für Frauen das Ideal bleiben, die Eröffnung weiterer Möglichkeiten in Bildung und Beruf würde die Heiratszahlen nicht senken. Helene Lange, Begründerin der Realkurse für Frauen, hebt vielmehr hervor, es gelte, die lange Zeit vor der Ehe sinnvoll zu gestalten:

[E]s liegen durchschnittlich 10-12 Jahre zwischen Schulabschluß und Heirat. Ganz sicher werden nun für das Glück einer zukünftigen Ehe bessere Garantien geboten, wenn diese Zeit einer gründlichen, berufsmäßigen Ausbildung und selbst der *Ausübung* eines Berufes gewidmet ist, als wenn sie in der vielfach üblichen Weise in geschäftigem Müßiggang verbracht wird.[112]

Eine Kombination von Ehe und Beruf wurde selten erwogen.[113] Die Öffnung der höheren Bildungswege zum Zweck einer Erwerbstätigkeit forderte man vornehmlich für die Frauen, für die, aus welchen Gründen auch immer, Ehe und Mutterschaft nicht in Frage kämen. Es versteht sich, daß dabei die Prioritäten eindeutig gesetzt wurden. So läßt Tolstoi seine in der *Freien Bühne* erschienene Stellungnahme zur Frage »Was soll der Mann, und was soll die Frau arbeiten?« (als »[z]weites Nachwort zur Kreutzersonate«) in das Fazit münden:

Nun aber diejenigen, die keine Kinder haben, die nicht in den Ehestand getreten sind und die Wittwen? Die werden gut thun, wenn sie an der vielfältigen Männerarbeit Theil nehmen. [...] Aber eine junge Frau zu sehen, die zum Kindergebären befähigt ist und die doch mit Männerarbeit beschäftigt ist, wird stets bedauerlich sein. Eine

109 Gierke, Otto: o.T. In: *Die akademische Frau*, S. 21-27, hier S. 25.
110 Riehl, S. 16.
111 Vgl. Burchardt, S. 15.
112 Lange, Helene: *Mädchenerziehung und Frauenstudium*, S. 218.
113 Zu Ausnahmen vgl. Mahncke, S. 88.

solche Frau zu sehen, ist dem Anblicke von kostbarem Humus gleich, der mit Steinschutt zu einem Platze oder einer Promenade überschüttet ist.[114]

Von Gegnern wurde ein alternativer Lebensentwurf für Frauen meist generell abgelehnt. Um diese Ausschließlichkeit zu rechtfertigen, wurde nun allerdings unterschiedlich argumentiert: entweder wiederum mit Rekurs auf ›die Natur des Weibes‹ oder aber über die sozialen Pflichten für die Gesamtgesellschaft. Beiden Ansätzen gemeinsam ist die Funktion der Ausgrenzung: Im gleichen Maß, wie sich die inhaltliche Aussage durch den wechselnden Begründungszusammenhang relativiert, offenbart sich die machterhaltende Dimension des Diskurses, die Foucault zufolge nur durch den Ausschluß realisiert werden kann. Der Versuch, die bestehende Geschlechterordnung festzuschreiben, indem die Frau auf ihre Rolle als Hausfrau, Ehefrau und Mutter eingeschworen wurde, konnte offenbar auf verschiedenem Weg verfolgt werden. Obwohl beide Argumentationsweisen nicht kompatibel sind, kam es innerhalb der Debatte zu keiner kontroversen Diskussion, beide Positionen wurden parallel vertreten: Während auf der einen Seite der Juraprofessor Otto Gierke in der traditionellen Rolle der Frau »ihre eigentliche nationale Aufgabe« sieht[115] und Franz Riegel, Professor für Innere Medizin, für den Fall, daß diese Rolle aufgegeben würde, eine Verschiebung der »Weltordnung« prophezeit,[116] beruft sich der Gynäkologieprofessor Max Runge auf eine ›Naturordnung‹. Runge bewertet die Frau unter rein biologischen Gesichtspunkten, behandelt sie damit methodisch wie eine Spezies des Tierreichs. Er setzt – und das ist ein im zeitgenössischen Geschlechterdiskurs hinlänglich bekanntes Muster[117] – bei der Geschlechtlichkeit an, die für das Wesen der Frau zentral sei. Die treibende Kraft nun hinter der weiblichen Geschlechtlichkeit, ihr »Hauptinstinct«, sei »die *Kindersehnsucht*«.[118] Die Überlegungen Runges münden in der Behauptung, die Gesundheit der Frau sei von der Erfüllung ihrer ›biologischen Aufgabe‹, für

---

114 Tolstoi, Graf Leo: *Zweites Nachwort zur »Kreutzersonate«. Was soll der Mann, und was soll die Frau arbeiten? Zwei Fragmente.* In: *Freie Bühne* 1 (1891), H. 39, S. 1009-1014, hier S. 1013 f.

115 Gierke, S. 25.

116 Riegel, Franz: o.T. In: *Die akademische Frau*, S. 76-78, hier S. 77.

117 Vgl. z.B. Krafft-Ebing, Richard von: *Psychopathia sexualis. Mit besonderer Berücksichtigung der Conträren Sexualempfindung. Eine klinisch-forensische Studie.* 4., verm. u. theilw. umgearb. Aufl. Stuttgart 1889, S. 12.

118 Runge, Max: *Das Weib in seiner geschlechtlichen Eigenart.* 3. Aufl. Berlin 1898, S. 8.

die er den Begriff der »Berufsthätigkeit«[119] synonym verwendet, abhängig. Sie sei, so Runge, »nothwendig, für das körperliche und seelische Gedeihen der Frau, sowie zur vollen Entfaltung ihrer geschlechtlichen Eigenart«.[120] Von dieser These, die mit Runge zahlreiche Professoren, Ärzte und Politiker teilten,[121] schließt sich der Kreis zur Behauptung, ein Studium führe bei Frauen zu Gesundheitsschäden.

Daneben aber mehrten sich die Stimmen, die in der Bildung eine Höherentwicklung der Frau sahen, die diese gerade in die Erfüllung ihrer Aufgaben als Ehefrau und Gesellschafterin sowie als Erzieherin ihrer eigenen Kinder einbringen könne. »[W]ir alle wissen, wie viele Ehen eben dadurch unglücklich werden, daß die Frau als Mädchen nicht an pflichtmäßige Arbeit gewöhnt worden ist und nun in der Ehe jenes Leben des leichten Genießens und Sich-Amüsierens fortsetzen möchte«, resümiert Professor Theobald Ziegler in *Die Frau*.[122] Die Differenzierung zwischen einem Studium zu reinen Bildungszwecken und einem, das auf eine spätere Berufsausübung abzielt, war ein wichtiger Aspekt in der Debatte über das Frauenstudium. Im Gegensatz zur Bildungsfrage, in der auch Gegner der Emanzipationsbestrebungen von Frauen zu Zugeständnissen bereit waren, war die Ablehnung bezüglich einer Berufstätigkeit von Frauen wesentlich stärker.[123] Selbst in der Frauenbewegung gab es eine vergleichbare Tendenz: Die Bestrebungen zielten vornehmlich auf eine Teilhabe an der Bildung, wesentlich seltener auch auf die berufliche Praxis.[124] Verbreitet

---

119 Ebd.

120 Ebd., S. 7.

121 Vgl. Mahncke, S. 87 f., Anm. 235-237. Demgegenüber wurden jedoch auch Stimmen laut, die betonten, bei den Geschlechterrollen handele es sich um historisch-kulturelle Normen, keinesfalls um ›natürliche‹ Gegebenheiten; vgl. z.B. Bebel, S. 221; sowie Zetkin, S. 3 f.; ferner Kirchhoffs Vorwort in *Die akademische Frau*, S. XIII f.; Rosenbach, S. 81.

122 Ziegler, Theobald: *Lehrerinnenseminar und Frauengymnasium*. In: *Die Frau* 2 (1894-95), H. 2, S. 65-69, hier S. 66.

123 Vgl. z.B. den zeitgenössischen Beitrag von Prof. Dr. J. Kohler: *Die geistige Mitarbeit des Weibes*. In: *Die Frau* 1 (1893/94), S. 147-149. Vgl. zur Differenzierung zwischen Bildungs- und Berufsfrage: Glaser, Edith/Herrmann, Ulrich: *Konkurrenz und Dankbarkeit. Die ersten drei Jahrzehnte des Frauenstudiums im Spiegel von Lebenserinnerungen – am Beispiel der Universität Tübingen*. In: *Zeitschrift für Pädagogik* 34 (1988), S. 205-226.

124 Vgl. dazu Hervé, Florence: *Dem Reich der Freiheit werb' ich Bürgerinnen. Von den Anfängen bis 1889*. In: *Geschichte der deutschen Frauenbewegung*. Hrsg. v. ders. 5. Aufl. Köln 1995, S. 11-35, hier S. 27; vgl. außerdem: Wurms, Renate: *Kein einig' Volk von Schwestern. Von 1890 bis 1918*. In: *Geschichte der deutschen Frauenbewegung*, S. 36-84, hier S. 75.

war eher der Gedanke, ein Studium könne höheren Töchtern dazu dienen, sich im humanistischen Sinn weiterzubilden, um den Repräsenta-
tions- und Erziehungsaufgaben als Hausfrau und Mutter besser gerecht
werden zu können. Auf »Besorgnisse[ ]« eingehend, es »könnte irgend
eine wahrhafte Geistesbildung ein Schaden sein für den in noch so engem
Sinne gefaßten, noch so ›Natürlichen‹ weiblichen Beruf«, betont Gustav
Cohn in der *Deutschen Rundschau*: »Fragt man aber, wo sich solch hohe
geistige Fähigkeiten, ohne über die Schranken des Hauses hinauszudrin-
gen, ja das Weib dem Hause zu entfremden, bethätigen können, so ist zu
antworten: vor Allem in dem eigentlichsten Gebiete weiblichen Berufes –
in der Erziehung der Kinder und in der des Hausgesindes.«[125]

## »Sittlichkeit und Frauenkeuschheit«

Eine besondere Rolle kam dem Argument der Sittlichkeit zu, über die
man »[v]iel eindringlicher« verhandelt habe, als über rechtliche Fragen.[126]
Sowohl Befürworter als auch Gegner des Frauenstudiums beriefen sich
darauf. Auf der einen Seite stand die dringende Forderung, es müsse
weibliche Ärzte geben, um dem Schamgefühl weiblicher Patienten Rechnung zu tragen. Wenn die zukünftigen Medizinerinnen, »wie sich von
selbst ergeben wird«, so Professor Hermann von Weyer in der *Gartenlaube*, »vorzugsweise den Frauen- und Kinderkrankheiten ihre Aufmerksamkeit zuwenden«, würden sie

> sogar eine sehr willkommene Ergänzung des ärztlichen Personals bil-
> den. Mit allem Ernst müssen hier insbesondere die Frauenkrankheiten
> betont werden. Es ist eine schmerzliche, aber unwiderlegliche That-
> sache, daß eine unverhältnismäßig große Zahl von Frauen einem dau-
> ernden Siechthum verfällt, weil natürliche weibliche Scheu sie davon
> abhielt, sich bei Zeiten an einen männlichen Arzt zu wenden. Die Frau
> als Arzt der Frau – sie könnte hier unberechenbaren Segen stiften![127]

Dem sich auf ›natürliche‹ weibliche Scham berufenden Argument stand
die Behauptung gegenüber, Frauen könnten den medizinischen Gegenstand eben aufgrund ihrer Scham und Sittsamkeit nicht erlernen. Sie
würden sich selbst Gewalt antun, den fachlichen Anforderungen nicht
standhalten können oder aber ihrer ›Weiblichkeit‹ verlustig gehen: »Und

---

125  Cohn, [Teil 3] S. 103 u. 102.
126  Weyer, Hermann von: *Die Frauen und der ärztliche Beruf.* In: *Die Gartenlaube*
     1890, S. 674 f., hier S. 674.
127  Ebd., S. 675.

endlich wird in Uebereinstimmung mit gewissen Stimmen aus dem Publikum versichert«, resümiert von Weyer die gängigen Diskussionsverläufe, »daß die andauernde Beschäftigung mit der Anatomie, dem Operationswesen und der Krankheitslehre ganz unweiblich sei und nothwendig zur Verrohung führen müsse.« Man prognostizierte eine Gefahr für die allgemeine Sittlichkeit durch das gemeinsame Studium von Frauen und Männern: »Gewichtige Stimmen, insbesondere auch aus akademischen Kreisen«, so von Weyer, »haben die Befürchtung geäußert, daß die beständige, gleichzeitige Betheiligung junger Männer und jugendlicher weiblicher Wesen an dem akademischen Unterricht, deren enges Zusammensein in den Hörsälen, bei den praktischen Uebungen und botanischen Ausflügen der guten Zucht schädlich sein könnten und namentlich die nöthige Aufmerksamkeit auf den Gegenstand des Studiums stören müßten.«[128] Die genannten Argumentationsmuster dominierten schon den Beginn der öffentlichen Debatte. Bereits 1866 nahm Louise Otto-Peters in ihrer Streitschrift *Das Recht der Frauen auf Erwerb* zu allen genannten Argumenten Stellung. »[W]enn es schlimm ist«, resümiert sie,

daß einzelne Frauen im Dienst der Wissenschaft ihr Schamgefühl unterdrücken müssen – ist es denn dann nicht tausendmal schlimmer, wenn *alle* Frauen im Dienst ihrer Gesundheit dies zu thun verdammt sind? [...] Es dürfen – im Durchschnitt – nicht zehn etwas ›Unweibliches‹ thun, besser ist es, wenn dafür Alle sich das *Unweibliche* gefallen lassen! Es schadet der Sitte, wenn ein Mädchen anatomische Vorlesungen hört – das aber schadet nicht, wenn in der Klinik die schwangern und gebärenden Frauen, wovon viele gleichzeitig in einem Saal sich befinden, von einer Schar junger studirender Männer untersucht und beobachtet werden – das heißt das Herkommen gut![129]

Im übrigen plädiert sie für die Einrichtung getrennter Seminare für Frauen und Männer, eine Überlegung, die allgemein in den Diskussionen über Vor- und Nachteile spezieller Frauenhochschulen nach englischem und amerikanischem Vorbild präsent blieb.[130]

Die Öffnung von Universitäten in der Schweiz ab 1867 und ein Erlaß (Ukas) des russischen Zarenregimes im Sommer 1873 gaben der deutschen Kontroverse über eine mögliche Gefährdung der Sittlichkeit weitere Anstöße. Mit der steigenden Zahl studierender Frauen an Schweizer

---

128 Ebd., S. 674 f.
129 Otto, Louise: *Das Recht der Frauen auf Erwerb. Blicke auf das Frauenleben der Gegenwart*. Mit einem Vorw. v. Joseph Heinrichs. Hamburg 1866, S. 97 f.
130 Vgl. z.B. Twellmann, Bd. 2 (Quellen), S. 383.

Universitäten konnten nun auch im deutschsprachigen Raum konkrete Erfahrungen gesammelt werden. Neben den Studentinnen selbst[131] meldeten sich vermehrt auch Schweizer Professoren[132] mit positiven Berichten zu Wort: Die Beteiligung von weiblichen Studierenden wirke sich nicht nachteilig auf das Verhalten der Studenten und den Unterricht aus. Auf die Anfrage der Medizinischen Fakultät der Universität Würzburg nach Schwierigkeiten beim gemeinsamen Unterricht und bei »gewissen für das weibliche Zartgefühl empfindlichen Vorlesungen und Demonstrationen« antwortet der Senat der Zürcher Universität:

> In betreff dieser Frage findet die medizinische Fakultät der Universität Zürich, daß die Anwesenheit der weiblichen Studierenden in den theoretischen und praktischen Kursen zu keinerlei Störungen Veranlassung gibt. […] Die Fakultät glaubt übrigens, daß die ernste Arbeitslust und das taktvolle Benehmen der hier studierenden Damen ebenso wie die politische Bildung und das ruhige Wesen der schweizerischen Studierenden für das bisherige Resultat in Anschlag zu bringen sind.[133]

Die Wichtigkeit eines vorbildlichen Verhaltens, das besondere Augenmerk, das auf Lebensführung und Kleidung der Studentinnen gerichtet wurde, spiegelt sich in der Darstellung der Entwicklung in Zürich wider: Professor Böhmert beispielsweise sah den Grund für die Einführung des allgemeinen Immatrikulationsrechts für Frauen in dem guten Eindruck, den die ersten studierenden Frauen gemacht hätten.[134] Von Schweizer Hochschullehrern wurde ausdrücklich Unmut über das ignorante Diskussionsverhalten im Deutschen Reich geäußert, wo man sich zu urteilen anmaße, ohne über praktische Erfahrungen zu verfügen. »Es ist beachtenswerth«, beschwert sich Professor von Weyer,

---

131 Vgl. Gundling (1871); Bluhm (1890); Schubert-Feder (3. Aufl. 1894); Heine (3. Aufl. 1896); Schirmacher (1895; 1901).

132 Vgl. z.B. die Beiträge Carl Victor Böhmerts, Professor für Nationalökonomie in Zürich, des Zürcher Physiologieprofessors Ludimar Hermann, des Berner Gynäkologieprofessors Peter Müller sowie des Zürcher Augenarztes und Hygienikers Friedrich H. Erismann, der nach eigenen Angaben verschiedene in der Schweiz lehrende Professoren befragt hat (Böhmert: *Das Studieren der Frauen mit besonderer Rücksicht auf das Studium der Medicin.* Leipzig 1872, spez. S. 20 f.; Hermann, S. 17 f.; Müller: *Über die Zulassung der Frauen zum Studium der Medizin.* Hamburg 1894, spez. S. 43; Erismann: *Gemeinsames Universitätsstudium für Männer und Frauen, oder besondere Frauen-Hochschulen?* In: *Die Frau* 6 (1898/99), S. 537-544 u. 602-613, hier spez. S. 538-544 u. 602-606).

133 Zit. nach: Twellmann, Bd. 2 (Quellen), S. 382 f.

134 Vgl. Böhmert, S. 19-21. Die Aussage Böhmerts bezieht sich auf Gasthörerinnen.

daß solche Auseinandersetzungen nur von Universitäten kommen, an welchen sich keine weiblichen Studierenden befinden und welche sich überhaupt ablehnend gegen die Aufnahme von solchen verhalten. [...] Meine eigenen langjährigen Erfahrungen sowie diejenigen meiner Fachgenossen haben von der gefürchteten Störung der Ordnung und des Ernstes im Studium niemals etwas bemerken können; im Hörsaal und in den praktischen Kursen herrschte stets ruhiger Anstand, und die Studenten verkehrten mit ihren Kolleginnen stets taktvoll. Die Studentinnen wahrten in ihrer ganzen Erscheinung und in ihrem Benehmen eine durchaus gebildete Haltung und zeigten weder emanzipirtes noch blaustrumpfiges Wesen; in Bezug auf Ernst und Erfolg im Studium aber waren die meisten als mustergültig zu bezeichnen [...].[135]

Der Zürcher Physiologe Hermann, der sich selbst explizit nicht zu den »Verfechter[n] des Frauenstudiums« rechnet,[136] macht das Erfahrungsargument noch in anderer Hinsicht stark. Wenngleich er keine »günstige Prognose« abgebe, komme es auf den praktischen Versuch an: »[...] wir können uns in dem Allem *irren*, nur die Erfahrung ist kompetent.«[137]

Obwohl die Befürworter des Frauenstudiums immer wieder auf die positiven Beispiele aus dem Schweizer Universitätsalltag[138] verwiesen, hielt sich in der deutschen Debatte das Vorurteil eines Sittenverfalls durch Studentinnen hartnäckig. Im Vergleich zu den positiven Erfahrungsberichten fand ein Ukas der russischen Regierung sehr viel mehr Resonanz: Am 4. Juni 1873 erging an alle russischen Studentinnen in Zürich die Aufforderung, die Zürcher Universität bis zum 1. Januar 1874 zu verlassen. Wer sich nicht danach richte, könne im Russischen Reich nicht zur Staatsprüfung zugelassen werden.[139] Begründet wurde der Erlaß zum einen mit der Beeinflussung durch revolutionäre Umtriebe in Zürich, das »die Rädelsführer der russischen Emigration« zu ihrem Zentrum gemacht hätten, was aber nicht dazu führte, auch männliche russische

---

135 Weyer, S. 675.
136 Hermann, S. 5.
137 Ebd., S. 11.
138 Vgl. z.B. ebd., Abschnitt »Erfahrungen und Ergebnisse des Frauenstudiums in Zürich«, S. 19-29.
139 Der Wortlaut des Erlasses wird im 19. Senatsprotokoll der Universität Zürich vom 15.11.1872 aufgeführt; in: *Das Frauenstudium an den Schweizer Hochschulen*, S. 303-306. Zum Zeitpunkt des Erlasses studierten 100 Russinnen in Zürich, im darauffolgenden Wintersemester 1873/74 waren es nur noch 12; vgl. Twellmann, Bd. 2 (Quellen), S. 384.

Studenten zurückzubeordern.[140] Die spezielle Ausrichtung auf Frauen schlägt sich in der Argumentationsstrategie nieder, bei der man sich vorrangig auf das angeblich unsittliche Verhalten der Studentinnen verlegt:

> Andere lassen sich von den kommunistischen Theorien der freien Liebe hinreissen und treiben – die Scheinheirath als Vorwand gebrauchend – die Verachtung der ersten Grundsätze der Sittlichkeit und der Frauenkeuschheit bis auf die höchste Spitze. *Das unwürdige Betragen der russischen Frauen hat gegen dieselben den Hass der dortigen Einwohner geweckt,* und sie werden sogar nur mit grossem Widerwillen von den Wirthinnen in ihre Wohnungen hereingelassen. *Einige dieser Mädchen sind so niedrig gefallen, dass sie speziell denjenigen Theil der Geburtshülfe studiren, welcher in allen Ländern vom Kriminalgesetz und von der Verachtung aller ehrlichen Leute verfolgt wird.* […] Die Regierung kann nicht und soll nicht als gleichgültiger Zuschauer dieser sittlichen Fäulniss, welche einen – wenn auch unbedeutenden Theil – der russischen Jugend anfrisst, bleiben. Aber ohne Zweifel, ist es nicht nur der Durst nach Kenntnissen, welcher die russischen Frauen nach Zürich treibt.[141]

Das Szenario des unsittlichen Lebenswandels kulminiert im Vorwurf der Abtreibung, womit ein absolutes Tabu aufgerufen wird, stilistisch markiert durch die Umschreibung. Die Studentinnen, so wird suggeriert, würden Medizin studieren, um die etwaigen unehelichen Schwangerschaften selbst abbrechen zu können. Das Protokoll der eine Woche darauf abgehaltenen Senatssitzung[142] verzeichnet die Empörung der Zürcher Professoren ob dieser Anschuldigungen, die sie als Angriff gegen ihre Hochschule auffaßten. In einer Eingabe an den Schweizer Bundesrat, der sich bei der russischen Regierung für eine Klarstellung und Berichtigung einsetzen sollte, wurde Befremden darüber geäußert, daß man sich nicht bei den örtlichen Behörden über die tatsächlichen Zustände informiert habe. Die »staatlichen Behörden [hätten] noch nie Veranlassung gehabt, aus politischen oder anderen Gründen gegen eine der hier studierenden

---

140 Das Studium russischer Studentinnen in der Schweiz stand von Anfang an mit der innenpolitischen Situation in Rußland in Zusammenhang. So »waren durch die Attentate zu Beginn der 70er Jahre auch zahlreiche junge Russinnen gezwungen, Rußland zu verlassen; das Medizinstudium, dem sie ohnehin zuneigten, sicherte ihnen zudem eine unanfechtbare Aufenthaltsgenehmigung.« (Twellmann, Bd. 2 (Quellen), S. 385.)

141 *Das Frauenstudium an den Schweizer Hochschulen*, S. 304 f.

142 Vgl. ebd., S. 306.

Russinnen einzuschreiten.«[143] Die Diskrepanz zwischen dem Vorwurf sittlicher Ausschweifungen und dem realen Lebenswandel der Studentinnen in Zürich wurde nicht nur von der Stellungnahme der Zürcher Professoren belegt, sondern auch durch die Tatsache, daß Schweizer Universitätsstädte mit einem Asylangebot an die russischen Studentinnen auf den Ukas reagierten.[144] Dennoch hielt sich das Vorurteil in der deutschen Debatte. Nicht wenige Gegner des Frauenstudiums fühlten sich durch die Intervention des russischen Zarenregimes bestätigt.[145]

## Die Akademikerin zwischen Krankheit, ›Entartung‹ und Unsittlichkeit

Drei Aspekte haben sich als bedeutsame Faktoren in der Kontroverse um das Frauenstudium herauskristallisiert: die positivistisch aktualisierte Geschlechterdichotomie,[146] die Verbindung der geistigen Betätigung von Frauen mit einem Körper- und Krankheitsdiskurs und die Wichtigkeit des Sittlichkeitsarguments. Hier lassen sich anhand der konkreten Debatte die allgemeinen, an Foucault anschließenden diskursanalytischen Überlegungen überprüfen.

Die vorgebrachten Argumente (vor allem der Gegner des Frauenstudiums) belegen zunächst einmal die Überlagerung des Geschlechterdiskurses mit dem zeitgenössischen Wissenschaftsdiskurs: Die Rückführung der postulierten Geschlechtergegensätze auf den Körper, bei der selbst das Geistige zu etwas körperlich Determiniertem und damit äußerlich meßbar wird, erklärt sich nur vor dem Hintergrund der allgemeinen positivistischen Wende in den Wissenschaften. In der Debatte um das Frauenstudium fand die Verbindung von Geschlechter- und Wissenschaftsdiskurs eine besondere Zuspitzung, weil die Forderung auf eine Teilhabe am Wissenschaftsdiskurs selbst zielte.

---

143  Ebd., S. 308.
144  Vgl. Twellmann, Bd. 1, S. 115 f.
145  Selbst in der Forschungsliteratur hat das Vorurteil gegen die russischen Studentinnen in Zürich Eingang gefunden: Vgl. Albisetti, James C.: *The Fight for Female Physicians in Imperial Germany.* In: *Central European History* 15 (1982), S. 99-123, hier S. 101.
146  Die Konstruktion differenter Geschlechtscharaktere verweist bereits auf das letzte Drittel des 18. Jahrhunderts, ihre ›wissenschaftliche Fundierung‹ vollzog sich jedoch erst im Laufe des 19. Jahrhunderts, vgl. Hausen, Karin: *Die Polarisierung der »Geschlechtscharaktere«. Eine Spiegelung der Dissoziation von Erwerbs- und Familienleben.* In: *Sozialgeschichte der Familie in der Neuzeit Europas. Neue Forschungen.* Hrsg. v. Werner Conze. Stuttgart 1976, S. 363-393, hier S. 369.

Die konkrete Debatte über die Zulassung von Frauen zu den Universitäten veranschaulicht die Ausschlußmechanismen. Die postulierte Geschlechterdichotomie wurde als Beweis dafür angeführt, daß es gerechtfertigt, ja geradezu moralisch notwendig sei, Frauen von höherer Bildung und akademischen Berufen fernzuhalten und sie auf ihre ›natürliche‹ und gesellschaftliche Aufgabe als Mutter zu verweisen. Damit wurde die herrschende Gesellschaftsordnung als natürliche Geschlechterordnung reinszeniert. Der Rekurs auf die Natur, reduziert auf einen medizinischen Körperdiskurs, bedingte gleichzeitig die diskursive Sanktionierung eines möglichen Rollenverstoßes: die Androhung von körperlicher Krankheit und einem Verlust an ›Weiblichkeit‹. Im Fall tatsächlicher Rollenüberschreitung erfolgte die Diffamierung der entsprechenden Frau als widernatürlich und maskulin und damit als »konträrsexuell« oder geschlechtsneutral. Die vorgebrachten Argumente zielten in der Regel speziell auf den Ausschluß der Frauen von akademischen Berufen, nicht von Berufstätigkeit generell. Daß es neben der Konkurrenz um privilegierte Berufe mit gutem Einkommen und Sozialprestige auch um das männliche Wissensmonopol und die damit zusammenhängende Definitionsmacht ging, zeigte sich gerade an der Gleichsetzung von intellektueller Tätigkeit mit ›Männlich-Sein‹. Das Sittlichkeitsargument, das mit besonderem Nachdruck gegen das Medizinstudium von Frauen vorgebracht wurde, bestätigte schließlich die Annahme, daß es sich bei dem Wissen um Körper und Sexualität um einen geschlechtsspezifisch reglementierten Bereich handelte. Obwohl positiv über den untadeligen Lebenswandel der Medizinstudentinnen in Zürich berichtet wurde, hielt sich das Vorurteil sexueller Ausschweifungen. Zumindest aber sah man bei Medizinerinnen das ›natürliche‹ weibliche Schamgefühl – als Ausdruck weiblicher ›Unschuld‹ – bedroht. Die Diskussion über das Medizinstudium von Frauen macht deutlich, daß die Rede von weiblicher Scham und Sittlichkeit immer dort geführt wurde, wo der explizite Ausschluß vom Wissen begründet werden sollte.

Vor dem Hintergrund der konfliktgeladenen Debatte mit vielfältigen Diskursanschlüssen ist der Blick darauf, wie die studierende Frau in der zeitgenössischen Literatur gestaltet wurde, von besonderem Interesse. Die Zuschreibungen in den publizistischen Beiträgen sind vielfältig und paradox: Die Studentin erscheint dort als opferfähige, mitleidige Ärztin, als »konträrgeschlechtliches« »Mannweib«, als »amoralische«, ›tierähnliche‹ Frau, die in geistigen Belangen versagen muß, als von Krankheit bedrohte, physisch und psychisch schwache Frau, deren Schamgefühl von medizinischen Gegenständen verletzt wird, als Verführerin der Studenten, Inbegriff »sittlicher Fäulniss«, als entartete, asexuelle Frau, die ihren

»Hauptinstinct« verfehlt. Wo aber bleibt die ›wirkliche‹ Studentin? Der literarische Text, will er nicht Karikatur sein, muß einen glaubwürdigen Charakter vorstellen. Die studierende Frau ist nicht nur Anlaß für grundlegende Auseinandersetzungen zwischen verschiedenen theoretischen Überzeugungen und diskursiv bedingten Machtverhältnissen, sondern sie wird zur handelnden Person, die in konkreten Situationen agiert. Das »historisch-kulturelle[ ] Umfeld[ ]« erweist sich – wie aus der Perspektive des New Historicism formuliert – nicht »als die Antwort [...], sondern als die Frage«,[147] die sich nicht nur dem Interpreten des Textes stellt, sondern schon dem Text selbst.

147 Baßler, S. 12.

# Programmatische Ansätze:
# Erzählprosa von Studentinnen der ersten Generation

Das studentische Milieu war in der Unterhaltungsliteratur der Jahrhundertwende beliebt: Der »Studentenroman«[1] avancierte mit vielen Neuerscheinungen zu einem um 1900 gut repräsentierten Genre. Mit Wilhelm Meyer-Försters *Alt-Heidelberg*, der Bühnenversion seines Studentenromans *Karl Heinrich*, gelang sogar einer der größten Theatererfolge der Zeit.[2] Einige Dramatiker versuchten, an diesen Erfolg anzuschließen, insgesamt blieb jedoch die Romanform dominierend. Ob über den um 1900 in studentischen Verbindungen kontrovers diskutierten Corpsgedanken oder über die amourösen Verstrickungen[3] eines Studenten: Das Gros der deutschen Studentenromane präsentiert einen unterhaltsamen Ausschnitt aus den Freuden und Wirren des Studentenlebens. Der Inhalt dieser Texte folgt meist einem genretypischen Repertoire: Es sei, so Raché, »das bekannte Einerlei: Corpsleben, Mensuren, Kommerse, alte Corpsdiener mit Thränen der Rührung, kleine, nichtssagende Liebesabenteuer u.s.w.«[4] Raché resümiert, statt auf den inneren Gehalt komme es bei diesem Genre auf die »Frische der Darstellung« an.[5] Lediglich Mysings *Das neue Geschlecht*, das ein »Zeitbild der neuen Jugend«

---

1   Vgl. zur zeitgenössischen Verwendung des Begriffs im Sinne einer festen Genrebezeichnung z.B. Raché, Paul: *Jena oder Heidelberg?* In: *Das litterarische Echo. Halbmonatsschrift für Litteraturfreunde* 6 (1904), H. 9, Sp. 832-838. Vgl. dazu die Forschungsdefinition bei Wieser, Walter G.: *Der Prager deutsche Studentenroman in den ersten vier Jahrzehnten des 20. Jahrhunderts.* Als Manuskript vervielfältigt. Wien 1994, S. V.

2   Die 1900 erschienene Dramenfassung des ursprünglich als Erzählung gestalteten Stoffes (Meyer-Förster, Wilhelm: *Karl Heinrich. Erzählung.* Stuttgart / Leipzig 1900) wurde am 22. November 1901 am Berliner Theater uraufgeführt. Den andauernden Erfolg belegen die Übersetzungen, die Präsenz auf den Spielplänen, die Opernadaptionen und Verfilmungen. Vgl. dazu: Fink, Oliver: *»Memories vom Glück«. Wie der Erinnerungsort Alt-Heidelberg erfunden, gepflegt und bekämpft wurde.* Heidelberg 2002.

3   Vgl. dazu Raché (Sp. 835), der vor allem für das Ende der 8oer Jahre des 19. Jahrhunderts eine Mode der »Studenten- und Kellnerinnen-Romane« konstatiert.

4   Ebd., Sp. 834 f.

5   Ebd., Sp. 834.

entwerfe, sowie die österreichische Variante des Studentenromans, deren Schilderung des Verbindungswesens durch die virulenten Religions- und Nationalitätenkonflikte eine politische Dimension erlange, hätten mehr inhaltliches Gewicht.[6] Kern des Genres sei im allgemeinen »eine einfache Erzählung aus dem Studentenleben«, und die ist nach Meinung des zeitgenössischen Rezensenten gelungen, wenn das »studentische Milieu […] geschickt und treu charakterisiert [ist]«.[7]

Insgesamt ergibt sich das Bild eines Unterhaltungsgenres, das mitunter mit einem ernsten Beiklang versehen sein kann, in dem es jedoch in der Regel um nicht viel mehr geht, als das (verbindungs)studentische Ambiente aufleben zu lassen. Nicht selten wird dabei die ›Burschenherrlichkeit‹ von wohlwollend-wehmütigen Beobachtern flankiert: alten Herren und Professoren, die der eigenen unbeschwerten Jugendzeit als Student nachsinnen und als potentielle Identifikationsfiguren Rückschlüsse auf den Hintergrund der Zielgruppe und auch des Autors nahelegen.

Das Frauenstudium war vor dem Hintergrund der im Studentenroman gestalteten Akademikersentimentalität eine Provokation. Studentinnen ließen sich nicht in das Bild der ›Burschenherrlichkeit‹ integrieren. Wenn es aber darum ging, das studentische Milieu »treu« wiederzugeben, zu zeigen, was die Studienzeit ›wirklich‹ ausmacht, gehörten mit der Zulassung von Frauen zur Universität nun auch Studentinnen zum Milieu. Das »künstlerische Genre beruht«, so Greenblatt, »auf tradierter kollektiver Praxis, aber deren gesellschaftliche Bedingungen – die Umstände, die das Genre überhaupt ermöglichen, ebenso wie die Gegenstände, die zur Darstellung gelangen – können sich so gründlich verändern, daß die Form in Frage gestellt wird.«[8]

Obwohl der Beginn des Frauenstudiums eine solche Veränderung darstellte, findet sich in der Regel[9] in den von männlichen Autoren verfaßten Studentenromanen kaum ein maßgeblicher Reflex darauf. Allerdings entstand nun Erzählprosa von Autorinnen, die selbst studiert hatten

---

6  Ebd., Sp. 836 f.

7  Ebd., Sp. 834.

8  Greenblatt, *Bauernmorden*, S. 166. Greenblatt argumentiert am Beispiel der Siegessäule in der Denkmalkultur, betont aber die Übertragbarkeit auf »jedes andere künstlerische Genre« (ebd.). Zur weiten Definition des Begriffs »Genre« bei Greenblatt als »ästhetisch kodifizierte[r] Vorrat der gesellschaftlichen Erkenntnisse« siehe ebd., S. 186.

9  Ausnahmen sind Rudolph Stratz' *Alt-Heidelberg, du Feine … Roman einer Studentin*. Stuttgart/Berlin 1902, und Erwin Guido Kolbenheyers *Montsalvasch*.

und die Studienzeit von Frauen zum literarischen Sujet machten. Unter dem Begriff »Studentinnenromane« wurden diese Erzähltexte in der zeitgenössischen Literaturkritik als naheliegendes Pendant zu den Unterhaltungsromanen über männliche Studenten verbucht.[10] Die Genre-Analogie, die mit dem Begriff evoziert wird, täuscht jedoch. Offenbar, das zeigen die exemplarisch ausgewählten Erzähltexte[11] von Käthe Schirmacher, Ella Mensch und Ilse Frapan, geht mit dem Blick auf weibliche Studenten eine Veränderung im Erzählgestus und in der inhaltlichen Ausrichtung sowie im künstlerischen Selbstverständnis einher. Nicht als autonome, außerhalb des Diskurses stehende Kunstwerke verstehen sich diese Romane und eine Novelle, sondern als Beiträge zur sozialpolitischen Debatte über das Frauenstudium und zu einer davon ausgehenden Kritik an gesellschaftlichen Zuständen. Für diesen kritischen Impuls bietet die Folie des Studentenromans einen subversiv nutzbaren Rahmen. Im Genre-Bezug bestehen konkrete Vorgaben und Erwartungen, die produktiv enttäuscht werden können. Was im Genre des Studentenromans auf nostalgische (Re-)Inszenierung und Affirmation festgelegt ist, nämlich die dargestellten Gegenstände und ihr Verhältnis zur herrschenden Ideologie,[12] wandelt sich mit dem Geschlecht der Protagonisten: Die Perspektive der Studentinnen mit ihren grundlegend anderen Erfahrungen markiert einen Bruch mit etablierten Vorstellungen, der zum Ausgangspunkt einer kritischen Auseinandersetzung mit der eigenen Zeit werden kann. Damit wird die Deutung literarischer Texte als »Schauplätze institutioneller und ideologischer Kämpfe« (Greenblatt)[13] für die »Studentinnenromane« geradezu Programm.

10 So auch bei Raché, Sp. 834.
11 Die Auswahl wurde dabei nicht auf Romane im strengen Sinn beschränkt, bei *Die Libertad* handelt es sich um eine Novelle.
12 Vgl. dazu Greenblatt, *Bauernmorden*, S. 181.
13 Greenblatt, *Verhandlungen*, S. 11.

# 1. »Reif sein ist alles!«
## Käthe Schirmacher (*Die Libertad*, 1891),
## Ilse Frapan (*Wir Frauen haben kein Vaterland*, 1899)
## und Ella Mensch (*Auf Vorposten*, 1903)

### 1.1 »Studentinnenromane« als literarische Positionsnahmen im Diskurs

Die Studenten, so räsoniert Ilse Frapans Ich-Erzählerin,

> gehen behaglich im Schritt. Ihre Promotion, ihre Aemter und zukünf-
> tigen Würden – all das ist ihnen sicher wie der Tod, denn »reif sein ist
> alles!« Wann kommt der Tag, wo auch die Studentinnen jung und un-
> bekümmert wie die dahin leben dürfen, getragen von der Billigung, ja
> Bewunderung der Ihrigen daheim! […] Wo man nicht wie heut in den
> Linien eurer Gesichter verfolgen kann, was alles ihr schon gelitten und
> durchkämpft habt! (W 13 f.)

Statt von Kämpfen auf dem Fechtboden ist von »Narben des Lebens« (W
14) die Rede: Das Studium, bei den Studenten Freiraum für Selbstentfaltung und jugendlichen Unfug, gestaltet sich für die Frauen als Kampf
mit der Lebensrealität.

Bereits die Titel der Erzähltexte von Ilse Frapan (1849-1908),[14] Käthe
Schirmacher (1865-1930) und Ella Mensch (1859-1935) über Studentinnen
lassen vermuten, daß hier politische Stellungnahmen vorliegen: »Wir
Frauen haben kein Vaterland«, »Die Libertad«, »Auf Vorposten«.[15] Die
deutliche Wirkungsabsicht rückt diese Erzähltexte, die alle von Autorinnen verfaßt wurden, die selbst zu den ersten deutschen Studentinnen gehörten, in eine direkte Nähe zur sozialpolitischen Kontroverse um das
Frauenstudium. Abgesehen von Ilse Frapan gehört das literarische Schaffen eigentlich nicht zu den Bereichen, mit denen die Autorinnen bekannt
geworden sind: Von Ella Mensch sind vor allem literaturwissenschaft-
liche Arbeiten erschienen, und Käthe Schirmacher hat sich – nicht zu-

---

14 Zum Pseudonym Ilse Frapan/Ilse Frapan-Akunian von Elise Therese Levien vgl.
   Kraft-Schwenk, Christa: *Ilse Frapan: eine Schriftstellerin zwischen Anpassung und
   Emanzipation*. Würzburg 1985, S. 13 f., 88.
15 Schirmacher, Käthe: *Die Libertad*. Novelle. Zürich 1891, im Folgenden: L.
   Frapan, Ilse: *Wir Frauen haben kein Vaterland. Monologe einer Fledermaus*. Berlin
   1899, im Folgenden: W.
   Mensch, Ella: *Auf Vorposten. Roman aus meiner Zürcher Studentenzeit*. Leipzig
   [1903], im Folgenden: V.

letzt mit zahlreichen publizistischen Beiträgen[16] – einen Namen als engagierte Frauenrechtlerin und im Zuge des Ersten Weltkriegs als zunehmend national-konservative Politikerin[17] gemacht.

In diesen Texten nimmt die Schilderung der Lebens- und Studienbedingungen weiblicher Studenten einen breiten Raum ein, wobei zunächst auf die Argumente und Vorurteile eingegangen wird, die in der zeitgenössischen Debatte um die Zulassung von Frauen zu wissenschaftlicher Tätigkeit genannt werden. In allen drei Texten aber wird die Thematik ausgeweitet. Indem die Situation der Studentin lediglich Auslöser für eine grundlegendere Bewertung gesellschaftlicher Zustände ist, wiederholt sich ein Phänomen, das sich bereits in der Debatte um das Frauenstudium in der spezifischen Argumentation aus den Reihen der Frauenbewegung gezeigt hatte: Es geht nicht ausschließlich um ein Plädoyer für das Recht von Frauen auf Bildung, sondern um den Beitrag, den die Studentin für das Gesamtwohl und eine Verbesserung allgemeiner sozialer Mißstände leisten könnte.

## Ilse Frapan: »Wir Frauen haben kein Vaterland« (1899)

Der Untertitel von *Wir Frauen haben kein Vaterland* verweist bereits auf den Teil des Romans,[18] der das eigentliche Geschehen ausmacht und in Form eines Tagebuchs gestaltet ist: »Monologe einer Fledermaus«. Diese Tagebuch-Handlung ist in eine äußere Handlung eingefügt, die schnell wiedergegeben werden kann: Tatsächlich geht es um nicht mehr als eine flüchtige Bekanntschaft der in Zürich studierenden Ich-Erzählerin mit einer Jura-Studentin, Lilie Halmschlag. Diese Bekanntschaft erhält jedoch nie die Chance, vertieft zu werden, obwohl die Ich-Erzählerin mehrere Versuche unternimmt. So ereignisarm sich die äußere Handlung präsentiert, so wirkungsintensiv ist sie doch. Über den Blick der Mitstu-

---

16 Schirmachers Werk ist vollständig erfaßt in: Dies.: *Nachlaß. Die Dr.-Käthe-Schirmacher-Schenkung an der Universitätsbibliothek Rostock.* [Mikrofiche-Ausg.] Mit einem Nachlaßverzeichnis auf CD-ROM. (Historische Quellen zur Frauenbewegung und Geschlechterproblematik 30) Erlangen 2000.

17 Käthe Schirmacher war als Abgeordnete der DNVP 1919/20 die erste Frau in der Nationalversammlung.

18 Der Erzähltext ist gattungstechnisch zwischen Roman und Novelle angesiedelt, Inge Stephan bezeichnet ihn als »Kurzroman«; vgl. dies.: *»Wir Frauen haben kein Vaterland«: Ilse Frapan (1849-1908) und ihre »Vaterstadt« Hamburg.* In: *»Heil über dir, Hammonia«: Hamburg im 19. Jahrhundert. Kultur, Geschichte, Politik.* Hrsg. v. Inge Stephan u. Hans-Gerd Winter. Hamburg 1992, S. 369-394, hier S. 377.

dentin wird ein erstes Charakterbild von Lilie Halmschlag gezeichnet, das allerdings mehr Fragen aufwirft, als daß sich daraus ein konsistentes Bild ergäbe. Mit steigender Rätselhaftigkeit wächst auch das Interesse beim Lesepublikum und – da bei aller Ambivalenz nie ein Zweifel daran aufgebaut wird, daß Lilies Charakter ein ganz vorbildhafter ist – die Sympathie.

So ist der Boden bereitet, auf dessen Grundlage nun die Lebens- und Gedankenwelt Lilies offengelegt wird: Der Ich-Erzählerin wird Lilies Tagebuch überbracht, das – ohne Vermittlung der Ich-Erzählerin – den zweiten Teil des Romans ausmacht, und man erfährt die Gründe sowohl für ihre Zurückgezogenheit als auch die Trübung des »stille[n] Sternenfunkeln[s] der Augen« (W 15).[19] Ersteres ist Produkt eines Studiums ohne materielle Unterstützung, das ihr keine Zeit dafür läßt, neben dem Studium sozialen Kontakten nachzugehen, letzteres verweist auf die Enttäuschung ihrer auf Gerechtigkeit und christlicher Nächstenliebe aufbauenden Ideale, die zunimmt, je mehr Kenntnis sie während ihres Jura-Studiums von der herrschenden Rechtsprechung erhält. Mit Lilie Halmschlag, die davon träumt, »Fürsprech« für Frauen und Kinder (W 123 f.) zu werden, präsentiert sich eine Frau, an deren geistiger und moralischer Integrität die bestehenden sozialen Mißstände (die Lage der Frau und die Situation der Armen sowie die Doppelmoral der Gesellschaft) um so schärfer zutage treten. In der Offenheit des fiktiven Tagebuchs, das, mehr als ein Dialog dies könnte, den Eindruck von Authentizität und Ehrlichkeit erzeugt, rechnet Lilie schonungslos mit den Ungerechtigkeiten einer gesellschaftlichen Realität ab, an der auch sie vorerst scheitert. Einem naturalistischen Determinismus folgend wird vorgeführt, wie Lilie Halmschlag an äußeren Umständen zugrunde geht. Sie verfällt in Armut und muß schließlich ihr Studium aufgeben, als auch ihre letzte Hoffnung auf Unterstützung durch ein Stipendium von ihrer Heimatstadt Hamburg zerbricht:

> 2. Januar 89. *Der Brief ist da.*
> *Für studierende Frauen giebt es weder private noch staatliche Stipendien in Hamburg.*
> *Wir Frauen haben kein Vaterland.* (W 153)

Der absolute Tiefpunkt ist erreicht und mündet in den Verkauf der Bücher, der Repräsentanten des Studiums, das ihr das »Leben« (W 32) ist,

---

19  Vgl. dazu auch das Motiv eines dritten, den Sternen zugewandten Auges (W 6-8), das auf das Visionäre der Lilie Halmschlag verweist.

ja »mehr ist, als das Leben« (W 133). Der Selbstmord scheint vorgezeichnet, in Lilies Gedanken bot sich bereits zuvor das »unbekannte Land« (W 151)[20] anstelle des Vaterlands an, das ihr das im höheren Sinn verstandene Heimatrecht verweigert. An dieser Stelle jedoch findet eine unerwartete Wendung statt, der scheinbar vorbestimmte Selbstmord bleibt aus, Lilie emanzipiert sich von der Opferrolle. Die Umkehr vollzieht sich gerade an den zu verkaufenden Büchern:

> – Meine Bücher! meine geliebten Bücher! –
> Nein, nein, wir brauchen *neue* Bücher, Bücher, in denen auch wir Menschen sind, nicht nur Frauen. [...]
> Lebt wohl, ihr alten Bücher! – – – (W 154)

Lilie bleibt sich selbst treu, die Spannung, die zwischen dem Ideal, auf das hin sie lebt, und den herrschenden Verhältnissen besteht und die sich gerade in ihrem Studienfach manifestiert, führt nicht zum Zerbrechen Lilies, sondern zum Bruch mit der herrschenden Klasse. An die Stelle des Studierens einer als überkommen erkannten Lehre tritt der Kampf für eine neue Ordnung, statt dem Vaterland wendet sie sich der kommunistischen Internationale zu und begreift die Menschheit als neue Heimat.

Ohne daß die Intensität der Aussage durch die relativierende Kommentierung der Erzählerin der Rahmenhandlung wieder zurückgenommen würde, endet der Roman mit dem Schluß des Tagebuchs, der einem Aufruf zum Kampf gleichkommt: Indem sich die Frau befreit, so ist mit Lilie zu schließen, werde auch die Befreiung der Menschheit möglich, durch die auf die Allgemeinheit gerichtete Liebe der Frau könne endlich eine höhere Gerechtigkeit eintreten, nämlich Lilies »heilige Sache« (W 12), das auf christlicher Nächstenliebe gründende Recht. Das vorgeführte Konzept knüpft an das Modell eines christlich geprägten Sozialismus[21] an und leitet aus der zentralen Stellung, die dort einer gegenseitigen Achtung und allgemeinen Menschenliebe zukommt, die besondere Bedeutung der Frauen ab: Gerade sie – und damit bezieht sich Frapan auf den zeitgenössischen Geschlechterdiskurs – würden schließlich über Liebes-

---

20 Im Tagebuch finden sich verschiedene deutliche Todeshinweise, so im Traum von der steigenden Flut im Wattenmeer (W 149 f.) und im Vergleich der Studentenbude mit einer Totenkammer (W 150).

21 Vgl. dazu *Geschichte der sozialen Ideen in Deutschland: Sozialismus – katholische Soziallehre – protestantische Sozialethik. Ein Handbuch.* Hrsg. v. Helga Grebing. Essen 2000. (Zur Abgrenzung vgl. zum expliziten Begriff »christlicher Sozialismus« auch: Stegmann, Franz Josef/Langhorst, Peter: *Geschichte der sozialen Ideen im deutschen Katholizismus.* In: ebd., S. 599-862, hier S. 720 f.

fähigkeit verfügen. In dem vorgeführten Erkenntnisprozeß nimmt die Frau, deren eingeschränkte Rechte den Kern der dargestellten Geschehnisse ausmachen, eine Schlüsselrolle ein, so wie sie auch als Hoffnungsträgerin für eine bessere Zukunft aufgebaut wird.

### Käthe Schirmacher: »Die Libertad« (1891)

Ähnliche Mechanismen des Aufbaus von Spannung, die mit Sympathienahme einhergeht, bestimmen auch die äußere Handlung in *Die Libertad*. Die Novelle beginnt mit dem Bergaufstieg einer Frau, deren Beschreibung von einem Beobachterstandpunkt aus das Bild einer vom Schicksal Gezeichneten ergibt. Verstärkt wird der Eindruck durch eine andeutungsreiche rhetorische Frage, die von ihr ohne weitere Erklärung vor sich hin gesprochen wird: »Ich soll nicht bitter sein? Wißt ihr denn, was es heißt, Sein [sic] Bestes sterben fühlen und noch lächeln sollen?« (L 6). So eingeführt wird ihr Aufstieg gleichsam zu einem metaphorischen Bergsteigen, und der Ort, zu dem sie unterwegs ist und an dem sie für eine Weile ausruhen wird, gleicht einem weltenthobenen Idyll jenseits der Zeit, das zudem die Aura einer heiligen Natur umgibt:

> Rings her war's todtenstill; das Dorf im Grund war eingenickt […]. Selbst die Wässerlein schienen verschlafen, und von Vögeln war keine Spur. Die rüstige, junge Frau war eine Zeitlang zwischen Tannen dahergeschritten, die ihre Gipfel vereinigten und eine stille, grüne Kirche bildeten. (L 5)

Dort befindet sich das Landhaus einer Studienfreundin, Charlotte, und ihres Mannes, des Amerikaners Arthur Kent. Hier verweilt, so erfährt man später, außerdem eine weitere Freundin, die Kunststudentin Anne Marie. Der Aufenthalt in dem Haus mit dem bezeichnenden Namen »Libertad«[22] ermöglicht den drei Freundinnen, jene fünf Jahre zu ergründen, die seit der gemeinsamen Zeit während des Studiums in Paris vergangen sind. Die im Raum stehende Frage »sollten sie doch nicht mehr ganz die Alten sein?« (L 7) eröffnet die eigentliche Handlung, die aus den drei spezifischen doch als exemplarisch ausgewiesenen Lebensgeschichten der Freundinnen besteht. Mit Phil, Anne Marie und Charlotte werden drei Frauenschicksale einander gegenübergestellt. Phil, eine examinierte Philologin, findet keine ihren Qualifikationen entsprechende Stelle, während die hoffnungsvolle Kunststudentin Anne Marie ihr

---

22 Freiheit, Befreiung; im Text übersetzt mit »Freistadt« (L 54).

Studium bereits vor dem Abschluß aufgeben mußte: Aufgrund ärmlicher Lebensumstände ist sie schwer erkrankt. Charlotte schließlich präsentiert sich als glückliche Ehefrau eines idealen Mannes, die in Amerika als Anwältin Karriere gemacht hatte und jetzt gemeinsam mit ihrem Mann an einer »Statistik und Geschichte der Prostitution« (L 16) schreibt. Das vollkommene Glück Charlottes bildet einen scharfen Kontrast zur Lebenssituation von Phil und Anne Marie. Allerdings wird Charlotte durch verschiedene Attribute der Fremde der (deutschen) Lebenswirklichkeit außerhalb des Hauses entrückt: Vor dem Haus mit dem spanischen Namen zieht sie »tropisches Gewächs« (L 6), das Innere spiegelt keine lokale Verbundenheit wider, es trägt »gänzlich den Charakter nomadenhafter Behaglichkeit« (L 7), und Charlotte selbst ist mit einem Amerikaner verheiratet und wird von der Freundin mit »Du Yankee!« begrüßt (L 7). Indem auf diese Weise ein Gegensatz zwischen dem Deutschen Reich und dem Ausland aufgebaut wird, werden die Probleme der Frauen national verortet: Es sind deutsche Mißstände, um die es geht; die Utopie einer besseren Welt, der in der »Libertad« nachgesonnen wird, speist sich aus der Neuen Welt.

Phil und Anne Marie, die beide am Leben unter den bestehenden gesellschaftlichen Verhältnissen leiden, liefern zwei Facetten einer Geschichte des Scheiterns. Im Umgang mit dem Scheitern ist Anne Marie das wehrlose Opfer, während Phil die Kämpferin repräsentiert. »[S]terben, ohne sein Bestes gegeben zu haben« (Anne Marie, L 81) und »leben und sein Bestes sterben zu fühlen« (Phil, L 81, vgl. auch L 6) lauten die Leitsätze, in die Phil und Anne Marie ihr Leiden fassen. Aber auch Charlotte hat Gemeinsamkeiten mit den beiden, und diese Gemeinsamkeiten erklären sich qua Geschlecht. Der Vergleich mit der Lebensgeschichte Arthur Kents zeigt, wie hart sie als Frau um ihr berufliches Glück kämpfen mußte. So betont Arthur:

> »Mein Leben ist in eben dem Maße glatt und gewöhnlich verlaufen wie das Ihre, Charlottens und Anne Marie's stürmisch und ungewöhnlich. Für mich waren von Anfang an alle Wege geebnet; ich hatte mich für keine Idee in die Schanze zu schlagen, meine Befähigung vor keiner ungläubigen Welt zu beweisen, keine Schranken zu durchbrechen.« (L 62)

Die idyllische Zeit in der »Libertad«, während der Phil und Anne Marie langsam neuen Lebensmut und neue Schaffenskraft zu fassen beginnen, findet ein jähes Ende durch den Tod Anne Maries. Ihre Krankheit war bereits zu weit fortgeschritten, als daß sie Heilung hätte finden können. Mit dem Tod Anne Maries bricht die Realität wieder ein und entlarvt die

»Libertad« als Utopie, für die in der Welt noch kein Platz ist: die »Freistadt, […] wo Natur und Menschen einander ebenbürtig waren« (L 54). Am Schluß verlassen die Frauen diesen Ort wieder: Charlotte, so ist zu vermuten, folgt ihrem Mann und geht zurück nach Amerika, und Phil steigt den Berg wieder hinab in die Welt, um ihren Kampf weiterzuführen. Damit mündet die Novelle in ihren Anfang ein, Phils Lebenssituation ist die gleiche wie vor ihrem Aufstieg zur »Libertad« – allerdings um eine schmerzliche Erfahrung reicher. Der wie ein Fazit anmutende Schlußsatz hatte Phil schon einmal zur Beschreibung ihres bisherigen Lebens gedient (vgl. L 78): »Vorwärts. Reifsein ist Alles.« (L 81) Durch den Bezug auf das Leiden und das Durchhalten wird das Zitat in einen Kontext gestellt, in dem es auch im *King Lear* verwendet wird: «What! in ill thoughts again? Men must endure / […] Ripeness is all. Come on.«[23] Damit steht es im Gegensatz zu seinem alltagssprachlich entproblematisierten Gebrauch, bei dem die Wendung lediglich ausdrücken soll, der allgemeine Reifungsprozeß sei entscheidender als das Erwerben bestimmter Kenntnisse. Genau in dieser Bedeutung aber taucht das Zitat, ironisch gewendet, in Frapans *Wir Frauen haben kein Vaterland* auf, und zwar im Zusammenhang mit der Studienzeit der männlichen Studenten: »[S]ie gehen behaglich im Schritt. Ihre Promotion, ihre Aemter und zukünftigen Würden – all das ist ihnen sicher wie der Tod, denn ›reif sein ist alles!‹« (W 13 f.)

### *Ella Mensch: »Auf Vorposten« (1903)*

In Ella Menschs Roman *Auf Vorposten* wird die Germanistik-Studentin Fanny Stantien in direkter, chronologischer Handlungsführung und auktorialer Erzählperspektive durch ihr Studium begleitet: Der Roman beginnt mit Fannys erstem Semester in Zürich und endet mit ihrer Promotion. Aufgrund ihrer Willensstärke und Zielsicherheit kommt es bei der Protagonistin zu keinen inneren Konflikten. Abgesehen vom Geldmangel, den sie aber durch kleine schriftstellerische Gelegenheitsarbeiten auszugleichen weiß, hat sie sich einer einzigen äußeren Schwierigkeit zu stellen: Eine Bewerbung als Oberlehrerin, um ihren Lebensunterhalt während des Studiums sicherzustellen, hat zunächst keinen Erfolg, weil die Schulleiterin Vorurteile gegenüber Studentinnen hat. Aufgrund von Fannys Persönlichkeit wird diese Ablehnung jedoch später revidiert. Statt

---

23 Shakespeare, William: *King Lear*, V, 2. Zit. nach d. v. Raimund Borgmeier u. Barbara Puschmann-Nalenz hrsg. zweispr. Ausg. Stuttgart 1999, S. 210.

über die Hauptfigur Fanny wird die Handlung des Romans über die sie umgebenden Figuren vorangebracht. Zunächst einmal dienen sie als Gegenfiguren, vor denen sich Fanny als vorbildlicher Charakter erweisen kann. Darin, daß diese Personen fehlbar sind, liegt andererseits das Potential, Handlungsstränge auszuführen. Hier ist vor allem Linda Reich zu nennen, die Schulfreundin. Da diese ihren Entschluß, ebenfalls in Zürich zu studieren, direkt nach der gescheiterten Liebesbeziehung zu Kurt von Osten faßt, mutmaßt Fanny zunächst, Linda sei »eine, die auf der Flucht vor der Liebe ein kleines Verhältnis mit der Wissenschaft anspinnen w[ill]« (V 36). Aber Lindas wahre Gründe sind – aus Sicht Fannys – noch ärger. Auch Kurt wird in Zürich erwartet, und so wird klar, daß Linda mit ihrem Studium ihren ›Marktwert‹ vor Kurt erhöhen will: »Im Hinblick auf den wetterwendischen Kurt v. Osten wollte sie aus sich ein höheres, begehrenswerteres Menschenexemplar entwickeln!« (V 55) Linda bleibt in ihrem Handeln abhängig und ganz auf die Liebe bezogen. Über die Figur der Linda und ihre Entwicklung von der Gefährdung durch die ›Freie Liebe‹ (vgl. V 76-88) bis zur Läuterung (vgl. V 158-162) hält die Liebesproblematik Einzug in den Roman und bleibt – im Gegensatz zu den anderen Nebenhandlungen – während des gesamten Romans präsent. Die Lehre, die Linda schließlich für sich zieht und in der sie Fannys Vorbild folgt, gilt gleichzeitig als ›Moral‹ für alle Frauen: »›Was wir werden können, werden wir doch nur immer durch uns selbst.‹ [...] In unserer eigenen Brust muß Führer und Ideal erstehen.« (V 160 f.)

Wie im Fall Lindas in tragender Ausgestaltung – offensichtlich wird dem Thema Ehe und ›Freie Liebe‹ eine besondere Relevanz eingeräumt – werden über die anderen Gegenfiguren weitere Kontroversen der Zeit verhandelt: So debattiert Fanny mit der »kordial-burschikose[n]« (V 8) Mitstudentin Franziska Norbert über die Frauenbewegung (vgl. V 8-15), mit der Russin Maschinka Bärenfels über Materialismus (vgl. V 63) und mit Stümke, dem großmäuligen misogynen deutschen Studenten, der noch nicht einmal seine Matura erlangt hat, über Kosmopolitismus, Nihilismus und die moderne deutsche Sozialdemokratie (vgl. V 97). Die antagonistischen Personen – mit Ausnahme allerdings der Männer Kurt von Osten und Stümke – erfahren schließlich eine gewisse Läuterung, durchaus auch durch den Einfluß, den Fanny auf sie ausgeübt hat. Am Schluß des Romans hat Fanny durch den Verlust der ihr am nächsten stehenden Menschen, ihrer Schwester Hedi und ihrer Tante Jettchen, der einzigen Verwandten, die ihre Studienpläne unterstützt hatte, das Leid kennengelernt. Ihren Lebensentwurf, der auf akademische Bildung und finanzielle Selbständigkeit setzt, verfolgt sie jedoch konsequent weiter. Trotz der wesentlich schlechteren Berufsaussichten, die sich Frauen in

Deutschland bieten (vgl. V 168, 170), will sie in die Heimat zurückkehren, um dort ihre beruflichen Zukunftspläne als Journalistin zu verwirklichen. »Wenn sie ein Vaterland haben wollte, so mußte sie es sich selbst erarbeiten«, und genau das ist sie entschlossen zu tun (V 166). Fanny kommt angesichts ihrer Ausgrenzung offenbar zu dem gleichen Schluß wie Lilie in Frapans Roman, nämlich als Frau in der gegenwärtigen Situation kein ›Vaterland‹ zu haben, das ihr als Geburtsrechte die vollen Bürgerrechte gewährt, zieht allerdings daraus die gegenteilige Konsequenz. In der Benachteiligung von Frauen sieht sie für die Nation verschenkte Ressourcen, gerade auch im Kampf gegen das Neue. Fanny will ihren Beitrag dazu leisten und ist überzeugt davon, daß auch die konservativen Kreise, denen sie sich politisch verbunden fühlt, über kurz oder lang zur gleichen Erkenntnis kommen werden (vgl. V 167).

## 1.2 Erzählen zwischen erlebter Wirklichkeit und Fiktion

Mit dem konkreten Bezug auf die gesellschaftliche Realität, der in allen drei Texten hervorgehoben wird, korrespondiert ein deutlich markierter (auto)biographischer Hintergrund. Die gut dokumentierten Lebensläufe von Käthe Schirmacher[24] und Ilse Frapan[25] erlauben den Nachweis der autobiographischen Bezüge in *Die Libertad* und *Wir Frauen haben kein Vaterland*. Handelt es sich bei Frapan um eher allgemeine Parallelen wie ihre Herkunft aus Hamburg, ihr Studium in Zürich sowie die Erfahrung extremer materieller Not, kann man in der Novelle von Schirmacher Handlungselemente und Personen weitgehend auf den persönlichen Kontext der Autorin zurückführen. So verweist insbesondere die Figur der Phil – bezeichnenderweise der studentische Spitzname Käthe Schirmachers in Paris – auf diese selbst.[26]

---

24 Schirmacher hat eine Autobiographie verfaßt: *Flammen. Erinnerungen aus meinem Leben*. Leipzig 1921. Außerdem liegen zwei Biographien vor: Walzer, Anke: *Käthe Schirmacher. Eine deutsche Frauenrechtlerin auf dem Wege vom Liberalismus zum konservativen Nationalismus*. Pfaffenweiler 1991; sowie (mit deutlich nationalistischer Ausrichtung) Krüger, Hanna: *Die unbequeme Frau. Käthe Schirmacher im Kampf für die Freiheit der Frau und die Freiheit der Nation 1865-1930*. Berlin 1936.

25 Vgl. Christa Kraft-Schwenks Biographie *Ilse Frapan: eine Schriftstellerin zwischen Anpassung und Emanzipation*.

26 Auch Schirmacher hatte nach ihrer erfolgreichen Agregation in Paris die in der Novelle geschilderten bitteren Erfahrungen als Arbeit suchende Akademikerin machen müssen. Die Figur der Charlotte ist der gleichnamigen Schwester Käthe Schirmachers nachgezeichnet, die zwar nicht studiert hat, aber über ihre glück-

Für *Auf Vorposten* läßt sich ebenfalls eine autobiographische Verbindung zum Dargestellten mutmaßen – zu konkret ist das Wissen um den Zürcher Lehrbetrieb (vgl. V 43 f., zum Frauenstudium auch V 27 f.), zu deutlich wird der eigene lebensgeschichtliche Bezug durch den Untertitel *Roman aus meiner Züricher Studentenzeit* und die Widmung an die »lieben Kommilitoninnen aus den Züricher Jahren« (V 2) beglaubigt. Die Eindrücke, die Fanny vom Frauenstudium in Zürich gewinnt, werden zeitlich auf die 1880er Jahre, der eigenen Studienzeit der Autorin,[27] bezogen. Der Beginn von Fannys Studium wird zudem mit einer bestimmten Schrift in Zusammenhang gebracht:

> Sie war gerade in jenem Frühjahr in Zürich eingetroffen, als der damalige Rektor der Universität, in einer Programmschrift die albernen, entstellenden Gerüchte, welche jenseits der helvetischen Grenzen über das Frauenstudium in Zürich aufgetaucht waren, an Hand der Tatsachen prinzipiell zwar aufs entschiedenste zurückweisen durfte, sich aber doch nicht versagen konnte, die leise Klage hinzuzufügen: »Nicht die Schweiz oder das verwandte Deutschland schickt uns seine Töchter zu, nein, für Rußland, für dessen abnorme sozialen Verhältnisse machen wir dieses gefährliche Experiment.« (V 59)

Die erwähnte »Programmschrift«, die im Roman selbst nicht näher benannt wird, läßt sich identifizieren: Es handelt sich um den Separatdruck einer ursprünglich als Zeitungsaufsatz publizierten Entgegnung des Zürcher Physiologieprofessors Ludimar Hermann auf die Streitschrift Bischoffs (*Das Studium und die Ausübung der Medicin durch Frauen*). Hermanns Schrift *Das Frauenstudium und die Interessen der Hochschule Zürich* erschien jedoch im selben Jahr wie Bischoffs Beitrag, also bereits 1872.[28] Die zitierte Schrift, die der vorgeblichen Absicht, Fannys Studienbeginn zeitlich einzuordnen, gerade nicht dienlich ist,

---

liche Ehe einige Parallelen mit der Novellenfigur aufzuweisen hat. Käthe Schirmachers Schwager, Otto Münsterberg, dem *Die Libertad* gewidmet ist (L 3), findet eine Würdigung in der Gestalt des Arthur Kent. Otto Münsterberg war eine wichtige Bezugsperson für Käthe Schirmacher; er war es, der ihr Studium (auch finanziell) unterstützte (vgl. Krüger, S. 30-32).

27 In der Matrikelsammlung der Universität Zürich ist Ella Mensch unter der Nummer 5875 in der Philosophischen Fakultät verzeichnet: Sie begann ihr Studium der Deutschen Philologie im SS 1880, machte im April 1883 Examen und wurde mit einer sprachwissenschaftlichen Arbeit am 8.3.1886 promoviert.

28 Hermann, Ludimar: *Das Frauenstudium und die Interessen der Hochschule Zürich.* Zürich 1872. Das im Roman eingebrachte Zitat findet sich – fast wörtlich – auf S. 14.

zeigt, daß es der Autorin um mehr ging als nur um eine möglichst realitätsgetreue Einbettung einer Romanhandlung: Sie belegt statt dessen die konkreten Bemühungen der Autorin, die reale Debatte über das Frauenstudium aufzugreifen.

Im Gegensatz zu den zahlreichen, in der Regel allerdings erst wesentlich später (ab den 1920er/30er Jahren) geschriebenen Autobiographien, in denen Frauen, wie ja auch Käthe Schirmacher, von ihrer Studienzeit in den Anfangsjahren des Frauenstudiums erzählen, steht die sozialpolitische Wirkungsabsicht im Zentrum: Nicht um das Erzählen eines persönlichen Schicksals geht es, sondern um die Nutzung persönlicher Erfahrungen für eine allgemeine Stellungnahme.

Die Frage danach, warum Elemente eines autobiographischen Erzählens so offensiv eingebracht werden, ist aufschlußreich für das Selbstverständnis der Texte. Was allgemein gern als Zeichen nicht wirklich ›literarischer‹ Literatur belächelt wird, erweist sich als bewußt eingesetztes Mittel. Expliziter noch als bei Käthe Schirmacher, die den persönlichen Hintergrund ihrer Novelle gar nicht erst verschleiert, ist dies bei Mensch und Frapan. Die Hinweise, mit denen Ella Mensch markiert, daß sie einen persönlichen Bezug zum Dargestellten hat, sind, wie der Untertitel, zusammenhanglos vorangestellt oder haben den Charakter von Exkursen, die nicht viel zur eigentlichen Handlung beitragen. Frapan wiederum legt zwar keine eigene Betroffenheit in ihrem Roman offen, greift dafür aber in der erzähltechnischen Gestaltung mit dem fiktiven Tagebuch der Lilie Halmschlag auf eine genuin autobiographische Textsorte zurück. Authentizität erweist sich als ein Charakteristikum und Anliegen der Texte.

Zu wissen, wovon man spricht, und zwar dadurch, daß man es selbst erlebt hat – das zu beweisen wird zu einem Bedürfnis in einer Gesellschaft, die der Frau das Recht mitzureden mit der Begründung verweigert, ihr mangle es an Befähigung dazu. Die Frau, der in puncto Geist und Moral die Kompetenz abgesprochen wird, klagt in den vorgestellten Erzähltexten über den Umweg der Anschauung der Lebensrealität ihre Rechte ein. Der spezifische, auf das ›wirkliche Leben‹ bezogene Gestus der Texte kann so als Strategie verstanden werden, der Ausgrenzung aus der Gruppe der sprachberechtigten Diskursteilnehmer entgegenzuwirken. Die Ordnung entfaltet an dieser Stelle subversiv nutzbares Potential, denn gerade die Sphäre des Lebens ist im zeitgenössischen Geschlechterdiskurs den Frauen zugewiesen.

Das Vorgehen wiederholt sich auf der Figurenebene. Anläßlich einer Diskussion über Sinnlichkeit und Sittlichkeit (L 48 ff.) beschreibt Charlotte die gesellschaftlich vorherrschende Haltung gegenüber den Frauen und kontert mit Kenntnissen über das Leben, die – und das wird betont

– nur aus dem Leben selbst heraus erlangt werden können: »[…] wir kamen nach Paris, nicht unwissend über die Welt, es war aber noch Bücherweisheit […]. Wir hatten noch nicht sehen gelernt.« (L 49) Nur über das Leben, nicht über abstrakte Widerlegungen, kann man den männlichen Sophisten entgegentreten:

> Um jene Zeit war nun auf der Fakultät das Wesen der Frau einer eingehenden Erörterung unterzogen worden, und bei ihr ein Vorwiegen der Sinnlichkeit und des Instinkts in aller Form des Rechtens festgestellt worden. Mir hatten diese Diskussionen förmlich übel gemacht, ich konnte aber mit meiner entgegengesetzten Ansicht nicht durchdringen, um so weniger, als ich um den feinen Mund des weisen Salomo in spöttischen Linien geschrieben sah, was Arthur dir eben entgegenhielt: Mein Fräulein, diese Geheimnisse verstehen Sie nicht. (L 49)

Kurz darauf kann sie die Thesen in der Realität testen und widerlegen. Sich mit einer männlichen Reisebekanntschaft durch dessen geschicktes Arrangement im selben Hotelzimmer wiederfindend, begreift Charlotte die Situation als »Duell« (L 51) um sittliche Überlegenheit. In der Wirklichkeit überprüft, erweisen sich die Thesen des Professors nicht nur als falsch, sie finden sich sogar in ihr Gegenteil verkehrt: Der Mann, nicht die Frau, erweist sich als der moralisch Niedrigerstehende.

Was auf der einen Seite notwendig erscheint, um überhaupt ernstgenommen zu werden, nämlich die Bezugnahme auf das Leben, entlarvt gleichzeitig die männlichen Gelehrten der ›Wissenschaft von der Frau‹, genau das zu tun, was sie den Frauen vorhalten: über etwas zu reden, was sie nicht kennen – etwas theoretisch zu verhandeln, ohne es zuvor ›gesehen‹ (vgl. L 49) zu haben. Hierin liegt das Potential zu einer Wissenschaftskritik: Die Behauptung der angeblichen moralischen Inferiorität der Frau (L 49 ff.) stimmt nicht mit der Lebensrealität überein, und Lilie verwirft aufgrund ihrer Alltagserfahrungen die juristischen Lehrbücher (W 154). In *Auf Vorposten* wiederum wird die Publizistik der Zeit aufs Korn genommen: An der Klischeehaftigkeit des Artikels, den Lindas Freund Kurt von Osten zum Thema »Lebensweise und Geisteswelt der Züricher Studentinnen« (V 101) verfaßt, wird vorgeführt, wie die Wirklichkeit der »hübsche[n] journalistische[n] Phrase« geopfert wird (V 103). Die weiblichen Hauptfiguren bei Schirmacher, Mensch und Frapan kennen nicht nur das Studium aus eigener Anschauung, auch die Inhalte dieses Studiums werden am Leben gespiegelt und erst dadurch zu einem Wissen, das etwas über die Wirklichkeit auszusagen vermag.

Die individuell erlebte Geschichte wird dabei zu einem prototypischen Beispiel aufgewertet. Die Allgemeingültigkeit, die im Roman von Ella

Mensch einfach innerhalb der auktorialen Erzählhaltung vorgegeben wird, wird in *Die Libertad* gestaltungstechnisch durch eine dialogische Verschränkung erzielt. Die Thesen der einen Freundin werden jeweils durch Beispiele der anderen belegt: Über diesen Mechanismus werden die Freundinnen zu gegenseitigen Bürgen. In *Wir Frauen haben kein Vaterland* gelingt die Übertragung, indem die Ich-Erzählerin der Rahmenhandlung eine zunächst unerklärliche Vertrautheit zu Lilie Halmschlag empfindet: »Als ob wir in einer uns selbst noch verborgenen Verwandtschaft zu einander ständen.« (W 4) Angespielt wird damit auf eine Seelenverwandtschaft unter Frauen, die aufgrund ihres Geschlechts das gleiche Los teilen. Die geschilderten Lebensgeschichten der Studentinnen sind in diesen Texten keine eigentümlichen Einzelschicksale, ihre Eignung als Inhalt von Literatur besteht gerade nicht in ihrer Besonderheit, sondern in ihrer Lebensnähe und Alltäglichkeit.

Der Authentizitätsanspruch, mit dem die Autorinnen hervorheben, daß die dargestellten Erfahrungen ›wahr‹ seien, ist ein Faktor, der auf die Folie der Studentenromane zurückverweist. Als Milieuschilderung hatten die Studentenromane einen im weitesten Sinne ›dokumentarischen‹ Gehalt beansprucht. Gerade dieser Anspruch wird zum Einfallstor für Subversion, die sich auf das wirkliche Leben beruft: Die Tatsache, daß sich aus der Sicht von Studentinnen ein ganz anderes Bild vom Studium ergibt, beweist nicht nur, daß die bislang allgemein akzeptierte Darstellung der gesellschaftlichen Wirklichkeit fehlerhaft ist, sondern führt gleichzeitig dazu, daß das literarische Selbstverständnis hinterfragt wird.

### *Auf der Suche nach einer ›weiblichen‹ Kunst*

Je nachdem, welcher Fachrichtung sich die jeweilige Studentin verschrieben hat, wird eine andere Perspektive gewählt, um die eigene Zeit zu betrachten. Mit den Philologie-Studentinnen Phil und Fanny aus *Die Libertad* und *Auf Vorposten* gerät nun die Literatur selbst in den Blick: Die Texte gewinnen hier eine poetologische Dimension.

Als Antwort auf die Arbeit Kents und Charlottes über die Prostitution sucht und findet Phil für das, was sie ausdrücken will, eine Entsprechung in der Literatur: Es ist eine Szene aus Zolas *Nana*, die so zum Auslöser für eine Diskussion darüber wird, was Literatur zu leisten hat (L 47 f.).[29]

---

29 Das Beispiel Zola, dessen *Le roman expérimental* (1879) großen Einfluß auf die naturalistische Theoriebildung hatte, verweist hier bereits auf die Nähe zu naturalistischer Programmatik.

»Kent, das ist sehr wahr«, schließt sie ihre Rezitation, und auf Kents Einwand, er wolle nicht auch noch in der Literatur das vorfinden, was ihn im Alltag schon genug belaste, entgegnet Phil:

> »Ihnen ist die Literatur Erholung; wem sie aber Arbeit ist, wie uns Leuten von der Feder, der wünscht, sie immer tiefer in das Leben hinabgraben, immer dichter allen heutigen Fragen auf den Leib rücken zu sehen; nachsichtslos die Wahrheit aufzudecken, Alles beim rechten Namen zu nennen und den Stier bei den Hörnern zu packen.« (L 47 f.)

Dabei sind ästhetische Kriterien dem Anspruch, sich zeitgenössischen Problemen zu stellen, deutlich untergeordnet. »Die Kunst hört dabei aber auf und das Schöne«, meint Charlotte, aber die über ihr Fach die Definitionsgewalt innehabende Phil berichtigt: (L 48)

> »Nein, sie bleiben bestehen, wo sie der Wahrheit nach bestehen können. Wo sie falsch, unwahr werden, freilich, müssen sie weichen; aber das ist nur gut: Wahrheit, und sei es die herbste, macht stark. Was aber ist ein ungeprüfter, windschaffener Idealismus werth im Kampf um's Leben?«

In einem entsprechenden Zusammenhang stehen die (explizit genannten) intertextuellen Bezüge. Wo in *Auf Vorposten* die literarischen Verweise dazu dienen, Fannys geistige Orientierung darzustellen, sie also einen Eigenwert bewahren, hat in *Die Libertad* die Literatur gerade dort Berechtigung, wo sie den Personen zur Deutung der sie umgebenden Wirklichkeit, und das heißt auch als Lebenshilfe für das persönliche Schicksal, dient. Die Literatur hat sich dem Leben zu stellen: Erst wenn sie die bestehende gesellschaftliche Wirklichkeit abzubilden und in ihren Zusammenhängen zu erklären versteht, gewinnt sie Relevanz.

Obgleich in *Wir Frauen haben kein Vaterland* keine Philologiestudentin vorkommt, die zur Rolle von Literatur Stellung nehmen könnte,[30] kommt das Verhältnis zwischen Literatur und Leben implizit zur Sprache: »Etwas Heißes, Bewegtes quoll mir aus den knisternden Blättern entgegen, die Tinte schimmerte wie eingetrocknetes Blut.« (W 43) Was die Ich-Erzählerin der Rahmenhandlung da in Händen hält, ist das Tagebuch Lilie Halmschlags – das Geschriebene ist nicht ›Literatur‹, sondern quasi das Leben selbst.

---

30 Im Text gibt es lediglich eine vage bleibende Bemerkung Lilies, die in die gleiche Richtung zielt: »[…] das ist alles so eingerostet in den Geisteswissenschaften, weil sie sich nicht um die Natur bekümmern. Wir wären gewiß viel weiter!« (W 11)

Die Kunst bleibt bei Schirmacher und Frapan auf das Leben bezogen, während in *Auf Vorposten* die Kunst als leitendes Ideal für das Leben in Anspruch genommen wird: Gerade im Geistigen als autonomer Sphäre sieht Fanny eine überzeitliche Wahrheit verbürgt: »Das Leben in theoretischen Sphären grenzt an das Reich des Göttlichen«, abgehoben vom niedrigen Alltag »und doch mittendrin im lebendigen Leben«, hier verstanden im Sinne eines Zeit und Raum überspannenden »Lebensstrom[s]« (V 151). Fannys Kritik setzt dort an, wo die gesellschaftliche Realität diesen Maßstäben nicht gerecht wird. Der »windschaffene[] Idealismus« (L 48), den Schirmachers Protagonistin Phil entschieden verworfen hatte, wird im Roman von Ella Mensch wieder ins Recht gesetzt und als stabilisierender, charakterbildender Faktor definiert, der den modernen, als ›undeutsch‹ verfemten Strömungen entgegenwirken könne. Fanny Stantiens Ansichten ruhen in der deutschen Kultur, in ihrem Fall speziell der Literatur.

Die Aussagen zur Rolle der Kunst beschränken sich jedoch nicht auf die Fachkompetenz der Studentinnen: Die Frauen, die sich mit Kunst bzw. Literatur wissenschaftlich befassen, stehen nicht allein – ihnen wird jeweils eine Frau beigesellt, die aktiv Kunst schafft. Nur so, scheint es, kann man dem Gegenstand ganz gerecht werden.

In *Die Libertad* sind es Phil und Anne Marie. Tatsächlich gibt es Hinweise darauf, daß beide als eine Art Doppelpersönlichkeit angelegt sind. Für Anne Marie gibt es als einzige der handelnden Personen keine Vorlage in der Lebensgeschichte der Autorin. Die Tatsache, daß aber reale Erlebnisse Schirmachers in der Novelle nicht nur Phil zugeschrieben werden, sondern auch Anne Marie,[31] und dies für andere Charaktere nicht nachzuweisen ist, spricht dafür, daß die Figur bewußt als Ergänzung zu Phil konstruiert wurde. Der Text löst diese Erwartung insofern ein, als zum einen ihre Erzählungen über die Pariser Studienzeit zwei Varianten eines ansonsten weitestgehend identischen Berichts darstellen und zum anderen Anne Marie stark auf Phil bezogen bleibt. Bisher apathisch ihrer Krankheit ergeben, klingt durch das erneute Zusammentreffen mit Phil »der Ton einer freudigen Renaissance […] durch ihre Seele« (L 41). Diese ›Wiedergeburt‹ bezieht sich mit dem neu gewonnenen Lebenswillen gleichzeitig auf eine wiedererwachte künstlerische Schaffenskraft:

Gestern noch um diese selbe Zeit hätte sie auf die Frage: Willst du sterben? ein entschiedenes Ja gehabt. Nun war das mit einem Mal ver-

---

31 Vgl. z.B. die Bekanntschaft mit dem jungem Türken, L 31 f. Dazu Krüger, S. 37 f.

ändert. Sie hatte Phil gesehen, und wie ein Funke war es von der Genossin ihrer hoffnungsreichen Jugend auf sie herübergesprüht. Anne Marie fühlte, die Kunst, von der sie geträumt, und der sie nachgerungen, lebe noch [...]. »Nicht sterben,« sagte sie leise, »noch einmal versuchen,« und dabei sah sie so überirdische Schönheitsform vor sich [...]. (L 40 f.)

Die neue Lebensenergie ist nur vorübergehend, gegen das Leiden an der Welt ist auch die kämpferische Phil letztendlich machtlos. In der Vorstellung einer ganzheitlichen Persönlichkeit, deren beide Seiten sich in zwei Figuren gespalten finden, stürbe mit Anne Marie auch ein Teil Phils – ein Eindruck, der mit dem resignativen Schlußbild bestärkt wird.

Auch die Charaktere Hedi und Fanny sind so angelegt, daß sie zusammen eine vollkommene Persönlichkeit ergäben: Mit der humanistisch ausgerichteten, klar denkenden und willensstarken Fanny, die das Ideal der Studentin verkörpert, und der idealen Künstlerin, der schwärmerischen Romantikerin Hedi, werden zwei Schwestern vorgestellt, die sich komplementär ergänzen.

Hedi war ein zerbrechliches, zartes Wesen, für dessen Lebenslichtchen man ständig gefürchtet hatte. In der schwächlichen Konstitution aber wohnte eine Feuerseele, ein Überschuß von Phantasie, der dieses Menschenkind stets in einer andern Welt wohnen ließ als in der, die sie tatsächlich umgab. War bei Fanny alles Charakter, Wille, unbeugsame Energie, so gab sich der Grundzug im Wesen Hedis als Ekstase, poetische Schwärmerei mit einem starken Anflug ins Melancholische. Mit tiefer zärtlicher Bewunderung hing Fanny an dieser Traumpsyche der Schwester, aus welcher sie ein erwachendes, werdendes Dichtergemüt anschaute. (V 26 f.)

Daß dieses Dichtertalent durchaus vielversprechend ist, zeigt sich in Hedis »Gedichten und Phantasien am Klavier, die das Dilettantische durchaus abgestreift hatten, und eine persönliche Sprache redeten« (L 31).

Auch Anne Maries Kunst geht über das ›bloße Nachahmen‹, auf das die Fähigkeit eines weiblichen Kunstschaffens im zeitgenössischen Geschlechterdiskurs gern reduziert wurde,[32] hinaus:

---

32 Vgl. z.B. Möbius, S. 21 f., 73; Simmel, Georg: *Weibliche Kultur* (2. Fassung, 1911). In: Ders.: *Gesamtausgabe*, Bd. 14: *Hauptprobleme der Philosophie. Philosophische Kultur.* Hrsg. v. Rüdiger Kramme u. Otthein Rammstedt. Frankfurt a.M. 1996, S. 417-459, hier S. 430 f.

> [I]ch stimmte damals noch mit meines Lehrers Malweise; unbewußt hatte ich auch Gegenstände gewählt, die durch Durand's Technik erst recht zur Geltung kamen; man nannte mich, feierte mich als Stern der Zukunft. Ich aber, nicht zufrieden, rannte schon neuer Wahrheit nach.

Die »neue Wahrheit« markiert die Entwicklung eines eigenen Stils, der an der Natur orientiert ist und den sie über die Motivwahl findet, nämlich Gretchen als Verführte: »[I]ch fühlte, hierin sage ich mich von meinem Lehrer los« (L 44).

Sowohl Anne Marie als auch Hedi sind in ihrem Kunstschaffen auf die Frau ausgerichtet, und über dieses Thema finden sie ihren eigenen, innovativen Weg. Anne Maries Bildprojekt »Die neue Zeit« (L 60) soll bezeichnenderweise über eine Frauenallegorie realisiert werden, und Hedi ist bereits seit einiger Zeit auf der Suche nicht nach der neuen Zeit, denn an der ist sie eigentlich nicht interessiert, sondern nach der neuen Frau: Sie ist stets beschäftigt mit dem »Erschaffen und Aufsuchen eines weiblichen Musterbildes, eines Ideals, zu welchem bald diese, bald jene Erdenfrau die Umrißlinien hergeben mußte« (V 29).[33]

Eine ›weibliche Ästhetik‹, die hier bereits evoziert wird, wird über die Schwester im Roman von Ella Mensch ausführlich inszeniert. Hedi hat ein neues künstlerisches Projekt, welches – wie das Anne Maries – durch ihren Tod unvollendet bleibt. Thematisch scheint dieses Projekt zunächst nicht direkt mit der Frau verbunden zu sein: Angesichts ihrer Begeisterung für die winterliche Landschaft, die sich ihr beim Schlittschuhlaufen besonders eindringlich erschließt, plant sie, eine »Eislaufode« zu dichten. In der Gestaltung aber soll spezifisch Weibliches seinen Ausdruck finden:

> Eine neue Eislaufode möchte ich komponieren. Aber ganz anders als Klopstock, im Banne antiker Muster, das Naturbild sah, so gleichsam aus der Frauenseele heraus, aus einer Weltpsyche, die in der Gebundenheit der Kräfte, in der stillen, hehren Majestät des Winters, welcher der Sonne nur ein bescheidenes, aber doch so idealisierendes Wirken überweist, das höchste Glück erkennt, ein Traumglück, eine starke, aber durch keine fiebernden Leidenschaften getrübte Sehnsucht nach der Seligkeit, nach dem Vollkommenen, dem Unendlichen. (V 155)

---

33 Im Rahmen der Ansprüche an die ›neue Frau‹ findet sich im Text der Hinweis auf ein männliches Pendant zu Hedi, das Ella Mensch in ihrem Roman *Der Geopferte* gestaltet hat (vgl. V 52 f.): Ernst Münster, der als Vorbild eines modernen Mannes vorgeführt wird, aber daran scheitert, daß die Frau ihm noch nicht gerecht wird. Vgl. Mensch, Ella: *Der Geopferte. Liebesroman eines modernen Mannes.* Leipzig 1902.

Die bemerkenswerte Gleichsetzung von »Frauenseele« und »Weltpsyche« verweist auf eine romantische Vorstellung von Ganzheitlichkeit, die auch für Fanny in Anspruch genommen wird: »Nicht stückweise, als ein Ganzes, als das Leben, von dem sie selbst nur ein winziges Bruchteilchen war, kam die Natur in all ihren Farben und Tönen zu ihr.« Fanny reagiert nicht distanziert analysierend, sondern indem sie sich in ihr »auflöst[]« und in ihr »untertaucht[]« (V 90).

Zunächst scheint Hedis Abgrenzung von Klopstock auf die Entgegensetzung der Bezugsmythen ausgerichtet zu sein. Statt der antiken entspreche ihr, der Norddeutschen, die altnordische Mythologie viel mehr:

> Aber hier in unserm tiefen versteckten norddeutschen Winter geht mir zum erstenmal die Schönheit und der Sinn unserer nordischen Göttersagen auf. Am Studiertisch würd' ich sie nie erfaßt haben. [...] Uller, der Gott des Winters, der gewaltige Schneeschuhläufer, der über die Eisflächen dahinfährt in dunkler Sturmnacht, um seine Braut zu holen, kommt er nicht den strahlendsten Homerischen Helden gleich?! Der Mythus von den Sonnengöttern liegt uns so ferne. Die gehören nach Griechenland und Italien, die Sonne des Südens ließ sie entstehen. (V 154)

Dabei gilt diese Nähe der norddeutschen Frau mehr als dem norddeutschen Mann, das ergibt sich aus Hedis Definition der »Frauenseele«, der das Winterliche als Metapher eigne. Ausschlaggebend für die Identifikation ist in jedem Fall das Erleben der heimatlichen Landschaft.[34]

Doch welche Rolle spielt der Rekurs auf Klopstock? Klopstock als einen Repräsentanten für den Rückgriff auf die antike Helden- und Götterwelt zu verstehen ließe unberücksichtigt, daß er Oden (hier speziell *Auf meine Freunde*) später umdichtete, indem er das antike Inventar durch ein altnordisches ersetzte. Diese Praxis steht in Zusammenhang mit Klopstocks Bemühungen um eine originär deutsche Kunst und Kultur, wobei sich jedoch eine merkwürdige Ambivalenz ergibt: Beim Umgang mit den altnordischen Mythen zeigt sich, daß er die antiken Götter und Helden durch altnordische austauschte, ohne die inhaltlichen Zuschreibungen entsprechend zu variieren. Daß diese Tatsache früh

---

34 Die geographische Komponente gewinnt noch ein nationales Moment, wenn man die bis in die Mitte des 20. Jahrhunderts hineinreichende Vereinnahmung der altisländischen *Edda* als ›urdeutsches‹ Kulturgut berücksichtigt. Man vergleiche dazu die Einleitung der besonders breitenwirksamen Ausgabe der *Edda* im Reclam-Verlag um die Jahrhundertwende: *Die Edda. Götterlieder und Heldenlieder.* Aus dem Altnordischen v. Hans von Wolzogen. Leipzig [o. J.], S. 3-19.

erkannt wurde, belegt die 1778 erschienene Kommentierung von Carl Friedrich Cramer, der den Gott Braga in der gleichnamigen Eislauf-Ode eindeutig als Apollo identifiziert.[35] Von einer »nordische[n] Maske«, die »übergestülpt« werde, um »das patriotische Moment stärker [zu] beton[en]«, spricht Hilliard.[36] Das Ergebnis ist eine Mythenklitterung, bei der die Übertragung in den anderen Kontext nur über die Namen vollzogen wird. So gesehen bleibt Klopstock tatsächlich »antike[m] Muster« (V 155) verhaftet.

Gerade die Wahl von Uller (Ullr), dem Wintergott, der in der *Edda* keine besondere Rolle spielt und nur selten auftritt,[37] als zentrale Gestalt von Hedis Ode erweist sich als Schlüssel. Im ersten Lied des *Wingolf*, der 1767 erfolgten Umdichtung der zwanzig Jahre zuvor entstandenen Freundschaftsode *Auf meine Freunde*, taucht Uller ebenfalls auf, so daß man von einer bewußten Anspielung ausgehen kann. Wenn aber hier wie dort auf die *Edda* zurückgegriffen wird, wird die Frage vom Gegenstand weg auf die Art der Gestaltung gelenkt. Unterstützt wird diese Vermutung dadurch, daß die Nennung Ullers bei Klopstock in einem poetologischen Zusammenhang steht:

Willst du zu Strophen werden, o Haingesang?
Willst du gesetzlos, Ossians Schwunge gleich,
Gleich Ullers Tanz auf Meerkrystalle,
Frey aus der Seele des Dichters schweben?[38]

Die in körperliche Bewegung (Eistanz) gesetzte Kunst erfolgt »[f]rey aus der Seele«, der Wechsel des bisher für Klopstock maßgeblichen Bezugs auf Pindar zu Ossian[39] vollzieht sich zu einer Zeit grundlegender formaler Überlegungen, die darauf zielten, die (bislang für ihn bindenden)

---

35  Vgl. Cramer, Carl Friedrich: *Klopstock. (In Fragmenten aus Briefen von Tellow an Elisa)*. Hamburg 1777, S. 35, 286.

36  Hilliard, Kevin: *Klopstock in den Jahren 1764 bis 1770: metrische Erfindung und die Wiedergeburt der Dichtung aus dem Geiste des Eislaufs*. In: *Jahrbuch der Deutschen Schillergesellschaft* 33 (1989), S. 145-184, hier S. 159. Vgl. auch die Gegenüberstellung der beiden Fassungen in der Ausgabe von Schneider: Klopstock, Friedrich Gottlieb: *Oden*. Ausw. u. Nachw. v. Karl Ludwig Schneider. Stuttgart 1994, S. 18-23.

37  *Edda. Die Lieder des Codex Regius nebst verwandten Denkmälern*. Hrsg. v. Gustav Neckel. Bd. 1: Text. 4. umgearb. Ausg. v. Hans Kuhn. Heidelberg 1962. Darin: Grimnismal/Das Lied von Grimnir: 5., 42. Strophe (S. 58, 65 f.); Atlakvida/Die Sage von Atli: 30. Strophe (S. 245).

38  *Wingolf*, 2. Strophe. Klopstock, *Oden*, S. 19.

39  Vgl. Hilliard, S. 161.

metrischen Vorgaben zu überwinden. Der »Paradigmenwechsel«,[40] der in der inhaltlichen Umsetzung der Freundschaftsode in eine – vorgeblich – altdeutsche Mythologie und frühe Dichtungstradition liegt, steht im Zusammenhang mit einer expliziten nationalen Neubesinnung. Er geht mit einer Lösung von der antiken Metrik einher: Hier erst, so Hilliard, konkretisiere sich Klopstocks Versuch, »die archaische Dichtung neu zu beleben«.[41] Zum Symbol der Befreiung von einengenden Regeln, die die Entfaltung der eigenen (deutschen) »Seele« behindern, wird bei Klopstock speziell der Eistanz. Der Körper verbürgt dabei den natürlichen Ausdruck:

> Der Körper, so kann man es vielleicht paradox formulieren, war die Seele, das belebende Prinzip der ursprünglichen Dichtung; der Körper war auch ein Teil der sich immer gleichbleibenden Natur, der das historische Gefälle der Zeiten nichts anhaben konnte.[42]

Der neuen Kunst drohe allerdings Gefahr, wenn der Bezug zur Tradition verlorengehe, metaphorisch dargestellt in der Warnung vor brüchigem Eis in *Der Eislauf* (1764).[43]

Dem stellt Hedi ein ganzheitliches Schaffen aus der »Frauenseele« heraus entgegen. Angesichts der Art ihres Todes – im Umkreis des Schlittschuhlaufens – drängt sich die Frage auf, ob Hedis Ode wirklich ›unvollendet‹ geblieben ist: Sie bricht nicht selbst ins Eis ein, sie rettet ihre eingebrochene Freundin Kara, erkrankt dabei aber an einer Lungenentzündung, an der sie stirbt. »Welch' ein schöner Patroklostod [...]«, sagt Linda (V 63) und holt damit das Freundschaftsthema in die Betrachtung hinein. Doch der antik-mythische Bezug wird auch hier mit einem nordischen flankiert, der Hedis Leben und Tod besser zu kommentieren scheint: Die Klopstock-Ode ist mit »Wingolf« überschrieben, in der *Edda* die Halle der Freundschaft und Sitz der weiblichen Arsen.[44] Vor diesem thematischen Hintergrund gelänge Hedi die Antwort auf die Ode Klopstocks gerade im Tod.[45] Ihre ›Poetik‹ erwiese sich so als eine, in

---

40 Zimmermann, Harro: *Freiheit und Geschichte. F. G. Klopstock als historischer Dichter und Denker*. Heidelberg 1987, S. 201.

41 Hilliard, S. 167.

42 Ebd., S. 178.

43 Vgl. dazu ebd., S. 182.

44 Vgl. »Vingólf« in: Simek, Rudolf: *Lexikon der germanischen Mythologie*. 2., erg. Aufl. Stuttgart 1995, S. 460.

45 Als bewußt gesucht erscheint der Tod auch durch die zahlreichen Todesanspielungen in Hedis letztem Brief – gleichzeitig der Brief, in dem sie Fanny ihre neuen dichterischen Pläne schildert, vgl. V 153-158.

die sie mit ihrer gesamten Persönlichkeit – und eben auch mit dem Körper – eingeht. Diese Konstruktion erinnert an die Art, in der bereits zuvor ihre Haltung zur Musik charakterisiert wurde: Es ist ein Mitgehen im Ganzen, an dem die »Subjektivität zerbr[icht]« (V 90). Hedis in Selbstaufgabe mündende Entgrenzungssehnsucht ist kein Modell für das Alltagsleben, in seiner von der Künstlerin verkörperten Absolutheit bleibt es dennoch romantisches Leitbild einer als ›weiblich‹ inszenierten Kunstauffassung. Die motivische Verbindung von Körper mit Natur-ästhetik, die sich schon bei Klopstock findet, wird hier mit Weiblichkeit identifiziert und damit – im Einklang mit dem Geschlechterdiskurs des 19. Jahrhunderts – neu akzentuiert. Die produktive Auseinandersetzung mit Klopstocks Eislauf-Oden macht dabei deutlich, daß es um keinen geringeren Anspruch geht als um eine Neuformierung deutscher Kunst und Kultur. An die Stelle der Anknüpfung an antike Tradition und humanistische Gelehrsamkeit tritt jedoch die Empfindung einer als mythisch wahrgenommenen Natur, die die »Frauenseele« in der heimatlichen norddeutschen Landschaft empfängt. Im »Gesang der ›seelenvollen Natur‹«[46] aber hatte Klopstock selbst den Vorzug der deutschen gegenüber der griechischen Dichtung gesehen. Die Einlösung dieses Anspruchs, so suggeriert das in *Auf Vorposten* vorgeführte Modell, bedarf der Künstlerin: Eine neue national verortete Kunst, die gleichzeitig den Bezug zum Ursprünglichen nicht verliert, wird über einen dezidiert weiblichen Beitrag entworfen.

Was bereits in *Die Libertad* zum Tragen kommt, findet in *Auf Vorposten* eine noch deutlichere Ausgestaltung: Im Umfeld der Studentin wird die Frage nach einer spezifisch weiblichen Ästhetik explizit gestellt, und in beiden Fällen wird direkt auf das Leben Bezug genommen. Bei *Mensch* wird das Ideal einer ganzheitlichen Kunsterfahrung evoziert, die das persönliche Leben mit einschließt und darin aufgehen läßt, bei Schirmacher – und in der Ausführung eben auch bei Frapan – soll die Kunst die Wirklichkeit darstellen. Die ästhetische Qualität ist dabei in beiden Konzepten nicht der entscheidende Maßstab, sondern der Wahrheitsanspruch: als Widerspiegelung realer Verhältnisse in dem einen Fall, als überzeitliches Leitbild, vor dem konkrete Zeiterscheinungen bewertet werden können, in dem anderen.

---

46 Zimmermann (S. 204) mit Bezug auf *Der Hügel und der Hain* (1767).

## 1.3 Zwischen Ordnung und Subversion.
### Die Studentin als politische Figur

Wenngleich der Lebensweg und die individuelle Misere der Protagonistinnen im Zentrum der jeweiligen Handlung stehen, zielen die Texte auf Grundsätzlicheres: Sie entfalten ausgehend von den Einzelschicksalen ein zeitdiagnostisches und zeitkritisches Potential und reflektieren dabei die Rolle der Kunst. Über die Schwierigkeiten, unter denen studierende Frauen zu leiden haben, hinaus geraten allgemeinere gesellschaftliche Probleme und Mißstände in den Blick: bei Schirmacher die Prostitution, bei Frapan die herrschende Rechtsprechung und Ungleichverteilung materieller Ressourcen und bei Mensch, gerade konträr dazu, die Furcht vor revolutionären Umtrieben und ›unsittlichem‹ Lebenswandel der modernen Frau. Alle drei Texte gliedern sich dabei in bereits bestehende, über das Frauenstudium hinausweisende Diskurszusammenhänge ein.

*Die Libertad* knüpft mit dem Thema der Prostitution, das in dem Gemeinschaftsprojekt von Charlotte und ihrem Mann, aber auch in den Berichten von ihrer Anwaltstätigkeit, in Anne Maries neuem künstlerischen Projekt und in Phils Literaturbeispielen präsent ist, an die Sittlichkeitsbewegung der Jahrhundertwende an.[47] Prostitution wurde als Bestandteil einer allgemeinen »Geschlechtsknechtschaft«[48] wahrgenommen, an der letztendlich die gesamte ›Frauenfrage‹ hänge:

> Die Frage der Prostitution wurde mehr und mehr zur »Schlüsselfrage« der Frauenbewegung, die in ihr die äußerste Form patriarchaler Herrschaft sah. […] Prostitution wurde nicht als isoliertes Phänomen betrachtet, sondern erhielt innerhalb der zeitgenössischen feministischen Debatten strategische Bedeutung, konnte doch daran illustriert werden, wohin die Unterdrückung der Frau im extremsten Falle führte.[49]

---

47 Vgl. zum sozial- und ideengeschichtlichen Hintergrund der Sittlichkeitsbewegung Borst, Eva: *Über jede Scham erhaben: das Problem der Prostitution im literarischen Werk von Else Jerusalem, Margarete Böhme und Ilse Frapan unter besonderer Berücksichtigung der Sittlichkeits- und Sexualreformbewegung der Jahrhundertwende.* Frankfurt a.M. u.a. 1993, S. 29-48.

48 Heymann, Lida Gustava: *Rechtliche Grundlagen und moralische Wirkungen der Prostitution* (Vortrag am 29.9.1903 in Altona); zit. nach Borst, S. 29. Terminologisch wird ein Bezug zur Sklaverei hergestellt, vgl. spez. die Geschichte des Begriffs »Abolitionismus«, auf den sich die Abolutionistische Föderation als spez. Gruppierung innerhalb der Sittlichkeitsbewegung bezieht, vgl. Borst, S. 41 f.

49 Borst, S. 29.

Die Art, wie das Thema in *Die Libertad* eingebracht wird, folgt der Argumentation von Teilen der Frauenbewegung, speziell der Internationalen abolitionistischen Föderation, für die sich Käthe Schirmacher nachweislich engagiert hat.[50] Entscheidend ist dabei, daß die Blickrichtung umgekehrt wird: Im Gegensatz zur pauschalen Verurteilung der Frauen, die nicht der Sittlichkeitsnorm entsprechend leben, werden statt dessen die Zustände auf ihre Ursachen hin befragt und damit die Doppelmoral einer geschlechterhierarchischen Gesellschaft sichtbar gemacht. Genau diese Umkehrung der Perspektive wird in Schirmachers Novelle ausgeführt. Charlottes Erfolg als Anwältin von Frauen beruht darauf, daß sie nicht den üblichen Gepflogenheiten folgt und die Frau gegenüber dem Mann vorverurteilt, sondern die Verhältnisse nach beiden Seiten hin prüft: »[…] meiner alten Vermuthung nachgehend, und das Privatleben nicht nur der Frau, sondern auch das des Mannes auf's Genauste untersuchend, [fand ich] eine ganz neue Spur.« (L 11) Arthur Kent, als Staatsanwalt Charlotte im Gerichtsverfahren unterlegen, erkennt die geschlechterbezogene neue Haltung als Gewinn für die Rechtsprechung an:

[I]ch […] wollte [wissen], dank welcher Eigenschaft sie mich geschlagen. – Ich verglich sie mit mir: Charlotte war sachlich – das war ich auch. Sie war scharfsinnig – man rühmte mich darum. – Sie hatte Erfahrung – die meine war um fünf Jahre reicher. Endlich kam ich auf den Punkt: sie glaubte an die Frau – ich nicht mehr. […] So hatte sie bei all' ihrer Sachlichkeit ein Feuer, eine erlösende Liebe, welche ihr den Blick schärfte, umgekehrt aber, wo sie nicht am Platze war, ihn keineswegs trüben durfte. (L 20)

Auch Anne Maries Potential, eine neue Kunst zu schaffen, bedingt sich durch eine vergleichbare Perspektivenverschiebung. Indem sie die gefallene Frau zum Thema macht, findet sie zu einem eigenen Stil. Nur mit dem anderen Blick von Frauen, der von der Situation der Frauen seinen Ausgang nimmt, kann ein allgemeiner Fortschritt befördert werden. Phil, analog in ihrem Feld argumentierend, besteht darauf, sie sei »nicht Mann, sondern Frau der Wissenschaft« (L 19), gerade darin liege ihre Stärke und ihre Aufgabe.

Die Prostitution als Symptom einer hierarchischen Geschlechterordnung findet sich gleichfalls in Frapans *Wir Frauen haben kein Vaterland*: Die Jura-Studentin Lilie träumt von einem Prozeß gegen eine Prostituierte, in dem eine Anwältin – »Portia«[51] – vor Gericht für die erniedrigte und

50 Vgl. Walzer, S. 49 f.
51 Die Auswertung des Shakespeare-Bezugs wird im Text selbst vorgenommen. Dies-

entrechtete Frau eintritt und dadurch die Möglichkeit einer besseren, menschlicheren Zeit aufscheinen läßt. Die Portia im Traum gleicht dabei bezeichnenderweise nicht Lilie selbst, sondern ihrer verstorbenen Mutter, womit auf die Bedeutung der Mutterliebe für Frapans sozialistische Utopie angespielt wird.

> Die schöne Portia glich dir, meine geliebte Mutter! dir, ganz allein dir! Sie war so kraftvoll und so voll Liebe. Mir glich sie gar nicht. Ich bin schüchtern wie eine Fledermaus und rede nur in Monologen. Aber der Traum hat mich so beglückt. Ich fühle – er ist Wahrheit. Einmal wird er Wahrheit werden! Einmal wird sie kommen, die schöne Portia, die lauter Kraft und Liebe ist, und ob sie dann hinabsteigt zu der verachteten Schwester, oder ob sie sie emporhebt – das wird das Gleiche sein. Die Hauptsache ist, daß sie sie anerkennt, daß sie, die schöne Portia, die lauter Kraft und Liebe ist, die Verachtete, Gefallene als ihre Schwester anerkennt. (W 92 f.)

Der Aspekt der Solidarität mit unterprivilegierten und sozial geächteten Frauen, der hier ausgesprochen wird, ist im Roman insgesamt dominierend. Im Text wird dabei eine Analogie zur Arbeiterklasse hergestellt: Wie die Frau vom Mann unterdrückt wird, so der Arbeiter vom Kapitalisten. Ob der Körper oder die Arbeitskraft ausgebeutet wird, bedeutet – so die Logik des Textes – keinen strukturellen Unterschied.[52] In der Aufnahme des Titels »Wir Frauen haben kein Vaterland«, eine direkte Anspielung auf Karl Marx' *Manifest der kommunistischen Partei*,[53] endet

mal ist Portia – bewußt als Frau – aufgefordert, ihren unterdrückten Geschlechtsgenossinnen beizustehen: »Ja, sie heißt Portia und ist eine junge Advokatin. Sie trägt aber kein Männergewand, wie die Portia im Kaufmann von Venedig; nein, ein schlichtes [...] Frauenkleid. [...] ›Einmal hat Portia die Freude und die Ehre gehabt, den geliebten Mann zu verteidigen und ihn durch ihre Beredsamkeit zu retten [...] Heut ist ein andrer Tag. Heut ist ein andrer Schrei an Portias Ohr gedrungen [...] aus zu lang von ihr selbst übersehenen [...] Tiefen.‹« (W 86 f.)

52 Vgl. dazu Borst, S. 191.

53 »Den Kommunisten ist ferner vorgeworfen worden, sie wollten das Vaterland, die Nationalität abschaffen. Die Arbeiter haben kein Vaterland. Man kann ihnen nicht nehmen, was sie nicht haben. Indem das Proletariat zunächst sich die politische Herrschaft erobern, sich zur nationalen Klasse erheben, sich selbst als Nation konstituieren muß, ist es selbst noch national, wenn auch keineswegs im Sinne der Bourgeoisie. [...] Mit dem Gegensatz der Klassen im Innern der Nation fällt die feindliche Stellung der Nationen gegeneinander.« (*Manifest der kommunistischen Partei* (1848), Kap. 2: *Proletarier und Kommunisten*, hier zitierte Ausgabe: Marx, Karl/Engels, Friedrich: *Manifest der Kommunistischen Partei. Grundsätze des Kommunismus.* Mit einem Nachw. v. Iring Fetscher. Stuttgart 2002, S. 3-56, hier S. 40.)

Lilies Tagebuch: Aus der im verborgenen träumenden »Fledermaus« wird nun die Handelnde, der Schluß mündet in einen pathetischen Aufruf zum gemeinsamen revolutionären Kampf.

Wir Frauen haben kein Vaterland […].
Aber heimatlos sind wir nicht. Unsere Heimat ist die Erde, unser Volk ist die Menschheit.
Nationale Arbeit hat man uns verwehrt; – leisten wir denn, was höher ist, als sie, leisten wir Menschheitsarbeit!
Beten wir, daß bald die Zeit komme, wo die Grenzen aufhören […]; wo es weder Kapitalisten noch Proletarier mehr giebt, sondern nur Menschenbrüder, und wo der Mann auch im Weibe die gleichstrebende Schwester erkennt und achtet! Beten und – handeln wir! Handeln wir! (W 156)

Das kommunistische Manifest wird hier aus der Perspektive der Frau abgewandelt: Der Roman führt vor, wie Lilie erkennt, als Frau kein Vaterland zu haben, weil man ihr die materielle Grundlage zum Leben verwehrt. Lilies besondere Fähigkeiten als Frau, speziell die einer umfassenden Liebe, die sie zum Wohl der Nation hätte einbringen können, wird sie nun dem Kampf der internationalen Arbeiterbewegung widmen.

Die vorgeführte ›Lösung‹ speist sich damit sowohl aus der Vorstellung einer idealisierten Mutterliebe, die im zeitgenössischen Geschlechterdiskurs ihren festen Platz hat, als auch aus einer vage bleibenden sozialistisch-kommunistischen Utopie. Gerade diese Anknüpfung aber geht nicht bruchlos auf. Die Analogiebildung zwischen Frauen und Proletariern, die zentrale Bedeutung, die der Lage der Frau beigemessen wird, und die Inszenierung der Frau als potentieller Retterin konfligieren mit der marxistischen Doktrin, auf die der Titel ja ausdrücklich Bezug nimmt: In der Ausrichtung des Romans liegt eine Ausblendung, wenn nicht gar Umkehrung der kausalen Nachordnung der ›Frauenfrage‹ im marxistischen Verständnis.[54]

---

54 Zur Bewertung der strukturellen Geschlechterhierarchie als Nebenwiderspruch der kapitalistischen Gesellschaft, der sich mit der Abschaffung des Privateigentums automatisch lösen werde, vgl. die 21. Frage in den *Grundsätzen des Kommunismus* (ca. 1847, Erstveröffentlichung 1914). Zum Thema Ehe und Prostitution erläutert Engels dort: »Sie [die kommunistische Gesellschaftsordnung] wird das Verhältnis der beiden Geschlechter zu einem reinen Privatverhältnis machen, welches nur die beteiligten Personen angeht und worin sich die Gesellschaft nicht zu mischen hat. Sie kann dies, da sie das Privateigentum beseitigt und die Kinder gemeinschaftlich erzieht und dadurch die beiden Grundlagen der bisherigen Ehe,

Bei Fanny, der Protagonistin im Roman von Ella Mensch, ist die politische Schlußfolgerung gerade umgekehrt. Die konservative Positionsnahme in diesem Roman, die in ihren politischen Implikationen für den Diskurs der Zeit besonders signifikant ist, soll etwas eingehender beleuchtet werden. Gegenüber den sozialistischen Standpunkten von Stümke und anderen Studenten und (überwiegend russischen) Studentinnen beruft sich Fanny als (deutsche) Frau auf Tradition und Konservatismus.

Wir [die deutschen Frauen] wollen nicht einziehen in das leichte, flüchtige Ziel, das die rote Internationale uns freundlich lockend anbietet, wir wollen Anteil und Wohnsitz erwerben in dem festen Bau, den die Arbeit eines Lessing, Fichte und Bismarck geschaffen hat. (V 171)

Sie, Fanny, wolle sich nicht »entgermanisieren« (V 170), eine Wendung, die in diesem Kontext Heimatlosigkeit mit dem Verlust der eigenen Kultur und einer sozialistisch-kommunistischen Haltung identifiziert. Der Gedanke einer kulturell verorteten nationalen Identität, die der sozialistischen Weltbürgerutopie Stümkes entgegengehalten wird, konkretisiert sich im Bezug auf Fichte. Im Kontrast zur bürgerrechtlichen Staatsnation, an deren Anfang – wie im Beispiel Frankreichs – Revolution und eine Verfassungsgebung standen, bildete sich im 18. Jahrhundert das deutsche Modell einer Kulturnation, also eines Nationenkonzepts, das seine identitätsstiftenden Merkmale aus der gemeinsamen Kultur (Sprache, Literatur, Geschichte) bezog. Für die Fortschreibung dieses Konzepts spielte Fichte diskurshistorisch eine wichtige Rolle. Mit ihm verbindet sich die Überführung des aufklärerischen Erbes (Fanny nennt als weiteren Bezugspunkt Lessing) in einen nationalistischen Rahmen. In seinen 1808, also nach der Niederlage gegen Napoleon verfaßten *Reden an die deutsche*

die Abhängigkeit des Weibes vom Mann und der Kinder von den Eltern vermittels des Privateigentums, vernichtet. [...] Die Prostitution beruht [...] auf dem Privateigentum und fällt mit ihm.« (Engels, *Grundzüge des Kommunismus*, in: Marx/Engels, S. 57-79, hier S. 75 f.) Zur Prostitution analog im *Kommunistischen Manifest*, vgl. Marx/Engels, S. 39 f. Ähnlich, dabei aber differenzierter argumentieren August Bebel (Begründung der Abhängigkeit der Frau vom Mann über die Eigentums- und Erwerbslage) und Clara Zetkin (Begründung über die bestehenden Produktionsverhältnisse), die die Verteilung des Besitzes und der Arbeit nicht nur im Klassenverhältnis, sondern auch im Geschlechterverhältnis interessiert; vgl. Euchner, Walter: *Ideengeschichte des Sozialismus in Deutschland. Teil 1.* In: *Geschichte der sozialen Ideen in Deutschland*, S. 15-350, hier S. 152-156.

*Nation* entwickelt er seine Ideen zu einem Neuanfang im Moment der größten Krise, nämlich der Auflösung des Heiligen Römischen Reiches Deutscher Nation. In der Besinnung auf die deutsche Kultur und auf der Grundlage einer »eigentümliche[n] deutsche[n] Nationalerziehung«[55] solle sich das nationale Bewußtsein der Deutschen entfalten. Dabei müsse sich die Entwicklung aus eigenem Antrieb heraus vollziehen, das Ausland dürfe bei dem Prozeß keine Orientierung liefern.[56] Aus einer Überlegenheit der Deutschen, die sich in der Sprache und der Philosophie manifestiere, leitet Fichte eine besondere Rolle der deutschen Nation für eine allgemeine Verbesserung der Menschheit her, als »Wiedergebärerin und Wiederherstellerin der Welt«.[57] Entscheidend ist dabei jedoch, daß trotz des immer wieder auftauchenden Bezugs auf die deutsche Sprache und einen spezifischen Volkscharakter bei Fichte jeder Mensch als »deutsch« gilt, der

> an ein absolut Erstes und Ursprüngliches im Menschen selber, an Freiheit, an unendliche Verbesserlichkeit, an ewiges Fortschreiten unsers Geschlechts glaube […]. Alle, die entweder selbst, schöpferisch, und hervorbringend das Neue, leben, oder, die […] das Nichtige wenigstens entschieden fallen lassen, und aufmerkend dastehen, ob irgendwo der Fluß ursprünglichen Lebens sie ergreifen werde, oder die […] die Freiheit wenigstens ahnen […]: alle diese sind ursprüngliche Menschen, sie sind, wenn sie als ein Volk betrachtet werden, ein Urvolk, das Volk schlechtweg, Deutsche. […] was an Geistigkeit, und Freiheit dieser Geistigkeit glaubt, und die ewige Fortbildung dieser Geistigkeit durch Freiheit will, das, wo es auch geboren sei, und in welcher Sprache es rede, ist unsers Geschlechts, es gehört uns an und wird sich zu uns tun.[58]

Fannys Vorbildfunktion, die sie nicht nur für Linda Reich und Franziska Norbert, sondern auch für die Russin Maschinka Bärenfels erfüllt (vgl. V 65), läßt sich hier anschließen. Über die Figur der Maschinka wird dabei gleichzeitig die Bedeutung der deutschen Literatur für eine allgemeine Menschenbildung exemplifiziert: Eine deutsche Schulbildung hat sie genossen, ihre Liebe zur deutschen Literatur wird als Ausdruck dessen

---

55 Fichte, Johann Gottlieb: *Reden an die deutsche Nation.* Mit einer Einl. v. Reinhard Lauth. Hamburg 1978, S. 24.
56 Vgl. ebd., S. 84, 120 f.
57 Ebd., S. 233.
58 Ebd., S. 121 f.

ZWISCHEN ORDNUNG UND SUBVERSION

bewertet, daß sie kultivierter als die anderen Russinnen ist und daher empfänglicher für Fannys gutes Beispiel (vgl. V 62, 63 f., 65 f.). Was Fanny nun zum Vorbild für andere macht, ist gerade ihr gelebtes Bekenntnis zu Eigenständigkeit und einer Vervollkommnung aus sich selbst heraus (vgl. V 91 f.), in Fichtes Modell der Nationalbildung immerhin eine zentrale Bedingung. In der Romanhandlung wird daraus ein Programm, das auf die Entwicklung der Frau bezogen wird, von Fanny, der Wegbereiterin, die damit die Vorgaben des Romantitels einlöst, als Zukunftstraum für alle Frauen imaginiert: »Wird auch für die Frau eine Zeit anbrechen, wo sie nicht mehr an der Umgebung abfärbt, wo sie das Bedürfnis empfindet, dieser den Stempel ihrer ureigensten Persönlichkeit aufzuprägen [...]!« (V 93 f.) Unter Fannys Einfluß gelangt schließlich auch die Schulfreundin Linda, bislang »kritiklose Bewunderin« (V 160) ihres Freundes Kurt, zur Einsicht:

»Was wir werden können, werden wir doch nur immer durch uns selbst.« [...] Man versucht uns ja eigentlich stets in der anderen Richtung zu belehren, und wir selbst machen dies nämliche Experiment und reden uns vor: »Der oder jener hat dir erst den richtigen Weg gezeigt, der hat deinem Leben ein neues Ziel aufgesteckt, die Leitsterne gewiesen.« Und immer wieder berauschen wir Frauen uns an diesem Wahn. In Wahrheit verhält es sich ganz anders. In unserer eigenen Brust muß Führer und Ideal erstehen. (V 160 f.)

Die Frau, so ist in Verlängerung Fichtes zu schließen, muß sich ihre nationalen Bürgerrechte erst erwerben: »Wenn sie ein Vaterland haben wollte, so mußte sie es sich selbst erarbeiten«, hatte Fanny anläßlich ihres Willens, trotz des Unverständnisses der Verwandten zu studieren, geäußert (V 166). Für den Prozeß, »deutsch« zu werden, bedarf es nach Fichte nicht zuletzt der geistigen Verbesserung, so daß das Studium der Frau zu einer Notwendigkeit wird, die sich aus ihrem Nationalgefühl als Deutsche legitimiert.

So evident die Parallelen auch sind, so unterschlägt die Autorin bei ihrer Fichte-Adaption doch mit seinen geschlechterphilosophischen Arbeiten ein wesentliches Element. Im *Grundriß des Familienrechts* postuliert Fichte eine geschlechtsbezogene Aufteilung in ein aktives (der Mann) und ein passives Element (die Frau) als Naturnotwendigkeit.[59] Um für

59 Fichte, Johann Gottlieb: *Grundriß des Familienrechts (als erster Anhang des Naturrechts)*. In: Ders. *Gesamtausgabe der Bayerischen Akademie der Wissenschaften*. Hrsg. v. Reinhard Lauth u. Hans Gliwitzky. Bd. I, 4: Werke 1797-1798. Stuttgart-Bad Cannstatt 1970, S. 95-149, hier § 1-2, S. 95-97.

die Frau dennoch den für sein aufklärerisches Programm grundlegenden Impuls der Selbstverwirklichung formulieren zu können, der ja eigentlich Aktivität voraussetzt,[60] verweist er auf die Liebesfähigkeit als weibliche Geschlechtseigenschaft: In der Liebe könne sie sich selbst verwirklichen und übereigne dabei ihre Rechte freiwillig dem geliebten Mann.[61] Dies setze allerdings voraus, daß die Liebe für sie absolut sein müsse, was heißt, daß sie nur einen Mann lieben darf und sie diesen für ihrer Opfer wert erachten können muß. In diesem Modell der Ehe nicht als rechtlich-gesellschaftliche, sondern als »natürliche und moralische«[62] Einrichtung setzt Fichte eine männliche Großmut voraus, um zu gewährleisten, daß beide Ehepartner aneinander die ideale Ergänzung finden.[63] Allein der mündigen, unverheirateten Frau gesteht Fichte alle Rechte des Mannes zu, insbesondere die, einem Beruf nachzugehen, sofern es nicht der Staatsdienst sei. Der Beruf sei aber lediglich eine Notlösung, in der sich die Frau als Frau nicht verwirklichen könne. Hinsichtlich dieser Elemente – der Passivität der Frau und der Ehe als einzigem Lebensideal – löst sich Ella Mensch von ihrem Vorbild, ein Verfahren selektiver Rezeption, das Analogien zu ihrer Rousseau-Lektüre aufweist.[64] Rousseau in vielem folgend, so vor allem in seinen Auffassungen zur Keuschheit der unverheirateten Frau, die sie ausführlich zitiert, widerspricht sie ihm vor allem in einem zentralen Aspekt: der im *Emile* propagierten Erziehung der Frau ausschließlich für die Ehe.

> Wenn nun aber die Sophien ihren natürlichen Lebenszweck nicht erfüllen können? Wenn sich der Emil nicht einstellt? [...] Ehe »Emil«, den die Natur eigens für sie geschaffen zu haben scheint, in ihren Gesichtskreis tritt, findet sie unter den jungen Leuten ihres Verkehrs keinen, der auch nur annähernd ihrem Idealbilde entspricht.
> Dies Frauenschicksal ist typisch – und deshalb soll nicht alles auf eine Karte, also auf Liebes- und Eheglück gesetzt werden.[65]

Statt einer Notlösung zur Versorgung von Frauen, die ihren »Emil« nicht finden, bedeute die Berufstätigkeit von Frauen – und darin liegt die

---

60 »Der Charakter der Vernunft ist absolute Selbstthätigkeit: bloßes Leiden um des Leidens willen widerspricht der Vernunft und hebt sie gänzlich auf« (ebd., S. 97).
61 Vgl. ebd. § 4-6, S. 100-102.
62 Ebd. S. 95.
63 Vgl. ebd. § 7, S. 102-104.
64 Mensch, Ella: *Jean Jacques Rousseau. Der Philosoph des Naturrechts.* 2. Aufl. Berlin/Leipzig [1908].
65 Ebd., S. 43.

emanzipatorische Wendung bei Ella Mensch – eine besondere Chance für die Gesellschaft:

> Unsere Zeit hat es als ihre heiligste Aufgabe erkannt, diese Einseitigkeit des Rousseauschen Erziehungsideals zu überwinden, und zwar nicht etwa nur – wie viele Gedankenlose meinen – im Interesse ledig bleibender Frauen, sondern zum Wohle der Gesellschaft.

Geistig beschränkte Frauen, die sich der natürlichen Waffen ihres Geschlechts: »Anmut und List« bedienen dürfen, sind, wo sie zur Herrschaft gelangen, wo ihre Wirkungssphäre zunimmt, kein Heil für die Gesellschaft; sie fördern nicht den Fortschritt; sie halten ihn auf.[66]

Der »Fortschritt« wird von der Autorin in ihrem Roman politisch eindeutig verortet. Das aufklärerische Modell, das mit Fichte für eine nationale Identität transformiert wird, erhält seine konkrete politische Einbettung mit Fannys Bezugnahme auf Bismarck. Mit der kleindeutschen Lösung, die Bismarck 1871 – ausgerechnet im Krieg gegen die Staatsnation Frankreich – durchsetzt, gewinnt der Gedanke der Kulturnation an Einfluß: Schließlich gelingt die Reichsgründung ohne Revolution. Stümke, der erklärte Kosmopolit, der »im Auslande den Deutschen ab[streift]« (V 97), nennt demgegenüber 1848 als politisches Bezugsjahr und bekennt sich damit zu Revolution und Verfassungsidee.

Der Vertreter des politisch progressiven Lagers wird im Roman als Charakter dargestellt, der sich als opportunistisch und ungebildet disqualifiziert und damit seine Funktion als Gegenfigur zu Fanny erfüllt. Mit ihr wird die Integrität eines politischen Konservatismus inszeniert, die nicht zuletzt auch mit ihrem weiblichen Geschlecht verknüpft wird. Die Verwurzelung in der (kulturellen und politisch-sozialen) Tradition, die speziell das deutsche Wesen ausmache (vgl. V 170), sei insbesondere der deutschen Frau unveräußerlich: »Nur in einem Staat, der über konservative Machtmittel verfügt«, so Fanny, »darf die Frau auf Position hoffen. Die Hüter der Tradition werden bald genug einsehen, daß sie sich mit den Ideen aus dem Frauenlager neu verproviantieren müssen.« (V 171) Die Vorstellung, der ›natürliche Geschlechtscharakter‹ der Frau gründe auf dem Prinzip des Bewahrenden, ist ein Topos im zeitgenössischen Geschlechterdiskurs. In der Ausformulierung Wilhelm Heinrich von Riehls verknüpfen sich dabei die beiden Aspekte, die auch in *Auf Vorposten* in einem Zusammenhang stehen: weiblicher Konservatismus und sein Nutzen für die nationale Kultur und Sitte.

---

66 Ebd.

Das Weib ist von Haus aus conservativ […]. Ein Hinwegsetzen über die Sitte, welches bei dem Manne vielleicht noch als Originalität oder harmloser Eigensinn passiren könnte, bezeichnet der Sprachgebrauch mit scharfem Verständniß bei dem Weibe bereits als »unweiblich«. […] Schon darin ist ihnen ein positiver *politischer Beruf* gegeben. Unsere besten volksthümlichsten Sitten sind uns bewahrt worden durch Frauenhände. Solche Sitten aber sind wesentliche Züge unserer Nationalität; unsere Nationalität würde unendlich mehr sich abgeschliffen haben, wenn die Frauen nicht gewesen wären.[67]

Im Gegensatz zu Riehl jedoch, der die bewahrenden Qualitäten der Frau auf ihr Wirken im Haus und in der Familie beschränkt wissen möchte, fordert Fanny – gerade für den Schutz der nationalen Kultur gegen moderne Tendenzen – die geistige Ausbildung und öffentlich tätige Mitarbeit der Frau: »Ach, Fanny wußte es besser, diese trefflichen Frauen alten Schlags, die niemals ernstlich über Ernstes nachdachten, am allerwenigsten über sich selbst – die konnten niemals Bollwerk sein, nur Schranke.« (V 115, vgl. auch V 114.) In der Beschränkung der Bildung und des Wirkungskreises der Frau gehe sie gerade ihres Potentials für die Pflege der deutschen Kultur verlustig:

Als Entgelt nennt man sie dann wohl die ›Hüterin der Sitte‹. Das läßt sich schon hören. Aber man muß auch wirkliche Schätze zu hüten haben, wenn die Bezeichnung nicht wertlos werden soll. Oder sich neue Güter erwerben. (V 91)

Vor diesem Hintergrund versteht sich auch die Anknüpfung an den Sittlichkeitsdiskurs, die in *Auf Vorposten* gerade konträr zu den anderen beiden Erzähltexten erfolgt: Die ›Freie Liebe‹, mit der Linda liebäugelt, wird von Fanny als ›Dirnentum‹ (vgl. V 87) verurteilt und als äußerste Gefahr für die Frau interpretiert. Die Bewahrung der Sitte ist hier auch die der Sittlichkeit, mit ihrer Preisgabe verliere die Frau »[s]ich selbst« (V 87).

In Fannys emanzipatorischem Anspruch, als berufstätige Frau eine aktive Rolle innerhalb der deutschen Gesellschaft einnehmen zu wollen, wird ihre politische Position jedoch problematisch: Ihr Wunsch, ins

---

67 Riehl, Wilhelm Heinrich: *Die Naturgeschichte des deutschen Volkes.* Zusammengefaßt u. herausgegeben v. Gunther Ipsen. Stuttgart 1939, S. 12. Zur antiliberalen national-konservativen Haltung Riehls vgl. die Einleitung von Gunther Ipsen: *Die soziale Volkskunde W. H. Riehls.* In: Riehl, S. VII-XXVII. Riehl sieht die Ungleichheit der Geschlechter als natur- und gottgewollt an und leitet daraus alle weiteren Ungleichheitsverhältnisse ab (vgl. Riehl, S. 3 ff.).

Deutsche Reich zurückzukehren, um dort mit ihren Fähigkeiten und Überzeugungen dem konservativen Geist dienlich zu sein, steht in merkwürdiger Diskrepanz dazu, daß gerade dieser konservative Geist einer Berufstätigkeit der Frau entgegensteht. Obwohl Fanny sich über die realen Verhältnisse im klaren ist (vgl. z.B. V 114, 166 f., 168), beharrt sie darauf, die Emanzipation der Frau im konservativen Lager zu verorten.

### Ordnung und Subversion

Den Texten, die eine studierende Frau in den Mittelpunkt ihrer Handlung stellen, scheint unabhängig von der politischen Orientierung der Autorin ein kritisches Potential eingeschrieben zu sein. Die Kritik geht dabei von der Studentin aus und entzündet sich an der konkreten Situation von Frauen. Neben dem zeitdiagnostischen Element, das in allen hier genannten Erzähltexten die Handlung dominiert, kommt auch ein utopisches, mindestens ein zukunftsorientiertes Moment zum Tragen. Keiner der Texte endet nur in Resignation; deutlichstes Beispiel ist der – aus eigener Kraft – abgewendete Selbstmord Lilies. Sowohl in den progressiv ausgerichteten Werken *Die Libertad* und *Wir Frauen haben kein Vaterland* als auch in dem konservativ orientierten Roman *Auf Vorposten* wird die Frau als Hoffnungsträgerin aufgebaut. Vermag sie es bei Schirmacher über ihr Bewußtsein als Frau und bei Frapan über ihre weibliche Liebesfähigkeit, eine bessere Zukunft denkbar werden zu lassen, so liegt bei Ella Mensch in der Frau eine konservative Kraft, die die (deutsche) Tradition zu bewahren wüßte, würde man sie nur in die gesellschaftliche Verantwortung miteinbeziehen und an der Bildung teilhaben lassen.

Es ist zu konstatieren, daß in den behandelten Erzähltexten die Studentin das in Frage gestellte System bemerkenswerterweise sowohl destruiert (Schirmacher, Frapan) als auch stützt: Im Roman von Ella Mensch werden Gegendiskurse (Sozialismus über Stümke, Nihilismus über die russischen Studentenkreise, Frauenemanzipation über Franziska, Aufbegehren gegen die gesellschaftliche Sittlichkeitsnorm über Kurt und Linda) nur aufgenommen, um von Fanny widerlegt zu werden. Der Text führt einen Mechanismus vor, in dem Greenblatt die Abhängigkeit der Macht und Ordnung von der Subversion erkennt:

> Die subversiven Stimmen werden zur Bekräftigung der herrschenden Ordnung hervorgebracht und bleiben ganz in ihrem Rahmen; sie werden eindrucksvoll dokumentiert, aber sie untergraben diese Ordnung nicht.[68]

---

68 Greenblatt, Verhandlungen, S. 71.

In dem Maße, wie sich Fannys Position im Laufe des Romans zunehmend stärkt, indem sie diesen subversiven Stimmen entgegentritt, befördern die zitierten Gegendiskurse gerade Fannys Legitimation als Studentin und gleichzeitig die Macht, für die sie eintritt. Die herrschende Ordnung und Fannys Rolle in ihr werden auf diese Weise »aktiv auf Subversion errichtet«.[69] In Fannys Rolle liegt nun allerdings gerade das Problem der Konstruktion: Als Studentin, die nach Abschluß ihrer Studien eine Berufstätigkeit im Deutschen Reich anstrebt, wird ihre Stimme selbst zu einer fremden, außerhalb der Ordnung stehenden. Die Erfahrung, als Frau keinen Platz als sprachberechtigtes Mitglied innerhalb der akklamierten Gesellschaftsordnung zu haben – in den Texten von Schirmacher und Frapan gerade auslösendes Moment einer grundlegenden Subversion –, wird an dieser Stelle marginalisiert. Das Argument der Erfahrung findet sich in gewendeter Form wieder: Im konkreten Einzelfall – so der naiv gezeichnete Zukunftsglaube Fannys – werde sich die Frau bewähren und die Entscheidungsträger von sich überzeugen.

Wie ihre Protagonistinnen sind auch die Autorinnen qua Geschlecht von der Teilhabe am herrschenden Diskurs ausgeschlossen. Während das bei Ella Mensch jedoch zu einem reflexhaften Bekräftigen der Integrität ihrer Heldin und der Bestätigung der herrschenden Vorurteile gegenüber anderen emanzipierten Frauen führt, berufen sich Schirmacher und Frapan auf ein Erzählen, das sich durch das Leben selbst legitimiert. Zum besonders wirksamen Argument wird der Bezug auf das ›wirkliche Leben‹, indem es im Kontext eines Genres ausgeführt wird, das sich seinerseits darüber definiert hatte: Besonders authentisch, »treu« (Raché) hatte der Studentenroman die Studienzeit schildern sollen. Die Lebensrealität der Studentinnen wird von den Autorinnen zum Beleg dafür angeführt, daß es noch eine andere Wirklichkeit gibt.

Gegenüber dem Studentenroman als relativ eindimensionalem Unterhaltungsgenre leistet der »Studentinnenroman« mehr, als das Motiv eigentlich erwarten läßt. Im Gegensatz zum studierenden männlichen Helden, bei dem die Studienzeit oft genug einem Rückzug von der Welt gleichkommt, der dazu dient, die Persönlichkeit des Protagonisten zur Entfaltung zu bringen, steht bei den vorgestellten studierenden Frauen gerade die Auseinandersetzung mit der aktuellen gesellschaftlichen Wirklichkeit im Zentrum. Vor ihr tritt die rein persönliche Entwicklung in den Hintergrund.

---

69 Ebd., S. 45.

Für den kritischen Gehalt dieser Texte erweist sich die gesellschaftliche Außenseiterposition der studierenden Frauen als konstitutiv. Die Schwächen von herrschenden »Ordnungsprinzipien«, so Greenblatt,

> werden dann besonders deutlich, wenn eine saturierte Ideologie plötzlich auf neue, ungewöhnliche Umstände reagieren muß, wenn der moralische Wert einer bestimmten Form von Macht nicht mehr selbstverständlich vorausgesetzt werden kann, sondern erklärt werden muß.[70]

Das Frauenstudium ist ein solcher neuer Umstand, in dessen Folge bisher vom Diskurs ausgeschlossene »fremde[] Stimmen«[71] in den Diskurs eintreten und ihr subversives Potential entfalten können. Indem Studentinnen als Akteurinnen von der Peripherie des Diskurses ins Zentrum der fiktiven Handlung gestellt werden, werden die Spielregeln des herrschenden Diskurses umgekehrt: Statt – wie in der publizistischen Debatte – lediglich erörterter Gegenstand zu sein, wird hier das Frauenstudium zum Anlaß und Ausgangspunkt, um andere Diskurse zu hinterfragen. Die literarische Verarbeitung des Themas führt auf diese Weise zu einer Dynamisierung des diskursiven Feldes.

## 2. »Revisorinnen im Dienste der Menschlichkeit«. Ilse Frapans *Arbeit* (1903)

[I]n Oesterreich ist das Frauenstudium gestattet, sogar in der Türkei, in China und in Afghanistan, aber in meiner geliebten Heimat Deutschland noch immer nicht! Und mein Buch gilt doch für Deutschland in erster Linie. Bei uns schreibt man noch immer munter über den ›physiologischen Schwachsinn der Frauen‹. Und das scheint mir zehnmal scheußlicher als alles. Hier wird versucht, alles Streben im Keime zu ertöten mit Hilfe ›wissenschaftlichen Materials‹, ›wissenschaftlicher Würde‹. Nein, wir haben laut zu sprechen in Deutschland, und sicherlich – meine Stimme war bis jetzt zu leise, man hat mich nicht gehört […]. […] Die Frauen werden außerdem noch die Spezialaufgabe zu erfüllen haben, daß sie die tolle Vergeudung und Vernichtung des Lebens, in der ein großer Teil der gesamten männlichen Tätigkeit besteht und wovon die Kriege nur ein Fetzen sind, aufzuhalten und unmöglich zu machen suchen. Also, viel zu tun![72]

---

70 Ebd., S. 54 f.
71 Ebd., S. 67.
72 Brief von Ilse Frapan an Moritz Necker, o.D. [1902], o.O.; zit. nach Kraft-

Das Buch, von dem in Ilse Frapans Brief die Rede ist und das von der Autorin in einen direkten Bezug zu Geschlechterfragen und ihren sozial-politischen Dimensionen gestellt wird, ist ein Roman über eine Medizin-studentin in Zürich. Er wurde 1902 in einer ersten Fassung unter dem Titel *Arbeit mein Opium* in *Westermanns Monatsheften* veröffentlicht.[73] Ein Jahr später erschien eine zweite Fassung – *Arbeit* – im Paetel-Verlag,[74] die, länger und im Ton schärfer, eine heftige Kontroverse auslöste. Der Roman, in der sozialistischen Presse gefeiert,[75] erzeugte einen Skandal: Am 28. Mai 1903 kam es in Zürich zu einer Protestkundgebung der medizinischen Fakultät.[76] Mit keinem anderen Werk erreichte Frapan eine vergleichbare Resonanz, noch im selben Jahr wurde die zweite Auflage gedruckt.

Unter den bisher behandelten Autorinnen nimmt Ilse Frapan eine Sonderstellung ein. Im Gegensatz zu Käthe Schirmacher und Ella Mensch, die erst unter dem Eindruck des Studiums literarisch aktiv wur-den, war Ilse Frapan schon lange als Schriftstellerin tätig, als sie 1892 ihr

---

Schwenk, S. 76 f. Die Äußerungen über das Frauenstudium sind polemisch ver-kürzt: Mit »Deutschland« bezieht sich die gebürtige Hamburgerin vermutlich auf Preußen, in Österreich-Ungarn und der Türkei waren Frauen tatsächlich bereits zum allgemeinen Studium zugelassen, in China und Afghanistan gab es zumin-dest weibliche Ärzte; vgl. Bebel 1994, S. 256; zur genaueren Entwicklung in Öster-reich vgl. Mikoletzky, Juliane: *Teil 1: Von den Anfängen bis zur Zulassung von Frau-en zum ordentlichen Studium an österreichischen Technischen Hochschulen 1919.* In: Georgeacopol-Winischhofer, Ute/Pohl, Margit/Mikoletzky, Juliane: *»Dem Zuge der Zeit entsprechend ...«: zur Geschichte des Frauenstudiums in Österreich am Beispiel der Technischen Universität Wien.* Wien 1997, S. 17-105, hier S. 29; zur Dif-ferenzierung der Situation in China vgl.: Groeling-Che, Hui-wen von: *Frauen-hochschulbildung in China (1907-1937). Zur Geschichte der Yanjing-Universität in Beijing.* Weinheim/Basel 1990, S. 27 f.

73 *Westermanns Illustrierte Deutsche Monatshefte. Ein Familienbuch für das gesamte geistige Leben der Gegenwart* 46 (1902), Bd. 92 (H. 547-550), S. 1-24, 137-159, 273-309, 413-450. Der Versuch, den Roman in der im Literaturverständnis konserva-tiveren *Deutschen Rundschau* unterzubringen, war zuvor gescheitert (vgl. Kraft-Schwenk, S. 76, Anm. 3).

74 Ilse Frapan-Akunian: *Arbeit. Roman.* Berlin 1903. Nach dieser Buchausgabe wird zitiert (im Folgenden: A). Zum Namenszusatz Akunian, den Frapan ab 1901 ver-wendete, vgl. Kraft-Schwenk, S. 87 f.: Er geht auf den Armenier Iwan Akunoff zu-rück, mit dem Frapan vorgab verheiratet zu sein.

75 Vgl. insbes. *Der neue Postillion. Humoristisch satirisches Monatsblatt der schwei-zerischen Arbeiterschaft* 9 (1903), H. 7 u. H. 9.

76 Vgl. Kraft-Schwenk, S. 79.

Studium in Zürich aufnahm.[77] Man kannte sie zu dem Zeitpunkt bereits als vielseitige und politisch engagierte Autorin, deren literarische Milieu-studien aus dem Leben der kleinen Leute breite Beachtung gefunden hatten.[78] Bei Frapan kam nun ein neuer Erfahrungs- und Inspirations-bereich hinzu. Seit ihrer Studienzeit in der Schweiz fanden immer wie-der studierende Frauen Eingang in Frapans Texte: Neben dem Roman *Wir Frauen haben kein Vaterland* sind ein weiterer Roman, einige No-vellen und eine dramatische Skizze hervorzuheben,[79] unter denen jedoch der Roman *Arbeit* in Umfang, Gestaltung des Themas Frauenstudium und Wirkung deutlich heraussticht. Obwohl zwischen der Entstehung von *Wir Frauen haben kein Vaterland* und *Arbeit* nur zwei Jahre liegen,[80] sind bezüglich der Anlage der Figur der Studentin einige bedeutsame Verschiebungen zu konstatieren. Für die mit Greenblatt akzentuierte Be-trachtung literarischer Texte, die im Umfeld der Kontroverse um das Frauenstudium entstanden sind, ist der Blick auf diesen Roman besonders lohnend. In der inhaltlichen Ausgestaltung verschiedener Diskurselemente präsentiert *Arbeit* eine Zuspitzung, die unter den »Studentinnenroma-nen« singulär ist und die, wie die angesprochene Rezeptionsgeschichte belegt, in ihrer sozialpolitischen Brisanz von den Zeitgenossen offen-

77 Sie studierte Botanik und Zoologie mit dem ursprünglichen Ziel, sich später in Hamburg um ein Amt bewerben zu können, das ihr – wie den meisten ihrer männlichen Schriftstellerkollegen – einen dauerhaften finanziellen Rückhalt ge-währt hätte; vgl. Kraft-Schwenk, S. 59. Die Matrikelsammlung der Universität Zürich, wo sie ab dem WS 1892/93 in der Philosophischen Fakultät geführt wird (Nr. 9838), verzeichnet ihren Abgang mit Zeugnis am 3.6.1897.

78 Zu ihrem Werk gehören zahlreiche Novellen, aber auch andere literarische Gat-tungen (einschließlich Lyrik und Dramatik) sowie eine Biographie über Friedrich Theodor Vischer und literarische Übersetzungen aus dem Russischen, hier vor allem Tolstoi. Vgl. das Schriftenverzeichnis bei Kraft-Schwenk, S. 99-119, in dem die Übersetzungsarbeiten allerdings nicht aufgeführt sind. Zur Bekanntheit Fra-pans und zu ihren Publikationsorganen vgl. ebd., S. 83; sowie zur zeitgenössischen Beachtung ihres Werks auch Spiero, Heinrich: *Geschichte der deutschen Frauen-dichtung seit 1800*. Leipzig 1913, S. 74-76; sowie ders.: *Hammonia literata*. In: *Das literarische Echo* 7, (1904/05), H. 19, Sp. 1389.

79 *Die Betrogenen* (Roman, Berlin 1898), *Das Schönste und das Schrecklichste* (Erzäh-lung, in: *Auf der Sonnenseite* (Berlin 1906), S. 93-106), *Blaues Land* (4 Skizzen, in: *Auf der Sonnenseite*, S. 213-263), *Die Preisarbeit* (in: *Schönwettermärchen* (Berlin 1908), S. 165-196), sowie die dramatische Skizze *Fräulein Doktor* (in: *Schönwetter-märchen* (Berlin 1908), S. 109-200).

80 Nach Kraft-Schwenk ist die Arbeit an den »Monologen einer Fledermaus« auf die Jahre 1897/98 zu datieren und der Roman *Arbeit* 1899/1900 entstanden; vgl. Kraft-Schwenk, S. 67, 76.

sichtlich wahrgenommen wurde. Die Brisanz resultiert nicht zuletzt daraus, daß der Text diverse in der Debatte zentrale Aspekte miteinander in
Beziehung setzt: die Frage nach Geschlecht und (medizinischer) Wissenschaft, die Entgegensetzung von Vernunft und Gefühl, die Zerrüttung
der Familie, die höhere Aufgabe der Mutterschaft, Krankheit und
›Wahnsinn‹ in ihrem Bezug zur Gesellschaft, am Rande auch Sittlichkeit
und Scham. In seiner literarischen Inszenierung entfaltet der Roman Verbindungen, die ambivalent und spannungsreich sind, indem sie Vorgaben des Geschlechterdiskurses aufgreifen und sie gleichzeitig unterlaufen.

## 2.1 Die Ehefrau und Mutter als Studentin

Mit der Geschichte der Josefine Geyer liegt eine in der Literatur der Jahrhundertwende selten realisierte Konstellation vor: Die Heldin ist eine
Frau, die bereits Ehefrau und Mutter ist und sich aus diesem Stand heraus für die Berufstätigkeit entscheidet. Der Roman setzt in einer Krisen-
situation ein, die bedingt, daß Josefines bisheriges Leben erschüttert
wird: Ihr Mann Georges, ein Arzt, wird aufgrund einer Straftat, die zwar
nicht explizit benannt wird, bei der jedoch ein Triebverbrechen zu mutmaßen ist (vgl. A 302 f.), zu einer mehrjährigen Haftstrafe verurteilt. Auf
diese Weise der finanziellen Lebensgrundlage für sich und ihre vier
Kinder beraubt, wählt Josefine einen Weg, der mit den üblichen Rollen-
mustern bricht. Anstatt ihr bisheriges Leben in dauerhafter finanzieller
Abhängigkeit vom Vater und den Schwagern fortzuführen, nimmt sie an
ihrem Wohnort Zürich ein Medizinstudium auf. Um ihr Studium zu
finanzieren, vermietet Josefine Zimmer an Studenten. Zudem erhält sie
Geld vom Vater. Ihr Ziel ist es zu approbieren, um die Praxis ihres Mannes weiterführen zu können.[81]

Die Konzeption ist doppelt revolutionär. Nicht nur wird mit der sich
bildenden und berufstätigen Frau ein neuartiger Lebensentwurf themati-

---

81 Vergleichbar ist die Situation mit der von Mathilde Möhring in Fontanes gleich-
namigem, posthum erschienenem Roman, an dem er seit 1891 gearbeitet hat; vgl.
zur Entstehungszeit Erler, Gotthard: *Zum Text.* In: Theodor Fontane: *Mathilde
Möhring.* Stuttgart 1997, S. 116 f., hier S. 116. Was bei Fontane auf wenigen Seiten
kurz vor Ende des Romans angedeutet wird, macht bei Frapan die eigentliche
Handlung aus: Im Lebensentwurf über die Ehe gescheitert, strebt die Heldin eine
eigene Berufstätigkeit an. Auch Mathilde baut ihre Lebensplanung zunächst auf
den Möglichkeiten auf, die ihr als Frau in der Gesellschaft angeboten werden, dabei ist sie allerdings – ganz im Gegensatz zu Josefine – aktiv Gestaltende: Sie
schafft sich eine indirekte Karriere über ihren Mann Hugo Großmann, den sie
nach ihren Vorstellungen zu formen versucht. Tatsächlich gelingt es ihr auch, aber

siert, sondern dieser wird antithetisch auf die gesellschaftlich für Frauen vorgesehene Rolle der Ehefrau bezogen. In der Debatte wurde zwischen Bildungsfragen und Berufsfragen deutlich getrennt und die Berufsfrage wiederum in Opposition zur Ehe diskutiert. Von der »fast vollkommenen Unvereinbarkeit von ehelichem Familienleben und ärztlichem Beruf der Frau« hatte beispielsweise Ludimar Hermann gesprochen.[82] Mit der Verbindung von Familie und Beruf im Fall der Romanheldin entsteht eine Brisanz, die in den bislang vorgestellten Texten nicht enthalten ist, zeichnen sich die Studentinnen, die im Zentrum dieser Texte stehen, doch durch die Ausblendung partnerschaftlicher Beziehungen aus.

Bei Frapan wird in *Wir Frauen haben kein Vaterland* das Thema Ehe versus Ausbildung kurz angesprochen, und zwar im Sinne des Versorgungsarguments, das aus der Debatte um das Frauenstudium bekannt ist. In bezug auf ihren Vater, der ihr zwar eine ansehnliche Mitgift bei einer Heirat gewähren wollte, ihr aber jegliche Unterstützung für das Studium versagt, notiert Lilie in ihrem Tagebuch:

»Für dergleichen hirnverbrannte, kostspielige Experimente ist mir mein Geld zu schade,« schreibt Papa. […] Ist denn eine Heirat nicht auch ein unsicheres Experiment? hundertmal unsicher, als die Hingabe an einen selbstgewählten Beruf? (W 138 f.)

Diese Frage wird in dem späteren Roman wiederaufgegriffen und konsequent ausgestaltet: Wie eine späte Antwort klingt es, wenn in *Arbeit* der zunächst ebenfalls skeptische Vater Josefines anläßlich der Schwiegersöhne, die sein gesamtes Vermögen verspekuliert haben, bekennt, seine beste Investition sei das Studium der Tochter gewesen (vgl. A 350).

Galt im zeitgenössischen Diskurs die mögliche Berufstätigkeit als Notlösung für unverheiratete Frauen,[83] wird in *Wir Frauen haben kein Vater-*

der mühsam errungene Platz als Bürgermeistergattin bleibt abhängig vom Mann. Als er stirbt, steht sie vor dem Nichts. In ihrem Neuanfang verläßt sie nun die traditionellen Wege: Sie strebt eine eigene qualifizierte Berufstätigkeit an. Mathildes zweiter Anlauf ist erfolgreich: Aufgrund eines Lehrerinnenexamens, das sie »glänzend bestand, viel glänzender als Hugo damals das seine«, findet sie schnell eine entsprechende Anstellung (Fontane: *Mathilde Möhring*, S. 114).

82 Hermann, S. 11.

83 Bezeichnend ist ein zeitgenössischer Kommentar zur Protagonistin in *Wir Frauen haben kein Vaterland*: »Lilie Halmschlag wird Arbeiterin, geht zur sozialdemokratischen Partei. Gut. Hoffentlich heirathet sie dort. Noch besser. Denn sie kann einen Mann glücklich machen, und wenigstens in der sozialdemokratischen Partei gibt es gewiß noch Männer, die auch eine Frau glücklich machen können.« (Aram, Kurt: *Ilse Frapan-Akunian*. In: *Die Nation. Wochenschrift für Politik, Volkswirthschaft und Litteratur* 20 (1903), H. 44, S. 697-701, hier S. 700.)

*land* das Bewertungsgefälle zwischen Beruf und Ehe als Versorgungsmöglichkeit für die Frau aufgehoben und in vorsichtiger Andeutung bereits umgekehrt. Dieser Aspekt wird in *Arbeit* durch eine Heldin intensiviert, die nicht statt der Ehe das Studium wählt, sondern die als Ehefrau Studentin wird. Verglichen mit dem Entweder-Oder, das in *Wir Frauen haben kein Vaterland*, aber auch in *Auf Vorposten* und mit geringfügigen Einschränkungen in *Die Libertad*[84] ausgeführt wird, ist das Beispiel der Heldin in *Arbeit* ein Plädoyer für die Berufstätigkeit und eine damit einhergehende finanzielle Unabhängigkeit der Frau – gerade auch trotz der Ehe. Daß die Ehe als Versorgungsanstalt nicht taugt, wird nicht nur am Fall Josefines exemplifiziert, auch die scheinbar ›guten Partien‹ der Schwestern erweisen sich schließlich als unzuverlässig.

Auf das erste Skandalon, daß eine verheiratete Frau, die noch dazu Kinder hat, zu studieren beginnt, folgt das zweite: Josefine bleibt Ehefrau. Sie leitet ihren Neuanfang nicht mit dem Schnitt mit der Vergangenheit ein, den ihr soziales Umfeld von ihr verlangt.[85] Sie läßt sich nicht scheiden und begründet dies mit ihrem natürlichen Empfinden gerade als Frau und Mutter: »– ich bin die Frau! Da sind die Kinder! Seine vier Kinder! Kannst die Natur umkehren?« (A 14) Die klare Trennung der Lebenssphären Ehe und Beruf, die im ausgehenden 19. Jahrhundert die Bedingung der Berufsmöglichkeit für Frauen kennzeichnete (deutlicher Ausdruck dessen war beispielsweise das sogenannte ›Lehrerinnenzölibat‹[86]), wird von Josefine nicht mehr akzeptiert. Sie ist nicht bereit, aufgrund gesellschaftlicher Rollenvorgaben die Einheit ihrer Person zu opfern. Insbesondere aber – und das macht den Roman für die Betrachtung des diskursiven Feldes so interessant – erfolgt unter emanzipatorischem Vorzeichen der Rekurs ausgerechnet auf den zeitgenössischen Geschlechterdiskurs: »Kannst die Natur umkehren?« fragt Josefine und bezieht den Begriff der »Natur« auf ihr Dasein als Ehefrau und Mutter. Die Aus-

---

84 Vgl. das gemeinsame Buchprojekt von Charlotte und ihrem Mann.
85 Ähnlich ist die Haltung Mathilde Möhrings, die den Vorschlag ihrer Mutter, sich für die Lehrerinnentätigkeit wieder Fräulein zu nennen, entrüstet ablehnt, vgl. Fontane: *Mathilde Möhring*, S. 113 f.
86 Nach der sog. »Zölibatsklausel« mußten Frauen, die im Staatsdienst beschäftigt waren (vornehmlich als Lehrerinnen), im Fall einer Heirat aus dem Dienst ausscheiden. Die »Zölibatsklausel« war in den Berufsurkunden der Lehrerinnen an öffentlichen Schulen enthalten; vgl. Huerkamp, S. 215. Vgl. zum Thema auch Wurms, S. 61. Aus Kreisen der Frauenbewegung und der Lehrerinnen ist kein wesentlicher Widerstand gegen diese Regelung bekannt; vgl. Twellmann, Bd. 1, S. 98 sowie Anm. 120 und Huerkamp, Kap. VII. 4, S. 215-222.

gangssituation des Romans ist damit in ihren eigenen Prämissen nicht eindeutig zuzuordnen. Zwischen den drei Bereichen, die Josefine in ihrem Leben als Frau zu vereinbaren versucht, nämlich Wissenschaft, Ehe und Mutterschaft, entstehen Wechselwirkungen und Spannungen, auf denen die Handlung des Romans beruht.

## Die Frau in der Wissenschaft

Josefines Motive, Medizin zu studieren, sind disparat, zum Teil widersprüchlich: Zunächst soll ihr das Studium als Ausbildung für einen Brotberuf dienen, bald empfindet sie jedoch eine besondere Genugtuung an wissenschaftlicher Forschung, die sie von ihren Alltagssorgen ablenkt,[87] und schließlich tritt der Wunsch, der Menschheit nützlich zu sein, immer mehr in den Vordergrund. In einer Entwicklung, die für die Protagonistin zu einer inneren Zerreißprobe wird, gelangt Josefine zu einer wachsenden sozialen Sensibilität, die sie in Konflikt mit der eigenen Tätigkeit bringt.

Die Kritik an der Wissenschaft entsteht – ähnlich wie schon in *Wir Frauen haben kein Vaterland* und Schirmachers *Die Libertad* – aus dem Kontrast mit dem Leben. Im Fall Josefine Geyers wird der Zusammenhang jedoch durch zwei Faktoren konkretisiert und intensiviert: die Mutterschaft der Protagonistin, die als innere Verbundenheit mit einem allumfassenden ›Lebensprinzip‹ inszeniert wird, und das Fach der Medizin, das konkret mit dem physischen Leben zu tun hat. Beide Faktoren sind für die im Roman entfaltete Wissenschaftskritik zentral.

Aus der Befriedigung, die Josefine aus der geistigen Arbeit schöpft, erwächst zunächst der Wunsch, sich ganz der Wissenschaft zu verschreiben: Ähnlich wie Lilie Halmschlag, für die bis zum erzwungenen Abbruch das Studium »mehr ist, als das Leben« (W 133), würde sie – hätte sie nur die Freiheit dazu – die Wissenschaft zu ihrem Lebensinhalt machen.

Wenn ich die Kinder nicht hätte, wie unendlich viel einfacher läge alles. Dann könnte ich mich ganz dem Studium widmen – – dann – Mein Leben für die Wissenschaft! Ich hätte Tüchtiges geleistet, ich weiß es. (A 83)

Die Kinder hindern Josefine zwar an einer freien Selbstentfaltung, gleichzeitig aber sind sie Garanten dafür, daß sie den Bezug zum Leben

---

87 Die Wichtigkeit dieses Motivs wurde in der ersten Fassung durch den Titel besonders hervorgehoben: »Arbeit mein Opium«.

nicht verliert. Hierin, so legt der Roman nahe, besteht die Chance für die Frau gegenüber dem Mann. Diese Chance gilt es zu nutzen, und sei es in mütterlicher Fürsorge für fremde Kinder.

Die Mutterschaft bedingt einen Gegensatz, der über den offensichtlichen zu den männlichen Studierenden hinausgeht: Die Verwurzelung im Leben, die bei ihr ganz konkret durch die eigenen Kinder gewährleistet ist, ist es, die Josefine von den anderen Studentinnen trennt. Durch sie bleibt sie sich der Gefahr einer zunehmenden Entfremdung bewußt, die mit der Hingabe an die abstrakte Wissenschaft einhergeht (vgl. z.B. A 82, 85).

> Bei den weiblichen Studierenden bemerkte Josefine von dieser geschmeidigen Anpassungsfähigkeit [an den jeweiligen Professor] nichts; sie schienen ihr alle bestimmteren Charakters als die männlichen; dem brutalen Cynismus waren die Studentinnen sämtlich abgeneigt, doch zeigten auch sie schon viel Anlage, den Gott aus den Wolken zu spielen […]. Josefine stand freundlich zu ihnen allen, aber an einem Punkt schieden sich stets ihre Wege: diese Medizinerinnen konnten oder wollten nie über ihren Beruf hinaussehen, sie schoben alles Grübeln als unfruchtbar weit von sich und suchten ihr Ziel auf möglichst schnellem Wege zu erreichen. Dann wollten sie ihren leidenden Geschlechtsgenossinnen nach Kräften in allen Leibesnöten beistehen und sich selbst eine geachtete Stellung in der Gesellschaft erwerben. Eine gute Praxis, eine womöglich leitende Stelle an einem öffentlichen Spital war ihr angenehmster Traum. Josefine aber grübelte und litt. (A 125 f.)

Josefine sieht über ihren Beruf hinaus, ihr Blick ist offen für das menschliche Leid, das sich hinter den medizinischen Fallbeispielen verbirgt. Die Diskrepanz zwischen den persönlichen Schicksalen und dem gefühlskalten Wissenschaftsbetrieb wahrzunehmen ist – so wird vorgeführt – der Karriere nicht dienlich und bedarf einer besonderen menschlichen Qualität. Diese charakterliche Disposition wird mit einer Geschlechterdifferenz verknüpft. Josefine stellt sich dem Gedanken, den ihre Geschlechtsgenossinnen verdrängen. Den männlichen Studenten aber, die – qua Geschlecht – nicht so »bestimmte[n] Charakters« seien und dem »brutalen Cynismus« der männlichen Professoren zuneigen würden, komme solch ein Gedanke erst gar nicht. Damit bezieht sich auch Frapan auf die diskurstypische Annahme differenter Geschlechtscharaktere. Diese werden nun allerdings umgekehrt besetzt: Der weibliche Geschlechtscharakter, nach Weininger naturbedingt »amoralisch« und notwendigerweise außerhalb der kulturellen Ordnung stehend, erweist sich bei Frapan gerade als der moralischere.

Der Gegensatz, den Josefine zwischen Wissenschaft und Leben empfindet, verschärft sich noch in der klinischen Praxis:

> Blutig und hoffnungslos erschien Josefine die Arbeit in den Kliniken. [...] Die »wissenschaftliche« Haltung, welche vor den Leichen des Präpariersaals mühsam errungen worden, zerbrach vor dem lebendigen Leiden [...]. (A 112 f.)

Es ist jedoch nicht nur die Unangemessenheit der »»wissenschaftliche[n]‹ Haltung«, die Josefine am medizinischen Betrieb zweifeln läßt. Das Leiden, dem sie sich gegenübersieht, ist das Leiden einer bestimmten Schicht, denn die »in Hörsaal und Operationssaal den Studierenden preisgegebenen Kranken waren stets Kranke der dritten Klasse«, weil sie für die Behandlung nicht genug zahlen können (A 123). Moralische Bedenken gibt es nicht, dem eigenen Nutzen entsprechend hat man eine grundsätzliche Wesensverschiedenheit postuliert:

> Die Entblößung des mittellosen Kranken vor einer großen Schar Studierender, die Vernichtung seines Schamgefühls, wurde hier als keine Vernichtung oder kein Eingriff in die Menschenwürde angesehen, da man bei der dritten Klasse Schamgefühl überhaupt nicht voraussetzte. Diese Annahme einer durchgehenden Verschiedenheit der Empfindung von Besitzlosen und Besitzenden war ein in jeder Beziehung unschätzbares Hilfsmittel für die Professoren wie für die Studierenden. (A 123 f.)

Der Begriff der Scham, aus dem zeitgenössischen Geschlechterdiskurs hinlänglich bekannt und ja auch in der Debatte um das Frauenstudium präsent, wird hier auf den Klassengegensatz bezogen und in seiner Funktion, soziale Ungleichheit zu legitimieren, entlarvt. Das Verhältnis, das dabei zwischen der medizinischen Wissenschaft und den Kranken besteht, ist nicht das einer Hilfeleistung für diejenigen, die dieser Hilfe bedürfen, sondern die Kranken dienen der Wissenschaft als Studienobjekte.

Das Studium der Krankheiten der Armen führt Josefine die Ursachen vor Augen, nämlich gesundheitsschädigende Arbeiten oder schlechte Wohnverhältnisse. Ihr Vorwurf, der sie an der eigenen Arbeit verzweifeln läßt, richtet sich auf den medizinischen Betrieb: Man behandele zwar Symptome, bekämpfe aber nicht die eigentlichen Ursachen des Leidens (vgl. A 137). Abstraktion und Entfremdung vom Menschlichen würden eine Medizin bedingen, die zum Erhalt einer ausbeuterischen Ordnung in Dienst genommen werde.

Und übrigens – kennt ihr unsere Hospitäler? Es ist das Schönste und Wunderbarste, was unsere Humanität, unsere hochentwickelte Humanität geschaffen hat. Die Menschenliebe ist hier zur Genialität geworden. […] Die Humanität erforderte, daß die Glastische zum Abschneiden der zerschmetterten oder verfaulten Arme und Beine von Glas und Eisen seien, daß die Ärzte große Gehälter bekämen, und daß die guten, hoffnungslosen Pflegerinnen gestärkte Häubchen trügen, aber keinem fiel es ein, daß die Humanität eigentlich erforderte, daß man Mittel ausdächte, wie alle diese so außerordentlich human aussehenden, grausig-appetitlich sich darstellenden Personen und Dinge überflüssig zu machen seien. (A 132-134)

Der medizinische Betrieb wird als einer charakterisiert, der auf wissenschaftlichen Fortschritt und Selbstinszenierung ausgerichtet sei, dabei aber Mitmenschlichkeit ausblende. Der »grundgelehrte, ausgezeichnete, geistreiche Arzt« diene der Wissenschaft und seiner eigenen Karriere, »[m]it dem Leben hatte er nichts zu tun« (A 128). Die Opposition, die dabei zwischen »Menschenliebe« und »Genialität« aufgebaut wird, erinnert an die Gegenüberstellung von Gefühl und Geist im zeitgenössischen Geschlechterdiskurs. Tatsächlich wird diese Analogie im Roman bedient und zu einer geschlechterbezogenen Kritik an der herrschenden Gesellschaftsordnung ausgebaut. Der Freundin Helene Begas, gleichfalls Studentin und Pensionsgast bei Josefine, die den armen und ungebildeten Schichten die gleichen Grundbedürfnisse und damit die gleichen Rechte wie den privilegierten eigenen Kreisen abspricht, wirft Josefine ein ›männliches‹ Denken vor: »Denkst du so? Bist 'n Frauenzimmer und denkst auch nur mit dem Kopf wie die, wo unsere ganze Ordnung geschaffen haben? […] Weißt, Helene, du – es freut mich nur, daß du nicht Medizin studierst. Solche wie du hat's unter den Männern genug!« (A 210 f.) Dem Fach Medizin wird eine besondere gesellschaftliche Bedeutung beigemessen. Gerade hier komme die Mitmenschlichkeit zu kurz, bedürfe man des bislang ausgeschlossenen ›weiblichen‹ Prinzips gegen die ›männliche‹ Ordnung.

Anhand des Beispiels der Mathematikstudentin Helene Begas wird deutlich gemacht, daß für die Frau, die in den männlichen Bereich eindringt, die Gefahr bestehe, sich anzupassen, selbst ›männlich‹ zu werden. Helene ist ein solcher Fall, prädestiniert jedoch durch ein Wesen, das dem gängigen Blaustrumpf-Klischee entsprechend ohnehin als männlich charakterisiert wird (vgl. A 234). Auch in diesem Aspekt knüpft der Roman an zeitgenössische Geschlechterstereotype an: Die drohende ›Verhärtung‹ der Frau durch ein wissenschaftliches Studium war bekanntlich ein von Gegnern des Frauenstudiums immer wieder aufgerufenes Schreckensszenario. Anders als in dieser Argumentation, die auf die Trennung der Sphären abzielte, und auch anders als in den reflexhaften Beteuerungen von Befürwortern des Frauenstudiums, die meinten betonen zu müssen, daß die Studentin auch trotz eines Studiums ganz ›weiblich‹ bleiben könne, geht es hier um mehr: eine Bewertung der Gesellschaftsordnung aus ›weiblicher‹ Sicht, wobei ›Weiblichkeit‹ mit Menschlichkeit gleichgesetzt wird. Dabei gilt es, das ›weibliche‹ Gefühl als kritische Instanz gegenüber der männlichen Ordnung mit ihren Einrichtungen zu bewahren.

Auch Josefine ist durch die entfremdende Tätigkeit, die der wissenschaftliche Betrieb von ihr fordert, gefährdet, ihre Mitmenschlichkeit zu verlieren. Die Haltung, die sie angesichts der Leidensgeschichte einer Knopflochnäherin an den Tag legt, ist Produkt ihres Umfelds: Während die Arbeiterin die Umstände schildert, unter denen sie arbeiten muß, berechnet Josefine die erstaunliche Zahl der Knopflöcher, die jene hergestellt hat.

> Die Tatsache traf Josefine wie ein unerwarteter Blick in den Spiegel. Sie erblickte sich selbst, und sie sah in ihrem eigenen Bilde das Bild aller Menschen ihrer Kaste und ihres Berufes.
> ›Ja! ja! ja! das sind wir! so sind wir! wir rechnen, während sie verbluten! […] Das ist die Wissenschaft! so ist ihre Stellung zum lebendigen, leidenden, blutenden Leben! […]‹ (A 142)

Das Erlebnis hat eine tiefgreifende Wirkung auf Josefine. Jetzt erst – so legt die Entwicklung nahe – wird sie, die über ihre Mutterschaft ja bereits dazu prädestiniert war, sich ihrer besonderen Verantwortung für das Leben bewußt. Hatte sie zunächst gearbeitet, um Geld zu verdienen und – nicht zuletzt – um sich von ihrer persönlichen Misere abzulenken, wandelt sich nun ihre Einstellung radikal:

> [M]itten in der Arbeit war in ihr durch die Berührung mit dem leidenden, blutenden Leben ein höherer Sinn und ein höherer Anspruch erwacht.
> Jetzt wollte sie arbeiten um des Nutzens willen, den ihre Arbeit den Menschen bringen sollte, und nun verzweifelte sie, daß ein solcher Nutzen aufzufinden sei. […]
> Wir studieren! […] aber nachher halten wir uns absichtlich die Augen zu, um uns nur ja auf das zu beschränken, was unseres Amtes ist. […]
> Und Amt und Spezialität haben den Menschen aufgefressen. (A 145)

Ihre Schlußfolgerung, von der Wissenschaft sei keine Hilfe zu erwarten (vgl. A 142), zeugt von einer wissenschaftskritischen Position, die bewußter durchgehalten wird als die Lilies. Gleichzeitig aber stellt sich Josefines

Situation insgesamt konfliktreicher dar. Sie wird nicht – wie Lilie – von Sachzwängen zu der eigentlich ungewollten Konsequenz, dem Wissenschaftsbetrieb den Rücken zu kehren, gedrängt, sondern gerade durch Sachzwänge an dieser Konsequenz gehindert: Sie muß ihre Familie ernähren. Zwischen dem Broterwerb für die Familie, ihrem Wunsch zu helfen und der gleichzeitigen Erkenntnis, als Ärztin innerhalb des medizinischen Betriebes Bestandteil der herrschenden Ordnung zu sein, gerät Josefine in einen unlösbaren Zwiespalt. Er führt zu einer inneren Zerrüttung, die sich in psychischen und physischen Krankheitsanfällen bemerkbar macht. Damit knüpft Frapan an einen Motivkomplex an, der in der Literatur der Jahrhundertwende äußerst wirksam war: ›nervöse‹ Krankheiten als Ausdruck eines Leidens an der Gesellschaft.[88] Die Krankheit Josefines ist jedoch nicht die Reaktion eines ansonsten wehr- und sprachlosen Opfers. Erst das eigene Wirken macht sie krank in dem Maße, in dem es ihren eigenen Ansprüchen nicht gerecht wird. Dabei bleibt sie die Analytikerin ihres Zustands. Anläßlich eines von ihr gehaltenen Vortrags, von dem sie eine gewisse Zeit glaubt, jemand anders habe ihn gehalten, meint sie: »So entstehen die Geschichten von Doppelgängern, […] oder vom zerlegten Ich. Es ist interessant, das alles an sich selbst zu beobachten.« (A 392 f.)

Mit dem Rekurs auf das Krankheitsbild der Schizophrenie wird wiederum ein Argument der Debatte um das Frauenstudium bestätigt und gleichzeitig umgewendet: Studium und Berufstätigkeit würden die Frau krank machen. Entgegen der üblichen Begründung, die physische und geistige Konstitution der Frau lasse diese Form der Anstrengung eben nicht zu, legt die Romanhandlung einen anderen Zusammenhang nahe. Gewissensfragen sind der Auslöser dafür, daß Josefine krank wird, abgesehen davon war sie sehr wohl imstande, die Anforderungen des medizinischen Alltags zu meistern. Nicht eine vermeintliche Schwäche der Frau, sondern der Wissenschaftsbetrieb selbst und der Klinikalltag verursachen Krankheit. Das Krankheitsmotiv in *Arbeit* hat eine grundsätzlich gesellschaftskritische Ausrichtung, die über die Geschlechterperspektive hinausweist: So wird angedeutet, die psychische Krankheit von Josefines Ehemann Georges, die ihn zum Verbrecher hat werden lassen, stehe mit seiner beruflichen Tätigkeit in Zusammenhang (vgl. A 302), und in den geschilderten Krankheiten der zu behandelnden Arbeiter und Arbeiterinnen manifestieren sich ganz konkret ausbeuterische Arbeitsverhältnisse.

---

88 Vgl. Schuller, Marianne: »*Weibliche Neurose*« und »*kranke Kultur*«. *Zur Literarisierung einer Krankheit um die Jahrhundertwende.* In: Dies.: *Im Unterschied: Lesen, Korrespondieren, Adressieren.* Frankfurt a.M. 1990, S. 13-45.

## Die Medizinerin in der Ehe

Die Verkehrung der Perspektive wird im Roman in verschiedenen Bereichen subversiv für eine Kritik an gesellschaftlichen Ordnungssystemen genutzt. Mit Josefines Ehe kommt die Geschlechterbeziehung in den Blick, verfremdet durch die Tatsache, daß hier die berufstätige Frau, die für den Unterhalt der Familie sorgt, dem kranken, von ihr abhängigen Mann gegenübersteht.

Mit der Rückkehr ihres Mannes Georges aus dem Gefängnis beginnt ein Geschlechtergegensatz, der – unter umgekehrtem Vorzeichen – an die Situation vor der Trennung anknüpft. Vor Georges' Inhaftierung entsprach Josefine als – wenngleich nicht mehr liebende, so doch treu ergebene – Ehefrau den herrschenden Rollenvorstellungen (vgl. A 284). Inzwischen hat sich die Frau die Welt des Mannes erschlossen, Georges findet bei seiner Heimkehr eine eigenständig gewordene Frau vor, die über das Studium ihren Platz in der öffentlichen Sphäre eingenommen hat und im Hause zur bestimmenden Kraft geworden ist.

Die ganze Welt war auf den Kopf gestellt, seit man ihn eingekerkert hatte. Nicht in sein Haus war er zurückgekehrt, sondern in das seiner Frau; »der graue Ackerstein« war seiner Frau untertan, und allein ihr Wille war es, der darin regierte. [...] Der Mann, der von der Natur dazu bestimmte Platzergreifer, Inbesitznehmer war verdrängt und ohnmächtig gemacht durch das Weib, durch die von der Natur dazu bestimmte Untergebene, Untergeordnete, durch den Menschen zweiter Sorte [...]. Das natürliche Gleichgewicht der Geschlechter schien ihm gestört durch diese starke Frau [...]. (A 281-284)

Georges empfindet die veränderte Situation als widernatürlich. Eigentlich jedoch offenbart gerade die Tatsache, daß eine Frau eine männliche Position einnehmen kann, wie sehr die Rollenzuschreibungen auf gesellschaftlichen Konstruktionen beruhen.

Stattgefunden hat ein direkter Tausch der Rollen, der aber das eigentliche Grundübel nicht beseitigt. Einem idealen ›Naturzustand‹ ist man nicht nähergekommen. Josefine, in der Rolle des Mannes, muß erkennen, daß nun sie das männliche Prinzip vertritt, das hierarchische Verhältnisse und die Unterdrückung des Partners in der Ehe produziert:

[...] mit männlicher Rücksichtslosigkeit hatte sie ihn in das Nichts hinabgestoßen, und ihre Güte und Nachsicht war Beleidigung, war Verdammung.
Schrie er ihr wilde Vorwürfe entgegen, so behandelte sie ihn als Kranken, bat ihn, sich nicht aufzuregen, eine beruhigende Arznei zu nehmen,

seine Gedanken auf andere Dinge zu lenken. Weinte er vor Ohnmacht und Hilflosigkeit, so sprach sie von Hysterie, brachte Schlafmittel, verwies ihn auf seine Drehbank, bestellte ein interessantes Reisewerk in der Buchhandlung, da er medizinische Bücher nicht anrühren mochte, seit ihm die Ausübung der Medizinkunst verboten war. (A 285)

In Georges' Alltag spiegeln sich Aspekte des Lebens der bürgerlichen Frau um 1900. Die berufliche Tätigkeit liegt außerhalb seiner Möglichkeiten, statt dessen vertreibt er sich die Zeit mit nichtigen Dingen: mit Reiseliteratur und kleinen handwerklichen Arbeiten, in seinem Fall dem Verfertigen von Serviettenringen. Von seiner Partnerin wird er mit »Nachsicht« behandelt, seine Äußerungen werden nicht ernstgenommen. Aber Josefine nimmt nicht nur die Position des Ehemannes ein, sie ist zudem Ärztin. Die Bedeutung der Medizin als Leitdisziplin im 19. Jahrhundert wird innerhalb der Geschlechterbeziehung ausgespielt. Die Medizinerin Josefine hat teil am Wahrheitsdiskurs: Sie definiert, was als Krankheit zu gelten hat, und kann damit Äußerungen entwerten. Die »Vorwürfe« des Gatten werden als Symptom eines psychischen Leidens abgetan, seiner Verzweiflung wird mit Medikamenten begegnet. Der Krankheitsdiskurs wird in seiner Wirksamkeit als Ausgrenzungsmechanismus vorgeführt, der den Ausschluß aus der Gruppe der sprachberechtigten Diskursteilnehmer zur Folge hat. Die besondere Pointe liegt nun aber darin, daß dieser Zusammenhang durch eine Umkehrung des üblichen Rollenverhältnisses deutlich gemacht wird.

Im Kontext dieses Rollentauschs gewinnt der Rekurs auf die Hysterie zentrale Bedeutung. Hysterie[89] ist zunächst einmal eine Nervenkrankheit, die mit Weiblichkeit in Verbindung gebracht wird:

Von alters her gilt die Hysterie als eine weibliche Krankheit; innerhalb der Medizin wird sie als ›weibliche Neurose‹ geführt. Schon das Wort

---

89 Zur Hysterie existieren divergierende Forschungsansätze. Vgl. dazu (mit Literaturhinweisen) Lamott, die die Forschung in »Arbeiten zur Hysterie als Krankheitsbild, als Herausforderung für Psychotherapie, als Mythos der Weiblichkeit, als weibliche Widerstandsform und als Selbstthematisierung der Frau, als ethnische Störung, als kulturelles Deutungsmuster, als medial erzeugtes Konstrukt und als Kunstform« gliedert (Lamott, Franziska: *Die vermessene Frau. Hysterien um 1900.* München 2001, S. 12). Für einen Überblick über eine insgesamt ausufernde Forschung zur Hysterie (mit spez. Blick auf den französischen und anglo-amerikanischen Raum) vgl. auch Micale, Mark S.: *Approaching Hysteria. Disease and its Interpretations.* Princeton 1995, S. 3-18.

[…] bezeichnet ein weibliches Organ, nämlich die Gebärmutter, die als Sitz der Krankheit ausgemacht wurde.[90]

Die Anwendung der »weiblichen Neurose« auf einen Mann irritiert, entfaltet aber gerade aus dieser Irritation heraus subversives Potential, indem die Komponente einer sozialen Konstruktion ins Blickfeld gerückt wird. Indem Frapan – in genauer Analogie – einen Mann in die üblicherweise Frauen zugewiesene Rolle versetzt, dekonstruiert sie diese. Das gewohnte, im übrigen auch über die Literatur tradierte Bild von der gequälten und nervenkranken Frau verliert in dem Moment seine scheinbare Natürlichkeit, in dem die Entwicklung der Handlung bewirkt, daß eine männliche Figur in dieselbe Situation gerät. Dieses Verfahren der Irritation durch das Ungewohnte wird durch die Wahl einer studierenden Heldin offensichtlich begünstigt: In der Erzählung *Fenitschka* von Lou Andreas-Salomé wird einem Vergleichbares wiederbegegnen.

Mit der Hysterie werden nun die Gesellschaftsordnung und herrschende diskursive Praktiken direkt in den Blick genommen. Es handele sich um eine Krankheit, so Schuller, in der sich ein »revoltierender Impuls« des Individuums gegen äußere Lebensumstände manifestiere. Anstelle eines nicht möglichen offenen Widerstands über die Sprache träten die »konvulsivischen Inszenierungen des […] Körpers«.[91] Im Sinne einer Nervenkrankheit, die unaushaltbare Konflikte zwischen dem äußeren Regeln unterworfenen Leben und dem inneren Empfinden widerspiegelt, besteht ein direkter Rekurs auf gesellschaftliche Verhältnisse. Darüber hinaus verweist gerade die Hysterie aber auch auf die Macht diskursiver Praktiken. Wenngleich die Konstanz einiger Symptome (wie beispielsweise der als ›dramatisch‹ wahrgenommenen Körpersprache) belegt, daß die Krankheit nicht ausschließlich als Konstruktion aufgefaßt werden kann, zeigt ein Blick auf die Medizingeschichte des 19. und frühen 20. Jahrhunderts, wie variabel wiederum die Einordnung der Krankheit war, wie sehr in ihr auch vorgeprägte Deutungsmuster im Sinne des herrschenden Geschlechterdiskurses wirksam waren.[92]

Hysterie wurde in der Medizin der Jahrhundertwende in einen engen Zusammenhang zu Verstößen gegen die gesellschaftlich vorgegebene Geschlechterrolle gesetzt. Als »weibliche Neurose« wurde die Krankheit nicht nur verstanden, weil hauptsächlich Frauen von ihr betroffen waren,

90 Schuller, S. 17.
91 Ebd.
92 Vgl. dazu spez. Schmersahl, S. 279-301.

sondern weil man sie über eine ›weibliche‹ Disposition definierte: Die »Diagnose Hysterie [...] [galt] als eine Verlängerung typisch ›weiblicher‹ Eigenschaften«.[93] Gelegentlich wurde – besonders bei Männern, die ab dem Ende des 19. Jahrhunderts nicht mehr von der Diagnose der Hysterie ausgeschlossen waren – auch eine Verbindung zu ›konträrgeschlechtlichem‹ Verhalten hergestellt, in der Regel Homosexualität. Der Fall ›hysterischer‹ Männer[94] macht den diskursiven Mechanismus, der sich der Geschlechterkategorien bedient, um so deutlicher:

> Seit den 1880er Jahren löste sich in den psychiatrischen und neurologischen Hysterietheorien die Hysterie-Ursache vom Körper der Frau und konnte nun auch Männer und Kinder befallen. Obwohl die »Entdeckung« des »hysterischen« Mannes die Geschlechterordnung hätte in Frage stellen können, trug der medizinische Diskurs stattdessen vielmehr dazu bei, diese zu stabilisieren: Es ging darum, ein spezifisch bürgerliches und tendenziell nationalistisches Ideal von »Männlichkeit« durchzusetzen. Es wurden also auch Männer, die nicht in dieses Schema paßten bzw. sich diesem nicht anpaßten oder anpassen wollten, von Medizinern als »krank« stigmatisiert. Dies geschah auf der Folie der »Abweichung«, die »weiblich« konnotiert war. Denn trotz der Ausweitung der Hysterie-Diagnose auf Männer verlor diese keineswegs ihre Nähe zum »Weiblichen« und damit per definitionem zum »Pathologischen«.[95]

---

93 Ebd., S. 280. Die Hysterika Ilma S. beispielsweise wurde von Krafft-Ebing, ihrem behandelnden Arzt, aufgrund folgender Eigenschaften als »aecht hysterische[r] Charakter« eingestuft: psychische Überempfindlichkeit, große Emotionalität, starke Reizbarkeit, akute Erinnerungsschwächen und unkontrollierte Phantasie – abgesehen von den Erinnerungsschwächen typische Attribuierungen des Weiblichen –, darüber hinaus »ethische Defekte« (gemeint waren homosexuelle Neigungen); ebd., S. 283.

94 Vgl. zur Hysterie bei Männern: Schmidbauer, Wolfgang: *Der hysterische Mann: eine PsychoAnalyse.* Frankfurt a.M. 2000; Rabain, Jean-François: *L'hystérie masculine entre mythes et réalités.* In: *Revue Française de Psychanalyse* 62 (1998), H. 2, S. 429-446; Braun, Christina von: *Männliche Hysterie – weibliche Askese: zum Paradigmenwechsel der Geschlechterrollen.* In: Dies.: *Die schamlose Schönheit des Vergangenen: zum Verhältnis von Geschlecht und Geschichte.* Frankfurt a.M. 1989, S. 51-79; Link-Heer, Ursula: *»Männliche Hysterie«. Eine Diskursanalyse.* In: *Weiblichkeit in geschichtlicher Perspektive. Fallstudien und Reflexionen zu Grundproblemen der historischen Frauenforschung.* Hrsg. v. Ursula A. J. Becher u. Jörn Rüsen. Frankfurt a.M. 1988, S. 364-396; Lerner, Paul: *Hysterical Men. War, Psychiatry, and the Politics of Trauma in Germany, 1890-1930.* Ithaca 2003.

Durch die diagnostizierte Hysterie wird von der Ärztin Josefine selbst die Krankheit ihres Mannes mit dem Rollentausch, der in ihrer Ehe stattgefunden hat, in Verbindung gebracht. Indirekt verweist die Pathologisierung der Verhältnisse auf Josefine selbst, da sie in der spiegelverkehrten Geschlechterrelation den korrespondierenden Part innehat. Die Unterminierung ihrer eigenen Position wird von der Protagonistin in dieser Situation nicht reflektiert. Josefine veranschaulicht die herrschende Praxis, die sie zuvor am medizinischen Betrieb kritisiert hatte: Sie, deren Verhalten Georges' derzeitigen Zustand mit verursacht hat, bedient sich des medizinischen Diskurses, um ihre überlegene Stellung zu behaupten.

Wieder gerät Josefine in Widerspruch zu sich selbst, ausgelöst durch die Nachahmung ›männlichen‹ Rollenverhaltens. Da sie schließlich selbst krank wird, wird deutlich, daß eine solche Anpassung an das herrschende Prinzip für Josefine eigentlich keine Option darstellt. Wie im Wissenschaftsbetrieb zeigt sich auch im Geschlechterverhältnis, daß sie zwar von ihren Fähigkeiten her zur Rollenübernahme in der Lage ist, dies aber mit ihrer besonderen moralischen Disposition nicht vereinbaren kann.

## *Mütterlichkeit als rettendes Prinzip*

Im Kraftfeld zwischen Ehe und Studium bzw. Beruf erweist sich im Verlauf der Handlung Josefines Mutterschaft als der wesentliche Faktor. Sowohl ihre Krisis als auch ein Neuanfang am Ende des Romans finden hierin ihren entscheidenden Auslöser. Josefines Weg zu einer erfolgreichen Ärztin endet zunächst mit ihrem körperlichen und psychischen Zusammenbruch. Ursache dessen ist aber nicht nur der Widerspruch zwischen der Arbeit und dem eigenen Gewissen, sondern nicht zuletzt die Fehlentwicklung des Sohnes: In seinem Verhalten einer Prostituierten gegenüber begegnet ihr die Doppelmoral der Gesellschaft im eigenen Sohn (vgl. A 377-382). In dem Moment, in dem auch ihr Versagen als Mutter deutlich wird, verfällt sie wieder in ihre ursprüngliche Schwäche, in die Rolle, die sie als Ehefrau vor Georges' Inhaftierung innehatte: »das Mutterherz bleibt eben doch der schwache Punkt...«, resümiert Georges (A 388).

Über das »Mutterherz« jedoch erfolgt auch Josefines Rettung, ihre »Wiedergeburt« (A 426): Mit dem Einsatz für zwei mißhandelte Kinder findet sie eine ihr gemäße Aufgabe: »frei und leicht, ganz selbständig Ihrem freien, starken Herzen nach – wie ein Mann – und doch kein Mann, sondern ein Weib und mit dem Herzen eines Weibes – und die

---

95 Schmersahl, S. 277.

Welt, die sie so nötig hat!« (A 417) In der Schlußpassage wird in der Protagonistin, die bei ihren eigenen Kindern versagt hat, das mütterliche
Empfinden neu geweckt und auf eine soziale Aufgabe gelenkt. In dieser
Konstruktion liegt mehr als eine zweite Chance für die Romanheldin:
Indem mütterliches Handeln als natürliche Verbundenheit einer Frau zu
ihren Kindern von einer sozialen Fürsorge für fremde Kinder abgelöst
wird, wird ›Mütterlichkeit‹ universalisiert und – da sie als Verantwortung
den Schwachen in der Gesellschaft gegenüber inszeniert wird – auch po-
litisiert.[96] Verständnis und eine allgemeine mütterliche Liebe, so die im
Roman entwickelte Utopie, sei das Prinzip, das die Menschheit ›retten‹
könne. »Die große Güte – die ursprüngliche Schönheit der Menschen-
natur – sie ist die Wahrheit […], und einmal, einmal wird sie die Welt
besitzen.« (A 427)

Die Konstruktion schließt an einen zeittypischen Topos an, nämlich
die Überhöhung der Mutterliebe. In der Frauenbewegung war Mütterlichkeit ein Leitbild, so zum Beispiel in Ellen Keys populärer Vorstellung
einer »seelischen Mutterschaft«.[97] Aber auch als geschlechterübergrei-
fende Idee fand der Begriff Beachtung. Unter dem Titel »Muttergeist«
entwickelt Karl Joël das pathetische Modell einer ›Mütterlichkeit‹ als
höherer Menschlichkeit, die in ihrer Konzeption der im Roman vergleichbar ist:

> Ein wenig mehr Mütterlichkeit oder instinktiver Fürsorgesinn in den
> Regierungskabinetten, ja in den Häusern der Menschen und unend-
> lich viel von den Zeitkrisen und Nöten würde verschwinden. […] Ein
> stärkerer Hauch von Mütterlichkeit könnte Sonne bringen über die
> ganze Menschheit, könnte selbst große Denker verbessern und ergän-
> zen, sei es selbst ein Kant. Man spürt einen abgrundtiefen, rätselhaften

---

96 Die Idee entspricht dem praktischen Engagement der Autorin: Während ihrer
   Zeit in Zürich gründete sie neben einem Rechtsschutzverein für Frauen einen
   Kinderschutzbund für mißhandelte und unterversorgte Kinder; vgl. Kraft-
   Schwenk, S. 63 f.
97 Vgl. zur Bedeutung der Idee einer ›sozialen Mütterlichkeit‹ in der Frauenbewegung der Jahrhundertwende vor allem Sachße, Christoph: *Mütterlichkeit als Beruf.
   Sozialarbeit, Sozialreform und Frauenbewegung 1871-1929.* Weinheim 2003; des-
   weiteren: Taylor, Ann Allen: *Feminismus und Mütterlichkeit in Deutschland, 1800-
   1914.* Aus d. Amerikan. v. Regine Othmer. Weinheim 2000; Peters, Dietlinde:
   *Mütterlichkeit im Kaiserreich. Die bürgerliche Frauenbewegung und der soziale Beruf
   der Frau.* Bielefeld 1984; sowie mit Blick auf die Literatur: Kliewer, Annette: *Geistesfrucht und Leibesfrucht. Mütterlichkeit und »weibliches Schreiben« im Kontext der
   ersten bürgerlichen Frauenbewegung.* Paffenweiler 1993.

Zusammenhang der Mutter mit der Natur und ihren geheimnisvollen Kräften. Da steigen im Menschen aus unerklärlichen Tiefen der Mütterlichkeit geheimnisvolle Kräfte auf und Triebe zur Hilfeleistung für jeden Menschen, wer er auch sei.[98]

Die spezielle Aufgabe der Frau, wie sie im Roman *Arbeit* entfaltet wird, liegt nun darin, diesen »Muttergeist« als allererste zu praktizieren und den Menschen näherzubringen. In Erfüllung dieser Aufgabe – so wird evoziert – finde sie gleichzeitig wieder die Verbindung zu ihrer ›Natur‹, könne sie ihr ›natürliches‹ Empfinden als Frau mit einem Handeln in gesellschaftlichen Zusammenhängen in Einklang bringen.

## 2.2 Subversives Scheitern

Der Fall Josefine Geyers kreist um eine Frage, die die (ihrerseits erfolgreich in die wissenschaftliche Sphäre integrierte) Mathematikerin Helene stellt – und die man als bewußten Rekurs auf die zeitgenössische Geschlechterdebatte verstehen kann: »Ob aber so ein rechtes Weib sich zum Studieren eignet, das ist wohl die Frage!« (A 211) Wie Lilie Halmschlag führt auch Josefine das Studium nicht zum Ziel. Lilie, die bereits erkennt, daß die Rechtskunde auf falschen Grundlagen aufbaut, schließt sich der Arbeiterbewegung an, um einen tätigen Beitrag für eine gerechtere Welt zu leisten, und bei Josefine führt der erfolgreich erlangte Beruf der Ärztin zu einer inneren Zerrüttung. Erst die Aufgabe, Kinder zu retten, bringt sie wieder in Übereinstimmung mit sich selbst. Der Rekurs auf Mütterlichkeit als ›besondere Gabe‹ der Frau läßt den Roman ins Geschlechterklischee der Zeit einmünden: Das Studium sei nichts für Frauen – zumindest nichts für die ›richtigen‹, die »so recht Weib« und kein »Amphibium« seien (A 211, 234).

Wollte man es bei dieser Aussage bewenden lassen, griffe man allerdings zu kurz. Die Frage, warum Frapan ihre Heldin promovieren läßt und die Lebensphase des Studiums beinahe die gesamte Handlung ausmacht, führt auf das Motiv der »Revisorin«. Das Scheitern Josefines an der Wissenschaft ist kein Scheitern im üblichen Sinn, nämlich ein Ziel nicht erreichen zu können, obwohl man es möchte. Ganz im Gegenteil

---

98 Joël, Karl: *Wandlungen der Weltanschauung. Eine Philosophiegeschichte als Geschichtsphilosophie.* Bd 2. Tübingen 1934, S. 929 f. Bereits in der Zeit der Jahrhundertwende spielte Joël eine nicht unbedeutende Rolle als früher Vertreter einer Lebensphilosophie und Wegbereiter für die Beschäftigung mit Nietzsches Schriften im universitären Lehrbetrieb.

führt ihr als typisch ›weiblich‹ ausgewiesenes Empfinden dazu, den wissenschaftlichen Bereich, nachdem sie ihn sich erschlossen hat, zu verwerfen. Nicht die Fähigkeiten der Frau erweisen sich als ungenügend für die Wissenschaft, sondern die Wissenschaft erweist sich als ungeeignet, den höheren moralischen Ansprüchen der Frau zu genügen. Die für den zeitgenössischen Diskurs bestimmende Frage, ob die Frau befähigt sei, wissenschaftlich zu arbeiten, wird zu der Frage, ob es die moralische Integrität der Frau zuläßt.

Gegenüber der Entwicklung in *Wir Frauen haben kein Vaterland*, die durch widrige äußere Umstände motiviert wird, ist Josefines Scheitern konsequent nach innen verlagert. Allein ihr ›weibliches Wesen‹ ist es, das ihr ein erfülltes Berufsleben innerhalb der bestehenden Zustände unmöglich macht. Dieser ›Unfähigkeit‹ aus Gewissensgründen wird eine aktive Kraft zugesprochen, auf der die Hoffnung der Menschheit liege. Wieder wird ein spezifisches ›Wesen der Frau‹ inszeniert. Nicht aber indem sich die Frau von der männlichen Sphäre fernhält, sondern im Gegenteil, indem sie sich alle Bereiche des gesellschaftlichen Lebens erschließt, um sie aus der eigenen, weiblichen Perspektive zu beurteilen, wird die Frau ihrer rettenden Rolle gerecht:

> Zuweilen denke ich ganz im Ernst, daß […] wir Frauen zu einer Art Revision des Männerstaats berufen sind […]. Daß die ganze Frauenbewegung diesen Sinn und Zweck hat. Revisorinnen im Dienste der Menschlichkeit, die halt doch, und wär's auch im Schneckengang, vorwärts geht! An all die Versteinerungen unseren schlicht menschlichen Maßstab anlegen, mit unserem vielgescholtenen Gefühl ihre kalten Verstandeswerke durchprüfen und sehen, was standhält, was nicht – was wirklich nützt, was ganz entschieden schadet – gegen ihre Pedanterie, Profitsucht, Brutalität und blinde Folgsamkeit den Schrei der Natur erheben – der mißhandelten, getretenen Menschlichkeit Rechte zu wahren – dort – dort – dort – – (A 213)

Um ihrer Aufgabe als »Revisorin« nachzukommen, muß sich die Frau den männlichen Bereichen stellen, um sie von innen heraus überprüfen zu können. In diesem Konzept ist die Darstellung der Frau als leidendes Opfer gesellschaftlicher Zustände nicht ausreichend. Von der unterdrückten Frau in passiver Rolle wird sie hier zum Subjekt, als Studentin und Ärztin ist sie nicht länger analysiertes Objekt, sondern selbst Analysierende.

Innerhalb eines gesellschaftlichen Diskurses, der von der Auffassung geprägt war, der Frau sei analytisches Denken wesensfremd, ergab sich die Notwendigkeit, das Gegenteil zu belegen. Möbius, gegen dessen

These vom »physiologischen Schwachsinn des Weibes« Frapan nach eigenen Angaben mit ihrem Roman anschreiben wollte,[99] hatte behauptet, die »weibliche Eigenart [sei] von Hause aus nicht auf Beobachtung gestimmt«: Die Frau »fühlt und handelt aus Gefühl, die Analyse ist ihr etwas Fremdes, ja Ungehöriges, durch die das Innere entweiht werden möchte.«[100] Eine Studentin aber, die womöglich den Doktortitel erlangt hat, zeichnet sich dadurch aus, gerade diese Analysefähigkeit unter Beweis gestellt zu haben. Damit impliziert die Wahl einer Studentin als Figur eine günstigere Ausgangslage für ein literarisches Wirken, das es sich zur Aufgabe gemacht hat, Mißstände in einer geschlechterhierarchischen Gesellschaft anzuprangern. Die bisher dargestellten Beispiele präsentieren die studierenden Protagonistinnen als Frauen, die ihre geistige Selbständigkeit nachgewiesen haben und nun ihrerseits aktiv die gesellschaftlichen Zustände kritisieren. Sie haben eine Sprache erlangt und dienen nicht nur als Anschauungsbeispiel. Die Aufforderung des zeitgenössischen Literaturkritikers Kurt Aram, sobald es um »*Zeitprobleme und Zeittendenzen*« gehe, solle man sich »an Aristoteles [halten], der sagt, der Dichter solle baldmöglichst einen Mann vorführen, der statt seiner das Wort ergreift«,[101] findet hier seine Realisation über eine weibliche Figur.

Die spezielle Ausgestaltung der Wissenschaftskritik in *Arbeit* setzt andererseits aber auch gerade wieder bei einer Geschlechterdifferenz an, die das weibliche Prinzip auf der Seite des Gefühls, das männliche auf der des Verstandes verortet. Das erfolgreiche Studium von Josefine und Helene wird zunächst zum Beleg dafür, daß Frauen sich die rationale Sphäre sehr wohl erschließen können. Aufgrund ihrer größeren moralischen Integrität, die durch Gefühl und Bezug zum Leben verbürgt ist, ist ihnen jedoch gleichzeitig eine kritische Distanz zum reinen Verstandesdenken eigen. Entgegen der Polarisierung im Geschlechterdiskurs entwirft Frapan das ›weibliche‹ Modell einer Analyse auf der Grundlage des Gefühls. Das in der Gesellschaftsordnung dominierende ›männliche‹ Vernunftprinzip erweise sich als defizitär und unmenschlich, weil es das Gefühl vollständig ausblende. In einer mütterlichen Liebe und Verantwortung, die sich nicht nur auf die eigene Familie bezieht, bündelt sich die Vorstellung einer Verbesserung gesellschaftlicher Zustände durch die Frau. ›Mütterlichkeit‹ wird dabei von einem naturgegebenen Prinzip zu einem sozia-

---

99 So im eingangs zitierten Brief an Necker.
100 Möbius, *Schwachsinn*, S. 45.
101 Aram, S. 699.

len. Dadurch aber wird auch die Universalisierung der Mütterlichkeit als allgemein menschliches Ideal möglich. Auf ihr beruht die Vision einer umfassenden Menschlichkeit, mit der der Roman schließt.

In der Schlußsituation werden die inneren Ambivalenzen des Romans manifest. Mit der Frau in der Wissenschaft und der Wissenschaftlerin in der Ehe werden zunächst Bestandteile der gesellschaftlichen Ordnung einer Überprüfung ausgesetzt. Durch die »fremde Stimme« (Greenblatt) der Studentin, die sich dem – männlichen – Betrieb noch nicht angepaßt hat, wird die Institution der Universität überprüft und schließlich als unmoralisch verworfen. Der zweite Bereich, der subversiv hinterfragt wird, ist die Geschlechterordnung in der Institution Ehe. Durch den direkten Rollentausch wird die hierarchisch organisierte Situation verfremdet und ihrer scheinbaren ›Natürlichkeit‹ enthoben: Im ›männlichen‹ Prinzip, unabhängig vom biologischen Geschlecht der Person, die es vertritt, manifestiert sich eine Unterdrückung, die als strukturell ausgewiesen wird. Josefine, die Frau, hält ihr ›männliches‹ Verhalten jedoch nicht durch, deutlichster Ausdruck dessen ist ihre Erkrankung, in deren Verlauf sie in ihre alte Geschlechterrolle zurückfällt.

Der Roman entfaltet ein subversives Potential des Scheiterns, bei dem die Erwartungen des herrschenden Diskurses allesamt eingelöst werden, sich aber gerade dadurch gegen diesen wenden. Die Frau sei für Wissenschaft und (medizinischen) Beruf nicht geschaffen, reüssiere sie aber, so auf Kosten einer ›Vermännlichung‹, so das bekannte Argumentationsmuster in der Debatte um das Frauenstudium. Die Gefahr, in der Berufswelt ›männlich‹ zu werden, besteht auch für Josefine, wie sich in beruflichen und familiären Situationen zeigt. Josefine kann sich der drohenden Anpassung schließlich entziehen, verfällt jedoch zunächst in die passive Rolle des Opfers. Das Ergebnis, ihre Krankheit, entspricht zwar den Vorgaben des Diskurses, die Begründung fällt aber grundlegend anders aus. Innerhalb einer als unmoralisch dargestellten Ordnung muß die Frau scheitern, weil sie gerade keine charakterlichen Defizite hat.

Unter der Hand allerdings – und darin zeigen sich die Ambivalenzen des Konzepts – gerät die Frau selbst in eine Überprüfungssituation: Ihr Eintritt in die Wissenschaft und in die Berufswelt gestaltet sich für sie als Gefährdung ihres eigenen Selbst. Ihr Scheitern in der männlichen Sphäre erweist sich als moralisch notwendige Bedingung ihrer ›Weiblichkeit‹. Damit wird ihr Tätigkeitsfeld auf eine weibliche Sphäre zurückverwiesen, und das ist – dem Geschlechterdiskurs der Zeit entsprechend – die Liebe, speziell die mütterliche Liebe, aus der im Roman eine sozialistisch geprägte Menschlichkeitsutopie entwickelt wird. Dabei besteht ein seltsames Wechselverhältnis zwischen ›natürlichem Geschlechtscharakter‹

**⁕ Literarischer Heuet. ⁕**

Zeitungsnotiz: Seit dem Protest der Medizin-Professoren und -Studenten gegen Ilse Frapans Roman „Arbeit" können unsre Buchhändler die zahlreichen Bestellungen auf das genannte Buch kaum mehr bewältigen. — — —

„Auch nicht übel . . . So bekomm' ich doch mein Heu herein!"

[W. L.:] *Literarischer Heuet.* In: *Der neue Postillion.*
*Humoristisch satirisches Monatsblatt der schweizerischen*
*Arbeiterschaft* 9 (1903), H. 9 (Sept.), o.S.

und Sozialisation, zwischen natürlicher Mutterschaft und sozialer Mütterlichkeit – Brüche, die die spannungsreichen Anknüpfungen an verschiedene Strömungen der Zeit markieren.

### 2.3 »Wo ist sie geblieben, diese Burschenherrlichkeit?«

»Seit dem Protest der Medizin-Professoren und Studenten gegen Ilse
Frapans Roman ›Arbeit‹ können unsre Buchhändler die zahlreichen Bestellungen auf das genannte Buch kaum mehr bewältigen«, wird in einer
Zeitungsnotiz des *Neuen Postillion* vermerkt (s. Abb.).[102] Der Roman,
der insgesamt die Gemüter spaltete,[103] hatte seine bemerkenswerteste
Wirkung innerhalb der Universität selbst. Mit dem Protestmarsch am
28. Mai 1903, der einer Resolution der medizinischen Fakultät und vor

102 Zeitungsnotiz [anonym] und Karikatur [W. L.] unter dem Titel »Literarischer
Heuet«. In: *Der neue Postillion. Humoristisch satirisches Monatsblatt der schweizerischen Arbeiterschaft* 9 (1903), H. 9 (Sept.), o.S.
103 Christa Kraft-Schwenk hat etwa 40, z.T. sehr kontrovers argumentierende Rezensionen »in allen größeren Zeitungen der Schweiz, Deutschlands und Öster-
reichs« zu *Arbeit* ermitteln können; vgl. Kraft-Schwenk, S. 81 sowie S. 120 f.

allem dem in verschiedenen Zeitungen[104] veröffentlichten »Wort zur Abwehr« des Ordinarius Prof. Ulrich Krönlein nachfolgte, erreichten die Auseinandersetzungen um den Roman ihren Höhepunkt. Der ›Literaturstreit‹ war spätestens durch die Interventionen der Fakultät zu einer allgemeinen gesellschaftspolitischen Angelegenheit geworden.

Was an diesem Roman war so provozierend? Der Rezensent Hans Fischer, der den kritischen Impuls mit dem von Tolstois *Auferstehung* vergleicht, mutmaßt, es liege an dem direkten Bezug auf »deutsche« Verhältnisse:

> Wenn Tolstoi derlei schreibt, sagen die Einen: der Mann hat Recht und jubeln ihm zu; die Andern: wenn er auch nicht Recht hat, so geben seine Aeußerungen doch zu denken und zu lernen, – jedenfalls nehmen Alle respektvoll sie hin; daß der »Arbeit« es selten so gut geht, liegt gewiß nicht zum wenigsten daran, daß Tolstoi fern in Rußland schreibt, was immer noch den geheimen Vorbehalt zuläßt: bei uns ist es so schlimm nicht. Da Frau Frapan-Akunian Tolstoische Methode und Tolstois Ethik direkt und mit demselben Erfolg auf deutsche Verhältnisse anwendet, brennt die Geschichte etwas sehr auf der eigenen Haut. Ich bekenne mich zu der zweiten Gruppe, die sagt: es giebt zu denken und zu lernen, und ich versage der Dichterin den Respekt vor ihrer Meinung und ihrem Wollen nicht, weil die Schläge, die es absetzt, diesmal nicht im fernen Rußland niederfallen, sondern auf meine eigenen Backen.[105]

Der Vergleich mit Tolstoi ist hochgegriffen und wohl eher dem Umstand zuzuschreiben, daß Frapan den Roman *Auferstehung* übersetzt hat.[106] Es bleibt der Hinweis auf den Angriff ›hiesiger‹ Verhältnisse. Die Reaktion von Angehörigen der Zürcher medizinischen Fakultät, die sich direkt und persönlich herausgefordert fühlten, spricht für die These.

Offenbar aber, das belegt Krönleins Protestnote, spielten noch zwei weitere Faktoren eine Rolle: das Studium der Autorin und ihrer Protagonistin und das weibliche Geschlecht beider. Krönlein nennt zunächst als Grund für sein »Interesse« an dem »widerwärtige[n] Pamphlet« neben dem konkreten Bezug auf seine Klinik den biographischen Hintergrund der Autorin:

---

104 Vgl. ebd., S. 79, Anm. 1.
105 Fischer, Hans: *Arbeit*. In: *Die Christliche Welt. Evangelisches Gemeindeblatt für Gebildete aller Stände* 17 (1903), H. 33, Sp. 781 f.
106 Tolstoi, Graf Leo: *Auferstehung. Roman*. Erste vollst. im Auftr. d. Verf. hergest. Übers. v. Wladimir Tronin u. Ilse Frapan. Berlin 1900.

[...] es ist ein Buch, über alle Maßen unwahr, ein widerwärtiges Pamphlet und für uns Zürcher nur deswegen von einigem Interesse, weil als Zielscheibe des Pamphlets einige medizinische Institute unserer Hochschule und deren Leiter ausersehen worden sind und ferner – weil die Autorin seiner Zeit in Zürich studiert hat. Wäre dem nicht so, dann würde es mir niemals beifallen, die »Arbeit« auch nur eines Wortes zu würdigen [...].[107]

Die Aussage einer Studentin, die ja wissen könnte, wovon sie schreibt, scheint ihm ernstzunehmend genug, um sich mit ihr auseinanderzusetzen – auch wenn er mehrfach betont, der Inhalt sei es nicht. Dabei reicht es anscheinend aus, daß diese Frau prinzipiell wissenschaftlich tätig war und Zürich, den Ort der Handlung, kannte, denn Frapan hat nie Medizin studiert.[108]

Frapans *Arbeit* erfährt damit nicht das Schicksal anderer sozialkritischer Werke von weiblichen Autoren im 19. und frühen 20. Jahrhundert, als ›weibliche Tendenzliteratur‹ marginalisiert zu werden, indem der kritische Gehalt zwar bemerkt, aber lediglich als Ausdruck ästhetischer Minderwertigkeit besprochen wurde. In welcher Weise ein sozialpolitisches Engagement schreibender Frauen mißverstanden werden und noch zur Abwertung sämtlicher von Frauen stammender Kunstproduktion dienen konnte, belegt die Rezension verschiedener »Frauenwerke« des bekannten zeitgenössischen Literaturkritikers Max Lorenz. Anläßlich des Romans *Aus guter Familie* von Gabriele Reuter schreibt er:

Das Buch ist der sogenannten Anklageliteratur zuzurechnen. In diesem Genre sind die schreibenden Frauen bekanntlich groß. Die Frauen, mehr Wille als Verstand, müssen immer etwas wollen, etwas fordern, etwas vertheidigen. Die Lust des »reinen Schauens«, die Fähigkeit zu »interesselosem Interesse«, damit aber auch die Möglichkeit zu höchsten, tendenzlosen Kunstwirkungen ist ihnen fast stets versagt, auch der Reuter. Dafür besitzt sie aber jenen schönen Muth der gedrückten Frau, die in der Noth, wenn die Dinge auf die Spitze getrieben sind, die konventionellen Hüllen fallen läßt [...].[109]

107 Krönlein, Rudolph Ulrich: *Ein Wort zur Abwehr.* Separatdruck der *Neuen Zürcher Zeitung.* Zürich 1903, S. 1.
108 Krönlein war diese Tatsache bekannt, vgl. Krönlein, S. 3.
109 Lorenz, Max: *Frauenwerke.* In: *Preußische Jahrbücher* 94 (1898), S. 164-169, hier S. 167.

Hier wird nicht nur das Anliegen der Autorin verunglimpft. Der Blick des männlichen Literaturkritikers offenbart eine voyeuristische Haltung zum dargestellten Elend der Heldin. Die Lust am Schauen scheint demgegenüber zu vergehen, wenn nicht nur das Leiden einer Frau an der Gesellschaft dargestellt wird, sondern diese Frau, nicht in der Opferrolle verharrend, zur selbstbewußten Kritikerin an männlichen Heiligtümern wird. Der empörte Artikel des Ordinarius der chirurgischen Klinik ist ein beredter Beleg dafür.

Krönleins »Abwehr« ist von einer Polemik, die verrät, daß in diesem Zusammenhang das Geschlecht der Kritikerin von entscheidender Bedeutung ist. Der Versuch, die Autorin zu demontieren, erfolgt über ihr Geschlecht – eine Strategie, die in der publizistischen Auseinandersetzung um Frapans Buch wiederholt zu beobachten ist (vgl. Abb.). Bei Krönlein werden sowohl ihre Weiblichkeit, die eine intellektuelle Unzurechnungsfähigkeit bedinge, als auch die der »schon damals ältliche[n] Dame«[110] abgesprochene Weiblichkeit zum Vorwurf. Dennoch gesteht er ihr Kunstfertigkeit zu: »Was eine böse Lästerzunge zu sagen vermag, um Hospitäler, Aerzte, Krankenschwestern in den Augen des Publikums herabzusetzen, wird hier mit großer Virtuosität geleistet.«[111] In entlarvender Weise verfällt er gerade auf die Strategien, die sich im Roman angeprangert finden: Die Heldin wird als »Hystero-Epileptische«[112] denunziert, und selbst die Drohung mit dem Irrenhaus fehlt nicht. Die diskursiven Mechanismen, die in der Debatte über das Frauenstudium nachgewiesen werden konnten, finden in der Protestnote des Professors ein konkretes Beispiel. Zunächst wird über die qua Geschlecht aberkannte geistige Kompetenz hervorgehoben, daß die Autorin keine Berechtigung habe, am Diskurs teilzunehmen. Daß sie es ›trotzdem‹ getan hat, wird mit der Unterstellung mangelnder ›Weiblichkeit‹ kommentiert. Das Resultat schließlich, bei dem die Außenseiterposition der Frau im Roman programmatisch dafür genutzt wird, die Ordnung zu hinterfragen, wird von Krönlein als ›Wahnsinn‹ aus der Sphäre des ›wahren‹ Diskurses ausgegrenzt.

Daß es längst nicht mehr nur um die Bewertung eines literarischen Werkes, sondern um die soziale Wirklichkeit und konkrete Machtverhältnisse geht, legt spätestens der Schluß des Artikels offen: In einem emphatischen Aufruf wird der Männerbund ganz generell gegen die

---

110  Krönlein, S. 1.
111  Ebd., S. 12.
112  Ebd., S. 8.

[Boscovits, Fritz:] *Ein faules Ei.* In: *Nebelspalter.*
*Die humoristisch-satirische schweizer Zeitschrift,* 6.6.1903, S. 7.

in die männliche Enklave der Universität eindringenden Frauen be-
schworen:

> Ja! wo ist sie geblieben, diese *Burschenherrlichkeit?* [...] Wenn Sie,
> Kommilitonen, eine Antwort darauf haben, dann: »Burschen her-
> aus.«[113]

Der Appell an die (burschenschaftlich organisierten) männlichen Studenten belegt die subversive Wirkung, die von der veränderten Situation
ausging. Die massive männerbündlerische Gegenwehr als Antwort auf
den Roman einer Frau über eine Studentin zeigt die sozialpolitische Brisanz der literarischen Konstruktion, ihre Wirksamkeit eben als Austragungsort »institutioneller und ideologischer Kämpfe«.[114] Die »Burschenherrlichkeit«, deren man sich im Genre des Studentenromans sicher sein
konnte und die so im literarischen Medium ein Feld der Bestätigung
fand, ist hier maßgeblich gestört. Offenbar, so läßt sich aus der immerhin
erstaunlichen Reaktion schließen, wurde die Geschlechterdimension als
grundlegend für den kritischen Impuls angesehen. Der literarische Angriff gegen die universitäre Institution wurde nicht individuell, sondern
als Geschlechterproblem verhandelt. Daß ein ähnliches Buch auch von
einem Studenten verfaßt werden könnte, wurde nicht erwogen und
gleichzeitig die prinzipielle Präsenz von Frauen im akademischen Milieu
als potentielle Gefährdung wahrgenommen: Der Protestmarsch der medizinischen Fakultät in Zürich gegen den Roman von Ilse Frapan fand
unter explizitem Ausschluß der Studentinnen statt.

Die Kritik der Figur Josefine Geyers, die sich als Studentin eine Sprache erworben hat, hat offensichtlich ihre sozialpolitische Wirkung nicht
verfehlt. »Wie viel Aerger und Zorn wäre uns erspart geblieben, wenn
diese Studentin ›wegen ungenügender Vorbildung‹ zur Immatrikulation
nicht wäre zugelassen worden«,[115] schreibt Krönlein und meint Heldin
und Autorin in Personalunion.

113 Ebd., S. 15.
114 Greenblatt, *Verhandlungen*, S. 11.
115 Krönlein, S. 14.

## Lebensphilosophische Ansätze
## in Erzähltexten über Studentinnen

### 1. »Mitten hinein in das Leben«.
### Lou Andreas-Salomés *Fenitschka* (1898)

[A]ls Lebenserscheinung, als Lebensgesammtheit, verbraucht das Weib
ihre Kraft und ihren Saft innerhalb des eigenen Wesensmarkes, und
deshalb darf man ihre Geisteswerke nicht mit dem Mannesschaffen
vergleichen [...]. Daher ist die prinzipielle geistige und praktische
Conkurrenz mit dem Mann, – dies Beweis-Erbringen ihrer gleichwerthigen Leistungsfähigkeit in jedem isolirten Einzelberuf, – ein
wahres Teufelswerk, und der äußerliche Ehrgeiz, der dabei geweckt
wird, ungefähr die tödtlichste Eigenschaft, die ein Weib sich anzüch-
ten kann.

Das Beharren auf einer grundlegenden Geschlechterdifferenz, die sich
auch auf geistige Berufe bezieht, entstammt dem Essay *Der Mensch als
Weib*, den Lou Andreas-Salomé (1861-1937) im Jahr 1899 veröffentlicht
hat.[1] Das weibliche Element definiert sie dort »als das geringer Entwik-
kelte, als das Undifferenzirtere«, das gerade darin, daß sich in ihm eine
Ursprünglichkeit, eine Erdverbundenheit bewahrt habe, »seinen hervor-
stechendsten Zweck« erfülle.[2] Die geringere Differenziertheit der Frau,
von der hier die Rede ist, wird in einen prinzipiellen Gegensatz zum
männlichen Wesen gebracht. Als Sinnbild dienen ihr die Geschlechts-

---

1  Andreas-Salomé, Lou: *Der Mensch als Weib. Ein Bild im Umriß*. In: *Neue Deutsche
Rundschau* 10 (1899), S. 225-243, hier S. 233. Der Essay ist zudem von Gisela Brinker-Gabler (1978) sowie von Ernst Pfeiffer (zuerst 1979) neu herausgegeben worden; vgl. Lou Andreas-Salomé: *Die in sich ruhende Frau*. In: *Zur Psychologie der
Frau*. Hrsg. u. eingel. v. Gisela Brinker-Gabler. Frankfurt a.M. 1978, S. 285-311;
Lou Andreas-Salomé: *Der Mensch als Weib. Ein Bild im Umriß*. In: Dies.: *Die Erotik. Vier Aufsätze*. Neu hrsg. und mit einem Nachwort von Ernst Pfeiffer. München 1992, S. 7-44. Während Brinker-Gabler keine Textveränderungen vorgenommen, den Essay aber mit einem anderen Titel versehen hat, weist Pfeiffers
Version größere Eingriffe auf: Neben orthographischen Modernisierungen fehlt
der erste Textabschnitt. Hier wird nach dem Originalartikel in der *Neuen Deutschen Rundschau* zitiert.
2  *Der Mensch als Weib*, S. 225.

zellen des Menschen: Die Eizelle symbolisiert das genügsame Ruhen in sich selbst, die »intaktere Harmonie, die sicherere Rundung«, die sich daraus ergebe, daß »die weibliche Eizelle einen Kreis um sich geschlossen hält, über den sie nicht hinausgreift«, wohingegen vom männlichen »Fortschrittzellchen« gesprochen wird, dessen ganzer Drang der weiterstrebenden »Linie« verpflichtet sei.[3] Die argumentativen Strategien, die Andreas-Salomé hier verfolgt, verraten bereits Charakteristika ihres Schreibstils, der zwischen wissenschaftlichen Folgerungen und dichterischer Entfaltung changiert. Sie greift zwar, wie es der positivistischen Orientierung der Zeit an den Naturwissenschaften entsprach, in ihrer Beweisführung auf Biologisch-Physiologisches zurück, dieses Material wird aber in einer ihr eigentümlichen Art psychologisch ausgedeutet.[4] Gerade äußeren Formen kommt dabei eine besondere Suggestionskraft zu, indem sie in Analogie zu inneren Vorgängen gesetzt werden.

Der inhaltliche Tenor dieses Aufsatzes, der die naturgegebene und gesellschaftlich notwendige Differenz zwischen Mann und Frau betont, hat Andreas-Salomé ein eigenes Kapitel in Hedwig Dohms scharfzüngiger Streitschrift *Die Antifeministen*[5] eingetragen. Angesichts der Äußerungen in ihren theoretischen Schriften mutet es zunächst befremdlich an, daß dieselbe Autorin in der nur ein Jahr zuvor erschienenen Erzählung

3  Ebd., S. 226.
4  Für den Aufsatz *Der Mensch als Weib* hat Marlies Janz dieses Vorgehen genau analysiert, vgl. Janz, Marlies: »Die Frau« und »das Leben«. Weiblichkeitskonzepte in der Literatur und Theorie um 1900. In: Faszination des Organischen. Konjunkturen einer Kategorie der Moderne. Hrsg. v. Hartmut Eggert, Erhard Schütz u. Peter Sprengel. München 1995, S. 37-52, hier S. 40-42. Eine Betrachtung anderer theoretischer Arbeiten Andreas-Salomés zeigt, daß darin eine strukturelle Besonderheit ihres Argumentationsstils liegt. Vgl. zu *Der Mensch als Weib* als einem »zwischen Theorie und Poesie schillernden Essay«: Gropp, Rose-Maria: *Das Weib existiert nicht*. In: *Lou Andreas-Salomé*. Hrsg. v. d. Rilke-Gesellschaft, Red.: Hansgeorg Schmidt-Bergmann. Karlsruhe 1986, S. 46-54, hier S. 50. Zu den »Essays zur Erotik« vgl. Wiesner, Michaela: *Leben in seinem Ursinn – Lou Andreas-Salomés Essays zur Erotik*. In: *Lou Andreas-Salomé*, S. 36-45.
5  Dohm, Hedwig: *Die Antifeministen. Ein Buch der Verteidigung*. Nachdr. d. Ausg. Berlin 1902. Neu hrsg., mit kurzer Bibliogr. u. Anm. vers. v. Arno Widmann. Frankfurt a.M. 1976, darin S. 119-130, sowie S. 130-137 als zusammenführendes Fazit im Vergleich mit Laura Marholm und Ellen Key. Auch die aktuelle Forschung beschäftigt sich immer wieder die Frage, ob Andreas-Salomés Werk in frauenpolitischer Hinsicht als innovativ oder reaktionär einzustufen ist. Vgl. dazu: Kreide, Caroline: *Lou Andreas-Salomé: Feministin oder Antifeministin? Eine Standortbestimmung zur wilhelminischen Frauenbewegung*. New York u.a. 1996.

*Fenitschka*[6] eine Studentin als Titelheldin gestaltet hat. Hier wird eine Frauenfigur entworfen, deren – in eine Berufstätigkeit mündende – Unabhängigkeit und geistige Qualitäten selbst den Skeptiker Max Werner, aus dessen Perspektive erzählt wird, zu überzeugen vermögen. Angesichts einer Heldin, die für sich das (männliche) Recht in Anspruch nimmt, zwischen sinnlicher Liebe und Ehe zu trennen, die sich für den Beruf statt für die Ehe entscheidet und die eine weitgehende geistige Überlegenheit und Eigenständigkeit gegenüber gesellschaftlichen Konventionen beweist, ist es nicht verwunderlich, daß gerade diese Erzählung in der aktuellen Forschung über Lou Andreas-Salomé eine begeisterte Aufnahme gefunden hat. *Fenitschka* gilt als Paradebeispiel für literarische Texte, in denen Frauen traditionelle Geschlechterverhältnisse poetisch subvertieren.[7] Zwischen den inhaltlichen Positionen der Aufsätze, insbesondere *Der Mensch als Weib*, und der Erzählung *Fenitschka* scheinen unüberbrückbare Gegensätze zu bestehen.[8] Marlies Janz spricht sogar

---

6  Zitiert wird hier nach der Ausgabe: *Fenitschka. Eine Ausschweifung.* 2 Erzählungen. Neu hrsg. u. mit einem Nachw. vers. v. Ernst Pfeiffer. Frankfurt a.M./Berlin 1993, S. 5-67, im Folgenden angegeben mit F. Zuerst ist die Erzählung bei Cotta (Stuttgart) 1898 erschienen.

7  Vgl. hierzu Wernz, Birgit: *Sub-Versionen: Weiblichkeitsentwürfe in den Erzähltexten Lou Andreas-Salomés.* Pfaffenweiler 1997; Haines, Brigid: *Lou Andreas-Salomé's Fenitschka: A Feminist Reading.* In: *German Life and Letters* 44 (1991), H. 5, S. 416-425; Brinker-Gabler, Gisela: *Selbständigkeit oder Liebe? Frauen sehen ihre Zeit.* In: *Thusnelda Kühl: die Dichterin der Marschen.* Hrsg. v. Arno Bammé. München u.a. 1992, S. 89; Mennemeier, Franz Norbert: *Widersprüche weiblicher Emanzipation: Lou Andreas-Salomé.* In: *Literatur für Leser* 3 (1987), S. 268-275; Pimingstorfer, Christa: *Zwischen Beruf und Liebe. Minna Kautsky und Lou Andreas-Salomé im Vergleich.* In: *Schwierige Verhältnisse: Liebe und Sexualität in der Frauenliteratur um 1900.* Hrsg. v. Theresia Klugsberger, Christa Gürtler u. Sigrid Schmid-Bortenschlager. Stuttgart 1992, S. 43-56.

8  In der Forschung wird immer wieder eine Gegensätzlichkeit hervorgehoben, so bei Haines, *Lou Andreas-Salomé's* Fenitschka, bei Mennemeier (hier in Entgegensetzung mit den literaturkritischen Schriften der Autorin) sowie bei Wiesner. Während jedoch Haines und Mennemeier *Fenitschka* als emanzipatorischen Text lesen, wohingegen die theoretischen Äußerungen im herrschenden Diskurs befangen blieben, argumentiert Wiesner mit Bezug auf Andreas-Salomés »Philosophie des Erotischen« umgekehrt: »Ihre essayistischen Veröffentlichungen erweisen sich […] als wesentlich unkonventioneller als ihre literarische Produktion«; vgl. Wiesner, S. 44. Treder dagegen betont die Parallelen (Treder, Uta: *Von der Hexe zur Hysterikerin. Zur Verfestigungsgeschichte des ›Ewig Weiblichen‹.* Bonn 1984; Kap. X), und auch Mareske und Martin sehen die inhaltliche Ähnlichkeit zwischen essayistischem und literarischem Schaffen, für beide Bereiche stellen sie ambivalente

davon, der Aufsatz *Der Mensch als Weib* müsse »im Vergleich zu ihrem [Andreas-Salomés] gleichzeitigen literarischen Werk, etwa zur Erzählung *Fenitschka,* eher als Entgleisung angesehen werden [...], da ihm die Komponente einer avantgardistisch-souveränen Feminität, wie sie für die genannte Erzählung charakteristisch ist, völlig fehlt«.⁹

Bei genauerer Analyse zeigen sich jedoch bedeutsame Parallelen zwischen beiden Texten. Lou Andreas-Salomés »Theorien zur Weiblichkeit«, so Mareske, würden »teilweise wie ein Kommentar zum eigenen Frühwerk wirken«.¹⁰ In Verlängerung dieser These soll nachgewiesen werden, daß obwohl – und gerade weil – die Heldin in *Fenitschka* eine Studentin ist, die Erzählung und die Aussagen des Essays gewinnbringend aufeinander bezogen werden können. Dann allerdings kann nicht »die prinzipielle geistige und praktische Conkurrenz mit dem Mann« und ein »Beweis-Erbringen ihrer gleichwerthigen Leistungsfähigkeit in jedem isolirten Einzelberuf«¹¹ im Vordergrund stehen. Ging die Gestaltung des Sujets in den Erzähltexten von Schirmacher, Mensch und Frapan noch mit der Forderung nach einer rechtlichen Gleichstellung der Frauen mit den Männern einher, scheint bei Andreas-Salomé ein anderer Zusammenhang vorzuliegen. Welche Funktion aber kommt unter diesen Voraussetzungen dem Studium der Heldin zu?

Diese Frage, die unter Berücksichtigung der Geschlechtertheorie der Autorin zu stellen ist, verweist gleichzeitig auf Nietzsches Wissenschafts- und Kulturkritik. Dieser wichtige geistesgeschichtliche Konnex soll in einem zweiten Schritt aufgeschlüsselt werden, und zwar im Kontrast zur geistesgeschichtlichen Einbettung des anderen lebensphilosophisch akzentuierten Erzähltextes, Kolbenheyers *Montsalvasch*. Für das Verständ-

---

und oszillierende Positionen fest, die sich im Fall der Literatur noch verschärfen würden; vgl. Mareske, Irina: »*... als wolle sie aus sich selbst heraus«: die Darstellung weiblicher Körperlichkeit in Pose, Bewegung und Raum im fiktionalen (Früh)Werk Ricarda Huchs und Lou Andreas-Salomés.* Ann Arbor, Michigan 2000; Martin, Biddy: *Woman and Modernity. The (Life)Styles of Lou Andreas-Salomé.* Ithaca u.a. 1991. Diethe, die zwar Widersprüche zwischen »Lou's life and thought« sieht, plädiert auch für die Vergleichbarkeit von Essays und literarischen Texten, wenngleich in negativer Bewertung: »Her reinforcement of woman's conventional role is even stronger in her fictional work.« Vgl. Diethe, Carol: *Lou Andreas-Salomé and Female Sexuality at the Turn of the Century.* In: *German Woman Writers, 1900-1933: Twelve Essays.* Hrsg. v. Brian Keith-Smith. Lewiston, NY 1993, S. 25-40, hier S. 37.

9 Janz, S. 45.

10 Mareske, S. 155. Vgl. auch Treder, S. 124-132.

11 *Der Mensch als Weib,* S. 233.

nis von Lou Andreas-Salomés Weiblichkeitskonzept ist die Rekonstruktion ihrer Auseinandersetzung mit Nietzsche unerläßlich, zunächst soll jedoch die in *Fenitschka* vorliegende Konstellation nachgezeichnet werden.

## 1.1 Die »Sphinxhaftigkeit des Weibes«

Das Erkenntnisinteresse, das die Handlung in *Fenitschka* leitet, wird bereits eingangs genannt: Max Werner, auf den Fenia bei ihrem ersten zufälligen Zusammentreffen »keinerlei besonderen Eindruck« macht,

> musterte sie nur näher, weil ihn im Grunde alle Frauen ein wenig interessierten, wenn nicht den Mann, dann mindestens den Menschen in ihm, der seit Jahren doktoriert hatte und nun ein brennendes Verlangen besaß, in der Welt der Wirklichkeit praktisch Psychologie zu lernen, ehe er von einem Katheder herab welche las [...]. (F 7 f.)

Das Wesen der Frau also gilt es zu erforschen, und zwar aus dem Blickwinkel eines Mannes, der die im Psychologiestudium erlernten Erkenntnisse nun im Leben zu erproben gedenkt.

Diese Erzählperspektive, mit der die Autorin sich des männlichen Blicks bedient, um ihr Sujet zu entfalten, markiert einen in mehrfacher Hinsicht bemerkenswerten erzählerischen Ansatz. Zum einen liegt darin bereits ein Indiz für ein schriftstellerisches Selbstverständnis, das dem der Autorinnen der ersten Textgruppe diametral gegenübersteht. Wählt Lou Andreas-Salomé eine Perspektive außerhalb ihrer eigenen weiblichen Erfahrungswelt, war es Käthe Schirmacher, Ella Mensch und Ilse Frapan Anliegen und Notwendigkeit, mit ihren persönlichen Erlebnissen als Frau für die Authentizität des Dargestellten einzustehen oder – auf die Figurenebene übertragen – die gesellschaftskritischen Aussagen ihrer literarischen Texte über die Wahrhaftigkeit eines subjektiven Erlebens der weiblichen Figuren zu verbürgen. Das Leben, im Sinne des Selbst-Gelebten, wurde – und zwar sowohl in bezug auf die Handlung als auch auf ihre erzähltechnische Realisierung – zur argumentativen Stütze gegen den herrschenden Geschlechterdiskurs. Die Übereinstimmung des Geschlechts von Autorin und Perspektivfigur im Erzähltext bildet vor diesem Hintergrund ein entscheidendes Element in der zeitgenössischen Literatur von Schriftstellerinnen. Ergab sich daraus ein argumentativer Rückzugsort für das Schreiben von Frauen, das sich so seine Daseinsberechtigung schuf, geriet es im gleichen Zug damit ins Abseits: Nicht selten wurde, wie bereits anläßlich Ilse Frapans *Arbeit* dargestellt, die Frauenliteratur von der (männlich dominierten) Literaturkritik mit ›Tendenzliteratur‹ gleichgesetzt, die – als Literatur von Frauen über Frauen für Frauen – einen quasi ›ethnologischen‹ Reiz ausübe, für ernsthafte Betrachtungen aber nicht in Frage komme. Gerade Lou Andreas-Salomé hat diese Haltung explizit zum Ausdruck gebracht, ihre in der *Zukunft* ausgetragene Kontroverse mit Frieda von Bülow[12] über die Bewertung von literarischen Texten von Frauen liefert ein pointiertes Beispiel für diese Problematik. Auf von Bülows Forderung, man dürfe das literarische Werk einer Frau nicht danach messen, »wie nah es einer tüchtigen Männerarbeit kommt«,[13] weil das dem weiblichen Ausdruck nicht gerecht werde, entgegnet Andreas-Salomé: Die »Plaudereien« der Frauen über sich selbst, seien eine Art »›Dokumente‹«, die »recht interessante Berichte über das Weib erstatten«, jedoch »schon diesen innersten Motiven nach unkünstlerisch« seien.[14] Im Licht dieses schriftstellerischen Selbstverständnisses bedeutete die Wahl einer männlichen Perspektive auch einen anderen, vorgeblich weniger weiblich-selbstbezüglichen Erzählgestus.[15]

Innerhalb der Erzählung nun entsteht aus dem ungewöhnlichen Blickwinkel eine Wirkung, die handlungstechnisch von einiger Bedeutung ist: Durch Max Werner, den promovierten Psychologen, wird das Lesepublikum zu Beginn der Handlung mit einer Vorstellung von Frauen konfrontiert, die der herrschenden, von Männern ausgehenden Lehrmeinung entspricht. Für die Ausgangsfrage nach dem ›Wesen des Weibes‹ handelt es sich, nach der Auffassung namhafter Wissenschaftler der Zeit, sogar um eine besonders günstige, wenn nicht gar einzig legitime Konstellation. Am ehesten, so Möbius, seien Frauenärzte und Seelenärzte oder Priester geeignet, um das Wesen der Frauen zu erforschen, bei letzteren bestehe allerdings der Nachteil, daß ihnen bestimmte Seiten der Weib-

---

12 Bülow, Frieda Freiin von: *Männerurtheil über Frauendichtung*. In: *Die Zukunft* 7 (1898/99), H. 26, S. 26-29. Andreas-Salomé, Lou: *Ketzereien gegen die moderne Frau*. In: ebd., S. 237-240. (Beide Aufsätze wurden wieder abgedruckt in: *Literarische Manifeste der Jahrhundertwende 1890-1910*. Hrsg. v. Erich Ruprecht u. Dieter Bänsch. Stuttgart 1970, S. 562-565, S. 566-569). Auf den Widerspruch, der sich aus dieser Haltung zu Andreas-Salomés eigenem literarischen Schaffen ergibt, ist in der Sekundärliteratur wiederholt hingewiesen worden; vgl. Mennemeier, S. 273-275, spez. S. 274 f.; Mareske, S. 164-169, spez. S. 169.

13 Bülow, S. 26.

14 Andreas-Salomé, *Ketzereien*, S. 237.

15 Zur Erzählperspektive bei Lou Andreas-Salomé vgl. Mareske, S. 155 f. Vgl. auch unter dem Aspekt des Sehens und Gesehenwerdens Anderson, Susan C.: *Seeing Blindly: Voyeurism in Schnitzler's* Fräulein Else *and Andreas-Salomé's* Fenitschka. In: *Die Seele … ist ein weites Land*. Hrsg. v. Joseph P. Strelka. Bern [u.a.] 1997. S. 13-27, hier S. 22 f.

lichkeit verschlossen bleiben müßten. Frauen dagegen vermöchten nicht wirklich Aussagen über das eigene Geschlecht zu machen, da es ihnen an der nötigen Abstraktionsfähigkeit und an der Erfahrung und den Möglichkeiten zu vergleichenden Untersuchungen fehle.[16]

Die eingenommene Perspektive gewährleistet also auf zwei Ebenen, daß die Handlung im zeitgenössischen Diskurs ihren Ausgang nimmt. Die Frau, die sich Max Werner als Analyseobjekt vornimmt, paßt aber gerade nicht in die gängigen Muster von Weiblichkeit: Fenia ist Studentin. Als solche scheint sie sich ihrer Weiblichkeit oder dessen, was ein Max Werner darunter versteht, entfremdet zu haben: Dem Habitus Zürcher Studentinnen entsprechend verhüllt sie ihre Gestalt in einem »schwarzen nonnenhaften Kleidchen« (F 7), das in einem deutlichen Gegensatz zur Pariser Mode ihrer Umgebung steht, so daß Max eigentlich nur ihre Augen und der slawische Gesichtsschnitt mit der kurzen Nase auffallen:

eine[] von Max Werners Lieblingsnasen, die da vernünftigen Platz zum Kusse lassen, – was eine Nase doch gewiß tun soll.
Aber dieses gradezu blaß gearbeitete, von Geistesanstrengungen zeugende Gesicht forderte so gar nicht zum Küssen auf. (F 8)

Durch den Blick Max Werners wird Sinnlichkeit als zentrales Attribut von Weiblichkeit evoziert. Den traditionellen Dichotomien entsprechend wird die geistige Sphäre, der sich die Studentin verschrieben hat, in Opposition dazu gesetzt. Damit sind die Anfangsannoncen der Erzählung aufgestellt: Durch die Diskrepanz zwischen der durch Max repräsentierten Vorstellung von Weiblichkeit und der realen Frau in Gestalt von Fenia wird ein Spannungsfeld erzeugt, in dem sich die Handlung entwickelt.

Die eindeutige Charakterisierung der wissenschaftlich tätigen Frau als unweiblich und damit unsinnlich versagt angesichts der Persönlichkeit Fenias. In der Praxis auf die Probe gestellt, geraten die Kategorien, die Max bestätigt sehen möchte (vgl. F 7 f.), ins Wanken:

Immer wieder schweiften seine Augen und seine Gedanken zu ihr hinüber, von der er argwöhnte, sie halte sich eine höchst kluge und gelungene Maske vor. Steckte nicht hinter diesem Nonnenkleidchen, das unter den anderen Toiletten fast auffiel, etwas recht Leichtgeschürztes, – hinter diesem offenen, durchgeistigten Gesicht nicht etwas Sinnenheißes, worüber sich nur ein Tölpel täuschen ließ? – Spielte

---

16 Vgl. Möbius, *Schwachsinn,* S. 44-47.

nur seine eigene Phantasie ihm einen Streich, oder erinnerte Fenia nicht an die Magerkeit, Geistigkeit und stilisierte Einfachheit einer modern präraphaelitischen Gestalt, die so keusch ausschauen will und doch geheimnisvoll umblüht wird von verräterisch farbenheißen, seltsam berauschenden Blumen – – ? Jedenfalls ging etwas Aufregendes von Fenia über ihn aus und reizte ihn stark, trotz der Abneigung, die ihm damals jede studierende oder gelehrte Frau einzuflößen pflegte. Ja, er nahm's fast als Beweis, daß Fenia nur zum Schein eine solche sei –. (F 13)

Die Studentin beunruhigt Max, weil er sie hinsichtlich ihrer sexuellen Disposition nicht einordnen kann. Die gängigen Verhaltensregeln, die eine Einordnung zulassen würden, finden auf diese Frau keine Anwendung mehr. Fenia verwirrt, weil sie ungezwungen mit Männern zu debattieren versteht, und das ungeachtet »so heikle[r] Dinge« wie »Grisetten, junge Männer, Nachtcafés und Liebesabenteuer« (F 11), die Max bereits veranlassen, die Stimme zu senken. Eine Frau aus bürgerlichen Kreisen, die gleichzeitig aufgrund ihres Studiums einen offenen Verkehr mit Männern unterhält, mit ihnen »schon so früh und so vertraut verkehrt, studiert« hat (F 45), stellt eine Provokation dar, weil bei ihr Sinnlichkeit und Sittlichkeit nicht anhand einfacher äußerlicher Umgangsformen einzuschätzen sind. »Hure« oder »Heilige«, das altbekannte Begriffspaar, welches die Frau durch den Bezug zum Mann zu klassifizieren versucht, wird auch für Max Werner zur zentralen Achse seiner ›psychologischen Studie‹. Die Unmöglichkeit, Fenia dem einen oder dem anderen Pol zuzuweisen, die Beharrlichkeit, mit der sich das Analyseobjekt dem Analysierenden entzieht und damit seine überlegene Position untergräbt, weckt Aggressionen in ihm: »Eine Art von stiller Wut kam über ihn, seine Unklarheit über dieses Mädchen quälte ihn.« (F 16) Eine Szene in Max Werners Hotelzimmer führt eine scheinbare Klärung herbei: Sein Versuch, Fenia zu verführen, dem sie mit einem »unaussprechlichen Ausdruck des Ekels, – der Verachtung –« begegnet (F 18), endet für ihn in einer Blamage. In der Situation, die – obgleich sie keine geplante Aktion darstellt – wie ein Experiment anmutet, hat sich Fenia Max gegenüber bewährt.

Neigte Max zunächst dazu, ihre Offenheit als Leichtlebigkeit mißzuverstehen, verkehrt sich diese Einstellung nun in ihr Gegenteil. Als später in Sankt Petersburg ein Gerücht entsteht, das Zweifel an Fenias Sittsamkeit aufkommen läßt, ist er nunmehr überzeugt, sie sei eine ›Heilige‹: Aufgrund seines Erlebnisses mit ihr in Paris »umstrahlte […] in seinen Augen Fenia eine eisige, unanzweifelbare Reinheit« (F 32).

Aber auch diesmal erweist sich die eindeutige Zuordnung als unhaltbar, Max selbst wird zum Zeugen für die Wahrhaftigkeit des Gerüchts, er sieht sie abends in männlicher Begleitung eine Droschke besteigen.

Fenia! sollte Fenia ihn zum zweitenmal in seinem Leben zum Dummen gemacht haben, – dieses Mal im entgegengesetzten Sinn wie damals? Er war jetzt genauso geneigt gewesen, in Fenia nur das herb Unschuldige zu sehen, als sei es ein für allemal ihre Eigenart und Signatur, wie er in Paris geneigt gewesen war, dahinter ein besondres Raffinement zu wittern. (F 36)

Die Kunst des erzählerischen Verfahrens liegt darin, daß nacheinander die gesellschaftlich vorgegebenen Bilder von Weiblichkeit, die man beim Leseprozeß – gelenkt durch Max Werner – mitvollzieht, am konkreten Beispiel der Studentin Fenia scheitern. Die Begrenztheit dieser Bilder offenbart, daß es sich lediglich um Konstruktionen handelt, die nicht mit der Wirklichkeit übereinstimmen. Die Wut, die sich bei Max Werner anläßlich seines Unvermögens, Fenia einzuordnen, einstellt, ist Ausdruck seines Wunsches nach Beherrschung der Wirklichkeit durch Bilder und Zuschreibungen.

Angesichts eines Erzählkonzepts, das eindeutige Oppositionen unterläuft, liegt es mit Birgit Wernz[17] nahe, den Text dekonstruktiv zu lesen. Ein solches methodisches Vorgehen kann man allerdings nur dann verfolgen, wenn man mit Barthes den »Tod des Autors«[18] proklamiert, man also den Text von seinem Entstehungskontext loslöst. Zum Selbstverständnis Andreas-Salomés, das sich aus ihren theoretischen Schriften erschließt, paßt die Dekonstruktion nicht.[19] Zwar wird das um eindeutige Zuweisungen bemühte Bild, das über den männlichen Blick konstruiert wird, zersetzt, und das durch fortgesetzte Differenzbildung, keinesfalls ist es aber so, daß dieser Auflösungsmechanismus darauf ausgerichtet wäre,

---

17 Wernz, Birgit: *Sub-Versionen: Weiblichkeitsentwürfe in den Erzähltexten Lou Andreas-Salomés.* Pfaffenweiler 1997.

18 Barthes, Roland: *Der Tod des Autors.* In: *Texte zur Theorie der Autorschaft.* Hrsg. u. komm. v. Fotis Jannidis, Gerhard Lauer, Matias Martinez und Simone Winko. Stuttgart 2000, S. 185-193.

19 Angemessener ist demgegenüber der Ansatz Brigid Haines, die sich auf die poststrukturalistischen Theoretikerinnen Julia Kristeva und Hélène Cixous beruft; vgl. Haines, Brigid: ›Ja, so würde ich es auch heute noch sagen‹: *Reading Lou Andreas-Salomé in the 1990s.* In: *Publications of the English Goethe-Society* 62 (1991/92, ersch. 1993), S. 77-95. Sowohl Kristevas Modell des ›Semiotischen‹ als auch Cixous' ›weibliche Ökonomie‹ setzen bei der Geschlechterdifferenz und einem (höher bewerteten) weiblichen Prinzip im literarischen Schreiben an.

noch den Begriff der Weiblichkeit selbst in Frage zu stellen. Die bereits
zu Beginn zitierte Ausgangsfrage nach dem ›Wesen‹ der Frau (vgl. F 7 f.)
ist keine rhetorische, die es in Negationen aufzulösen gilt, vielmehr wird
sie als Leitfrage innerhalb der Erzählung aufrechterhalten. Aufgelöst
werden lediglich die vereinfachenden vorgeprägten Antworten, die Max
parat hat, noch bevor er sich auf die Persönlichkeit Fenias eingelassen
hat. Indem seine Kategorien zerfallen, kommt sie ihm als Mensch näher:

> Warum hatte er in beiden Fällen ihr Wesen so typisch genommen, so
> grob fixiert? fragte er sich. Es war merkwürdig, wie schwer es fiel, die
> Frauen in ihrer rein menschlichen Mannigfaltigkeit aufzufassen und
> nicht immer nur von der Geschlechtsnatur aus, nicht immer nur halb
> schematisch. Sei es, daß man sie idealisierte oder satanisierte, immer
> vereinfachte man sie durch eine vereinzelte Rückbeziehung auf den
> Mann. Vielleicht stammte vieles von der sogenannten Sphinxhaftig-
> keit des Weibes daher, daß seine volle, seine dem Mann um nichts
> nachstehende Menschlichkeit sich mit dieser gewaltsamen Vereinfa-
> chung nicht deckte. (F 36)

Die im Zitat enthaltenen Gedanken erinnern an die Art, in der Weiblichkeit in *Der Mensch als Weib* definiert wird. Die Ausrichtung des Aufsatzes, die sich bereits im Titel widerspiegelt, paßt zu den Überlegungen, die
sich Max Werner angesichts seiner Erfahrungen mit Fenia aufdrängen:
Nicht in Abhängigkeit vom Mann, in ihrer geschlechtlichen Funktionalisierung also, soll die Eigenart der Frau beschrieben werden, sondern als
eine von zwei Ausprägungen des Menschseins, die als Mann und Frau
prinzipiell verschieden, dabei aber gleichwertig sind und sich gegenseitig
fortsetzen. Von »zwei Arten zu leben« spricht Andreas-Salomé in ihrem
Essay, von »zwei Arten, das Leben zu höchster Entfaltung zu bringen, das
ohne die Geschlechtertheilung auf tiefstem Niveau hätte stehen bleiben
müssen, – müssig aber«, so heißt es weiter, sei es, »darüber zu streiten,
welche von beiden Arten werthvoller ist, oder den mächtigern Kraftauf-
wand« bedinge.[20]

### 1.2 Die Frau und die Wissenschaft

Aus den Ausführungen zur Geschlechterdifferenz in *Der Mensch als Weib*
ergibt sich ein Zusammenhang, der ein neues Licht auf das Studium und
die Berufstätigkeit der Heldin in *Fenitschka* wirft: Es sei, so der Essay, die

---

20 *Der Mensch als Weib*, S. 226.

»weibliche Tendenz, auch mit allen möglichen geistigen Entwicklungs-
bestrebungen im Grunde nur sich selbst zu breiterer reicherer Seinsent-
faltung zu bringen« (S. 233). Das »sich selbst« verweist dabei wiederum
auf das eigentliche, das naturgegebene Wesen der Frau, das seinen Ort im
»lebendigen Leben« (S. 236) habe und nicht in der sachlichen Selbstentäußerung an »ein Ziel, ein Werk, einen Einzelberuf«, die männliche Größe ausmache (S. 233). Wissenschaftliche Forschung und Berufstätigkeit
stehen also streng genommen im Gegensatz zur selbstgenießenden Natur
der Frau, erhalten aber ihre Berechtigung, indem sie der Frau dazu dienen
können, sich »zu einer reichen, köstlichen Frauenseele auszuwachsen«:

> [E]s kann nämlich mit einem scheinbar recht emanzipatorischen Ziel
> vor den sehnsüchtigen Augen ein junges Wesen doch nur sich selbst
> und seine eigene Entwicklung suchen. Vielleicht greift es sogar nach
> einem bestimmten äußern Beruf, der ihm gar nicht zusagt, während es
> mit alledem doch nur nach den verschiedenen Wegen herumtastet, die
> es in sich selbst gehen will um sich selbst einmal ganz zu umfassen,
> ganz zu besitzen, und daher ganz geben zu können.[21]

Das Studium von Frauen wäre dabei an der persönlichen Erweiterung
orientiert und nicht am wissenschaftlichen Fortschritt.

In der Erzählung *Fenitschka* kommt es zwischen Fenia und Max zu
einem Gespräch über ihre jeweilige Haltung zum Studieren. Für Max,
dem die »Bücherstudiererei« als der »ärgste[] aller Frondienste« gilt
(F 14), besteht ein Widerspruch zwischen dem Leben und der Wissenschaft: Sie sei »das Beschränkendste, Einschränkendste, was es auf der
Welt gibt«, und führe »an der Wirklichkeit des Lebens, mit all seinen Farben, all seiner Fülle, seiner widerspruchsvollen Mannigfaltigkeit, völlig
vorbei« (F 14). Seinem Bild des Wissenschaftlers, der sich in »Selbstka-
steiung« und »geistige[r] Bleichsucht« dem Leben entfremdet, stellt Fenia
das der Wissenschaftlerin gegenüber, für die das Geistesstudium Erweiterung und Befreiung sei, ja geradezu die Teilhabe am Leben bedinge:

> »[F]ür uns bedeutet es keine Askese und keine Schreibtischexistenz.
> Wie sollte das auch möglich sein! Wir treten ja damit nun grade mit-
> ten in den Kampf hinein, – um unsre Freiheit, um unsre Rechte, –
> mitten hinein in das Leben! Wer von uns sich dem Studium hingibt,
> tut es nicht nur mit dem Kopf, mit der Intelligenz, sondern mit dem
> ganzen Willen, dem ganzen Menschen! Er erobert nicht nur Wissen,
> sondern ein Stück Leben voll von Gemütsbewegungen. [...]« (F 15)

---

21 Ebd. S. 235 f., vgl. auch S. 237.

Fenias Haltung zum Studium ist einem Ganzheitsideal verpflichtet, das bereits die Akademikerinnen in *Libertad* und *Wir Frauen haben kein Vaterland* charakterisiert hatte. Das Gespräch über die Wissenschaft gerät zu einem Gespräch über den Geschlechtergegensatz: Die Art, in der Männer Wissenschaft betreiben, weise, so Fenia, diese als »abgelebte Menschen« aus, während die Frauen, die sich diesen Bereich ja neu erschlössen, gerade »die Starken, die Jungen, die Frischen« seien (F 15).

Bei Max, dessen argumentative Orientierung auf die Wissenschaft zielt und nicht auf die Bereicherung für das Leben wie bei Fenia, kommt diese Entwicklung einer Abwertung gleich: Der Eintritt der Frauen in die Wissenschaft bedeute einen Rückschritt, da

> »[…] Ihr Geschlecht zurück ist, […] es da lebt, wo wir vor Jahrhunderten standen. Etwa da, wo wir für jede wissenschaftliche Erkenntnis auf den Scheiterhaufen gerieten, oder mindestens in öffentlichen Verruf. Damals hatte allerdings das Leben für die Wissenschaft noch etwas verdammt Charakterstählendes und zog die ganze Existenz eines Menschen in die abstraktesten Erkenntnisfragen hinein. Aber solange das so ist, ist auch die feinste geistige Kultur noch nicht möglich, – die Kultur von heute, die *über* den Dingen schwebt, – und von der die Frauen nichts wissen, wenn sie studieren.« (F 15)

Max macht einen Gegensatz zwischen der verfeinerten geistigen »Kultur von heute« (die an die Rede vom nervösen Menschen der Moderne erinnert) und der kulturellen Rückständigkeit der Frauen auf. Das negative Bild von der Frau, die qua Geschlecht nicht auf der Höhe der kulturellen Entwicklung ist, korrespondiert mit der Vorstellung des ›Ursprünglicheren‹, ›Primitiveren‹, ›Undifferenzierteren‹ der Frau, von dem in *Der Mensch als Weib* im positiven Sinn die Rede war.

Neben der Frauenbewegung und dem Topos vom Widerspruch zwischen Wissenschaft und weiblichem Geschlecht enthält das Gespräch Bestandteile eines zeitgenössischen Diskurses,[22] der einen weitergehenden Inhalt hat: eine Zivilisationskritik, die auf dem Geschlechtergegensatz aufbaut. Kehrt man nämlich die Vorzeichen um, indem man – Andreas-Salomés Essay entsprechend – die Rückständigkeit der Frauen gerade positiv bewertet, erscheint auch Max' Lobpreisung des modernen Fortschritts in einem anderen Licht. Die »Kultur von heute, die *über* den

---

22 Brigid Haines hat dargestellt, daß die Dialogsequenzen zwischen Max und Fenia von sich überlagernden (gesellschaftlich proklamierten sowie unterdrückten) Diskursen geprägt sind. Vgl. Haines, *Lou Andreas-Salomé's* Fenitschka, S. 421.

Dingen schwebt«, hat in ihrer Entfernung vom Leben auch eine deutlich negative Konnotation, die in Max' Darstellung von der wissenschaftlichen Tätigkeit bereits anklingt. Sie verweist auf die Gefahr einer solchen ›männlichen‹ Kultur, den Bezug zum Leben schließlich ganz zu verlieren. Gerade dem als lebensverbunden und bodennah definierten ›weiblichen‹ Element käme es zu, dieser Gefahr entgegenzuwirken.

Dabei wird im Text nicht entschieden, welchem der beiden Wege im Umgang mit der Wissenschaft nun der Vorzug zu geben ist. Die Offenheit, in der die Erzählung gehalten ist, macht es unmöglich, eindeutige Bewertungen zu treffen. Verschiedene Beurteilungsmöglichkeiten und Blickrichtungen finden sich hier angesprochen, eine letzte Entscheidung wird dabei nicht getroffen: Eine auktoriale Erzählinstanz ist nicht vorhanden, und Fenia bleibt zudem (aufgrund äußerer Umstände) die Antwort schuldig, so daß das Gespräch auch auf der Figurenebene ein offenes Ende hat – ein Umstand, der im übrigen wiederholt vorkommt (vgl. F 12). »Because of the absence of a strong narrative presence«, so Brigid Haines, »the reader is not guided in what to make of these dialogues and it is by no means always Fenia's voice which is the more convincing.«[23]

Nach den Ausführungen in *Der Mensch als Weib* ist die Frage danach, welche der beiden vorgeführten Haltungen zur Wissenschaft die berechtigtere ist, auch gar nicht zu stellen. Beide wären den weiblichen beziehungsweise männlichen Wesenseigenarten geschuldet, würden dementsprechend notwendigerweise unterschiedliche Zugänge darstellen, die es nicht auszugleichen gälte. Erinnert man sich an Andreas-Salomés Rede vom männlichen »Fortschrittzellchen«, dessen Bestreben die Selbstentäußerung an ein Ziel sei, das außerhalb des eigenen Ich liegt, und von der weiblichen Eizelle, der es entspreche, das Fremde an das Eigene anzulagern und mit dem Ich verschmelzen zu lassen, um sich selbst zu erweitern, erhalten die verschiedenen Orientierungen, denen Fenia und Max in ihrem Disput folgen, eine geschlechterbezogene Typik: Sowohl Fenias Einstellung, die die Wissenschaft für das eigene Leben nutzbar zu machen sucht, als auch Max' Argumentation, die auf den Fortschritt der Wissenschaft zielt, fänden hier eine Erklärung, die sich auf die Natur der Geschlechter beruft.

Den einzigen Mißklang bedeutet in dieser Argumentation der hereingenommene frauenrechtlerische Diskurs, denn die Rede vom »Kampf«,

23 Ebd. Vgl. dazu auch: Allen, Julie Doll: *Male and Female Dialogue in Lou Andreas-Salomé's* Fenitschka. In: *Frauen: MitSprechen, MitSchreiben.* Hrsg. v. Marianne Henn u. Britta Hufeisen. Stuttgart 1997, S. 479-489.

in den die Frauen durch die Teilhabe am Studium hineinträten, paßt schlecht zum Bild eines in sich ruhenden, harmonischen weiblichen Lebens. Daß Fenia – obwohl sie offen für dieselbe eintritt – in ihrem Inneren, und das heißt von ihren natürlichen Instinkten her, durchaus nicht von der kämpferischen Haltung der Frauen überzeugt ist, verrät sich allerdings anläßlich eines späteren Gesprächs mit Max (vgl. F 39).

### Das »entwickelte Weib«

Die Vorstellung einer prinzipiellen Differenz zwischen den Geschlechtern erweist sich als grundlegend für Lou Andreas-Salomés Erzählung, wodurch man wieder auf die Ausgangsfrage Max Werners nach dem Wesen der Frau zurückgeführt wird. Am Beispiel der Studentin Fenia haben sich seine vorgefertigten Weiblichkeitsbilder aufgelöst. Vor dem Hintergrund der These, daß es in *Fenitschka* – im Einklang mit dem Aufsatz *Der Mensch als Weib* – eben nicht nur um diese Auflösung geht, sondern um eine positive Besetzung der weiblichen Wesensart, wäre nun aber zu untersuchen, ob die Studentin als Figur auch hier etwas beiträgt. Zu prüfen ist also, ob Fenia als Repräsentantin ihres Geschlechts fungieren kann oder ob sie nicht durch ihr Studium eine Randposition einnimmt. Daß dies nicht zutrifft, wie nachzuweisen sein wird, ja die Akademikerin in der Erzählung sogar als Figur aufgebaut wird, über die der Weiblichkeit näherzukommen ist, führt ins Zentrum von Andreas-Salomés Konzeption.

Für Max' psychologisches Erkenntnisinteresse am spezifisch Weiblichen ist die Bekanntschaft mit Fenia »ein gradezu idealer Fall, geschaffen dank ihrer beiderseitigen Benommenheit von einer anderen Liebe, und ganz besonders begünstigt durch Fenias Gewohnheit, sich Männern gegenüber zwanglos gehnzulassen« (F 48). Diese Offenheit und Diskussionsfreudigkeit Männern gegenüber aber ist – wie bereits eingangs genannt – bedingt durch ihre Studienzeit in Zürich, ohne die sie die konventionellen Umgangsformen kaum hätte hinter sich lassen können. Nur mit der Studentin Fenia ist es Max möglich, einen intimen gedanklichen Austausch zu pflegen, der nicht durch gesellschaftliche Zwänge von vornherein unterbunden oder von erotischen Hintergedanken verfälscht wird. Diese sehr spezielle Konstellation setzt ihn in die Lage, »die Frauen in ihrer rein menschlichen Mannigfaltigkeit« wahrzunehmen »und nicht immer nur von der Geschlechtsnatur aus, nicht immer nur halb schematisch« (F 36). Die Ausgangsfrage nach dem Wesen der Frau, die Max seit der ersten Bekanntschaft mit Fenia umtreibt, scheint nun gerade durch die Frau beantwortet werden zu können, die ihn darin zunächst so sehr verunsichert hatte:

[...] er sah sie manchmal vor sich gleich einem Modell, dessen Seelen-
formen er nur abzubilden brauchte, – nicht so, wie eine Geliebte vor
ihm stehn würde, deren seelische Reize so individuell wirken, daß sie
das klare Urteil bestechen und verwirren, – sondern wie ein Stück
weiblichen Geschlechtes in der bestimmten Verkörperung, die sich
Fenia nannte. Zum erstenmal glaubte er, dem Weibe als solchem nah-
zukommen, indem er Fenia immer näherkam. (F 48 f.)

Ganz offensichtlich wird ihre geistige Aktivität dabei nicht als Hindernis
empfunden. Das »entwickelte Weib«, das die verschiedenartigsten Le-
bensbereiche, also auch die geistige Sphäre, in das eigene Dasein integriert hat, so Andreas-Salomé im Essay, sei »nicht so sehr *anders*, als nur
*breiter* geworden«. »[P]aradox übertrieben«, heißt es weiter, »könnte man
behaupten, der Unterschied zwischen Weib und Weib sei vorwiegend
quantitativ, zwischen Mann und Mann vorwiegend qualitativ.«[24] Die Begründung, die im Aufsatz angeführt wird, verweist auf die entgegengesetzte Haltung, die beiden Geschlechtern einem äußeren Gegenstand
gegenüber einnähmen – und die bereits im Gespräch über das Studium
zwischen Max und Fenia auszumachen war: Der Mann verausgabe sich
menschlich, um für sein Ziel leben und dieses zu höherer Perfektion trei-
ben zu können, während die Frau stets auf ihr eigenes Wesen konzen-
triert bleibe, das sie durch Beschäftigung mit äußeren Gegenständen lediglich bereichere.

Die Beurteilung von Fenias Universitätsstudium in bezug auf ihre
Weiblichkeit weist dieser Erzählung innerhalb der bislang behandelten
Texte eine besondere Position zu. War es den Autorinnen Schirmacher,
Mensch und Frapan ein Anliegen, in der Darstellung ihrer studierenden
Heldinnen deutlich zu machen, daß diese genauso weiblich wie die ›nor-
malen‹ Frauen seien, gilt für Andreas-Salomés Akademikerin mehr: Sie
repräsentiert eine höherentwickelte Weiblichkeit.

Wollte man es bei diesem Resultat bewenden lassen, müßte man allerdings ausblenden, wie widersprüchlich die Signale sind, die die Erzählung gerade im Hinblick auf Fenias Studium enthält. Neben dem
erörterten Aspekt der Erweiterung des eigenen weiblichen Wesens, die
im übrigen auch den Männern, mit denen diese Frau Umgang hat, und
ihrem Partner zugute kommt (vgl. F 51), ist doch auch zu berücksichtigen, daß in der Beschreibung des Studierens deutlich negative Attribute
auftauchen. Dabei wird das Studium Fenias in einen Gegensatz zu ihrer
Gesundheit gestellt: »[B]laß gearbeitet[]« ist ihr Gesicht, als Max sie in

---

24 *Der Mensch als Weib*, S. 238.

Paris kennenlernt (F 8), und nach Beendigung ihrer Studien bedarf sie einer »Erholungsreise« (F 45). Durch die Krankheitsmetapher wird der Eindruck erweckt, das strenge Arbeiten, das ein Universitätsstudium erfordert, sei ihrem Organismus, im weitesten Sinn also ihrer Natur, schädlich. Da bei dem späteren Wiedersehen von Max und Fenia in Sankt Petersburg ihre ehemalige Erscheinung als Studentin mit der »harmonische[n] Schönheit« ihrer inzwischen »herangeblüht[en]« Weiblichkeit kontrastiert wird (F 21), kann man sogar noch weiter gehen und einen Gegensatz zur ›weiblichen Natur‹ als solcher vermuten. Im Gespräch mit Max bekennt sie:

> »[…] wissen Sie, mit dem Fleiß ist es ganz vorbei. Ich lebe jetzt ja auch in einer solchen Übergangs- und Zwischenzeit, – nicht wahr? Bis zu der mir versprochenen Anstellung. Und wie genieße ich das! Wissen Sie, es war Zeit nach dem langen Arbeitsfieber. – Jetzt strecke und recke ich mich, wie auf einem rechten Faulbett, – ordentlich wie eine Rekonvaleszentin fühle ich mich, – da lebt man ganz anders, – passiver, lauschender, aufnehmender.« (F 26)

In der neuen Situation, nicht in der des Studiums – und anzunehmen ist, auch nicht während einer Berufstätigkeit – scheint sie sich im Einklang mit sich selbst zu befinden.

Was diesen Ambivalenzen zugrunde liegt, ist, daß neben der bereits erörterten These, in der geistig aktiven Frau werde die ›wahre‹ Weiblichkeit erkennbarer, im Text eine weitere Tendenz vorliegt, die in eine geradezu entgegengesetzte Richtung zielt: Sie geht von der – dem zeitgenössischen Geschlechterdiskurs entsprechenden – Prämisse aus, Studium und Beruf seien Tätigkeiten, die dem weiblichen Wesen nicht gemäß seien.

Das bereits erwähnte Gespräch über die moderne Frau, die offen für ihre Überzeugungen eintritt und für ihre Rechte kämpft, liefert – vor allem, wenn man den Aufsatz *Der Mensch als Weib* berücksichtigt – Indizien dafür, daß das Studium einer männlichen Sphäre zuzurechnen sei und eine männliche Wesensart befördere. In diesem Gespräch äußert Max seine Abneigung gegen Frauenbewegung und Frauenstudium:

> Mein Gott! die Frauen sind jetzt aber auch so entsetzlich kampflustig geworden! […] so entsetzlich positiv und aggressiv, daß es kaum zum Aushalten ist! Sehen Sie, das kommt nun von all der Frauenbefreiung und Studiererei und all diesen Kampfesidealen. – – – Die Frauen sind die reinen Emporkömmlinge! Verzeihen Sie, – – es liegt ja etwas ganz Jugendliches und Kräftiges drin, aber es hat nicht den vornehmen Geschmack. (F 39)

Der Begriff des »Emporkömmling[s]« dient Andreas-Salomé in *Der Mensch als Weib* gerade als Metapher für die männliche Lebensart. Entgegen den »Wesensintentionen« des Mannes, die sich in veräußerlichten Betätigungen immer weiter zu spezialisieren suchten, schließe sich das weibliche Gemüt früher und »deshalb zu größerer, zu harmonischerer Schönheit« ab. Darin nun verhalte

> das Weibliche sich zum Männlichen wie ein Stück uralter, im ältesten Sinn vornehmster Aristokratie auf eigenem Schloß und Heimaths-besitz zum zukunftsreichen, zukunftssichern Emporkömmling, der es viel weiter bringt, der aber dafür die Ideale einer letzten Schönheit und Vollendung nothwendig immer wieder vor sich auffliegen sieht, – etwa wie vor dem Wanderer die Horizontlinie, wo Himmel und Erde zu verschmelzen scheinen, immer wieder in unermeßliche Ferne zurückweicht, wie weit er auch schreite und schreite.[25]

Auffälligerweise wird hier ebenso wie in der Erzählung das Gegensatzpaar Emporkömmling – Vornehmheit aufgemacht, wobei letzteres weiblich besetzt ist. Es scheint plausibel, auch in Max' Rede eine ähnlich gelagerte geschlechterbezogene Dimension zu mutmaßen. In ihr würde sich der zeitgenössische Topos, das Studium führe zu einer ›Vermännlichung‹ der Frauen, widerspiegeln. Daß es sich bei diesen Äußerungen Max Werners nicht nur um die abwegige vorurteilsbehaftete Meinung eines Mannes handelt, zeigt die Reaktion Fenias: »Obwohl Fenia gegen ihn stritt, so sah sie ihn doch ganz unverkennbar so an, als ob sie sich ganz gern widerlegt sähe.« (F 39) Offenbar entsprechen seine Worte insgeheim ihrem eigenen Empfinden.

Hier findet sich bereits angedeutet, was einen wichtigen Aspekt für die gesamte Erzählung ausmacht: Fenia ist eine Persönlichkeit, die nicht auf eine Position festgelegt ist. Die Veränderungen, die an Fenia zu beobachten sind, sind zum einen Ausdruck ihres Wesens (vgl. F 28), zum anderen jedoch befindet sie sich in einer fortschreitenden Entwicklung, die besonders durch den zeitlichen Abstand zwischen den Begegnungen mit Max während ihrer Studienzeit in Paris und kurz vor ihrer Anstellung als Lehrerin in Sankt Petersburg zutage tritt: Die blasse, vergeistigt aussehende Studentin von einst hat sich so stark verändert, daß Max sie »fast nicht wiedererkannt« hätte (F 20). Die Wandlung, die sich an ihr vollzogen hat, ist eine zum Weiblichen hin, wobei die Beschreibung dieser Weiblichkeit bis in die Wortwahl hinein – man erinnere sich nur an die

25 Ebd., S. 226.

Rede von der »harmonische[n] Schönheit« und die in Anspruch genommene Form des Runden – der im Essay *Der Mensch als Weib* entspricht:

> Ihre Gestalt schien voller herangeblüht zu sein, in allen ihren Bewegungen lag etwas Weiches, Abgerundetes, was sie nicht besessen hatte und was ihr eine harmonische Schönheit gab. Fenia war schöner geworden, als zu erwarten stand.
> Ja, schöner, – doch den beunruhigenden Reiz von damals übte sie nicht mehr auf Max Werner aus, – das Widerspruchsvolle, Geheimnisvolle, was ihn damals an der fremden Studentin anzog und abstieß, schien von ihr abgestreift zu sein, seitdem das Weib, das er so unruhig in ihr gesucht hatte, in ihrem Äußeren voller hervorgetreten war. (F 21)

Dem Äußeren entspricht das Innere, »auch in ihren Meinungen [erscheint sie] jetzt weit frauenhafter als früher« (F 22).

Die angesprochene zweite Tendenz, die für die Figur der Studentin in *Fenitschka* maßgeblich ist, könnte man dementsprechend als Entwicklungsprozeß verstehen, in dem vorgeführt wird, wie sich in Fenia das natürliche Wesen der Frau – trotz eines ihrem Wesen entgegenstehenden wissenschaftlichen Studiums – durchsetzt. »Wer sich als stärker erweisen wird: das Weib, oder aber das, was es sich Unweibhaftes zumuthet, – das muß die Zeit lehren«, heißt es in *Der Mensch als Weib*.[26]

Gleichzeitig jedoch, so wäre anläßlich der Darstellung der Studentin in *Fenitschka* zu ergänzen, kann das zunächst »Unweibhafte[ ]« von einer Frau, die ihren weiblichen Kern nicht verloren hat, als Bereicherung ihres Wesens genutzt werden, indem sie sich nicht veräußert, sondern umgekehrt das Äußere in ihr eigenes Leben integriert. Die scheinbar einander widersprechenden Tendenzen der Erzählung ergeben einen Zusammenhang, wenn man sie als Plädoyer für die unzerstörbare Natur der Frau liest. Von Fenia heißt es, als Max sie in ihrer russischen Heimat inmitten der anderen Russinnen wiedersieht,

> Fenia unterschied sich von den andern nur wenig, – am wenigsten durch den Umstand, daß sie ein so langes Studienleben geführt hatte. Der Ausdruck ihres Naturwesens war viel stärker als irgend etwas Angelerntes. (F 23)

Eine nicht unbedeutende Rolle spielt in diesem Zusammenhang bei Andreas-Salomé die Nationalität der Heldin. Die Tatsache, daß die dargestellte Studentin eine Russin ist, müßte noch nicht verwundern. Ab-

---

26 Ebd., S. 235.

gesehen vom autobiographischen Moment[27] gehörten russische Studentinnen schließlich zum bekannten Bild in den Schweizer Universitäts-
städten.[28]
Bei Andreas-Salomé aber hat das Russische eine tiefere Bedeutung.[29]
Dem Russischen schreibt sie – ähnlich wie dem Weiblichen – eine Nähe
zu Ursprünglichkeit zu. Auch innerhalb der Erzählung *Fenitschka* wird
der Gegensatz zwischen westlichem Fortschritt und russischer Stagnation
und Stabilität aufgebaut, der stark an Andreas-Salomés Oppositionspaar
von der rastlos voraneilenden, männlichen und der ruhenden, weiblichen
Wesensart erinnert:

> Rußland hat auch darin den großen Vorzug vor andern Ländern, daß
> man ganz sicher ist, alles auf dem alten Fleck wieder vorzufinden. Da
> ist kein Hasten von Fortschritt zu Fortschritt, – es ist alles jahraus,
> jahrein dasselbe. (F 21)

Fenia ist als Frau und als Russin in doppelter Weise einem naturnahen,
vorkulturellen Zustand verbunden und dadurch weniger gefährdet als
andere Frauen, durch ein entfremdetes Dasein in der modernen Zivilisation ihres eigenen Wesens verlustig zu gehen.
    Wie wichtig das Russische für die Figur der Studentin bei Andreas-
Salomé ist, zeigt ein Vergleich mit den Studentinnen, die sie, ungefähr

---

27 Sankt Petersburg war auch der Geburtsort der Autorin, und sie hatte im Wintersemester 1880/81 in Zürich studiert. Dieses Studium hat sie aufgrund gesundheit-
   licher Probleme nicht fortsetzen können; vgl. Michaud, Stéphane: *Lou Andreas-
   Salomé. L'Alliée de la Vie.* Paris 2000, S. 52; sowie Welsch, Ursula / Wiesner,
   Michaela: *Lou Andreas-Salomé: vom »Lebensurgrund« zur Psychoanalyse.* Mün-
   chen/Wien 1988, S. 32 f.
28 In den Jahren 1882-1913 waren in Zürich durchschnittlich 52 % der Studentinnen
   Russinnen. In Genf lag der Anteil sogar bei 76 %. Vgl. Neumann, S. 20.
29 Vgl. Lange, Renate: *Russische Identitäten im Werk von Lou Andreas-Salomé.* In:
   *Wien und St. Petersburg um die Jahrhundertwende.* Bd. 2. Hrsg. von Alexandr W.
   Belobratow. St. Petersburg 2001, S. 441-456. Zu Andreas-Salomés Vorstellung
   vom russischen Menschen als einem, der noch mystisch zu empfinden vermöge,
   vgl. Gahlinger, Chantal: *Der Weg zur weiblichen Autonomie. Zur Psychologie der
   Selbstwerdung im literarischen Werk von Lou Andreas-Salomé.* Bern 2001, S. 326-
   328. Des weiteren zu Andreas-Salomés eigener Rußland-Reise als »expérience in-
   térieure« (S. 201) und ihrer Einschätzung der russischen Sprache als »chiffre [...]
   d'une sagesse primitive« (S. 193): Michaud, Stéphane: *Plurilinguisme et modernité
   au tournant de siècle – Nietzsche, Wedekind, Lou Andreas-Salomé.* In: *Mulitilinguale
   Literatur im 20. Jahrhundert.* Hrsg. v. Manfred Schmeling u. Monika Schmitz-
   Emans. Würzburg 2002. S. 189-203.

zeitgleich, in Novellen gestaltet hat. Sowohl Anjuta Ssapogina, die Heldin aus *Inkognito*,[30] die ihr eigenes Studium der Naturwissenschaften aufgegeben hat, um dem Bruder bei der Herausgabe seiner literarisch-politischen Wochenschrift zu helfen, als auch die Ärztin Marfa Matwejewna aus *Ein Wiedersehen*,[31] die in Ostrußland praktiziert, wo die Hilfe am nötigsten ist, sind Russinnen.[32] Auch für sie könnte das Motto »Wer sich als stärker erweisen wird: das Weib, oder aber das, was es sich Unweibhaftes zumutet, – das muß die Zeit lehren« als Leitfrage gelten, die letztendlich zugunsten der Weiblichkeit dieser berufstätigen Frauen entschieden wird.

Die einzige Akademikerin, die keine traditionell weiblichen Tugenden mehr aufweist, sondern dem Klischee der lächerlich wirkenden vermännlichten Frauenrechtlerin nachgebildet ist, ist eine Deutsche. Bei ihr handelt es sich um eine Nebenfigur, die in *Zurück ans All*[33] nur einen sehr kurzen Auftritt hat: Frau Doktor Fuhrberger, und zwar »Doktor durch sich selbst« (S. 319). Sie wird beschrieben als »eine kleine, sehr volle Frau, deren weibliche Korpulenz ihrer Herrenweste mit der flach gestärkten Leinenbrust und burschikosen Krawatte gewissermaßen humoristisch widersprach« (S. 319). Im übrigen wird sie, gemäß dem stereotypen Bild

---

30 Andreas-Salomé: *Inkognito*. In: *Menschenkinder. Ein Novellencyclus.* Stuttgart 1899, S. 239-272. Zuerst erschienen in: *Vom Fels zum Meer* 18 (1899), H. 1, Oktober 1898 - März 1899, S. 545-558.

31 Andreas-Salomé: *Ein Wiedersehen*. In: *Menschenkinder*, S. 169-190. Zuerst erschienen in: *Die Frau* 6 (1899), H. vom Februar, S. 257-264.

32 Vgl. dazu Lou Andreas-Salomés Einschätzung russischer Studentinnen: »[D]iese Frauen und Mädchen […] kannten nichts Ernstlicheres, nichts Wichtigeres, als sich schnellstens ein möglichst großes Wissen und Können anzueignen. Nicht etwa für eine Konkurrenz mit dem Mann und seinen Rechten, auch nicht aus wissenschaftlichem Ehrgeiz, um der eigenen beruflichen Entwicklung willen, sondern nur für das Eine: um hinaus zu können in das russische Volk, das leidende, unterdrückte und unwissende, dem es zu helfen galt. Ein Zug von Ärztinnen, Hebammen, Lehrerinnen, Fürsorgerinnen jeder Art, gleichsam profanen weiblichen Priestern, strömte ununterbrochen aus den Hörsälen und Akademien in die entlegensten, ödesten Landstriche, in die verlassensten Dörfer: Frauen, die sich, politisch lebenslang mit Verhaftung, Verbannung, Tod bedroht, *ganz* dem hingaben, was einfach ihrer Aller stärkstem Liebestrieb entsprach.« (*Lebensrückblick. Grundriß einiger Lebenserinnerungen.* Aus d. Nachl. hrsg. v. Ernst Pfeiffer. Neu durchges. Ausg. mit einem Nachw. d. Hrsg. Frankfurt a.M./Leipzig 1974, S. 62 f., hier S. 63.)

33 Andreas-Salomé: *Zurück ans All*. In: *Menschenkinder*, S. 313-364. Zuerst erschienen in: *Die Romanwelt* 6 (1899), H. 1, o.S.

der Emanzipierten, die einem ›dritten Geschlecht‹ zuzuordnen ist, als Radlerin mit lesbischen Neigungen dargestellt (vgl. S. 321). Für diese Akademikerin gilt nun allerdings, daß es ihr um »die prinzipielle geistige und praktische Conkurrenz mit dem Mann« geht, um ein »Beweis-Erbringen ihrer gleichwerthigen Leistungsfähigkeit in jedem isolirten Einzelberuf«,[34] was mit einem Kampf um die gleichen Rechte mit dem Mann korreliert wird. Frau Doktor Fuhrberger, die bei Andreas-Salomé offensichtlich das Negativbild einer ›Studierten‹ repräsentiert, ist am Mann orientiert, und das sowohl im Hinblick auf seinen Platz in der Gesellschaft als auch auf seine ›Wesensart‹. Im Versuch, ihre Gesprächs-partnerin, eine erfolgreiche Geschäftsfrau, für ihre Sache zu gewinnen, verrät sie diese aufs Männliche zielende Position:

> Wer wie Sie denkt, wer wie Sie seinen Platz männlich ausfüllt und seinen Mann stellt, der hat auch schon Sehnsucht verspürt, gleichviel, ob er es eingestehen mag oder nicht, – alle Rechte der Männer teilen zu dürfen, um es ihnen gleichthun zu können. O, glauben Sie nur: wir schauen auch der uneingestandenen Frauensehnsucht scharf ins Herz. (S. 320)

Diese Selbsteinschätzung, die Sehnsucht einer anderen Frau besser zu verstehen als diese selbst, wird in dem Liebesgeständnis parodiert, mit dem Frau Doktor Fuhrberger ihre Fehleinschätzung der Lage offenbart: »[…] sie müsse nun endlich wieder abradeln, um so mehr, da sie über-haupt nur angeradelt sei, um Irene zum Abschied noch einmal ihre Liebe zu gestehen, gegen die kein Widerstreben etwas nützen werde.« (S. 321) Der Ton, in dem diese Akademikerin dargestellt wird, läßt keinen Zwei-fel daran aufkommen, daß sie weder als Person noch in ihren Vorstellun-gen und Liebesproblemen ernstzunehmen ist.

Anders verhält es sich mit Anjuta und Marfa. Ihre tiefe Weiblichkeit, die sich trotz des Berufs – oder, bei Marfa, gerade in der Art, in der dieser Beruf ausgeübt wird – durchsetzt, scheint grundlegend dafür zu sein, daß sie als zentraler Charakter der Handlung in Frage kommen. Bei beiden bilden Studium und Arbeit den Hintergrund, aus dem sich die eigent-liche Handlung der Novelle entwickelt: eine Liebesbeziehung, die in Konflikt mit dieser biographischen Vorgeschichte gerät. Beide Heldin-nen scheitern im Versuch, Liebe und Beruf zu vereinbaren.

---

34 *Der Mensch als Weib*, S. 233.

### 1.3 Fenias »rein menschliche Mannigfaltigkeit«

Die Konflikte der Akademikerinnen Anjuta und Marfa sind ähnlich gelagert wie bei Fenia. Auch Fenia gerät in Zwiespalt zwischen Beruf und
Liebe. Als Max Fenia in Sankt Petersburg wiedertrifft, ist der vornehm-
liche Eindruck, den er von ihr hat, der einer in »harmonische[r] Schönheit« (F 21) in sich ruhenden Frau. Seit ihrer ersten Begegnung haben
sich zwei weitreichende Veränderungen in Fenias Leben eingestellt: Sie
befindet sich in einer Ruhephase bezüglich der Arbeit und, was das
Entscheidende ist, sie hat sich verliebt. Mit sich und ihrer augenblick-
lichen Lebenssituation im Einklang, empfindet sie den Frieden, der für
Max in bezug auf eine Liebesbeziehung so unwahrscheinlich klingt (vgl.
F 29). Erst als die Außenwelt mit ihren Verhaltensnormen in Fenias
bislang erfolgreich geheimgehaltenes Liebesverhältnis einzudringen beginnt, wird dieser Frieden gestört: »Sie war so friedlich und glücklich, –
der Klatsch erst hat sie aufgestört« (F 40). Bis zu diesem Punkt hätte Fenia noch als Beispiel dafür gelten können, was Andreas-Salomé in *Der
Mensch als Weib* für die Frau postuliert, die »an sich selbst w[ä]chs[t]«:

> Je mehr das der Fall ist, desto mehr bildet sich innerhalb des natürli-
> chen Umfanges ihres eigenen Wesens für sie ihre ganz eigene Lebens-
> auffassung, Gesittung, Heimath, aus, – sie entwickelt ihren eigenen
> Stil an allem, der jeglichem das Gepräge giebt, was sie sagt oder thut
> oder wovon sie umgeben ist. Von daher kommt manchmal der Ein-
> druck einer wunderlichen Mischung von Gegensätzen am Weibe […]
> und doch auch der höhern Gesittung, die nie gegen sich selbst ver-
> stößt.[35]

Was Andreas-Salomé als Konsequenz einer gelungenen Selbstentfaltung
des weiblichen Gemüts in ihrer theoretischen Schrift darstellt, scheitert
in ihrem erzählerischen Entwurf an den gesellschaftlichen Beschränkt-
heiten. Der Kontrast zwischen einer gesellschaftlich definierten Sitte und
der inneren »Gesittung«, die für Fenia maßgeblich ist, wird von ihr selbst
zum Ausdruck gebracht: »Es ist mir fatal und gänzlich ungewohnt, daß
andre sich um meinen Ruf abängstigen, – wenn der gläsern ist, – – ich
bin's nicht!« (F 33) An der Diskrepanz zwischen gesellschaftlicher Norm
und Fenias Selbstentwurf nimmt der Konflikt seinen Ausgang. Max beweist in dieser Situation psychologisches Feingefühl. Obwohl für ihn zu
diesem Zeitpunkt noch nichts darauf hindeutet, imaginiert er eine tragische Entwicklung:

35 Ebd., S. 237.

Irgend etwas trieb ihn, sich ihre ein wenig gezwungene Haltung gelöst zu denken, passiv geworden, – er meinte vor sich zu sehen, wie ihre Hände den Vorhang zusammenfassen und vor das Gesicht ziehen, – wie der Kopf sich tiefer und tiefer herabneigt in die schweren tiefrotschimmernden Falten, – wie der Rücken gebeugt ist, – die Schultern weiche, gleitende Linien bekommen, – bis die ganze Gestalt in sich gesunken dasteht und, das Antlitz im Vorhang geborgen, weint. – Es war wie eine Zwangsvorstellung, aber nicht durch seelische Eindrücke oder Mutmaßungen hervorgerufen, sondern wie ein malerischer Zwang, der in den Linien lag, die durchaus in dieser Weise zusammenfließen wollten, – hartnäckig alle Wirklichkeit fälschend. Aber dafür ging von dem Illusionsbilde eine fast seelische Wirkung aus, – etwas von dem widerspruchsvollen Zauber, den Fenia ursprünglich für ihn besessen hatte. (F 34 f.)

Tatsächlich erweist sich dieses Bild als Vorausschau, es wiederholt sich, diesmal als reale Szene, in dem Moment, in dem Fenia, den gesellschaftlichen Zwängen nachgebend, sich von ihrem Geliebten getrennt hat (vgl. F 66 f.).[36]

Erstaunlicherweise hat gerade der Heiratsantrag, mit dem der Geliebte den Konflikt zu lösen gedachte, diese Handlung forciert. Diese Lösung, durch die ihre Liebesbeziehung gesellschaftlich legitimiert würde, hätte für Fenia zur Folge, daß sie ihren Beruf aufgeben und eine von ihrem Ehemann abhängige Existenz führen müßte.[37] »Ist es dir jemals so vorgekommen, – in dieser ganzen Zeit, – als ob ich heiraten wollte?« fragt sie Max und begründet dies mit der gerade errungenen Selbständigkeit und Berufstätigkeit:

Ich konnte es auch gar nicht wollen! […] sage mir, will es denn etwa einer von euch, – will es ein junger Mensch zum Beispiel, der seine ganze Jugend drangesetzt hat, um frei und selbständig zu werden, – der nun grade vor dem Ziel steht, – auf der Schwelle, – der das Leben grade um deswillen liebgewonnen hat, – um des Berufslebens willen, um der Verantwortlichkeit willen, um der Unabhängigkeit willen! – Nein! Ich kann es mir einfach nicht als Lebensziel vorstellen […]! Vielleicht nur jetzt, – vielleicht nur in dieser Lebensperiode. Weiß ich's? (F 55 f.)

Fenia wird zu einer Entscheidung gezwungen, die von ihr verlangt, eine Seite ihres ganzheitlich angelegten Lebens aufzugeben. Daß sie dabei den

36 Vgl. zur Funktion der körperlichen Linien: Mareske, spez. S. 335 f.
37 Vgl. dazu Treder, S. 130.

Beruf und ihre Selbständigkeit wählt, mag als emanzipatorisches Potential der Erzählung gewertet werden,[38] eine Lebenssituation, die Fenias Wesen gerecht würde, ergibt sich daraus nicht. »Fenitschka«, so Biddy Martin,

> is caught between the conventional alternatives of virgin and whore, between the false alternatives of a fidelity that costs her her own identity and an independence defined as the infidelity of the inferior woman. She struggles to escape the dangers of her own potential for submission to an erotics of dependence, even as she avoids social conventions. She merely negotiates, she does not resolve the contradictions or completely escape the constraints.[39]

In der Trennungsszene, mit der die Erzählung schließt, bündeln sich nicht nur die Widersprüche zwischen den gesellschaftlichen Rollenerwartungen und Fenias Lebensentwurf, sondern auch die scheinbaren Widersprüchlichkeiten in Fenia selbst: so die Ambivalenz zwischen ihrem eigenen Anspruch einer »wahre[n] Liebe« (F 56) und ihrer Weigerung, eine Ehe mit dem Geliebten einzugehen, die nahelegt, es könne sich nur um eine rein sinnliche Liebe gehandelt haben.[40]

In der Schlußszene zeigt sich Fenias »rein menschliche[] Mannigfaltigkeit« (F 36), gerade weil Fenia »does not resolve the contradictions«. Max ist Ohrenzeuge eines Abschieds, der im Text wie eine Trauungszeremonie inszeniert wird:

---

38 Vgl. Haines, *Lou Andreas-Salomé's* Fenitschka, S. 418; Brinker-Gabler, S. 99.

39 Martin, S. 187 f.

40 Gerade die Bewertung des Aspekts einer rein sinnlichen Liebe, über die eine Nähe zu den Grisetten aus der Anfangsszene der Erzählung evoziert wird (vgl. F 10 f.) und die später über Fenias eigenes Erschrecken anläßlich einer Bemerkung Max Werners thematisiert wird (vgl. F 57), ist in der Forschung verschiedentlich diskutiert worden: Vgl. Martin, S. 187; Brinker-Gabler, S. 98 f., oder Mennemeier, der die »dem Mann um nichts nachstehende Menschlichkeit« (F 36) gar mit männlichem Verhalten in Liebesangelegenheiten identifiziert: als Fähigkeit, zwischen Freundschaft und sinnlicher Liebe zu trennen, S. 271. Überzeugender ist die Interpretation Treders, die die Bedeutung des Eros in Lou Andreas-Salomés Weiblichkeitskonzeption herausarbeitet: als Quelle des Lebens und Möglichkeit der Frau, die eigene Nähe dazu in sich selbst zu erfahren, und zwar im Modus des Selbstbezüglichen: »Im Gegensatz zu den Forderungen der Wesensverschmelzung, die ihr Geliebter an sie stellt, ist für Fenitschka die Liebe der von allen Konventionen befreite Ausdruck der Rückkehr der Frau zum Eros und damit zu sich selbst.« (Treder, S. 129.)

Es war, als stürze sie in die Knie, oder an seine Brust […] »Niemals! niemals!« sagte sie, außer sich, »niemals kann ich es vergessen, daß ich dein bin.« […] Ein Stuhl wurde fortgeschoben. Man vernahm nichts mehr. Nichts als das Geläute der Glocken, das lauter und lauter anschwoll und mit seinen feierlichen Klängen wie ein Lobgesang das ganze kleine Zimmer erfüllte […]. (F 66)

Über den Ewigkeitsschwur und das Knien löst sie ein, was sie Max über das russische Verständnis von Ehe erklärt hatte: »Wir aber, – – ehe wir es tun, werfen wir uns auf die Knie – ganz so, als ob wir das Entgegengesetzte tun und auf Lebenszeit unsre persönlichen Genußrechte in einem Kloster aufgeben wollten.« (F 22) Was sich darin ausdrücke, sei ein gemeinsames Knien vor etwas Höherem, »etwas durchaus Anderwertige[m] als nur Liebe zwischen den Geschlechtern«, das »über das nur Persönliche, rein Gefühlsmäßige« hinausweise (F 30). Die Allusion daran am Ende der Erzählung liest sich als Indiz dafür, daß Fenias Liebe nicht nur eine vorübergehende Liebschaft ist, sondern ebendieses Höhere in sich trägt, obwohl sie keine »Tendenz zur Ehe« (F 56) hat. Das Bild des Kniens findet sich auch im Essay *Der Mensch als Weib*, dort als ›typische‹ Körperhaltung der Frau: keine Unterwürfigkeit vor dem Mann symbolisierend, sondern ihre Ehrfurcht vor dem Leben. Andreas-Salomé sieht darin ein Sinnbild der »geheime[n] Grundbedingung aller Schönheit des Weibes«, in der sich »passivste Demuth« mit »schöpferischeste[r] Aktivität« decke.[41] Das Widersprüchliche erweist sich dabei als Element des Lebendigen, ist Ausdruck der weiblichen Verbundenheit mit dem »Rätselleben«.[42]

Die Schlußszene in *Fenitschka*, liest man sie im Zusammenhang mit dem theoretischen Weiblichkeitsmodell der Autorin, markiert keine emanzipatorische Abkehr vom traditionellen Eheideal zugunsten einer Berufstätigkeit. Nicht um eine Entscheidung innerhalb gesellschaftlich vorgegebener Möglichkeiten geht es, sondern um nicht weniger als ein Ideal, das auf ganzheitliche Entfaltung gerade für die Frau zielt, auch wenn die gesellschaftlichen Bedingungen dies (noch) nicht zulassen. Die »Selbstherrlichkeit« der Frau, so Andreas-Salomé im Essay,

ihre tiefe weibliche Nöthigung, mit sich in voller Harmonie sich immer weiter auszuwachsen, verflicht sich für den Draußenstehenden fast un-

41 *Der Mensch als Weib*, S. 242.
42 »Rätselleben« ist die Bezeichnung, die Andreas-Salomé in ihrem Gedicht *Lebensgebet* wählt, abgedruckt in: *Lebensrückblick*, S. 40. Vgl. zum Zusammenhang von Widersprüchlichkeit und Lebensbezug (mit Verweis auf Andreas-Salomés späteren Essay *Die Erotik*, 1910): Gahlinger, S. 422.

unterscheidbar mit irgend welchen ehrgeizigen oder mannweiblichen Trieben [...]. Und so steht sie alle Augenblicke vor der irreführenden Wahl, entweder selbst dergleichen zu glauben, und ihr letztes Heil in einer partiellen Berufsentwicklung nach außen hin zu suchen, oder aber sich resignirt als bloßes Anhängsel des Mannes zu bescheiden, das sich freiwillig zu einem bloßen Mittel für dessen Selbstherrlichkeit macht. Ich nenne diese beiden Zeitgegensätze, die mir ganz gleichmäßig unweiblich scheinen, d.h. ganz gleichmäßig disharmonisch [...].[43]

Fenias Verhalten kann als Ausdruck einer ›Weiblichkeit‹ im Sinne einer harmonischen Ganzheitlichkeit gewertet werden, die eben gerade darin beruht, daß sie sich nicht den »Zeitgegensätze[n]« unterwirft, daß sie vielmehr ›Mannigfaltiges‹ und durchaus Widersprüchliches in sich zu vereinen vermag.

## 2. »Verwerfen Sie nur Ihr Leben!«
## Die Studentin in
### Erwin Guido Kolbenheyers *Montsalvasch* (1912)

Erwin Guido Kolbenheyer (1878-1962), der Verfasser des 1912 erschienenen Romans *Montsalvasch*,[44] galt spätestens seit der *Paracelsus*-Trilogie (1917, 1922, 1926) als bedeutender Autor, dem ein sicherer Platz im litera-

---

43 *Der Mensch als Weib*, S. 241.
44 Als Erscheinungsjahr kann 1912 angenommen werden, genau zu belegen ist das jedoch nicht, da der Verlag über keine diesbezüglichen Unterlagen verfügt. Der Verlag Georg Müller hat 1911 das Copyright erworben, und gelegentlich wird in bibliographischen Angaben 1911 als Erscheinungsjahr genannt (nachgewiesen ist nur die 2. Auflage von 1912), die Richtigkeit dieser Angabe ist jedoch fraglich. Im November 1911, so Kolbenheyer in *Sebastian Karst*, »hatte ich das erste Exemplar in der Hand« (Kolbenheyer, Erwin Guido: *Sebastian Karst über sein Leben und seine Zeit. II. Teil. (Gesamtausgabe der Werke letzter Hand in zwei Abteilungen, Abt. 2, Bd. 4.)* Gartenberg bei Wolfratshausen 1958, S. 148). Unklar bleibt dabei, ob mit dem »erste[n] Exemplar« vom Manuskript, der ersten Druckfahne oder dem bereits erschienenen Buch die Rede ist. Letzteres ist unwahrscheinlich, da ein weiteres Indiz recht deutlich für 1912 als Erscheinungsjahr spricht: »Die erste Auflage«, so Kolbenheyer, »enthielt als Vorwort eine Warnung an den Leser, eine Warnung vor mutmaßlicher Enttäuschung« (ebd., S. 147); eine solche »Warnung!« findet sich in einer (ohne Präzisierung der Auflage erschienenen) Ausgabe von 1912. Da Kolbenheyer gerade in dieser »Warnung« den Auslöser für die ersten Besprechungen (im Februar 1912) sieht, scheint es sich hierbei auch um die Erstausgabe zu handeln. Auch der Kolbenheyer-Biograph Ernst Frank nennt 1912 als Jahr

rischen Kanon prognostiziert wurde.[45] Tatsächlich reichte sein Ruhm – nicht ohne Grund – nur bis zum Zusammenbruch des Dritten Reiches, heutzutage ist er weithin unbekannt. Die Beiträge, die sich seit Kriegsende mit Kolbenheyer befassen, lassen sich zwei Lagern zuordnen. Zum einen geht es um eine kritische Auseinandersetzung mit dem Verfasser der Bauhütten-Philosophie (1925 ff.),[46] deren biologistisch argumentierendes Weltbild sich in der Folge als besonders geeignet erwies, nationalsozialistische Rassenideologie systematisch zu fundieren.[47] Die andere Gruppe von Beiträgen – gelegentlich mit dem erklärten Ziel antretend, das Werk vor dem Vergessen zu bewahren[48] – blendet diesen kritischen Aspekt, aufgrund dessen Kolbenheyer nach Ende des Zweiten Weltkriegs immerhin mit einem fünfjährigen Berufsverbot als Schriftsteller belegt worden war,[49] vollständig aus und widmet sich dem Autor und seinem Werk in nahtloser Fortsetzung der Kolbenheyer-Forschung vor Kriegsende. In beiden Fällen bezieht sich das Forschungsinteresse hauptsächlich auf Kolbenheyers theoretische Schriften. Auf die literarischen Werke

der ersten Veröffentlichung, vgl. Frank, Ernst: *Jahre des Glücks, Jahre des Leids. Eine Kolbenheyer-Biographie.* Velbert 1969, S. 36. *Montsalvasch* wird nach folg. Ausgabe zitiert: Kolbenheyer, Erwin Guido: *Montsalvasch.* Heusenstamm bei Offenbach a.M. 1982 (im Folgenden: M).

45 Vgl. die von Ernst Keller zusammengestellten euphorischen Rezensionen (z.B. von Stefan Zweig), die schon mit dem Erscheinen des ersten Teils, *Die Kindheit des Paracelsus,* einsetzten: Keller, Ernst: *Der Weg zum deutschen Gott: E. G. Kolbenheyer.* In: *Nationalismus und Literatur.* Hrsg. von dems. Langemarck/Weimar/Stalingrad 1970, S. 110-121, hier S. 110.

46 *Die Bauhütte. Elemente einer Metaphysik der Gegenwart.* München 1925, daran anknüpfend weitere Werke zum gleichen weltanschaulichen Komplex und Überarbeitungen (vgl. z.B. *Bauhüttenphilosophie. Ergänzende und erläuternde Abhandlungen.* München 1942, sowie, wenige Jahre vor Kolbenheyers Tod, *Metaphysica Viva. Das Abschlußwerk der Bauhüttenphilosophie.* Gartenberg 1960).

47 Vgl. insbes. Lütge, Jürgen: *Der Mensch als Material. Erwin Kolbenheyers »Bauhütten«-Konzept.* In: *Propheten des Nationalismus.* Hrsg. v. Karl Schwedhelm. München 1969, S. 228-242; sowie – unter Einbeziehung des literarischen Werks – Ketelsen, Uwe-K.: *Auch ein Kapitel aus der Geschichte des Hermetismus: Ein Schleichweg aus den Zumutungen des Modernisierungsprozesses.* In: *Hermetik. Literarische Figurationen zwischen Babylon und Cyberspace.* Hrsg. v. Nicola Kaminski, Heinz J. Drügh u. Michael Herrmann unter Mitarb. v. Andreas Beck. Tübingen 2002, S. 161-178.

48 So namentlich in den Veröffentlichungen der 1951 gegründeten Kolbenheyer-Gesellschaft. Vgl. zum Gründungsziel der Gesellschaft: Frank, S. 103.

49 Die Verurteilung im Jahr 1948 durch die Münchener Spruchkammer sah neben dem Veröffentlichungsverbot 180 Tage Sonderarbeit und den Einzug von 50 Prozent seines Vermögens vor, vgl. Frank, S. 80.

wird neben einigen Einzelanalysen, vor allem zur *Paracelsus*-Trilogie, eher
en passant eingegangen, oder sie dienen als Beispiele innerhalb von Untersuchungen zu Kolbenheyers Rolle im Dritten Reich.[50]

Der Roman *Montsalvasch* findet in der Forschung kaum Erwähnung,
nur in Alfred D. Whites Untersuchung zum Begriff »Volk« bei Kolbenheyer wird genauer auf den Roman eingegangen.[51] Die Gründe für dieses
mangelnde Interesse mögen darin liegen, daß er nicht der Gattung des
historischen Romans angehört, die in Kolbenheyers Schaffen eine besondere Bedeutung erlangt hat,[52] und es sich zudem um einen relativ frühen
Text handelt. Er wurde bereits in den Jahren 1910/11, also einige Jahre vor
den theoretischen Schriften zu weltanschaulichen Fragen, verfaßt.[53] Entsprechend dient *Montsalvasch* White auch lediglich als Beispiel für eine
Phase, in der Kolbenheyers Haltung noch nicht politisch motiviert gewesen sei, was sich erst 1919, als Reaktion auf den Versailler Friedensvertrag,
geändert habe. Zwar habe er in dem frühen Erzähltext bereits »biological-
ly-orientated views« verfolgt, »but so far biological aspects of his thought
had not come into contact with his cultural nationalism«.[54] Bei genauerer
Betrachtung zeigt sich immerhin, daß diese ›biologische‹ Grundlegung
des Romans sehr weit geht und zentrale Aspekte der *Bauhütten*-Philo-
sophie vorwegnimmt. Kolbenheyer selbst hat in *Sebastian Karst*, seiner
Autobiographie in Romanform,[55] hervorgehoben, gerade *Montsalvasch*

---

50 Vgl. bes. Eggert, Hartmut: *Vom Reich der Seele: Mystiker und Mythologen des Gei-
  stes, des Blutes und der Technik.* In: *Faszination des Organischen. Konjunkturen einer
  Kategorie der Moderne.* Hrsg. v. Hartmut Eggert, Erhard Schütz u. Peter Sprengel.
  München 1995, S. 53-71; vgl. auch Keller.

51 White, Alfred D.: *Kolbenheyer's Use of the Term ›Volk‹, 1910-1933. A Study in Nationalist Ideology.* In: *German Life and Letters* 23 (1970), S. 355-362.

52 Vgl. zur »Identifikation von Geschichte und Biologie«: Bettina Hey'ls Kapitel
  »Biologie als Metapher der Geschichte: E. G. Kolbenheyer ›Paracelsus‹.« In:
  Dies.: *Geschichtsdenken und literarische Moderne. Zum historischen Roman in der
  Zeit der Weimarer Republik.* Tübingen 1994, S. 131-141, hier S. 132.

53 Zur Entstehungszeit vgl. Kolbenheyer: *Sebastian Karst,* II. Teil, S. 147 f. Begonnen
  hat er den Roman nach eigenen Angaben im Juni 1910, geschrieben wurde er,
  »wenn man meinen Aufenthalt in Karlsbad und eine Reise nach Oberitalien ab-
  rechnet, in ungefähr neun Monaten« (ebd., S. 148).

54 White, S. 356.

55 In der Forschung ist die Deutung von *Sebastian Karst* als autobiographischer
  Roman verbreitet (vgl. z.B. Wandrey, Conrad: *Kolbenheyer. Der Dichter und der
  Philosoph.* München 1934, S. 275). Kolbenheyer verwahrt sich gegen eine solche
  Lesart: »Nur in […] [einem] subtilen Sinne, nicht aber im Sinne eines Tatsachen-
  berichtes, enthält der Roman Autobiographisches, eigentlich Ontogenetisches.«
  (*Sebastian Karst,* II. Teil, S. 151.)

sei für seine »Entwicklung auch in anderer als dichterischer Beziehung
bedeutsam« gewesen:

> In dem Roman klingen biologische Grundthemen auf: eine erste Re-
> gung der Bauhüttenphilosophie, die ein Dutzend Jahre später zum
> Durchbruch kommen sollte, ein erster Ausweg, meinem theoretischen
> Gestaltungstriebe den Lebensboden zu gewinnen, der – außerhalb der
> Universität – eine theoretische Wirksamkeit ermöglichte. [...] Ich
> habe mich freigeschrieben, ohne den Verzicht auf ein Schaffensgebiet
> zu leisten.[56]

Hier wird bereits ein wichtiges Element von Kolbenheyers Selbstverständnis als Dichter sichtbar. Kolbenheyer weist nicht nur auf die enge
Verbindung zwischen literarischen und theoretischen Betätigungsfeldern
hin, sondern stellt eine Hierarchie zwischen beiden her: Die Dichtung
dient der Theorie als »Lebensboden«. Für den fiktionalen Text bedeutet
dies die Priorität der Weltanschauung vor dem Stoff. Für seine historischen Romane wurde auf diesen Befund schon hingewiesen.[57] Mit
*Montsalvasch* hat Kolbenheyer nach drei Bearbeitungen historischer
Stoffe – der Renaissance-Tragödie *Giordano Bruno* (1903), dem Spinoza-
Roman *Amor Dei* (1908), dem Jakob-Böhme-Roman *Meister Joachim
Pausewang* (1910) – zum ersten Mal einen Zeitroman geschrieben,[58] und
erst diesem mißt er die zitierte Bedeutung für sein theoretisches Werk
bei. War Kolbenheyer bei historischen Stoffen darauf angewiesen, die
darzustellenden Inhalte durch die Präsentation und (Um-)Deutung einer
historischen Figur zu gestalten, hatte er nun in der Konstruktion der
Figuren und Begebenheiten freie Hand. Den Diskussionen unter den
Figuren über aktuelle Zeitprobleme allerdings liegt dieselbe Haltung zugrunde wie den historischen Romanen: Die Inhalte dienen dem Verfasser

---

56 *Sebastian Karst*, II. Teil, S. 151. Vgl. dazu auch Wandrey, der sich schwerpunkt-
mäßig mit der *Bauhütten*-Philosophie auseinandergesetzt hat und für *Montsalvasch* die Verbindung betont (Wandrey, S. 274 ff.).

57 Vgl. dazu Heimann, Bodo: *Die Konvergenz der Einzelgänger. Literatur als Integration des problematischen Individuums in die Volksgemeinschaft: Hermann Stehr –
Emil Strauß – Erwin Guido Kolbenheyer*. In: *Deutsche Literatur im Dritten Reich.
Themen – Traditionen – Wirkungen*. Hrsg. v. Horst Denkler u. Karl Prünn. Stuttgart 1976, S. 118-137, hier S. 131, 133; zu Kolbenheyers Verständnis von Dichtung
vgl. auch: Wandrey, S. 266 f.

58 Auch in der späteren Prosa Kolbenheyers dominieren historische Stoffe. In der
eigenen Zeit spielen neben kürzeren Erzähltexten *Das Lächeln der Penaten* (1927)
und *Reps, die Persönlichkeit* (1931).

eher als Anlässe, um die Krisenhaftigkeit der dargestellten Zeit zu verdeutlichen, in der es darauf ankomme, Weichen zu stellen und die Krisen zu überwinden. Anläßlich der zahlreichen Gespräche über die Frauenemanzipation, die durch die Figur der Studentin Martha Rörs ins Spiel gebracht wird, haben einige zeitgenössische Rezensenten in der Frauenbewegung das zentrale Thema von *Montsalvasch* gesehen.[59] Kolbenheyers Äußerungen in *Sebastian Karst* indes verweisen auf ein Interesse, das auf einer anderen Ebene liegt:

> Das heimlichste Leben dieses Buches bestand darin, daß die Aussprachen – sie betrafen die Spannungsverhältnisse der Jugendlichen dieser Zeit – nicht um ihrer selbst willen geführt wurden. Sie dienten dazu, eine leidenschaftliche Gefühlswelt, die an ihnen Bändigung und Befreiung sucht, zu decken. Es sind Gespräche einer Umbruchszeit: das Frauenrechtlertum bewegte damals die Jugend. Eine Liebesgeschichte aber war der Roman ja auch. Dem Vortrag jedoch einer Liebesgeschichte, wie er damals den Erwartungen der Leser entsprach, wurde von mir nicht entsprochen. Ich machte auch hier den Versuch, über den üblichen Sexualismus hinauszukommen und das Ethos einer Schwellenzeit zu finden.[60]

Die Frauenbewegung erscheint hier lediglich als Symptom einer »Umbruchszeit«, in der sich das Individuum zu bewähren hat.

Gerade dieser Umstand aber macht den Text für die Fragestellung dieser Untersuchung interessant. An Kolbenheyers Roman läßt sich exemplarisch beobachten, wie die Debatte um das Frauenstudium im Diskursnetz der Jahrhundertwende situiert war und sich für ideologische Interessen instrumentalisieren ließ.

## 2.1 Ulrichs philosophische Gralssuche

In der Emanzipation der Frau den inhaltlichen Schwerpunkt von *Montsalvasch* zu sehen hieße, die Wichtigkeit der Figuren zu vertauschen. Die Studentin Martha Rörs kann zwar als Gegenspielerin und zweite Hauptfigur gelten, eigentlich aber geht es um Ulrich Bihander, dessen erste zwei Studienjahre den zeitlichen Rahmen der Handlung ausmachen. Der Roman ist als Bildungsroman angelegt, woraus sich auch der Titel »Montsalvasch« erklärt. Der Suche Parzivals nach dem heiligen

---

59 Vgl. Wandrey, S. 291.
60 *Sebastian Karst*, II. Teil, S. 147.

Gral wird die Suche Ulrich Bihanders nach der Wahrheit, der auch das
Philosophiestudium gilt, parallel gesetzt. Diese Wahrheit jedoch hat
mit Wissenschaft nur indirekt zu tun – nichts jedenfalls mit dem herrschenden Wissenschaftsbetrieb, der lediglich »tote Tatsachen« (M 39) zu
vermitteln verstehe. Statt dessen zielt Ulrichs Erkenntnisdrang auf die
Geheimnisse des Lebens selbst, die sich für ihn hinter den wissenschaftlichen Fakten verbergen: »Gottesdienst müßte es sein vor dem Leben, das
hinter den Formen liegt, das keine Kunst spiegeln kann, das eigengewaltig und unbezwinglich bewegt und treibt.« (M 23) Die Bücher in der
Universitätsbibliothek empfindet er als »köstliche[n] Schatz, eingesargt
in viel hundert Bände« (M 27), der erlöst werden muß. Wie im *Parzival*
der leidende Gralskönig Anfortas ist es hier die »wartende Stille« des ge-
sammelten Wissens, »die nicht leben und nicht sterben kann« (M 28), die
des »Prinz[en] mit dem unersättlichen Herzen« bedarf (M 27). Entgegen
dem christlichen Kontext der Vorlage ist die Gralsburg, der Ulrich verpflichtet ist, die »Burg des Lebens« (M 17).[61]

Mittels einer Wolkensymbolik, mit der der Roman eingeleitet wird
und die am Romanschluß in veränderter Form wiederaufgenommen
wird, gewinnt dieses Motiv eine rahmende Funktion. Der Roman setzt
mit der »Geburt« Ulrich Bihanders ein. Allerdings handelt es sich nicht
um die körperliche, sondern um die »eigentliche« (M 8), eine Art geistige
Geburt, die sich im Zug auf dem Weg zur Universität in Wien vollzieht.
Über dieser »feierliche[n] Stunde«, heißt es nun,

> stand eine schöne Wolke, leichtgebäumt, erdabgewandt und bis ins
> innerste Herz lichtdurchtränkt. Die Wolke beachtete den Eilzug nicht,
> ihre Strahlenbrust war himmelwärts geschwellt, ihr ganzes Wesen in-
> brünstige Tageshoffnung.
> Sie hat, ein morgenglühender Schwanenfittich, alles Land erweckt, das
> schattentrunken und still am Eilzug vorbeiglitt. […] Die Landstraßen
> ruhten glatt, reinlich, aller Hast und Mühsal entsühnt. […] Die Weite
> war wach wie ein stilles Gebet. (M 7)

Am Schluß, nachdem Ulrich eine tiefgreifende Krise überwunden hat,
wird ihm erzählt, »daß noch spät im Abenddämmern über den Nord-

---

61 Die ›Philosophie des Lebens‹, die hier gegen die ›Wissenschaft‹ ins Feld geführt
   wird, erinnert zunächst an den Kult des Lebens, der sich in der Jahrhundertwende
   in verschiedenen postvitalistischen Konzepten niederschlägt. Entscheidend bei
   Kolbenheyer ist eine Sakralisierung: Das Leben tritt dabei an die Stelle des Göttlichen. Vgl. z.B. *Metaphysica Viva*, S. 420 f. Vgl. dazu auch: Heimann, S. 132.

hügeln eine hochgetürmte, leuchtende Kumuluswolke von seltener Schönheit gestanden habe. Wie eine Burg anzuschauen.« (M 255) Die beiden Erscheinungen markieren die Entwicklung, die sich in der Zwischenzeit an Ulrich vollzogen hat. Sein »Montsalvasch« hat er auch am Ende der Romanhandlung noch nicht erreicht, doch während der schlafende Ulrich des Beginns als unwissend und ausgeschlossen dargestellt wird – die Erweckungs- und Entsühnungsmetaphorik bezieht sich nur auf die ihn umgebende Landschaft –, wird er diesmal in das Heilsgeschehen einbezogen. Wieder schläft er, doch diesmal vollzieht sich an ihm »die heitere kindliche Reinheit, Entsühnung seines Herzens von allem Irrtum« (M 255).

Ulrichs seelisch-geistige Entwicklung, die ihn schließlich befähigt, »von allem Irrtum« entsühnt zu werden, verläuft in zwei Phasen. Zunächst geht es um seine ersten tastenden Versuche, der Philosophie näherzukommen. Nach einigen Enttäuschungen an der Universität ist es schließlich der alte Finanzrat Pius Klinx, bei dem er sich in Döbling, weit außerhalb von Wien, eingemietet hat, der ihm einen Zugang zur Philosophie vermittelt. Er übernimmt die Rolle eines Mentors, unter dessen Führung Ulrich deutliche Fortschritte macht (vgl. z.B. M 162 f.). Nach einer langen Unterhaltung mit Klinx in den Weinbergen erlebt er dann eine weitere ›Geburt‹, seine »Geburtsstunde« als Philosoph, als ihm ahnungsweise ein innerer Zusammenhang mit der Natur aufgeht (vgl. M 99). Die Gedanken, die Ulrich in einer Art Wachtraum kommen, nehmen bereits Grundprinzipien von Kolbenheyers *Bauhütten*-Philosophie vorweg, namentlich die Präsenz des Grundelements des Lebens (in der *Bauhütte* »Plasma« genannt), das sich durch Differenzierung und einen in den Einzelwesen angelegten Drang zur Einheit weiterentwickle. Innerhalb des Romans wird der Szene die Bedeutung eines Schlüsselerlebnisses zugewiesen, mit dem der Held bereits eine wichtige Entwicklungsstufe auf seinem Bildungsweg erreicht hat. »Um diese Stunde«, so lautet das Fazit des auktorialen Erzählers,

> war Ulrich ein Philosoph geworden, er hatte den ewigen Sinn des Metaphysischen erlebt. Es läutete also wieder eine Geburtsstunde über seinem Leben, eine echte Geburtsstunde, in der das Kind nicht weiß, wie ihm geschieht. (M 100)

Direkt im Anschluß daran trifft Martha Rörs ein (M 104), die Nichte des Finanzrats, die nach Wien gekommen ist, um gleichfalls ein Studium aufzunehmen. Mit der Studentin Martha ist die zweite Phase von Ulrichs Entwicklung verbunden. Im Umgang mit ihr wird ihm immer deutlicher bewußt, »daß Martha für sein Leben seltsame Bedeutung habe« (M 167f.). Ihre Bedeutung für ihn liegt auf verschiedenen Ebenen. Zunächst einmal ist sie als Studentin und aktive Frauenrechtlerin die intellektuelle Gegenspielerin, die seine eigenen Gedanken durch den Widerspruch befördert und damit indirekt dazu beiträgt, daß seine Beschäftigung mit den Philosophen lebendiger wird. Ausgehend von den anregenden Gesprächen und dem Gefühl, einem besonderen Menschen gegenüberzustehen, wächst ein gegenseitiges Interesse, aus dem schließlich Liebe wird. Die Liebesbeziehung bleibt nicht ohne Folgen, Martha wird schwanger. Während jedoch Ulrich bereit ist, für das gemeinsame Kind den eigenen Entwicklungsgang zu opfern – für die Auszahlung seines väterlichen Erbes muß er der Mutter versprechen, die in ihren Augen aussichtslose Beschäftigung mit der Philosophie aufzugeben und Jura zu studieren –, verharrt Martha in ihrer Position. Aus Angst, in der Rolle der Mutter und Ehefrau mit ihrer schwer errungenen Freiheit ihre eigene Identität zu verlieren, entschließt sie sich zur Abtreibung. Ulrich muß erkennen, daß er sich in Martha getäuscht hat und sie zwei unterschiedlichen Welten angehören. Der Schluß des Romans konstruiert gerade aus dem Scheitern der Verbindung eine für Ulrich nützliche Lehre: für eine zukünftige »Gattenwahl« (so der Kolbenheyersche Jargon), die dann im Sinne der ›Artsteigerung‹ getroffen werden wird. Fast als »Befreiung« empfindet Ulrich seinen letzten Gang zu Martha, da er nun zu einer »Gewißheit gelangen« kann (M 249), und Finanzrat Klinx erteilt Ulrich, dem Parzival, der sich eben geirrt hat, die letzte Lehre:

> »Vielleicht war doch nicht alles rein an ihrer Liebe, Ulrich. Ich meine: Sie, auch Sie, werden nicht nur Ihrer Herzenssehnsucht gefolgt sein. Es wird auch Ihrerseits zu viel Gedankliches mitgewirkt haben ... und Sie, Ulrich ... Sie dürfen nur nach Ihren lautersten Instinkten handeln.« (M 254)

Mit der vom Finanzrat ausgesprochenen Prophezeiung, im Gegensatz zu Martha habe er, Ulrich, »ein Leben zu gewinnen« (M 255), und der bereits erwähnten Wolkensymbolik, die auf die »Burg des Lebens« (M 17) verweist, schließt der Roman.

## 2.2 Die Studentin als Schicksalsträgerin?

Angesichts von Ulrichs ›Erkenntnissen‹ und der Gestaltung der Handlung als Wahrheitssuche liegt die Eignung des studentischen Milieus für die Ausgestaltung von Kolbenheyers weltanschaulichen Ideologemen auf der Hand. »Kein Wunder, daß ein Student und eine Studentin zu den

Schicksalsträgern dieses Romans gemacht wurden«,[62] schreibt Kolben-heyer in seiner Autobiographie und verweist damit zunächst einmal auf seine persönliche Situation. Die Wiener Universität, an der er selbst studiert hatte und an der er als Assistent tätig war, bildete sein derzeitiges Lebensumfeld.[63] *Montsalvasch* habe, so Kolbenheyer retrospektiv, auch als »Abschluß- und Abschiedshandlung«[64] gedient, weil er sich damals von der akademischen Laufbahn zu lösen begann.

Über die autobiographischen Beweggründe hinaus hat sich die Wahl von Zeit, Ort und Personen offensichtlich auch inhaltlich bewährt. Nicht umsonst spricht Kolbenheyer davon, mit diesem Roman sei es ihm gelungen, sich hinsichtlich seiner theoretischen Überlegungen freizu-schreiben. Was aber trägt die Konstellation von Student und Studentin als »Schicksalsträger[ ] dieses Romans« innerhalb von Kolbenheyers Kon-zeption aus? Hier interessiert natürlich vor allem die Rolle der Studentin als Antagonistin, denn die Besetzung der Hauptfigur mit einem Stu-denten liegt für einen Bildungsroman nahe. Daß in *Montsalvasch* dem studentischen Helden eine Kollegin an die Seite tritt, ist indes unge-wöhnlich.

Die Ankunft der neuen Mitbewohnerin im Hause Klinx wird sorgfäl-tig in Szene gesetzt und über die Figurenrede vorbereitet: Zunächst erhält Ulrich und mit ihm das Lesepublikum nur einen indirekten Eindruck von Martha über die differierenden Äußerungen der alten Bediensteten Marie (M 86) und des Finanzrats, Marthas Onkel (M 96). Marie äußert unverhohlenes Mißtrauen und erwägt zu kündigen, wenn es gar zu schlimm werden sollte mit dem »gschtudierten Fräulln«:

> Mir nix, dir nix is sie angfahrn kommen. [...] Es is sonst a saubers Madl. Aber z' Haus muß's was ghabt haben mit ihr. In drei oder vier Wochen kommts wieder. Sie will sich ausbildn, studieren wills, hats gsagt. [...] A Wichtigtuerei hat sie ghabt, nacher is am andern Tag wie-der abgefahrn. Nach England! Herr von Bihander, so a jungs Madl ganz allani! In ihrm Nachtkastl hats an Revolver ghabt. Herr Bihander, an Revolver! In vier Wochen also kommts. Aber wenn ma's z'dumm wird – i hab ka Versicherung drauf genommen, daß i da abstirb! [...]

---

62  *Sebastian Karst*, II. Teil, S. 151.

63  Vgl. ebd. Weitere Parallelen zur Biographie des Autors bilden die familiäre Aus-gangssituation (der frühe Tod des Vaters, das Leben der Mutter in einem Kurort), aber auch die Haltung zum Studium und die Wahl des Studienfachs (neben Philo-sophie hatte Kolbenheyer allerdings auch Zoologie und Psychologie studiert).

64  Ebd.

Ja wissen S', Herr von Bihander, mit die Mannsbilder kann ma wirtschaften, aber mit aner gschtudierten Fräulln ... (M 86)

Für Marie – und aus ihr spricht in der Rollenkonstellation des Romans
das einfache Volksempfinden – hat sich Martha Rörs gleich mehrfach
verdächtig gemacht: sie reist allein, noch dazu nach England, und selbst
ein Revolver ist im Spiel. Am schwerwiegendsten scheint aber zu sein,
daß es sich um eine Studentin handelt. Als solche ist sie für Marie offenbar nicht mehr einzuordnen, da sie aus den ›natürlichen‹ Geschlechterrollen herausfällt: Mit den Männern kann man »wirtschaften«, eine Frau
würde nach herkömmlichen Vorstellungen den Haushalt selbst in die
Hand nehmen, Marie also fortan Weisungen erteilen; was aber von einer
Frau zu erwarten ist, die wie ein Mann zum Studieren ins Haus gekommen ist, ist für Marie nicht abzusehen.

Die zweite Auskunft, die Ulrich über Martha Rörs erhält, ist anderer
Art. In einem Gespräch mit dem Finanzrat, in dem dieser Ulrich eigentlich nur sehr wenig über Martha erzählt (neben Marthas Studienfächern
– moderne Sprachen, von der Medizin hat der Onkel sie abgebracht –
erfährt er lediglich, sie sei »energisch bis zum Eigensinn«), verbirgt sich
die eigentliche Information zwischen den Worten: Der alternde Onkel
ist verliebt in seine Nichte, wenngleich ihm das Abwegige dieser Situation selbst bewußt ist.

Mit Marie und dem Finanzrat Pius Klinx kommen zwei konträr kon-
zipierte Figuren zu Wort: Marie, der Repräsentantin des einfachen, und
das heißt hier unverbildeten Volkes, steht »die Resignationsgestalt des
feinen Pius Klinx«[65] gegenüber. Der menschenscheue Musikliebhaber
mit seiner Vorliebe für exzentrische Kleidung und Einrichtungsgegen-
stände verweist auf eine bürgerliche Schicht mit hoher Bildung und weit-
reichendem Kunstsinn, aber mit Hang zur Dekadenz.

Der Finanzrat ebenso wie Marie werden als Charaktere durchaus kritisch, in sich aber widerspruchsfrei dargestellt. Im Fall Marthas hingegen
wird Authentizität zum Problem, zu einem Problem allerdings, das – so
die These – produktiv genutzt wird, um den ideologischen Gehalt des
Textes zu transportieren.

### Ambivalenzen

Bereits bei der ersten Begegnung (M 104) fallen Ulrich, dessen Perspektive der auktoriale Erzähler einnimmt, an Martha Ambivalenzen auf. Ihre
äußere Erscheinung ist zunächst einmal nicht ungünstig: Sie ist schlank,

65 Ebd.

groß, hat schönes Haar und gleichmäßige Gesichtszüge. Sie ist gut gekleidet und wirkt insgesamt sehr gepflegt. Aber die Schilderung enthält Mißklänge, die auf Kälte und Künstlichkeit verweisen: Als »ebenmäßig und kalt« wird ihr Gesicht beschrieben, von ihrem Mund heißt es, er sei »ein wenig zu voll, doch so hart geschnitten, daß seine Ränder nicht glatt in das Weiß der Haut überzugehen schienen, sondern gleichsam nachgezogen waren«. »[V]oll echtester englischer Gleichgültigkeit«, so der Erzählerkommentar, tritt Martha Ulrich gegenüber. Auf Marthas floskelhafte Begrüßung (»mit einem: Wie-geht-es-Ihnen«) reagiert Ulrich mit einer Frage, die eigentlich eine Feststellung ist und die verrät, daß er ihr Auftreten einzuschätzen weiß: »England hat Ihnen also sehr gefallen?« Die Frage zielt hinter die von Martha zur Schau getragene Verhaltensweise und verfehlt ihre Wirkung nicht: »Sie errötete leicht und sah ihn erstaunt an.« Diese unwillkürliche Gemütsregung widerspricht dabei ihrer sonstigen Erscheinung, das »Erröten«, heißt es, »störte den Gesamteindruck«. Gerade hierin, im sich physiologisch ausdrückenden, spontanen Gefühlsimpuls, liegt jedoch das Positive: Das »störende« Erröten wird an späterer Stelle vom auktorialen Erzähler als ein »ehrliche[s]« bezeichnet, das ihre Aussagen Lügen strafe (M 141). Offenbar zeugt es von einer anderen, ›wahren‹ Martha, die sich hinter ihrem Auftreten und ihren Äußerungen verbirgt (vgl. auch M 202).

Ulrichs Eindruck, ihre Art habe etwas Ungereimtes, verstärkt sich während ihrer ersten längeren Unterhaltung. Als sie geht, läßt sie

> einen Wirbel von Fragen hinter sich, wie ein schlankes, schnelles Schiff die Wasserfläche noch lange hinterher beschäftigt. Und dabei schienen alle ihre Ansichten offen und klar.
> Durfte man sie eigentlich schön nennen? – Das wars: man durfte nicht. Sie schien es wenigstens zu verbieten. Nur kein Weibchen! Und doch sah sie ungewöhnlich gepflegt aus. Ihm war, als habe sie kaum merklich nach Heliotrop gerochen. (M 108)

Die Frage nach dem »Weibchen« in der Studentin wird zum zentralen Problem – und zwar nicht nur für Ulrich, der in all den Widersprüchlichkeiten ihr ›wahres‹ Ich sucht, sondern auch für Martha selbst. Bei ihr vollzieht sich die Fragestellung allerdings unter umgekehrtem Vorzeichen. Ist das »Weibchen« für Ulrich als Entlehnung aus der biologischen Fachsprache Ausdruck des natürlichen Geschlechtswesens und damit prinzipiell positiv konnotiert, steht es für Martha für das, wovon sie sich bewußt abgrenzen möchte.

Marthas offensiv vorgebrachte Ansichten kennzeichnen sie als Frauenrechtlerin, die dem radikalen Flügel der Frauenbewegung zuzuordnen ist.

Sie vertritt die Idee der Gleichheit von Mann und Frau. Im Roman wird diese Auffassung nicht nur als modisch und populistisch dargestellt (vgl. z.b. den Erfolg ihrer Reden in der (Frauen-)Presse), sondern gelegentlich durch überspitzte Argumente Marthas lächerlich gemacht. Ihren Ansichten gemäß tritt sie als selbstbewußte Studentin auf, die ein Berufsleben anstrebt und der es auch ansonsten an ›weiblichen‹ Tugenden mangelt: Statt die von Frauen erwartete Bescheidenheit zu zeigen – eine Eigenschaft, die für die studierenden Heldinnen von Schirmacher, Mensch und Frapan, Hauptmann und Bernstein im Text explizit betont wird –, grenzt Marthas forsches Auftreten an Unhöflichkeit (vgl. z.b. M 106, 126), und bezüglich hausfraulicher Pflichten ist die englische Gewohnheit des Tee-Kochens »das einzige Frauengeschäft, das sie pflegt« (M 124). Dabei jedoch unterscheidet sie sich durch ihre ansprechende, weibliche Erscheinung

> wesentlich von den Kolleginnen. Ihre Kleidung verriet Geschmack und Freimut, ohne irgendwie Wissenschaftlichkeit durch Vernachlässigung oder Männlichkeit durch Stehkrägen und Mannshut zu betonen. Sie folgte der Reformmode, ohne die Grazie aufzugeben. (M 112)

Martha wird von den anderen Studentinnen, deren Charakterisierung das Klischee des Blaustrumpfs zugrunde liegt,[66] deutlich abgegrenzt. Diese Frauen werden eindeutig einer Art ›drittem Geschlecht‹ zugeordnet, welches im Roman als Wesensentfremdung abgewertet wird und somit für Ulrich, der an der ›Natur‹ interessiert ist, keiner Beschäftigung wert ist.

In bezug auf Martha ist die Frage, ob das natürliche »Weibchen« in ihr noch voll entwicklungsfähig ist, offen. Für Ulrich geht es darum, herauszufinden, ob ihre zur Schau getragene Art ihr ganzes Wesen ausmacht oder künstlich und inszeniert ist und überwunden werden kann. Im Gegensatz zu ihr, die mit ihrem Urteil über Ulrich und die Männer im allgemeinen – »Martha Rörs liebte das Wort typisch« (M 110) – schnell bei der Hand ist, ist er bezüglich einer Einschätzung Marthas unsicher. Er könne sie, betont er, »mit keiner Vermutung erledigen«, und zwar weil sie nicht offen agiere, ihre »Äußerungen […] zu geschürzt« seien (M 127). Die Beobachtung ist allerdings bereits als deutliches Signal dafür zu verbuchen, daß an dieser Frau etwas nicht ›stimmt‹, sie in noch nicht genau festzulegender Weise ›falsch‹ ist. Die Frage, warum der Held das nicht sofort erkennt und warum er sich überhaupt für diese Frau interessiert,

---

66 Vgl. z.B. die Darstellung Dr. med. Josefine Braads (M 157 f. u.ö.) oder Ulrichs Charakterisierung weiterer Kolleginnen (M 127, M 169).

führt auf das funktionale Handlungsgefüge des Romans. Marthas Widersprüchlichkeit, die im Laufe der Handlung immer mehr als Abfallen von der ›Natur‹ ausgelegt wird, wird zum Anlaß, grundlegende Positionen zu verhandeln, »Gespräche einer Umbruchszeit«[67] auszutragen. Mit der zunehmenden Diskreditierung von Marthas Verhalten geht eine Bewertung ebendieser Positionen einher, als deren Repräsentanten Ulrich auf der einen Seite und Martha auf der anderen fungieren. Die ›subversive Stimme‹, die durch die Studentin eingebracht wird, wird zunehmend demontiert, so daß sie nicht nur ihr argumentatives Potential verliert, sondern – im Sinne Greenblatts – gleichzeitig dazu beiträgt, die Ordnung, für die Ulrich einsteht, zu festigen.[68] Welche Strategien der Demontage aber liegen vor und welche Bedeutung haben sie für das zu promovierende ideologische Gedankengebäude?

### Sprache und Körper

Mit der – von einer männlichen Figur gestellten – Frage nach der Weiblichkeit der Studentin ist die Ausgangssituation ähnlich wie in Lou Andreas-Salomés *Fenitschka*. Die Gestaltung der weiblichen Hauptfigur erweist sich jedoch als konträr. Im Gegensatz zu Fenia, deren Wesen in sich geschlossen ist, ist Martha mit sich selbst im unreinen. Das Widersprüchliche, das an Fenia von außen herangetragen wird, stellt sich bei Martha als innerer Konflikt dar. Dieser Konflikt wird über eine Entgegensetzung von verbalen und körperlichen Äußerungen ausgeführt. Es ist vor allem das, was sie sagt, was bei Ulrich Irritation hervorruft. Ihre Worte seien »zu geschürzt«, um ihr Wesen erkennen zu können (M 127), und anläßlich eines Disputs über die Geschlechterfrage scheinen ihm ihre »Entschlossenheit, ihre Übertreibungen […] künstlicher als vordem«, so daß er mutmaßt, sie habe »einen Mangel zu decken, unter dem ihr Gemüt l[eidet]« (M 140).[69] Dabei konterkariert der Körper das, was sie sagt: Erröten, Erblassen, ein weicher Blick, Tränen (M 184), mitunter zitternde Hände (M 142) fungieren als Zeichen ihres »Gemüts«. Wenn es allerdings an der Stimme Besonderes zu vermerken gibt, so handelt es sich jeweils um Momente der Kälte (vgl. z.B. M 201, M 252). Vernunft

---

67 *Sebastian Karst*, II. Teil, S. 147.
68 Vgl. Greenblatt, *Verhandlungen*, S. 71.
69 Hier liegt zunächst einmal nur die Wiedergabe der subjektiven Gedanken einer Figur vor, die aber zunehmend durch andere Figuren (den Finanzrat, Martha selbst) sowie durch den auktorialen Duktus, der Ulrichs Meinungen immer deutlicher legitimiert, bestärkt werden.

(vgl. bes. M 186), Wille und – als Ausdrucksmittel – Sprache bilden einen Motivkomplex, der in Opposition zum Bereich von Gefühl und Gemüt mit dem Ausdrucksmittel des Körpers gesetzt wird. »Der Mann ist von der Frau gewöhnt worden, ihren körperlichen Äußerungen eine tiefere Bedeutung beizumessen als ihren Meinungen« (M 129), so lautet ein frühes Urteil Ulrichs, das gerade durch Martha exemplifiziert wird.

Zum deutlichsten Bild für Marthas Zwiespalt wird bezeichnenderweise ihr Mund, symbolischer Ort für die Verbindung der Sprache mit dem Körper. Hat Martha ihren Mund einerseits unter Kontrolle (vgl. M 104, M 201) und spricht er auch das aus, was sie will, verrät er doch andererseits in Momenten großer Erregung ihren Seelenzustand. An ihren Mundzügen erkennt Ulrich die »Entschlossenheit«, die es sie kostet, kalt zu ihm zu sprechen, obwohl ihre »Brust [...] schnell [geht]« und damit andere Gefühle erahnen läßt (M 201). Sie leidet, so wird impliziert, an einem Konflikt zwischen rationalem Entschluß und emotionalem Wunsch. Nach einem gemeinsamen Ausflug, der unter dem Zeichen von seelischer und erotischer Anziehung stand, besteht Martha auf einer getrennten Heimfahrt. Im abfahrenden Bus sitzend, offenbart ihr zukkender Mund, daß sie doch nicht so »schnell wieder bei [sich]« ist, wie Ulrich ihr vorgeworfen hatte. Ulrich, der nicht weiß, »wars Spott, oder tat auch sie sich Gewalt an«, wird bald aufgeklärt, daß es sich um letzteres handelt, denn in dieser Nacht kommt es zum Liebesakt zwischen beiden. Marthas Liebeserklärungen gegenüber Ulrich vollziehen sich nicht sprachlich, sondern auf körperlichem Wege. Während Ulrich seiner Liebe in – allerdings abstrakten, in einen philosophischen Kontext eingebetteten – Worten Ausdruck verleiht, sprechen auf Marthas Seite fast ausschließlich die erwähnten körperlichen Anzeichen, schließlich natürlich die (von ihr initiierten) sexuellen Handlungen von ihrer Zuneigung. Abgesehen von einzelnen Momenten, in denen sie Ulrich ihr Vertrauen zu ihm gesteht, sind die mündlichen und schriftlichen Äußerungen, die Ulrich gelten, von Abwehr geprägt und von ihren frauenpolitischen und emanzipatorischen Überzeugungen motiviert.

Die strukturelle Opposition zwischen einem rational und einem emotional determinierten Bereich wird durch Marthas Tätigkeitsfelder weiter vertieft. Die frauenpolitische Arbeit, der Sport, auch ihr Studium (vgl. M 155 f., 160) können als je unterschiedliche Bemühungen verstanden werden, der rational bestimmten Seite ihres Wesens die Oberhand zu verschaffen und ihre Gefühle für Ulrich und ein körperliches Begehren zu unterdrücken.

Die beiden einander widersprechenden Seiten Marthas (Sprache/Wille versus Körper/Gefühl) werden mit fortschreitender Handlung immer deutlicher beurteilt, und zwar sowohl durch auktoriale Erzählerkommentare als auch durch die Figuren selbst: vor allem über Ulrichs Gedanken und die Kommentare des Finanzrats. Den traditionellen Geschlechterdichotomien entsprechend, liegt im Bereich des Körperlichen, Gefühlsorientierten das positive Potential Marthas, ihre ›eigentliche‹ Natur, die sie über Rationalisierungen zu unterdrücken versucht. Die Sprache wird dabei zum Mittel dieser Rationalisierungen. Im Konzept des Romans bleibt dabei vage, wie denn diese ›eigentliche‹ Natur konkret aussehen soll. Sie zeigt sich lediglich ex negativo, in dem, was ihre körperlichen Reaktionen als eben nicht ›natürlich‹ offenbaren.

Ein genauerer Blick auf den Verlauf der Streitgespräche mit Ulrich macht deutlich, daß im Fall Marthas ein seltsames Verhältnis zwischen Gedankenbildung und Sprachproduktion besteht. In den Diskussionen ist Martha zunächst einmal die schöne Kämpferin, deren Thesen allerdings den Repliken Ulrichs nicht standzuhalten vermögen. Im übrigen werden ihre Redebeiträge als vorschnell und oberflächlich dargestellt und als zu leidenschaftlich abgewertet: Sie leiden – so die Meinung von Ulrich und dem Finanzrat – »am Übermaß«, was durch den auktorialen Erzähler als typisch weibliche Eigenart eingestuft wird (M 163). Ulrich, der eine geschlossene Weltanschauung vertritt, behält am Ende immer recht, Martha bleibt in stummer Verstimmung zurück oder wechselt die Gesprächsebene. Obwohl sich ihre Argumente in der direkten Konfrontation als die schlechteren erweisen, läßt Martha von ihren Meinungen nicht ab. »Konnte sie überhaupt nachgeben?« fragt sich Ulrich (M 140), der in ihrem Diskussionsverhalten etwas Künstliches, Konstruiertes bemerkt, das eher auf ihren Willen als auf natürlich gewachsene Überzeugungen schließen läßt. Daß Marthas Wille tatsächlich eine wichtige Rolle für die Meinungsbildung zukommt, zeigt sich daran, wie sie mit ihren Niederlagen umgeht. Um doch noch das letzte Wort zu behalten, setzt sie sich bereits nach der ersten Unterredung mit Ulrich an ihren Schreibtisch, wo sie ihn in ihrem »schöngebundene[n] Großquartbuch« »schwarz auf weiß widerlegt« (M 110) – dies allerdings in inhaltlicher Verdrehung seiner Argumente und mit starken Verallgemeinerungen, die in »Betrachtungen über die männliche Natur« münden.[70] Sprache dient hier nur noch als Mittel der Selbstsuggestion. Bis zu einem gewissen Grad funktioniert Marthas Taktik, sich durch Rhetorik selbst zu überzeugen. Insofern kann eine Äußerung des Finanzrats über den Zeitungs-

---

70 Man beachte die polemische Umkehrung des zeittypischen Diskurses über ›die‹ Frau; hier noch dazu dienend, das Unvermögen Marthas zu unterstreichen.

journalismus auch auf Martha bezogen werden: »Der Buchstabe tötet nicht nur, er hypnotisiert auch, und das ist schlimmer.« (Vgl. M 166.) Der Erfolg ihrer Reden auf Frauenversammlungen zeigt, daß sie auch andere zu überzeugen versteht. Freilich handelt es sich dabei um Frauen, bei den Männern, mit denen sie diskutiert, nämlich Ulrich und ihrem Onkel, hat sie, wie bereits angedeutet, einen schwereren Stand. Marthas leichtfertiger Umgang mit Worten steht in deutlichem Kontrast zu Ulrichs Sprachnot. Während er darunter leidet, häufig nicht den richtigen Ausdruck für seine Gedanken zu finden (vgl. M 49, 51), hat Martha den Ausdruck immer schon parat, die Gedanken, so scheint es, folgen nach. Der meinungsbildende Ausdruck kann dabei sogar entliehen sein: Wenn die Zweifel an den eigenen Meinungen durch Ulrichs Gegenargumente besonders stark geworden sind, sucht Martha Rückenstärkung in England, dem Land, das (zusammen mit Nordamerika) für die Frauenbewegung im 19. und beginnenden 20. Jahrhundert Vorbildfunktion hatte.

Eine solche Situation, in der sich Martha der eigenen Überzeugungen nicht mehr sicher ist, entsteht durch die wachsende geistige und emotionale Annäherung zwischen Martha und Ulrich. Die »Liebesgeschichte«[71] bietet die Gelegenheit zur Entfaltung von Ulrichs Lebensanschauung – und damit grundlegender Elemente von Kolbenheyers ›Theorie‹ – im Modus eines möglichen Glücks. Innerhalb der beginnenden Liebesbeziehung fängt Martha an, Ulrichs Anschauungen zu akzeptieren. Der Verlust ihrer eigenen Position ist dabei im Text in keiner Weise negativ konnotiert. Er ist in der Logik des Romans nicht als Aufgabe von Eigenart zu sehen, sondern er steht im Gegenteil für den Rückgewinn eigener Natur. Indem sich Martha aufgrund ihres Gefühls von falschen intellektuell erzeugten Vorstellungen zu trennen beginnt, wird sie fähig, Glück durch die Einheit mit dem geliebten Mann zu empfinden. Glück aber hatte Ulrich in einer Rede über die ideale, sich gegenseitig »ergänzende« »Gattenwahl« als »Merkmal für unsere Übereinstimmung mit der Natur« definiert (M 182). Martha erlebt angesichts dieses Gesprächs über Liebe, Glück und Einklang mit der Natur eine Wandlung: Sie

> hatte lange und tapfer gegen seine Stimme angekämpft. Die Unerbitt-
> lichkeit Ulrichs hatte sie gezwungen. Sie wußte sich überwältigt, doch
> fühlte sie keine Unlust. Ihr war sicher und wohl neben diesem starken
> Willen, der seine Anschauungen zur Gewißheit durchkämpfte. Sie
> schwieg nun, aber sie schwieg mit ihm. Sie sah in die gleiche Richtung
> wie er. Zwischen den hohen Lebensbäumen grüßten dieselben ent-

---

71 *Sebastian Karst*, II. Teil, S. 147.

laubten Hügel, die auch vom Salettl und vom Balkon aus sichtbar waren. Der gewohnte Anblick ließ beide ihrer Einheit bewußt werden. (M 182 f.)

Wenig später bittet Martha Ulrich um einen Kuß »[a]uf den Mund ...« (M 194). Die kritische Haltung, die Martha vertreten hatte, ist einem ›natürlichen Glück‹ gewichen, die Wahrheit von Ulrichs Position hat sich strategisch eindrucksvoll bewiesen.

Über das Scheitern dieses als Ideal inszenierten Zustands dokumentiert sich die antiemanzipatorische und nationalchauvinistische Stoßrichtung von Kolbenheyers Ansatz. Es zeigt sich, daß Martha noch nicht bereit oder nicht fähig ist, den ›natürlichen Instinkten‹ ihren Lauf zu lassen. Was innerhalb der Romanhandlung als beginnende Entwicklung zum Glück dargestellt wird, bewertet Martha als bedrohliche Identitätskrise. Dem im Roman vorgestellten Ideal, nämlich Glück durch Vereinigung sich gegenseitig ergänzender Elemente (hier Mann und Frau), steht Marthas Lebensentwurf der Selbständigkeit entgegen. Die Emanzipation der Frau wird so als Bestrebung denunziert, die der ›Natur‹ zuwiderlaufe. Sie bewirke die Spaltung der Geschlechter unter dem Postulat prinzipieller Gleichheit zwischen Mann und Frau, wo umgekehrt von der prinzipiellen Ungleichheit ausgegangen werden müsse: von Geschlechtscharakteren, die ihren spezifischen Beitrag leisten und durch Partnerschaft und Familie wieder zu einer Einheit würden (vgl. M 178 f.). Marthas eigenständiger und emanzipierter Lebensentwurf wird in der Handlung des Romans als ein künstlich erzeugtes Hindernis für ein ›natürliches‹ Glück stilisiert. »Verwerfen Sie nur ihr Leben! [...] Und verleugnen Sie den Einzigen – gleichgültig ob ich das bin oder ein anderer – mit dem vereint Sie zu Ihrem Wesen hätten gelangen können« (M 203), wirft Ulrich ihr vor. Marthas Tragik besteht darin, daß sie sich nicht zu dem Glück an Ulrichs Seite durchringen kann. Ein ohnehin geplanter Aufenthalt in England schafft – aus ihrer Sicht – Rettung aus der Gefühlsverwirrung: Eine ernüchterte Martha kehrt zurück, ausgestattet mit neuem Propaganda-Material, das ihr helfen soll, sich gegen die geistige und körperliche Anziehungskraft Ulrichs zur Wehr zu setzen. Sie überreicht Ulrich eine englische Broschüre, die sie anstelle ihrer eigenen Person sprechen lassen möchte. »Das werden Sie nicht so leicht widerlegen. Es ist geistvoll geschrieben und gibt die ganze Idee der Frauenbewegung am treffendsten«, sagt Martha und fügt hinzu: »Mit dem Inhalte weiß ich mich völlig eins.« (M 202) »Dann ist es schade, daß diese wenigen bedruckten Blätter den einzigen Zugang zu Ihnen bilden, [...] ich kenne Sie anders«, entgegnet Ulrich, womit er wieder auf den für Martha konstitutiven Gegensatz zwischen einer vorgeblichen und einer ›eigentlichen‹ Art anspielt. Wie schon zuvor wird über Ulrichs Einwürfe, die den gesetzten Gesprächsrahmen durchbrechen, ihre Haltung als aufgesetzt dargestellt. Ihre – sich körperlich und gestisch ausdrückende – Reaktion (sie errötet und weicht zurück) ist erneuter Beweis dafür, daß Ulrich mit seiner Aussage den Kern getroffen und es geschafft hat, die ›echte‹ Martha anzusprechen. Was von der Tatsache zu halten ist, daß sie ihre Wahrheit bei anderen und noch dazu im Ausland gesucht hat, macht Ulrich unmißverständlich – und mit nationalchauvinistischen Anklängen versehen – klar:

> Sechs Wochen unter starken, äußern Eindrücken genügen Ihnen, um Ihr Eigentum zu erkennen, andre sechs Wochen mögen Ihnen wieder etwas andres beibringen. Haben Sie jede von den Wortführerinnen da drüben auf Herz und Nieren geprüft? Jede, die sich an Ihre Idee hängt? – Idee! Was ist so eine Idee dem einen einzigen Leben gegenüber, das Sie und ich und jeder, der wahrhaft sein will, in sich trägt! Je lauter die Idee, desto weniger Eigentum steckt dahinter – desto größer ist der Haufe von Lügnern um die Idee, der sich abgefunden hat, weil er nicht stark oder nicht intelligent genug war, sein Eigentum zu gewinnen. Die Idee wird Markt, und Menschen sollten wir sein. [...]
> Wer sagt Ihnen, daß jener Haufe dort drüben Ihre Welt ist? Sie sind eine Deutsche. Ich weiß, Sie haben Gemüt, wenn Sie es auch verleugnen. (M 204)

Ausgerechnet der Studentin und öffentlichen Rednerin wird die Stimme als Ausdruck des Eigenen abgesprochen: Statt – durch ihre universitäre Ausbildung befördert – wahre Erkenntnisse zu vermitteln, geht von Marthas Worten neben oberflächlicher Meinungsmache vor allem eines aus: die Verleugnung der eigenen inneren Natur.

## 2.3 Symbolische Differenzbildung: Geschlechtermodell und Zivilisationskritik

Die Geschlechterdifferenz erhält im Roman ihre eigentliche Bedeutungsdimension im Kontext einer Zivilisationskritik. Obgleich in ihrer grundsätzlichen Aussage geschlechterübergreifend, wird sie über eine Frau und Studentin entfaltet. Daß dabei die Rollenzuweisung nicht zufällig, sondern im Gegenteil konzeptionell mitgedacht ist, gilt es im Folgenden darzulegen.

Zunächst ergibt die Betrachtung der männlichen Figuren, besonders natürlich Ulrich Bihanders, daß die Dichotomien, die der Konzeption zugrunde liegen, eine nationale und gegenwartskritische Wendung erfahren, die sich auf beide Geschlechter bezieht und auf dem Gegensatz von Äußerlichkeit und Innerlichkeit beruht. Über die Hauptfigur, den Studenten Ulrich, ist diese grundlegende Opposition bereits in der prinzipiellen Haltung zum Studium und der Wahrnehmung der Landschaft ausgestaltet. Aber auch die Gespräche über den Sport, den Journalismus und über Öffentlichkeit, die in eine weitreichende – und durchaus zeittypische – Kritik von Erscheinungen der Moderne münden, machen eines deutlich: Innerlichkeit, Stimmung und Gemüt, die als Charakteristika ›deutscher Tiefe‹ verbucht werden (vgl. M 204), werden als positive Werte gegen eine geistig-kulturelle Verarmung des modernen Menschen gesetzt.

»[W]ir sind zu sehr daran gewöhnt, Kultur und Zivilisation zu verwechseln« (M 131), sagt Ulrich und macht damit einen Gegensatz auf, der für das Verständnis von *Montsalvasch* grundlegend ist. Das moderne Gesellschaftswesen, der Staat, das alltägliche Leben, der Sport, auch die Kunst, sofern sie keinen die Zeiten überdauernden Ewigkeitswert hat, seien, so Ulrich, der »Zivilisation« zuzuordnen. Den Auswüchsen der modernen Zivilisation gilt seine Verachtung:

> Zeitalter des wohletikettierten Durchschnittsfanatismus wird unsere Zivilisation genannt werden. Und der Historiker wird seine Beweise leicht führen. Er wird sagen:
> Man beruhigte sich in jener Epoche am besten mit Statistik. […] Statistik war Wissenschaft geworden, dabei glaubte man allen Ernstes über Traumdeutung hinausgekommen zu sein. Jene Zivilisation entbehrte dabei keineswegs erhebender Momente. Die lassen sich aber alle unter einen Begriff bringen, der heißt: Rekord. Der Rekord ist in der Zivilisation, was die Kulturtat in der Menschheitsentwicklung ist. (M 131 f.)

Der Begriff der »Menschheitsentwicklung« deutet an, daß für »Kultur« ein ganz anderer Zusammenhang aufgebaut wird, innerhalb dessen die »Kulturtat« als natürlicher Prozeß des evolutionären Fortschreitens interpretiert wird. »Die Kulturtat steht im Wachstum der Natur«, verkündet Ulrich (M 131) und alludiert damit ein Konzept, welches Kultur und Natur miteinander verbunden sieht. Es wird zwar eine unüberbrückbare Kluft zwischen der menschlichen Kultur und dem »heimliche[n] Leben der Natur« (M 61) konstatiert: »Von dem reinen Leben ist der Mensch weit und weiter mit seinem Bewußtseinsleben in die Kultur abgefallen« (M 61). Dennoch bilden beide Begriffe keinen Gegensatz. Kultur wird vielmehr zur menschlichen Variante eines Wachstumsstrebens, das sich in die Natur eingebunden weiß und in ihr das große Vorbild und Muster hat. Ulrich setzt die Kultur mit einem »Voranschritt in der Entwicklung« gleich (M 130), wodurch ihr ein evolutionäres Element zugeschrieben wird, das naturgegeben und zwangsläufig ist.

Die Konstruktion nimmt Kolbenheyers biologistisches *Bauhütten*-Konzept vorweg, das mit Begriffen wie »Plasma« (als urelementare »Grundkraft des Lebens«)[72] und »plasmatischer Kapazität« (als vitales Potential, sich neuen Lebensbedingungen anzupassen) operiert. Vom »menschlichen Plasma« ist dort die Rede, von »aktiver Anpassung«, die dem Menschen im Gegensatz zu Tieren und Pflanzen eine gewisse steuernde Einwirkung zubilligt, wiewohl der einzelne lediglich als Funktionsträger innerhalb ›natürlicher‹ Gruppen wie etwa der Familie eine Bedeutung trage.[73] Der einzelne Mensch wird hier nicht als eigenständig handelndes Individuum verstanden. Vielmehr bleibe er von der abstrakten Macht des Plasmas abhängig, das in ihm wirke – eine Vorstellung, die an das psychoanalytische Modell menschlicher Triebstruktur erinnert. Kultur ist in Kolbenheyers System (aktive) Orientierungsform des menschlichen Plasmas und damit nichts anderes als die Ausdruck gewordene ›Natur‹ des Menschen.

Sowohl die übergeordnete Rolle der Natur als auch die untergeordnete des Individuums, das in der *Bauhütte* zum »Funktionsexponenten überindividueller Individuationen (Familie, Stamm, Volk, Rasse)«[74] des menschlichen Plasmas wird und damit nicht mehr viel mit dem autonomen, selbstbestimmten Subjekt des Idealismus zu tun hat, werden in *Montsalvasch* ausgebreitet.[75] »Das Individuum ist eine Fiktion«, verkündet Ulrich und erklärt Martha, daß sie in ihrem Bestreben, die Emanzipation der Frau und damit ihre Loslösung aus einer Geschlechtersymbiose voranzutreiben, der Natur an sich entgegenarbeite.

---

72 Wandrey, S. 142.

73 Vgl. Kolbenheyer, *Bauhütte* (zit. wird hier nach der Gesamtausg. d. Werke letzter Hand: *Die Bauhütte. Grundzüge einer Metaphysik der Gegenwart.* Darmstadt 1968): »Plasma« (S. 30), »plasmatische[] Kapazität« (S. 39), »menschliche[s] Plasma« (S. 413), »aktive[] Anpassung« (S. 269).

74 Kolbenheyer, *Bauhütte*, S. 79.

75 Dies ist eine ungewöhnliche Konstellation für einen Bildungsroman. In diesem Zusammenhang verdient auch der irritierende ursprüngliche Untertitel *Ein Roman für Individualisten* Beachtung: »[D]er Untertitel […] wird vielleicht gerade einen Kenner der Kolbenheyerschen Philosophie befremden. Ist das ironisch gemeint oder war der Dichter damals noch in den Täuschungen des idealistischen Individualismus befangen? Weder dies noch das. Der Untertitel bedeutet lediglich eine Aufforderung, mit Ulrich Bihander um seine Selbstgewinnung zu ringen.« (Wandrey, S. 276.)

Wir lernen sehen, daß wir an und für uns selbst nichts sind, daß nur eine Gemeinschaft uns weltlebendig macht. […]
Es kann doch nur einen Daseinswert geben: über die Person zur Persönlichkeit, über das selbstbewußte Ich zur selbstfühlenden Sehnsucht zu gelangen, gleichgültig auf welchem Weg. Seinen Anteil an der großen Entwicklung gewinnen! Das ist aber nicht möglich, wenn man den andern zu überhetzen trachtet. Das ist nur möglich, wenn man in Mensch und Natur seinen Teil fühlen, ergreifen, an sich binden, in sich halten lernt, gleichgültig wie immer. Glauben Sie, daß die Natur zu solcher Unterschiedlichkeit der Einzelwesen gelangt wäre, wenn nicht eben in der Ergänzungsnotdurft das einzige Lebens- und Entwicklungsprinzip läge? Warum suchen Sie nebenzuordnen, was die Natur geschieden hat, daß es, einander ergänzend, das Leben steigere? (M 178 f.)

Der Vorwurf gegenüber Marthas frauenpolitischen Tätigkeiten liegt darin, daß sie zu trennen versuche, wo sie den Drang zur Einheit befördern sollte (vgl. M 178). Marthas sozialkritische Einwände, die sich auf die geringeren Berufschancen der Frauen beziehen und darauf, daß Frauen in einer Ehe die eigene Existenz aufgeben müßten, haben nur innerhalb einer immanent bleibenden Zivilisationskritik ihren Ort, in Kolbenheyers organizistischem Modell[76] wird ihnen keine Relevanz zuerkannt.

Während Marthas Engagement für die Frauenemanzipation einer Zivilisation geschuldet ist, die sich immer weiter von der Natur entfernt, ist Ulrichs Projekt, »ein Mensch [zu] werden« (M 16), das seinen Bildungsweg leitet, ganz einer Kultur verpflichtet, die die Übereinstimmung mit der Natur anstrebt. Bereits Ulrichs Eingangsplädoyer für das Philosophiestudium, mit dem er seine Mutter von der Fächerwahl überzeugen will, macht dies deutlich:

Jetzt will ich eine Arbeit haben, die mit mir wächst, kein Ziel. Jetzt will ich ein Mensch werden und kein Pensionsanwärter. Weißt Du, Mutter, ich habe Hunger nach dem eigentlichen Leben. […] Ich will heraus aus den Wahrheiten, die sich drucken lassen, die man aus jedem Lexikon holen kann. Ich will endlich auf das Leben kommen, das hinter den Tatsachen steckt. (M 16)

76 Zum Begriff vgl. Konersmann, Ralf: *Organizismus.* In: *Historisches Wörterbuch der Philosophie.* Hrsg. v. Joachim Ritter u. Karlfried Gründer. Neubearb. Ausg. v. Rudolf Eisler. Bd. 6. Darmstadt 1984, Spalte 1358-1361.

Ein »Mensch« wird man offensichtlich nur, wenn man dem Leben, und zwar dem »Urelementare[n]«[77] des ›Plasmas‹ Kolbenheyerscher Prägung, nahekommt.

### Literatur als Medium

Betrachtet man die Beziehung von Ulrich und Martha, wird das Artifizielle der Figurenkonstellation deutlich, die auf etwas anderes zielt als auf die individuelle Geschichte zweier Menschen. Die Anlage des Romans als Illustration weltanschaulicher Überzeugungen des Autors ist bereits früh, und zwar noch bevor die theoretischen Schriften vorlagen, erkannt worden: In seiner Rezension von 1912 spricht Julius Hart von einem »symbolischen Geschehen«, mittels dessen Kolbenheyer seine »Lebenslehre verkünden« wolle. Innerhalb dieser Lehre lasse sich – so Hart – »auch eigentlich von keinem Ich sprechen«.[78]

Die Figur der Studentin Martha Rörs ist als Kontrastfigur zum Protagonisten Ulrich Bihander konzipiert. Im Sinne der Kolbenheyerschen Theorie verkörpert Ulrich das Ideal eines Menschen, dessen Streben darauf gerichtet ist, das Wesen der Natur zu erkennen und im Einklang mit diesen Erkenntnissen zu leben.[79] Über die Figur der Martha dagegen – so die These – werden gegenläufige Tendenzen ausgetragen, die den Idealtypus, um den es eigentlich geht, deutlicher zutage treten lassen.

In der Konstruktion der Figuren spiegelt sich zunächst einmal eine antithetische Grundstruktur wider. Die in Gegensatzpaaren aufgebauten Motivkomplexe in *Montsalvasch* (Kultur – Zivilisation; Körper – Vernunft; Wachsendes – Absterbendes; Eigenes – Fremdes; Inneres – Äußerliches) werden durch gleichfalls gegensätzliche Figuren repräsentiert. Vor allem die Opposition zwischen Ulrich und Martha wird dabei bedeutungstragend. Alle für Ulrichs Entwicklungsgang zentralen Faktoren, nämlich Herkunft, Haltung zum Studium, Einsicht in menschliche Natur (und das schließt die Frage von Geschlechtscharakteren ein) und die prinzipielle Einstellung zum Leben, finden ihren Widerpart in Martha. Die Konstruktion basiert zugleich auf einer Asymmetrie: Ulrich Bihander ist die zentrale Gestalt, die Figur seiner Antagonistin ist davon abgeleitet, um das ›Eigentliche‹ besser zur Darstellung zu bringen. Die Art, in der

77 Wandrey, S. 142.
78 Hart, Julius: *Montsalvasch*. In: *Der Tag*. Illustrierter Teil, 6.8.1912, o.S.
79 Conrad Wandrey hat Ulrichs exemplarisch zu verstehenden Lebensweg als direkte Veranschaulichung des in der *Bauhütte* dargelegten Lebensphasenmodells gedeutet; vgl. Wandrey, S. 275 f. Vgl. dazu: Kolbenheyer, *Bauhütte*, S. 381-459.

Martha zur Trägerin der Zivilisationskritik wird, zeigt dabei, daß sie nicht als eigenständige Persönlichkeit und mögliche Identifikationsfigur, sondern als negative Kontrastfolie zu Ulrich konstruiert ist. So stammt Ulrich aus einer lebenstüchtigen Familie, Martha aus dem dekadent gewordenen Großbürgertum. Sein Philosophiestudium ist auf die Erweiterung des eigenen Wesens ausgerichtet, sie möchte möglichst schnell den Doktortitel erwerben. Er entwickelt seine Gedanken aus eigenen Überzeugungen heraus, leidet indes unter einer prinzipiellen Sprachskepsis, während Martha rasche Urteile fällt, die sich als von anderen entliehene herausstellen. Sein Ideal ist die Einheit allen Lebens, ihres die Frauenemanzipation, die im Roman mit Spaltung und Trennung der Geschlechter gleichgesetzt wird.

Marthas eigener Kampf gegen Aspekte der Zivilisation, unter denen sie als Frau leiden muß, enthält Elemente einer Sozialkritik, und zwar weniger durch die frauenpolitischen Thesen, die sie äußert, als vielmehr durch ihr eigenes Leben: Ihr Familienleben war davon bestimmt, daß ihre Mutter sie »seit ihrem siebzehnten Jahr an aussichtsreiche Karrieren zu verheiraten gesucht« hatte (M 212), so daß sie sich schließlich, um einer unerträglich gewordenen Situation zu entkommen, von den Eltern losgesagt hat. Diese Konsequenz wird positiv bewertet, und zwar vor allem von Ulrich, der darin die Handlungsweise einer starken Persönlichkeit sieht, die in der Lage ist, sich von zivilisatorischen ›Defekten‹ zu befreien. Diese Befreiung aber hat Grenzen, da sie sich auf der Ebene der Zivilisation vollzieht: Martha setzt auf Frauenemanzipation und Beruf, um den familiären Zwängen zu entkommen. Sie gewinnt eine relative Freiheit als Frau innerhalb der modernen Gesellschaft, ist damit aber einer ›natürlichen Kultur‹ um keinen Schritt nähergekommen. Im Gegenteil, indem sie ihre ›Geschlechtsnatur‹ verleugnet, entfremdet sie sich dem Leben immer weiter (vgl. M 255). Tatsächlich wird noch im Schlußplädoyer des Finanzrats Marthas »Freiheit« explizit dem »Leben« entgegengesetzt (M 255). Die Sozialkritik, die sich über das Problem der Konvenienzehe andeutet, bleibt unausgeführt, statt dessen wird eine daraus resultierende Frauenemanzipation als naturwidrig dargestellt. Anhand der Figur der Martha Rörs zeigt sich, daß es in *Montsalvasch* um die Entfaltung und Veranschaulichung einer Weltsicht geht, die menschliche Entwicklung nicht im Kontext historischer und sozialer Prozesse interpretiert, sondern als Naturentwicklung versteht. Konkrete gesellschaftliche Zustände werden dabei als eine Art Krankheitssymptom verstanden.

Mit dem Zusammentreffen der beiden entgegengesetzten Personen beginnt für beide dennoch zunächst eine positive Entwicklung, die über das Motiv der Schwangerschaft, und zwar einer körperlichen bei Martha und einer geistigen bei Ulrich (vgl. z.B. M 155), versinnbildlicht wird. Im Gegensatz zu Ulrich jedoch, der diesen Prozeß für seine eigene Erweiterung zu nutzen versteht, wird er von Martha abgebrochen, deutlich markiert durch die Abtreibung, die Martha von der Doktorin Braad vornehmen läßt. Diese Abtreibung erhält eine symbolisch-mythische Dimension. In der Konzeption des Romans wird ihre Handlungsweise nicht als durch soziale Verhältnisse erzwungen dargestellt, sondern Martha versündigt sich mit ihrer Tat am Leben selbst und beweist damit gleichzeitig, daß Ulrichs Liebe zu ihr ein Irrtum war. Mit der Abtreibung wird ein Handlungselement eingebracht, das im öffentlichen Diskurs ein Tabuthema darstellte. Kolbenheyer nutzt die Wirkung und diskursive Besetzung dieses Tabus für die Zuspitzung der Positionen und die endgültige Diskreditierung der emanzipierten Studentin.

Dabei entspricht es der Kolbenheyerschen *Bauhütten*-Philosophie, daß die irreversible Entfremdung von der Natur, die Martha am Ende offenbart, als erbbedingt motiviert wird. Ulrich muß erkennen, daß er sich im vitalen Potential Marthas – oder, in der Sprache der *Bauhütte*, in ihrer »plasmatischen Kapazität«[80] – geirrt hat. Die Lehre, die Ulrich am Schluß lernen muß, ist der unüberwindliche Faktor des ›Erbguts‹ – »metaphysisch«[81] gewendet wohlgemerkt: Es geht nicht um körperlich determinierte Defekte wie noch im Naturalismus, sondern um Verlust von Lebensenergie durch zivilisatorische Dekadenz. Die »in der Zivilisation verblutet[e]« »Hofratsfamilie« Marthas (M 141) verfügt über kein vitales Kapital mehr. Der Finanzrat, dem die Rolle eines quasi objektiven Kommentators zukommt, stellt fest, daß ein Kind beider ein Fehler gewesen wäre: »Es wäre vielleicht ein größeres Unglück für Sie geworden«, sagt er und meint damit die Anlagen des Kindes selbst: »Auch *ihr* [Marthas] Kind« wäre es gewesen, »und, Ulrich, wir sind nicht von der Art mehr, die wachsen kann« (M 254). Die Konstruktion geht also so weit, daß das Aussterben von Marthas Familie insinuiert wird. Der »Glückspilz« Ulrich (M 141) dagegen stammt aus einer Familie, die »auf gesundem und natürlichem Boden steht« (M 140), was sich nicht zuletzt auch darin ausdrückt, daß er »keine hochgeistige, literarische Mutter« hat (M 47). Die Lebensenergie, mit der Ulrich ausgestattet ist, befähigt ihn, Krisensituationen wie die am Ende des Romans zu überstehen.

Der Erzähler demonstriert dem Lesepublikum nicht nur durch das Verhalten der Studentin die Unhaltbarkeit ihrer Position, sondern läßt

---

80 Ebd., S. 39 u.ö.
81 Kolbenheyer selbst bezeichnet seine Theorie als ›metaphysischen Naturalismus‹, vgl. ebd., S. 436.

sie die Einsicht in die Überlegenheit der chauvinistischen Theorie schließlich selbst formulieren, und zwar in biologisch-evolutionärer Perspektive: »[D]u stehst anderswo ... weiter ...«, sagt Martha, die zuletzt immer weniger Zugang zu Ulrichs Haltung findet (M 237). Während Ulrich bescheinigt wird, er sei ein »Mensch«, der dem Leben und damit der Natur nahe ist (M 254 f.), hat Martha am Ende nichts mehr an sich, was zuvor – über den Körper – immer noch Gefühl und ›weibliche Natur‹ verbürgt hatte. Die Schlußsituation präsentiert eine Martha, von der es heißt: »Ihre Stimme klang so gläsern, daß Ulrich bestürzt aufsah. Ihr Blick war leer, kein leisestes Liebeszeichen.« (M 252)

Die Demonstration seiner Weltanschauung im Medium der Literatur ermöglicht Kolbenheyer, eine Art narrative Evidenz zu erzeugen. Da die Handlung und die Figuren die Überlegenheit der Theorie veranschaulichen und bestätigen, kann sich der Erzähler auf seine quasi objektive Beobachterrolle zurückziehen und den literarischen Text für sich sprechen lassen. Auf diese Weise inszeniert Kolbenheyer in seinem Roman eine erfolgreiche Überprüfung seiner Ideologie. Dem anderen, hier der modernen, studierenden Frau, wird nicht nur die Ordnung oktroyiert, gegen die sie ursprünglich angetreten war, sie liefert sogar den Beweis für die Richtigkeit dieser Ordnung.[82] Da diese Überprüfung allerdings nicht an einem starken, sondern an einem von Beginn an ambivalent konzipierten Charakter durchgeführt wird, die zu unterwerfenden Gegenstimmen also unverhältnismäßig schwach ausfallen, ließe sich mit Greenblatt fragen, wie sicher sich die Theorie ihrer eigenen Stringenz überhaupt ist. Der Verdacht immerhin entsteht und wird dadurch genährt, daß sich der Autor veranlaßt fühlte, seinem Roman bei der Erstveröffentlichung eine »Warnung!« voranzustellen:

Der allezeit verantwortliche Autor bleibt dem Leser dieser Warnung nur die Aufklärung schuldig, wieso er überhaupt das Bedürfnis empfinde, Bücher zu veröffentlichen, die keinerlei dionysische Weihe tragen: Er fürchtet, daß seine Meinungen und Anschauungen [...] früher oder später und aus anderer Feder vor die Augen des ungewarnten Lesers kommen könnten, und er befürchtet, daß solche Meinungen dann weniger harmlos vorgetragen würden. Denn er hält seine Meinungen für entwicklungsreif. – So liegt der Autor in einem eigentümlichen Zirkulus Vitiosus befangen, ein Geständnis, das an und für sich genügt ...[83]

---

82 Vgl. Greenblatt, *Verhandlungen*, S. 57, 71.

83 Kolbenheyer, Erwin Guido: *Warnung!* In: Ders.: *Montsalvasch. Ein Roman für Individualisten*. München/Leipzig 1912. [Zwei Seiten, dem Roman o. Pag. vorangestellt.]

## 3. *Fenitschka* und *Montsalvasch*: die Studentin im Zentrum zeitgenössischer Diskurse über das ›Leben‹

Die Rolle der Studentin Fenia in Andreas-Salomés *Fenitschka* und die der Studentin Martha Rörs in Kolbenheyers *Montsalvasch* eröffnen eine weitreichende Perspektive: Beide, das haben die Analysen ergeben, werden innerhalb der Handlungen nicht nur als individuelle Charaktere profiliert, sondern stehen in einem Kontext, der auf zeitgenössische Debatten verweist. Dabei geht es nicht – wie in den behandelten Erzähltexten von Schirmacher, Frapan und Mensch – um konkrete sozialpolitische Fragen. Vielmehr wird in *Fenitschka* und *Montsalvasch* an grundsätzlichere Diskussionen angeknüpft, die um die Jahrhundertwende prägend und für die Fragestellung dieser Untersuchung von Relevanz sind: über die Beschaffenheit des Lebens, über die Wissenschaft,[84] über den Zustand der Gesellschaft, über das Geschlechterverhältnis.

Die Ergebnisse der Einzelinterpretationen zeigen die grundsätzlichen Unterschiede der beiden Studentinnen bei Andreas-Salomé und Kolbenheyer. Ein zentrales, handlungsmotivierendes Moment ist dabei, daß sowohl Fenia als auch Martha auf ihre Weise ›uneindeutig‹ sind. Diese Besonderheit beider Figuren wird jeweils völlig anders besetzt: Während die Unmöglichkeit, Fenia einzuordnen, als Problem auf die Kategorien der Gesellschaft und ihres Repräsentanten Max Werner zurückfällt, ist Marthas Persönlichkeit in sich nicht stimmig. Ulrichs immer wieder aufkommendes Unbehagen ihr gegenüber wird als nur zu berechtigt dargestellt. Von beiden Frauen geht eine Irritation aus, die für die Entwicklung der Romanhandlung eine entscheidende Rolle spielt. Diese Rolle unterscheidet sich in beiden Fällen diametral und knüpft, wie nachzuweisen sein wird, an konkurrierende weltanschaulich-philosophische Diskurse der Zeit an.

### 3.1 Kulturpessimismus und Zivilisationskritik in *Montsalvasch*

Als »Lebensboden«[85] für die Darstellung weltanschaulicher Zusammenhänge hat Kolbenheyer seinen Roman *Montsalvasch* bezeichnet. Die Analogien der inhaltlichen Aussagen zu zentralen Gedanken seiner spä-

---

84 Kritik am Wissenschaftsbetrieb findet sich auch in den behandelten Erzähltexten von Schirmacher und Frapan. Speziell in Ilse Frapans *Arbeit* nimmt sie einen zentralen Stellenwert ein. Sie ist dabei aber stärker sozialkritisch ausgerichtet und nicht philosophisch-weltanschaulicher Art.
85 Kolbenheyer: *Sebastian Karst*, II. Teil, S. 151.

teren theoretischen Schriften, speziell der *Bauhütte*, sind bereits dargelegt worden. Als »Lebensboden« der Theorie eignete sich der Roman aber gerade deshalb so gut, als Milieu, Figuren und Handlung so angelegt waren, daß die »Spannungsverhältnisse der Jugendlichen dieser Zeit« aufgegriffen werden konnten.[86] Aufgrund dieser Konstellation ist zu erwarten, daß Kolbenheyer sich mit seinem Konzept innerhalb des diskursiven Feldes der Jahrhundertwende positionieren wollte. Es stellt sich daher die Frage, welche Diskursanschlüsse in *Montsalvasch* produktiv gemacht werden. Die Thesen, die im Roman entfaltet werden, verweisen nicht auf eine einheitliche Theorie, sondern eher auf ein Netzwerk von zeittypischen Gemeinplätzen und – zum Teil disparaten – weltanschaulichen Konzepten. In *Montsalvasch* werden gleich mehrere ›brennende Fragen‹ der Zeit thematisiert und miteinander verbunden. Dabei knüpft Kolbenheyer, wie hier gezeigt werden soll, an bekannte Argumentationsmuster an: Es ergibt sich – im Sinne einer deutlichen Ideologisierung – das Bild verschiedener diskurserprobter Versatzstücke (Fortschrittsfeindlichkeit, konservatives Frauenbild, Journalismusschelte, ›Volk‹ als ›natürlicher Organismus‹, Englandfeindlichkeit), die in einen klar konturierten, eindimensionalen Deutungszusammenhang gebracht werden.

Der Zusammenhang, in dem das Verhältnis zwischen dem Studenten Ulrich und der Studentin Martha seine zentrale Bedeutung gewinnt, ist die Entgegensetzung von Kultur und Zivilisation. Kolbenheyer bedient damit eine ins 18. Jahrhundert zurückreichende begriffliche Tradition, die im 19. Jahrhundert Konjunktur hatte und sich im Umfeld des Ersten Weltkriegs zunehmend nationalisierte.[87] In der Begriffsgeschichte, in der auch für den deutschen Sprachraum zunächst die synonyme Verwendung festzustellen ist,[88] ist nicht zufällig gerade für das späte 19. Jahrhundert eine verstärkte Differenzierung der beiden Begriffe auszumachen:

---

86 Ebd., S. 147.
87 Vgl. Elias, Norbert: *Über den Prozeß der Zivilisation. Soziogenetische und psychogenetische Untersuchungen.* Bd. 1: *Wandlungen des Verhaltens in den weltlichen Oberschichten des Abendlandes.* 4. Aufl. Frankfurt a.M. 1997, S. 124-131, bes. S. 126, 131.
88 Dabei ging es bei beiden Begriffen um die Abgrenzung Europas (u. evtl. Nordamerikas) von den ›Naturvölkern‹, vgl. Fisch, Jörg: *Zivilisation, Kultur.* In: *Geschichtliche Grundbegriffe. Historisches Lexikon zur politisch-sozialen Sprache in Deutschland.* Hrsg. v. Otto Brunner, Werner Conze u. Reinhart Koselleck. Bd. 7. Stuttgart 1992, S. 679-774, hier: S. 740.

Neben den Anstößen aus der Wissenschaft spielte dabei ein zweiter Faktor eine Rolle: die zunehmende Infragestellung des mit den beiden Begriffen verbundenen Fortschrittsoptimismus. Wissenschaft und Technik zeitigten negative Folgen, nicht zuletzt auch im sozialen und politischen Bereich. Hier bot sich die Möglichkeit, die negativen Seiten dem einen Begriff aufzubürden[,][89]

nämlich der »Zivilisation«. Wurde »Kultur« davon ausgehend zum Gegenbegriff, dann so, daß »der Zivilisation am häufigsten die materielle Seite, das Äußerliche und das Nützliche, der Kultur die geistige Seite, das Innere und das Moralische zugesprochen« wurde.[90] Die nationale Funktionalisierung des Begriffspaars bezog sich im Zusammenhang mit einer fortschrittskritischen Ausrichtung nun häufig nicht mehr auf den traditionellen Antagonismus zu Frankreich: Infolge der führenden Rolle, die England und Nordamerika für die Industrialisierung, aber auch für die sozialen und politischen Reformbewegungen spielten, wurden im Rahmen konservativer Fortschrittsfeindlichkeit diese beiden Länder immer häufiger als Gegensatz zu einer deutschen Innerlichkeit und »Kultur« stilisiert.[91] Martha ist eine Projektionsfläche für Kolbenheyers ideologische Intention, sie verkörpert die zu denunzierende Zivilisationsfigur. Ulrichs Diagnose, Martha »verleugne[ ]« mit ihrer Hingabe an die (positivistische) Wissenschaft und vor allem an die Frauenbewegung ihr (deutsches) »Gemüt« (M 204), verweist auf ebenjene Behauptung, die Veränderungen im modernen Leben gingen auf schädliche fremde (hier: englische) Einflüsse zurück. Im ›deutschen Wesen‹ dagegen bewahre sich Urtümlicheres, eine ›natürliche‹ Kultur.

Marthas endgültige Abkehr vom Leben offenbart sich im Schwangerschaftsabbruch. Über das Kind verknüpfen sich die Motivstränge von Natur und Leben: Der Gedanke an das ungeborene Kind hält Ulrich »bei der Natur«, das »Kind«, so Ulrichs Erwartung, »mußte auch Martha dem Leben zurückgewinnen« (M 235). Es wird deutlich, daß das Kind für das Prinzip des Lebens steht, ebenso wie alles, was mit diesem Kind verbunden ist (Liebe und Vereinigung von Mann und Frau, das Zusammen-

---

89 Ebd., S. 749.

90 Ebd.

91 Vgl. Elias, S. 130 (mit Verweis auf Fontane) sowie S. 401, Anm. 2; Mommsen, Wolfgang J.: *Zur Entwicklung des Englandbildes der Deutschen seit dem Ende des 18. Jahrhunderts.* In: *Studien zur Geschichte Englands und der deutsch-britischen Beziehungen.* Festschrift für Paul Kluke. Hrsg. v. Lothar Kettenacker, Manfred Schlenke u. Hellmut Seier. München 1981, S. 375-397, hier S. 385-387.

leben als Familie), als Teil der Natur gewertet wird. Natur wird dabei als etwas Übergeordnetes charakterisiert, in dem der einzelne Mensch seine eigentliche Bestimmung findet. »Wäre ihm Martha nur ein einziges Mal [in die Natur] gefolgt«, so Ulrichs Überzeugung, »auch sie hätte das Glück empfinden müssen, ganz in dem Wuchs der Natur eingebettet zu sein. Da waren alle Fragen stumm, die Martha von ihm fortdrängten.« (M 234)

Die besondere Besetzung von ›Natur‹ und ›Leben‹ nimmt zeittypische Diskursfäden auf. Zwei Aspekte sind dabei zu unterscheiden: der Bezug auf das Leben an sich und dessen Ausformulierung als System alles Organischen, in das auch der Mensch eingebunden ist.

### Lebensphilosophischer Vitalismus?

Der Begriff des ›Lebens‹ verweist auf eine in der Jahrhundertwende zentrale Diskursformation, die sich in verschiedenen Bereichen ausprägte: in der emphatischen Feier des Lebens in der zeitgenössischen Kunst und in der Philosophie ebenso wie im Neovitalismus in den Naturwissenschaften.[92] In Analogie zu den entgegengesetzten Richtungen in der Biologie, Entstehung und Funktionsweise von Lebewesen entweder mechanistisch zu erklären oder eine Form von ›Lebenskraft‹ anzunehmen, wird um 1900 der Bezug auf das Leben zum Sammelbecken für geistesgeschichtliche Strömungen, die sich gegen ein rationalistisches Weltverständnis wenden: speziell in der Lebensphilosophie, die Bernd-Olaf Küppers aus gutem Grunde als »metaphysische[n] Vitalismus« bezeichnet.[93] In Kolbenheyers *Montsalvasch* finden sich Spuren vitalistischer Vorstellungen: Erinnert sei beispielsweise an den ins Mythologische gesteigerten Lebensbegriff über die Parzival-Motivik und die Rede vom »Mensch«-Werden Ulrichs, mit der ein Schlüsselbegriff des metaphysischen Vitalismus aufgenommen wird.

Über das Studium der Protagonisten wird in diesem Zusammenhang das Thema Wissenschaft und Wissenschaftsbetrieb relevant: Rationalis-

92 Vgl. zum Lebens- und Vitalismusdiskurs Wünsch, Marianne: *Das Modell der ›Wiedergeburt‹ zu ›neuem Leben‹ in erzählender Literatur 1890-1930*. In: *Klassik und Moderne. Die Weimarer Klassik als historisches Ereignis und Herausforderung im kulturgeschichtlichen Prozeß*. Walter Müller-Seidel zum 65. Geburtstag. Hrsg. v. Karl Richter u. Jörg Schönert. Stuttgart 1983, S. 379-408.

93 Küppers, Bernd-Olaf: *Wissenschaftstheoretische Probleme der Biologie*. In: *Handbuch wissenschaftstheoretischer Begriffe*. Hrsg. v. Josef Speck. Bd. 1. Göttingen 1980, S. 102-110, hier S. 103.

mus und Leben werden gegeneinander ausgespielt. Im Kontrast zum universitären Lehrbetrieb fordert Ulrich, das Studium müsse »Gottesdienst […] sein vor dem Leben, das hinter den Formen liegt, das keine Kunst spiegeln kann, das eigengewaltig und unbezwinglich bewegt und treibt« (M 23). Die Studentin Martha dagegen verfolgt im Studium den entgegengesetzten, quasi mechanistischen Weg: Ihr philologischer Umgang mit Literatur fordert eine Polemik gegen ein positivistisches Wissenschaftsverständnis geradezu heraus:

> »Ich zähle die klingenden und stumpfen Reime in Chaucers Canterbury Tales, sie wurden bisher noch nie gezählt und gegeneinander abgewogen.« […] Sie sprach durchaus im Ernst der Fachwissenschaft. Ulrich schauderte. (M 143)

Die chauvinistische Komponente, die darin liegt, daß in Kolbenheyers Roman die negative Seite einer äußerlich bleibenden Zivilisation von der Studentin Martha verkörpert wird, hängt mit dem entfalteten Kulturbegriff zusammen: In *Montsalvasch* ist von der gerade nicht geschlechtsneutralen, sondern »durchaus männlich geartet[en] […] Kultur im engsten und eigentlichen Sinn« (M 130) die Rede.

Die Verbindung der Begriffe Wissenschaft, Kultur und Geschlecht zeigt deutliche Parallelen zur Kulturtheorie Georg Simmels, speziell zu seinen Essays *Weibliche Kultur* (1902/1911) und *Der Begriff und die Tragödie der Kultur* (1911).[94] Ob sich Kolbenheyer mit seinem Konzept direkt auf Simmel bezieht, kann hier nicht geklärt werden, wiewohl man davon ausgehen kann, daß Simmels Schriften dem damaligen Hochschulassistenten der Philosophie bekannt waren. Zur Klärung der Position, die in *Montsalvasch* vertreten wird, erweist sich die Gegenüberstellung in jedem Fall als aufschlußreich. Simmel, bei dem sich im übrigen auch der begriffliche Gegensatz zwischen Kultur und einer äußerlich bleibenden »Zivilisation« findet,[95] geht von zwei verschiedenen Arten von Kultur aus: einer »subjektiven«, die die Teilhabe des Individuums an allgemei-

---

94 *Weibliche Kultur* in der ersten Fassung von 1902 in: *Schriften zur Philosophie und Soziologie der Geschlechter.* Hrsg. v. Heinz-Jürgen Dahme u. Klaus Christian Köhnke. Frankfurt a.M. 1985, S. 159-176. Für die zweite Fassung (1911): Simmel, *Gesamtausg.* Bd. 14, S. 417-459. *Der Begriff und die Tragödie der Kultur* in: *Gesamtausg.* Bd. 14, S. 385-416. Vgl. zur Gegenüberstellung von Simmels Geschlechtertheorie und seinem Kulturbegriff: Menzer, Ursula: *Subjektive und objektive Kultur. Georg Simmels Philosophie der Geschlechter vor dem Hintergrund seines Kultur-Begriffs.* Pfaffenweiler 1992.

95 Vgl. Simmel: *Der Begriff und die Tragödie der Kultur,* S. 388.

nen Inhalten des Lebens bezeichnet, und einer »objektiven«, die in eben-
jenen allgemeinen Inhalten besteht: in »all d[em] Ausgesprochene[n]
und Geformte[n], d[em] ideell Bestehende[n] und real Wirksame[n],
dessen Komplex den Kulturbesitz einer Zeit ausmacht«.[96] Nur bei der
»objektiven Kultur« freilich handele es sich um Kultur im eigentlichen
Sinne. Diese Unterscheidung bezieht Simmel auch auf die Geschlechterdifferenz:

> Hier gilt es nun zunächst die Tatsache festzustellen, daß die Kultur der
> Menschheit auch ihren reinen Sachgehalten nach sozusagen nichts Ge-
> schlechtsloses ist und durch ihre Objektivität keineswegs in ein Jenseits
> von Mann und Weib gestellt wird. Vielmehr, unsere objektive Kultur
> ist, mit Ausnahme ganz weniger Gebiete, durchaus männlich. Männer
> haben die Kunst und die Industrie, die Wissenschaft und den Handel,
> den Staat und die Religion geschaffen. Daß man an eine, nicht nach
> Mann und Weib fragende, rein »menschliche« Kultur glaubt, ent-
> stammt demselben Grunde, aus dem eben sie nicht besteht: der sozu-
> sagen naiven Identifizierung von »Mensch« und »Mann«, die auch in
> vielen Sprachen für beide Begriffe das gleiche Wort setzen läßt.[97]

Die zunächst offene Frage, ob dieser Tatbestand auf das »innere[] Wesen
der Geschlechter« oder nur auf ein »mit der Kulturfrage eigentlich nicht
verbundene[s] Kraft-Übergewicht der Männer« zurückzuführen sei, bildet den gedanklichen Rahmen des Essays. Rhetorisch geschickt kompo-
niert, werden zunächst mögliche weibliche »Kulturtaten« ›erörtert‹, um
schließlich festzustellen, es gebe abgesehen vom »Haus«, dessen »einzig-
artige[] Struktur« es zum weiblichen »Kulturgebilde« prädestiniere, keine
eindeutigen Beispiele, wo die »Wesenseinheit der Frau wirklich ›objek-
tiver Geist‹ geworden« sei,

> wodurch denn freilich um so wahrscheinlicher wird, daß nicht der
> Zufall der einzelnen Kulturinhalte und ihrer geschichtlichen Entwick-
> lung die spezifisch weibliche Kultur hintangehalten hat, sondern eine
> prinzipielle Diskrepanz zwischen der Form des weiblichen Wesens und
> der der objektiven Kultur überhaupt.[98]

Auch in *Montsalvasch* wird von Ulrich und Finanzrat Klinx konstatiert,
daß in den realen gesellschaftlichen Gegebenheiten »Kultur« keine geschlechtsneutrale Kategorie sei, was als ›naturgegebene‹ Tatsache hinge-

96 Simmel: *Weibliche Kultur* (1911), S. 417.
97 Ebd., S. 419.
98 Ebd., S. 457.

stellt wird. Ulrichs Plädoyer für die »Kultur« nimmt genau dort ihren Ausgangspunkt, wo er Marthas Rede von einem Eintritt der Frauen in den »Kulturkampf oder de[n] Kampf um die Kultur« (M 130) widersprechen zu müssen glaubt:

> »Die Kultur, unsere Kultur im engsten und eigentlichsten Sinne, das heißt der Voranschritt in der Entwicklung, beruht nur auf der genialen, männlichen Persönlichkeit. [...] Fräulein ... Kollegin, wir sind zu sehr daran gewöhnt, Kultur und Zivilisation zu verwechseln. [...] Als ob Zivilisation jemals ein Genie hervorgebracht hätte, als ob nicht alle Genien sich immer und überall gegen Zivilisation aufgelehnt hätten. Schließlich nannte man alles Genie, was irgendwie auffiel. [...] So ist es auch begreiflich, daß die Frau am letzten Kulturkampf teilnehmen wollte. Sie glaubte, die Kultur sei ein geschlechtsloses Ding. Sie meinte, als Weib auf einer Mannskultur weiterbauen zu können. Sie sah nicht ein, daß sie den uralten Baum hätte fällen, daß sie vom Sämling an hätte beginnen müssen. Denn pfropfen läßt sich der Baum nicht, er trägt nur wurzelecht.« (M 130-133)

Ob eine solche alternative ›weibliche‹ Kultur überhaupt Aussicht auf Erfolg hätte, erörtert Ulrich zwar nicht, angesichts dessen, was er weiblicher Leistungsfähigkeit zubilligt, stellt er es jedoch implizit in Abrede: Die Frau habe ihre ›natürliche‹ Aufgabe innerhalb der Familie (vgl. M 138). Alle Betätigungen von Frauen im öffentlichen Bereich würden notwendigerweise oberflächlich bleiben, seien auf Mitwirkung an der »Zivilisation« beschränkt. Als originäre Leistungen im Sinne eines Beitrags zur »Kultur« werden sie nicht verbucht. Der Unterschied, der dabei von Ulrich zwischen Wissenschaft und Wissenschaftsbetrieb gemacht wird, ist für die Bewertung der Studentin Martha aufschlußreich:

> »[...] die Wissenschaft und die Kunst gehören der Begabung, äußerstenfalls den genialen Menschen. Und die Universitäten, die Literatur, das Kunstgewerbe im weiteren Sinne gehören der Zivilisation an, und so weit haben Mann und Frau darinnen freie Hand. [...]« (M 139)

Im Gegensatz zur Wissenschaft im allgemeinen, in der sich offenbar durchaus die »Kulturtat« (M 132) manifestieren kann, die ja des genialen Mannes bedürfe, bleibe der moderne Universitätsbetrieb Teil der »Zivilisation«. Vor dem Hintergrund der Zivilisationskritik des Romans impliziert das gleichzeitig eine Abwertung der Universitäten. Hierin schließt sich der Bogen zu Ulrichs Wissenschaftskritik: Während er eine grundsätzliche Diskrepanz zwischen den philosophischen Erkenntnissen und dem herrschenden Lehrbetrieb empfindet, er also einen anderen Zugang zur Wissenschaft suchen muß, kann die Studentin Martha problemlos an der Universität reüssieren. Allerdings bedeutet das in ihrem Fall positivistische Kleinarbeit.

Dieses eingeschränkte Zugeständnis an Frauen, an der Wissenschaft teilhaben zu können, findet sich gleichermaßen bei Simmel: Im Essay *Weibliche Kultur* führt er aus, »innerhalb der objektiven, männlich bestimmten Kultur« beschränke sich die weibliche Leistungsfähigkeit auf im weitesten Sinne reproduktive Tätigkeiten.[99] Für den wissenschaftlichen Bereich spezifiziert Simmel:

> [I]n den Wissenschaften fällt ihre Sammler- und »Kärrner«fähigkeit auf und dieses Arbeiten mit Aufgenommenem steigert sich zu ihren großen Leistungen als Lehrerinnen, die, bei aller funktionellen Selbständigkeit, ein Gegebenes überliefern usw. Kurz, im Rahmen der bisher vorliegenden Kultur bewähren sie sich in dem Maße mehr, in dem der Gegenstand ihrer Arbeit schon den Geist dieser Kultur, d.h. den männlichen, in sich aufgenommen hat und versagen in dem Maße, in dem Urproduktion verlangt wird, d.h. in dem sie ihre von vornherein anders disponierte *originale* Energie erst in die Formen gießen müßten, die die objektive, also die männliche Kultur verlangt.[100]

Hier nun zeigt sich ein grundlegender Unterschied zwischen den Positionen Kolbenheyers und Simmels: Während es Simmel um eine Bestimmung des Begriffs »Kultur« geht, steht die Diskussion in Kolbenheyers Roman unter dem Vorzeichen der Zivilisationskritik. Im Gegensatz zur deskriptiven Haltung Simmels, bei der lediglich verschiedene Bereiche der Wissenschaft dargestellt werden, wird in *Montsalvasch* der moderne Wissenschaftsbetrieb grundsätzlich kritisiert und ihm eine ›wahre‹, am Leben orientierte Erkenntnis gegenübergestellt. Bezüglich der Rolle, die dabei den Frauen zugewiesen wird, führt das im Fall Simmels zum Ausschluß der Frauen vom kulturtragenden Anteil der Wissenschaften und zur Reduktion auf reproduktive Tätigkeiten. Kolbenheyer geht in *Montsalvasch* noch einen Schritt weiter, indem das Thema Frauen in der Wissenschaft für eine grundlegende Zivilisationskritik funktionalisiert wird: Der Wissenschaftsbetrieb wird in Kolbenheyers Roman gerade dadurch als oberflächlich gekennzeichnet, daß Frauen an ihm erfolgreich mitwirken können. Mit Marthas wissenschaftlichem Erfolg ist also nicht die Aufwertung dieser weiblichen Figur verbunden, sondern umgekehrt die Abwertung der Universität.

99 Ebd., S. 430.
100 Ebd., S. 431.

## Organizismus

Trotz Lebenspathos und der abwertend verzerrten Darstellung positivistischer Wissenschaft ist die weltanschauliche Aussage des Romans keine vitalistische. In den unterschiedlichen unter den Begriffen »Lebensphilosophie« und »metaphysischer Vitalismus« subsumierten Theorien, als deren Hauptvertreter Schopenhauer, Nietzsche, Dilthey, Bergson und eben auch der späte Simmel gelten können, wird nicht zuletzt das Individuum zum entscheidenden Ausgangspunkt. Bei Kolbenheyer jedoch erfährt der Bezug auf das Leben eine organizistische Wendung ins Kollektive.

Mit der Organismus-Vorstellung, die für die Romanhandlung in *Montsalvasch* bestimmend ist, knüpft Kolbenheyer an einen Diskurs an, der seine Vorläufer vor allem im ausgehenden 18. Jahrhundert hat. Die Begriffsgeschichte zeigt, daß die naturphilosophischen Konzepte um die aus der Physiologie stammenden Begriffe »Organ« und »Organismus« dem Streit zwischen mechanistischer und vitalistischer Weltsicht entstammen.[101] Die ursprüngliche Zweideutigkeit von (natürlichem) Organ und (technischem) Werkzeug, die den Aristotelischen *organon*-Begriff ausmacht, wird gegen Ende des 18. Jahrhunderts aufgelöst:[102] Das Adjektiv »organisch« wird nun als Bezeichnung des Lebendigen im Gegensatz zum Mechanischen verstanden, womit die Bedeutung des Wortfeldes für die lebensphilosophischen Auseinandersetzungen des 19. Jahrhunderts vorstrukturiert wird. Eine wichtige Bedeutung für den Organismus-Diskurs des beginnenden 19. Jahrhunderts kommt der frühen Naturphilosophie F. W. J. Schellings zu,[103] die modellhaft im Hinblick auf zwei Aspekte referiert werden soll, die in Kolbenheyers Konzeption zentral sind.

Der erste Aspekt betrifft das Verhältnis zwischen Form und Aufgabe. Im Unterschied zum Mechanischen, wo die Form der Funktion vorangehe und sie bedinge, sei es beim Organischen umgekehrt: Hier entwickele sich die Form in Abhängigkeit von der Funktion. Es handelt sich dabei um eine Art funktionalistischer Entelechie: Dem einzelnen Organ ist seine Bestimmung für den Organismus eingeschrieben, die konkrete Ausgestaltung muß sich dieser Bestimmung entsprechend vollziehen. Der entelechische Entwicklungsgang des Helden geht im Bildungsroman *Montsalvasch* nicht (wie etwa in Goethes *Wilhelm Meister*) vom Individu-

---

101 Vgl. dazu Konersmann, *Organizismus*, Sp. 1358.
102 Vgl. Ballauff, Theodor/Scheerer, Eckart: *Organ*. In: *Historisches Wörterbuch der Philosophie*. Hrsg. v. Joachim Ritter u. Karlfried Gründer. Neubearb. Ausg. v. Rudolf Eisler. Bd. 6. Darmstadt 1984, Sp. 1317-1325.
103 Vgl. ebd., Sp. 1321.

um selbst aus, sondern von der als Gesamtorganismus verstandenen Natur. Dabei wird der Bildungsprozeß mit einem mythologischen Bezug versehen: Indem Ulrichs Entwicklungsgang als Parzival-Analogie gestaltet wird, wird eine ›schicksalhafte‹ Bestimmung betont, wobei die Gralsmetapher nun auf das Leben verweist. Ulrichs ›natürlicher‹ Weg zum Menschen schreibt sich von den Notwendigkeiten des Lebens her.

Dieser Weg wird im Roman jedoch deutlich als ein individueller ausgewiesen, ein Faktor, der auch für die weltanschauliche Aussageabsicht des Romans entscheidend ist: Bereits der den frühen Ausgaben beigegebene Untertitel *Ein Roman für Individualisten* verrät dies. Für die irritierende Kombination von Individualität und der Vorstellung eines Organismus, der dem einzelnen Bestandteil nur innerhalb des Ganzen eine Bedeutung zuweist, findet sich eine Erklärung im Text: Sie liegt in Ulrichs ›Erkenntnis‹ über die Zusammenhänge der Natur, die nun wiederum an einen zweiten Aspekt des deutschen Idealismus anknüpft. Aufgrund des Prinzips der Gegensätzlichkeit, das allen Funktionen des Organismus zugrunde liege, müsse er – so Schelling – »gleichsam in mehrere einzelne Individuen auseinandergehen«.[104] Diese »Individuen« könnten aber ihrerseits nur im Zusammenschluß ihre Funktion ausführen. Die Dialektik zwischen Spaltung, Spezialisierung auf der einen Seite und Aufgehen in einem Gemeinsamen auf der anderen ist gerade die große ›Entdeckung‹, die Ulrich in seiner »Geburtsstunde« als Philosoph macht. Im Pathos der Verkündigung heißt es:

> Ulrich zitterte unter seinem Traum:
> Die Natur treibt zur Spaltung, zur Einheit drängt es in den Wesen. Ist der Einheitsdrang der Wesen nicht genug, um eine Welt zu schließen? Ist er nicht selbst die Welt? Ohne ihn würde die Natur ersterben. Er allein treibt Mensch, Tier, Gewächs zur Entfaltung der Eigenart. […]
> Die beiden großen Lebensmächte: Natur, die zur Spaltung treibt – Natur, die zur Gestaltung drängt. (M 99)

Das im Roman entfaltete Geschlechterkonzept hat hier seine Wurzeln, indem die Geschlechterdifferenz als Ausprägung ebendieser beiden gegenläufigen Bewegungen profiliert wird. Das Prinzip der gegensätzlichen Geschlechter folge, so offenbart Ulrich Martha, den Gesetzmäßigkeiten des ›Gesamtorganismus‹ Natur, die nun gerade in Differenzierungs- und

---

104 Schelling, Friedrich Wilhelm Joseph: *Werke. Historisch-kritische Ausgabe.* Hrsg. v. Hans Michael Baumgartner †, Wilhelm G. Jacobs u.a. Bd. 7: *Erster Entwurf eines Systems der Naturphilosophie* [1799]. Hrsg. v. Wilhelm G. Jacobs u. Paul Ziche. Stuttgart 2001, S. 115.

Integrationsbewegungen bestünden (vgl. M 178 f.): Sowohl die Existenz zweier grundsätzlich verschiedener ›Geschlechtscharaktere‹ als auch der Drang, sich mit dem anderen Geschlecht zu verbinden, um eine Familie zu gründen, wird als Naturgesetz dargestellt. In der biologistischen Argumentationsweise wird dabei das funktionale Moment betont: Um »Artsteigerung« gehe es. In einer Mischung darwinistischer Elemente mit metaphysischer Teleologie präsentiert der Roman im Zusammenhang mit der Geschlechterkonzeption Passagen, die gedanklich und sprachlich ein rassenideologisches Potential verraten: Die »Familie unterstehe höheren Gesetzen als denen der Arterhaltung«, heißt es, die – natürlicherweise monogame – »Gattenwahl«, die vom Mann als dem aktiven Element auszugehen habe, ziele auf eine optimale Ergänzung seiner selbst zum Zweck der Vervollkommnung der menschlichen Gattung (vgl. M 179-181). Wo diese ›natürlichen‹ Instinkte gestört seien, unterstreicht Ulrich, habe man es mit »verderb[lichen]« Dekadenzerscheinungen der ›Zivilisation‹ zu tun:

> »Wahrscheinlich ist, daß ein gesunder, freier Mann, dem das Weib nicht nur als Befriedigungszustand vorschwebt, sondern der triebartig jene Ergänzung in der Frau sucht, die seinen Fähigkeiten zur Artsteigerung entspricht – kaum mehr als einem Weib begegnen wird, von dem er diese Ergänzung erhoffen kann. In unserem Zivilisationszustand ist es wahrscheinlich, daß nur ein Teil der Männer so gesund und frei wird wählen können. Hauptsächlich deshalb wirkt unsere Zivilisation zuweilen unmoralisch. [...] Der Mann fällt zur tierischen Begattung zurück, weil er nicht mehr dem artsteigernden Lebensstamm der Menschheit angehört, dekadent im eigentlichen Sinne. Er wird unfähig, richtig zu wählen, seine Instinkte sind irgendwie verderbt.« (M 182)

Mit der Organismus-Vorstellung in *Montsalvasch* wird zunächst die naturphilosophische Tradition (in der Nachfolge des deutschen Idealismus Schellingscher Prägung) fortgeführt. Die integrale Verbindung mit der Zivilisationskritik macht jedoch deutlich, daß hier bereits eine Politisierung stattfindet.

Für die Übertragung organizistischer Begrifflichkeit in die Gesellschafts- und Staatstheorie[105] ist nach 1919 ein Wandel festzustellen. War

---

105 Vgl. dazu auch die Rezeption Kolbenheyers in der Theoriebildung der 30er Jahre; z.B.: Mühle, Erich: *Der menschliche Staat als Problem der vergleichenden Biologie. Beitrag zur organismischen Staatsauffassung im Anschluß an E. G. Kolbenheyer.* Leipzig 1937.

der Organismusbegriff durchaus ein »Leitbegriff der staatstheoretischen und verfassungspolitischen Diskussion«, büßte er diese Bedeutung ab den 60er Jahren des 19. Jahrhunderts mit dem aufkommenden Positivismus zunächst wieder ein,[106] bevor die nach dem Ersten Weltkrieg einsetzende »kultur- und gesellschaftskritische Literatur und Bewegung« »[e]ine – episodenhafte – Rückwendung zu einem politisch verstandenen Organismusbegriff« mit sich brachte. Sie hob sich dadurch von der vorangegangenen Begriffsverwendung ab, daß der

> Begriff des Organismus und des Organischen […] dabei einen polemisch gegen die moderne industrielle Gesellschaft gerichteten, ganzheitlich korporativ-orientierten Gehalt [erhält]. Die »organische Volksordnung« wird gegen die Auflösungserscheinungen der modernen Gesellschaft, gegen Individualismus und Vermassung gestellt, der organische Staatsgedanke bzw. der Staat als Organismus wird zum Gegenbegriff gegen die mechanistische Massendemokratie der Volkssouveränität.[107]

Für dieses Phänomen lassen sich für die Zeit nach dem Ersten Weltkrieg aus dem Umkreis konservativer kulturpessimistischer Theoretiker[108] zahlreiche Beispiele finden: Erinnert sei neben Kolbenheyers *Bauhütte* z.B. an Oswald Spenglers vielrezipierten *Untergang des Abendlandes* (1918-1923) oder Paul Krannhals' *Das organische Weltbild* (1928). Daß sich diese Tendenzen indes schon früher abzeichneten, zeigt nicht zuletzt Kolbenheyers wesentlich früher erschienener Roman *Montsalvasch*. Die begriffliche Entgegensetzung von »Gemeinschaft« und »Gesellschaft«, auf der aufgebaut wird, war gleichfalls spätestens mit Ferdinand Tönnies im Diskurs der Jahrhundertwende präsent:

> Gemeinschaft ist das dauernde und echte Zusammenleben, Gesellschaft nur ein vorübergehendes und scheinbares. Und dem ist es gemäss, dass Gemeinschaft selber als ein lebendiger Organismus, Gesellschaft als ein mechanisches Aggregat und Artefact verstanden werden soll.[109]

---

106 Böckenförde, Ernst-Wolfgang: *Organ, Organismus, Organisation, politischer Körper.* In: *Geschichtliche Grundbegriffe.* Bd. 4. Stuttgart 1978, S. 519-622, hier S. 614.
107 Ebd., S. 617.
108 Zum Kulturpessimismus speziell im späten 19. Jahrhundert vgl. Pauen, Michael: *Pessimismus. Geschichtsphilosophie, Metaphysik und Moderne von Nietzsche bis Spengler.* Berlin 1997.
109 Tönnies, Ferdinand: *Gemeinschaft und Gesellschaft. Abhandlung des Communismus und des Socialismus als empirische Culturformen.* Leipzig 1887, S. 5.

Die Gedankenfigur wird bei Kolbenheyer aktualisiert, indem in *Montsalvasch* die Familie als »natürliche Einheit« gegen einen »Staats- und Gesellschaftsschematismus« ins Feld geführt wird (M 138). Der Gegensatz impliziert bei Kolbenheyer Fortschrittskritik und ist über den England-Bezug nationalistisch grundiert. Damit ist Kolbenheyer ein weiterer Beleg für eine begriffsgeschichtliche Tendenz: Im Gegensatz beispielsweise zum angelsächsischen Raum, wo sich die Analogiebildung zwischen Organismus und Gemeinschaft nach der Jahrhundertwende nicht mehr nachweisen läßt, spielt sie – zunehmend ideologisiert – in Deutschland noch wesentlich länger eine Rolle, und zwar in antidemokratischer deutschnationaler Ausrichtung.[110]

### Die Studentin als Element einer Abschreckungsdidaktik

Fortschrittskritik, Englandfeindlichkeit, chauvinistischer Geschlechterentwurf und die Verbindung mit den Begriffen »Kultur«, »Zivilisation« und »Organismus« bringen Kolbenheyers Modell mit verschiedenen zeitgenössischen Diskursen zumeist konservativer Provenienz in engsten Zusammenhang. Diese Diskurse werden innerhalb des monokausalen Deutungsrahmens, der in *Montsalvasch* hergestellt wird, adaptiert und umgewertet. Es ergibt sich ein System von Verschiebungen und Funktionalisierungen für das weltanschauliche Konstrukt, das dem Roman zugrunde liegt.

Vor dem Hintergrund einer eindeutigen Aussageabsicht erklärt sich auch die erzähltechnische Gestaltung des Romans: Auktoriale Erzählsituation und Struktur des Bildungsromans unterstützen den belehrenden Gestus des Dargestellten. Auf der inhaltlichen Ebene wird diese Haltung über die Parzival-Motivik[111] verstärkt: Der Parzival-Bezug verleiht der Suche Ulrichs nach Lebenswahrheiten eine göttlich-religiöse Dimension.

---

110 Vgl. Scheerer, Eckart: *Organismus.* In: *Historisches Wörterbuch der Philosophie.* Hrsg. v. Joachim Ritter u. Karlfried Gründer. Neu bearb. Ausg. v. Rudolf Eisler. Bd. 6. Darmstadt 1984, Sp. 1330-1358, hier Sp. 1343.

111 Der Parzival-Bezug war im 19. Jahrhundert beliebt; vgl. dazu: Frenzel, Elisabeth: *Stoffe der Weltliteratur. Ein Lexikon dichtungsgeschichtlicher Längsschnitte.* 9., überarb. u. erw. Aufl. Stuttgart 1998, S. 622-625, hier speziell S. 625. Durch die Lachmann-Ausgabe (1833) und die Übersetzungen San Martes (1836-41) und Simrocks (1842) bekannt gemacht, gewann der Stoff spätestens seit Wagners Parsifal-Oper (1877) eine beachtliche Popularität. Die Übertragung auf moderne Sucherfiguren wie in *Montsalvasch* blieb dabei jedoch selten. Kolbenheyer konnte mit der Parzival-Analogie einen Wiedererkennungseffekt beim Publikum voraussetzen.

Die Schlüsselbegriffe im vitalistischen Diskurs der Jahrhundertwende »Mensch« und »Leben« verlieren dabei ihre grundlegend individualistische Prägung. Sie werden in einen biologistischen Kontext übertragen, behalten aber dennoch ihren begrifflichen Wiedererkennungswert beim zeitgenössischen Lesepublikum. Ähnliches ist für das andere dargestellte Begriffspaar zu konstatieren: die Oppositionsbildung zwischen Kultur und Zivilisation, die ebenfalls zitiert und ins Nationalistische und auch Chauvinistische gewendet wird. Innerhalb dieses Verweissystems, das vorhandene Diskurselemente aufgreift und für die eigene Theorie funktionalisiert, werden Evidenzen erzeugt, die nicht aus der Theorie selbst entstehen, sondern durch Übertragungen aus anderen Kontexten suggeriert werden.

Hierbei wird die Geschlechterdifferenz zentral, da über sie die gegensätzlichen Positionen ausgetragen werden: Das diskursive Potential, das mit der Figur der Martha verbunden ist, hat seine Voraussetzung in der im Roman entfalteten ›natürlichen‹ Geschlechtervorstellung, in die sich die Studentin nicht fügt. Dieses Geschlechtermodell, das von naturbedingt unterschiedlichen Geschlechterrollen ausgeht, hat im Roman eine wegweisende Funktion: In ihnen manifestieren sich die beiden fundamentalen Triebkräfte des Lebens, die Ulrich prophetisch erkennt, nämlich Differenzierung und Ergänzung.

Die Studentin aber widersetzt sich den Grundprinzipien der Natur, indem sie die Gleichheit zwischen Mann und Frau anstrebt, wobei sie sich von englischen Sozialreformen leiten läßt. Ihre Erfolge sichert sie sich mittels positivistischer Wissenschaft und journalistischer ›Meinungsmache‹. Daß sie mit dieser Haltung gegen das Leben selbst verstößt, wird – symbolisch überdeutlich – über den Tabubruch der Abtreibung veranschaulicht. Über ihr Fehlverhalten werden die argumentativen Gegenpole ins Spiel gebracht: Zivilisation zu Kultur, Gesellschaft zu Gemeinschaft, Mechanizismus zu Organizismus, Äußerlichkeit zu Innerlichkeit, England zu Deutschland. Gleichzeitig, so könnte man mit Greenblatt feststellen, dokumentiert der Roman vermittels der Studentin gebündelt all die zu widerlegenden Gegenpositionen, um mit dem Scheitern der Figur die Überlegenheit der eigenen Ideologie um so eindrücklicher zu belegen.

### 3.2 Ganzheitlichkeit und Weiblichkeit in *Fenitschka*: mit Nietzsche gegen Nietzsche

Lou Andreas-Salomés Erzählung *Fenitschka*, so ist festzuhalten, entfaltet ihr Potential vor dem Hintergrund der Geschlechtertheorie der Autorin. Ihr Weiblichkeitsideal enthält Elemente unterschiedlicher Provenienz, nicht zuletzt auch solche romantischen Ursprungs, so zum Beispiel in der proklamierten Nähe des Weiblichen zu einer noch ungeteilten und rätselhaften Natur. In der zentralen Bedeutung, die dem Leben beigemessen wird, finden sich gleichzeitig Anknüpfungspunkte an den vitalistischen Diskurs ihrer Zeit. Dieser lebensphilosophischen Dimension, die Andreas-Salomé in ihrem Geschlechtermodell entfaltet, soll hier nachgegangen werden: Sie weist – und dies wird nachzuweisen sein – weit über den Kontext von Emanzipationsfragen hinaus.

In welcher Weise sich die Weiblichkeitsvorstellungen von Lou Andreas-Salomé im Geschlechterdiskurs um 1900 verorten lassen, hat Marlies Janz bereits untersucht[112] und dabei speziell Analogien zu Georg Simmel[113] herausgearbeitet. Janz hebt besonders die ähnlichen Grundannahmen hervor, nämlich den ergänzungstheoretischen Entwurf von Geschlechterdifferenz: Simmel sieht – wie Andreas-Salomé – im Mann das »vielspältige[], differenzierte[], in die Objektivität aufgehende[]« Wesen, in der Frau das »organische[]«, »[u]nteilbar[e]«, das noch mit der »Einheit der Natur« in »wunderbare[r] Beziehung« stehe. Hierin liege die Bedeutung der Frau als »Erlösung und Versöhnung« für den männlichen Geist.[114] In seinem Vergleich der Frau mit einem Kunstwerk[115] erinnert das Bild des umgrenzenden Rahmens, das die geschlossene Einheit der Frau symbolisiert, an Andreas-Salomés Bild des Kreises. Hier allerdings werden auch die Unterschiede in der Geschlechtervorstellung Andreas-Salomés zu der Simmels deutlich: Lou Andreas-Salomés Ausgestaltung der inneren Einheit der Frau als Mannigfaltigkeit, die Widersprüche in sich zu vereinbaren vermag, geht über Simmels Bild der Frau als Kunstwerk hinaus, das auf einer »organische[n] Beschlossenheit in der Harmonie der Wesensteile unter sich und in ihrer gleichmäßigen Beziehung zu

---

112  Janz, S. 38-40. Die Untersuchung von Janz bezieht sich auf *Der Mensch als Weib*.

113  Vgl. dazu im besonderen seine Essays *Zur Psychologie der Frauen* (1890), in: Simmel, Georg: *Schriften zur Philosophie und Soziologie der Geschlechter*, S. 27-59; *Weibliche Kultur* (1902, 1911); *Das Relative und das Absolute im Geschlechter-Problem* (1911), in: Ders: *Schriften zur Philosophie und Soziologie der Geschlechter*, S. 200-223.

114  Simmel: *Weibliche Kultur* (1902), S. 162.

115  Simmel: *Das Relative und das Absolute*, S. 221.

ihrem Zentrum« beruht.[116] Vor allem aber der Ausschluß der Frau von jeder schöpferischen Befähigung, der mit Simmels Kulturbegriff verbunden ist, läßt sich mit dem Weiblichkeitskonzept Andreas-Salomés nicht vereinbaren.

Versuche, das Geschlechterkonzept von Andreas-Salomé im Zeitkontext zu bewerten, haben sich als problematisches Unterfangen herausgestellt. Die kontroversen Beiträge in der neueren Forschung zeugen ebenso davon wie die ambivalente Haltung von Zeitgenossinnen aus der Frauenbewegung. Janz selbst argumentiert im Umfeld der ersten Frauenbewegung, die die konkreten Lebensbedingungen von Frauen im Blick hatte. Vor diesem Hintergrund kommt Janz folgerichtig zu einer negativen Einschätzung von Andreas-Salomés Geschlechterentwurf: Sie betont die konservativen Elemente hinsichtlich emanzipatorischer Bestrebungen der Zeit.

Zur Kontextualisierung von Andreas-Salomés Geschlechtervorstellungen wird in der neueren Forschung auch ein Bezug zu Nietzsche hergestellt, doch der Schwerpunkt liegt auf der Auseinandersetzung mit den Geschlechtervorstellungen in seinen Schriften und dem Einfluß, den Lou Andreas-Salomé auf sein Geschlechterkonzept ausgeübt hat.[117] Auch Janz erwähnt (ohne weitere Erläuterung, da es ihr vorrangig um die Nietzsche-Rezeption der Frauenrechtlerin und Schriftstellerin Helene Stöcker geht), daß sich Andreas-Salomé mit ihrem Modell von Weiblichkeit auf Nietzsche beziehe: Im Gegensatz zur produktiven Rezeption durch Helene Stöcker weise der Nietzsche-Bezug bei Lou Andreas-Salomé keine innovativ-emanzipatorische Wendung auf, sondern liege in der »organizistische[n]« Darstellung des »›Weib[es]‹ als ›Selbsteigenes‹«, das sie »aus einem a priori vorhandenen und aus sich selbst schöpfenden ›Leben‹« begründe.[118] Darin liegt nun allerdings gerade in Hinblick auf Nietzsches Philosophie ein besonderes Potential. Man kann hierin weniger einen direkten Rekurs auf Nietzsches Geschlechterkonzeption sehen, etwa – im Anschluß an Hedwig Dohms Auflistung von »antifeministischen« Entwürfen – als eine Parallele zu seiner »Metaphysik des ›Weibes‹ als Geschlechts- und Instinktwesen«.[119] Vielmehr handelt es sich, wie

---

116 Simmel: *Weibliche Kultur* (1911), S. 445.
117 Vgl. dazu Del Caro, Adrian: *Andreas-Salomé and Nietzsche: New Perspectives.* In: *Seminar* 36 (2000), H. 1, S. 79-96; Markotic, Lorraine: *Transformative Consequences. Lou Andreas-Salomé's Interpretation of Nietzsche's Doctrine of Eternal Recurrence.* In: *Seminar* 36 (2000), H. 1, S. 339-365.
118 Janz, S. 48.
119 Ebd., S. 45.

gezeigt werden soll, um ein Weiblichkeitskonzept, in dem Nietzsches – für den Mann formulierte – Ideale gerade auf die Frau übertragen werden.[120]

## »Der Mensch als Weib«: Andreas-Salomé und Nietzsche

Als Schlüssel erweist sich Lou Andreas-Salomés eigene Monographie über Nietzsche. In der 1894 – also einige Jahre vor *Fenitschka* und dem Essay *Der Mensch als Weib* – erschienenen Monographie *Nietzsche in seinen Werken*[121] räumt sie Nietzsches Äußerungen über die Frau so gut wie keinen Platz ein. Statt dessen zeigt sich an mehreren Stellen, daß sie bei der Auseinandersetzung mit seiner Philosophie eine originelle, so bei Nietzsche nicht ausgebrachte Geschlechterperspektive mit reflektiert. Die Charakterisierung seiner Persönlichkeit, die in der spezifischen, gewissermaßen ›psychologisierenden‹ Betrachtungsweise von Andreas-Salomé untrennbar mit der Darstellung seiner Philosophie verbunden ist,[122] verdeutlicht das: In Übernahme von Nietzsches Metaphorik einer geistigen Schwangerschaft[123] ordnet sie seine Geistestätigkeit, die sich »häufig an fremde Muster und Meister an[lehne]«, um aus der »ge-

120 Wenn ergänzend zu Andreas-Salomés Ausführungen zu Nietzsche aus seinen Werken zitiert wird, liegt folgende Ausgabe zugrunde: Nietzsche, Friedrich: *Sämtliche Werke. Kritische Studienausgabe in 15 Bänden.* Hrsg. v. Giorgio Colli u. Mazzino Montinari. 3. Aufl. München 1999 (zit. als KSA).

121 Zitiert wird nach folgender Ausgabe: Andreas-Salomé, Lou: *Friedrich Nietzsche in seinen Werken.* Mit Anm. v. Thomas Pfeiffer. Hrsg. v. Ernst Pfeiffer. Frankfurt a.M./Leipzig 2000.

122 Vgl. dazu den als Vorwort abgedruckten Brief Nietzsches:»Ihr Gedanke einer Reduktion der philosophischen Systeme auf Personal-Acten ihrer Urheber ist recht ein Gedanke aus dem ›Geschwistergehirn‹: ich selber habe in Basel in *diesem* Sinne Geschichte der alten Philosophie erzählt und sagte gern meinen Zuhörern: ›dies System ist widerlegt und todt – aber die *Person* dahinter ist unwiderlegbar, die Person ist gar nicht todt zu machen‹ – zum Beispiel Plato.« (Wiedergabe nach der Übertragung des Faksimile-Drucks durch Thomas Pfeiffer im Anhang, *Friedrich Nietzsche in seinen Werken,* S. 298.)

123 Vgl. ebd., S. 70 f. Lou Andreas-Salomé verweist hier auf Nietzsches Rede von den »männlichen Mütter[n]« (*Die fröhliche Wissenschaft* 72, KSA, Bd. 3, S. 430), und seine Unterscheidung eines zeugenden und eines empfangenen Genies (vgl. *Jenseits von Gut und Böse* 248, KSA, Bd. 5, S. 191). Andreas-Salomé selbst hatte im Essay *Der Mensch als Weib* das Bild einer geistigen Schwangerschaft für die Darstellung des männlichen Künstlers verwendet, der »als solcher dem Weibe außerordentlich nah« stehe (vgl. S. 232).

ringste[n] Berührung« mit fremden Gedanken Eigenes, »eine Fülle innern Lebens, – Gedanken-Erlebens« entstehen zu lassen, einem weiblichen Prinzip zu:[124]

> In Nietzsches geistiger Natur lag – ins Große gesteigert – etwas Weibliches; [...]. Wenn wir alles zusammenlesen, was sein Erdreich befruchtet hat, dann haben wir einige unscheinbare Samenkörner vor uns: wenn wir in seine Philosophie eintreten, [...] umfängt uns die verschwenderische Vegetation einer wildgroßen Natur.[125]

Die Weiblichkeitsmetaphorik, auf die sie zur Beschreibung Nietzsches zurückgreift (das Element der Erde, die Naturhaftigkeit, die Wildheit und Eigengesetzlichkeit, vor allem jedoch das empfangende Prinzip, das als schöpferischer Akt dargestellt wird), verweist bereits auf ihr später formuliertes Konzept der Geschlechterdifferenz, das mit bekannten Dichotomien arbeitet, dabei aber entscheidende Umwertungen vornimmt.[126] Dies findet sich beispielsweise im Essay *Der Mensch als Weib* über das zentrale Bild des Zeugungsaktes ausgestaltet, den Andreas-Salomé auf männlicher wie auf weiblicher Seite als »gleichwerthigen schöpferischen Beitrag« beurteilt und in dessen Darstellung sie vehement »der populären

124 Dies bemerken auch, ohne weitere Konsequenzen für Lou Andreas-Salomés theoretisches Konzept daraus zu ziehen, Kelly Oliver und Marilyn Pearsal: *Introduction: Why Feminists Read Nietzsche*. In: *Feminist Interpretations of Friedrich Nietzsche*. Hrsg. v. dens. University Park, Pennsylvania 1998, S. 1-17, hier S. 4.
125 *Friedrich Nietzsche in seinen Werken*, S. 70. Vgl. auch die Interpretation der Bedeutung Richard Wagners für Nietzsche (S. 105). Andreas-Salomés Beschreibung von Nietzsches innerer Zerrissenheit als Widerstreit zwischen einer ›weiblichen‹ Sehnsucht und einer ›männlichen‹ Entwicklung schließlich weist z.T. wörtliche Übereinstimmungen mit der Darstellung der Geschlechterdichotomie in *Der Mensch als Weib* auf: Durch den Bruch mit dem christlichen Kirchenglauben, der dennoch nie aufgehört habe, »den Bedürfnissen seines Gemüths zu entsprechen«, sei in Nietzsche eine »Rastlosigkeit« entstanden, in der »von nun an eine unersättliche Sehnsucht [...] [lebt], die nach dem verlorenen Paradies zurückstrebt, während seine Geistesentwicklung ihn zwingt, sich in grader Linie immer weiter davon zu entfernen.« (*Friedrich Nietzsche in seinen Werken*, S. 75 f.). Vgl. dazu das Sinnbild der in »Drang und Noth« »vorwärts laufenden Linie« für die ›männliche‹ Eigenart und das des Kreises für die ›weibliche‹, die dem »allerhaltenden unendlichen Ganzen noch unmittelbarer verbunden« sei; *Der Mensch als Weib*, S. 226.
126 Zur Anknüpfung an zeitgenössische Vorstellungen des Geschlechterdiskurses und ihre Umwertung in Lou Andreas-Salomés Essays vgl. auch Mareske, S. 155. Mit Bezug auf *Fenitschka* und eine »Naturverbundenheit« der Frau als »ihre zukünftige Stärke« siehe Treder, S. 11.

Redewendung vom Weiblichen als dem passiv empfangenden Gefäß und dem Männlichen als dem aktiv schöpferischen Inhalt« widerspricht.[127] Auch in ihrer – aus moderner Sicht abwertend wirkenden – ›Definition‹ des Weiblichen als dem undifferenzierteren, bodenständigeren und ganz auf das eigene Innere bezogenen Element, das einen Kreis um sich geschlossen halte, stellt die Umwertung einen entscheidenden Faktor dar: Nur im Weiblichen schließlich bewahre sich der Bezug zum »Lebensgrund[ ]«,[128] und der Kreis bedeutet bei Andreas-Salomé die ideale Harmonie, die höchste Entfaltung in sich selbst. Das ›Weibliche‹ mit der Natur und speziell mit dem Leben zu verknüpfen ist natürlich ein nur zu bekanntes Diskurselement; anders dagegen das Prinzip der Selbstverwirklichung, das Lou Andreas-Salomé daraus ableitet. Im Kontext des herrschenden Geschlechterdiskurses, der aus dem Postulat einer prinzipiellen Geschlechterdifferenz für die Frau eine unterlegene, dem Mann zuarbeitende Rolle folgert, bedeutet das für die Frau formulierte Recht auf Selbstgenuß keinen geringen Anspruch. Das klassische Modell des sich selbst verwirklichenden Mannes und der selbstlos sich aufopfernden Frau findet bei Andreas-Salomé seine Umkehrung:

> Wenn man so will, ist das Weib in diesem Sinn der genießendere Mensch, der Mensch jeder Lebensfreude und einer lebenausathmenden Selbstsucht. [...] Aber nur der Mann besitzt wahrhaft jene sachliche Selbstlosigkeit, die ein Ziel, ein Werk, einen Einzelberuf, der ihn vielleicht nach den verschiedensten Wesensseiten hin menschlich zu kurz kommen läßt, dennoch bis zur Selbstaufopferung verfolgt, und dadurch das Höchste darin leistet.[129]

Neben der expliziten Rede von einem ›weiblichen Prinzip‹ bei Nietzsche wird die Geschlechterperspektive vor allem in folgender Dimension relevant: In der Darstellung von Aspekten seiner Philosophie fallen Analogien zu Andreas-Salomés Konzeption von Weiblichkeit in *Der Mensch als Weib* auf. Nietzsches dem metaphysischen Vitalismus verpflichteter Verweis auf das Leben wird bei Andreas-Salomé im Sinne der ›Ganzheit‹ zum Charakteristikum des weiblichen Geschlechts. Die Haltung zum Wissen erweist sich dabei als wichtiger Ansatzpunkt. Andreas-Salomé betont in ihrer Nietzsche-Monographie: Das Denken sei nach Nietzsches Vorstellung »ein Erleben, die Erkenntnis ein Mitarbeiten und Mitschaf-

---

127 *Der Mensch als Weib*, S. 226 f.
128 Ebd., S. 234. Vgl. S. 228.
129 Ebd., S. 233.

fen an einer neuen Cultur: in Gedanken durften alle Seelenkräfte zusam-
menwirken: er forderte den ganzen Menschen.«¹³⁰ Die Forderungen, daß
das Wissen sich aus dem individuellen Seelenleben heraus bilden, sozusagen neu erlebt werden müsse und daß dabei das Instinktleben nicht im
Gegensatz zum Gedankenleben stehen dürfe, münden – so resümiert
Andreas-Salomé – in einer anderen Auffassung von ›Wahrheit‹: Vor dem
Leben verlören die Kategorien »wahr« und »falsch« ihren Sinn. Sie zitiert
aus *Jenseits von Gut und Böse*: »Die Falschheit eines Urtheils ist uns noch
kein Einwand gegen ein Urtheil; – – Die Frage ist, wie weit es lebenfördernd, lebenerhaltend – – ist«.¹³¹

In ihrer Monographie hebt Andreas-Salomé die »höchst werthvolle
Schrift« *Vom Nutzen und Nachtheil der Historie für das Leben* hervor, die
von »dauerndem Interesse« sei¹³² und deren Thesen sie ausführlich wie-
dergibt. Zur »Historie«, die bei Nietzsche allgemein das »Gedankenleben[]«, das »Erkennen des Vergangenen […] im Gegensatz zur vollen
Lebenskraft des Gegenwärtigen und Zukünftigen« bezeichne, zitiert und
erläutert sie Nietzsche:

> »Nur soweit die Historie dem Leben dient, wollen wir ihr dienen.«
> Sie dient ihm aber nur so lange, als gegenüber den zersetzenden, bela-
> stenden und überall eindringenden Einflüssen des Gedanklichen die
> wichtigste Seelenfunction im Menschen noch völlig intakt geblieben
> ist. »– – die *plastische Kraft* eines Menschen, eines Volkes, einer Cul-
> tur, – – ich meine jene Kraft, aus sich heraus eigenartig zu wachsen,
> Vergangenes und Fremdes umzubilden und einzuverleiben, […]«.
> Sonst entsteht in uns ein Chaos fremder, uns nur zugeströmter Reich-
> thümer, die wir nicht zu bewältigen, nicht zu assimilieren im Stande
> sind, und deren Mannigfaltigkeit daher das Einheitliche und Organi-
> sche unserer Persönlichkeit schwer gefährdet.¹³³

Die Parallelen zum Weiblichkeitsmodell von Andreas-Salomé sind auffällig, in *Der Mensch als Weib* definiert sie die spezifische Eigenart von
Frauen folgendermaßen:

---

130  *Friedrich Nietzsche in seinen Werken*, S. 104.
131  Ebd., S. 192; Zitat: KSA, Bd. 5, S. 18. In der Zitierweise Andreas-Salomés mar-
     kieren doppelte Gedankenstriche Auslassungen.
132  *Friedrich Nietzsche in seinen Werken*, S. 92. Nietzsche: *Unzeitgemäße Betrachtun-
     gen. Zweites Stück: Vom Nutzen und Nachteil der Historie für das Leben*, KSA,
     Bd. 1, S. 243-334.
133  *Friedrich Nietzsche in seinen Werken*, S. 92 f. (Vgl. Nietzsche, KSA, Bd. 1, S. 245
     u. S. 251.)

Das weibliche Wesen, an sich einheitlicher geblieben, rastet und ruht in dem, was es einmal in sich eingesaugt, mit sich identifizirt hat; es vollendet sein Schaffen nicht in solchen isolirbaren und speziellen Bethätigungen auf ein Außen-Ziel hin [wie der Mann; RW], – es verwächst organisch mit dem, was es schafft [...].[134]

Die Begriffe »einheitlich« und »organisch« werden zu Attributen des Weiblichen. Die Geistestätigkeit, die der Frau zugeschrieben wird, erfüllt überdies die Forderung aus Nietzsches Schrift, Fremdes dem Eigenen »einzuverleiben«. Dieser Prozeß ist bei Andreas-Salomé wie bei Nietzsche damit verbunden, das Abstrakte wieder dem Leben zurückzugewinnen. Die Frau, heißt es in *Der Mensch als Weib*, könne »nicht umhin [...], von jeglichem nur aufzunehmen, was sie nährt, was sie belebt, was sich assimiliren und zum Leben zurückwandeln läßt«; »mit Gedanken, die ihr werthvoll werden sollen«, müsse »sie sich einspinnen, [...] sie erleben können«.[135] Neben dem Assimiliren und Beleben von Gedanken findet sich damit auch der bei Nietzsche so zentrale Aspekt des Erlebens in der Darstellung ›weiblichen‹ Denkens. Das Gegenbild zu Nietzsches Ideal projiziert Andreas-Salomé in ihrem Modell der Geschlechterdifferenz auf den Mann, den »Gehirnmenschen«.[136] Sein Gedankenleben sei durch Abstraktion und Logik bestimmt: »Dem Manne stellt sich Wahrheit am zwingendsten als das dar, womit man auch logisch zurechtkommen muß [...]; dem Weibe ist eine zwingende Wahrheit immer nur das Lebenerweckende [...].«[137] Der Gedanke an Nietzsches eingangs erwähnten Wahrheitsbegriff, bei dem es nicht um »wahr« oder »falsch« gehe, sondern darum, wieweit ein Urteil »lebenfördernd, lebenerhaltend« ist,[138] liegt nahe. In ihrer Darstellung dieses Aspekts bei Nietzsche bezieht sich Andreas-Salomé auf Passagen aus der *Genealogie der Moral*, in denen die Haltung des Künstlers vor die des Wissenschaftlers gesetzt wird: Das »Lebenerhaltendere der Lüge« sei es, »das den Künstler hoch über den

---

134  *Der Mensch als Weib*, S. 229.
135  Ebd., S. 234. Vgl. dazu Nietzsche: »[...] dächte man sich die mächtigste und ungeheuerste Natur, [...]; alles Vergangene, eigenes und fremdestes, würde sie an sich heran, in sich hineinziehen und gleichsam zu Blut umschaffen. Das was eine solche Natur nicht bezwingt, weiss sie zu vergessen; es ist nicht mehr da, der Horizont ist geschlossen und ganz, [...].« (Nietzsche, KSA, Bd. 1, S. 251, vgl. auch *Friedrich Nietzsche in seinen Werken*, S. 96.)
136  *Der Mensch als Weib*, S. 238.
137  Ebd., S. 234.
138  *Friedrich Nietzsche in seinen Werken*, S. 192.

wissenschaftlichen Menschen und dessen Wahrheitsforschung« stelle.[139] Über Lou Andreas-Salomés eigene Charakterisierung des Künstlers, die in der postulierten Nähe zu weiblicher Eigenart besteht,[140] schließt sich der Bogen zu ihrer Geschlechterkonzeption. Die Orientierung am rationalen Erkennen ist in diesem Zusammenhang etwas Defizitäres.[141]

Statt der bekannten simplen Geschlechterdichotomie, bei der die Frau mit Natur und der Mann mit Geist gleichgesetzt wird, bezieht sich Andreas-Salomés Konzept auf den philosophischen Diskurs ihrer Zeit, indem der Gegensatz zwischen mechanistischem und vitalistischem Weltbild auf die Geschlechterdifferenz projiziert wird.[142] Im Kontrast zur wissenschaftlichen Kontroverse zwischen Vitalismus und Mechanizismus, die mit dem Anspruch auf Ausschließlichkeit geführt wurde, und auch im Kontrast zur eindeutigen Positionsnahme im metaphysischen Vitalismus Nietzsches bilden beide Pole im Geschlechtermodell Andreas-Salomés die notwendige Ergänzung des jeweils anderen, wobei die Autorin explizit betont, keine der beiden Ausrichtungen sei höher zu bewerten.[143] Durch den Bezug auf Nietzsche und die Lebensphilosophie jedoch schleicht sich unterderhand gerade eine Höherbewertung der weiblichen ›Wesensart‹ ein.

Die traditionelle Dichotomie erhält – durchaus mit Hilfe des Nietzsche-Bezugs – eine neue Dimension: Vor dem Hintergrund des alludierten Ganzheitsideals geht es nicht mehr um eine Opposition Körper versus Geist, sondern um zwei Arten von Geistesleben, eine – bei Andreas-Salomé weiblich besetzte – lebensbezogene ›ganzheitliche‹ und eine – männlich besetzte – rationalistisch spezialisierte. Entscheidend ist dabei, daß der ›weibliche‹ ›Geschlechtscharakter‹ nicht in Opposition zum Geistigen definiert wird, wie es in der Zeit gängigen, auf dem Differenzpostulat aufbauenden Zuschreibungen entsprach. Statt dessen ist von einer anderen Ausprägung des Denkens die Rede, bei der die ›weibliche‹ sozusagen die vitalistische Variante zur mechanistischen darstellt.

---

139 Ebd.

140 Vgl. *Der Mensch als Weib*, S. 232.

141 Vgl. ebd. S. 233 f.

142 Zum deutlichsten Ausdruck dieser Projektion wird Andreas-Salomés Darstellung männlicher und weiblicher Erotik: Die sexuelle Befriedigung des Mannes beschreibt sie als »Mechanistische[s], fast Automatenhafte[s]« (ebd., S. 230).

143 Zur These der gegenseitigen Ergänzung zweier komplementärer Welten, um »das Leben zu höchster Entfaltung zu bringen, das ohne die Geschlechtertheilung auf tiefstem Niveau hätte stehen bleiben müssen«, siehe ebd., S. 226.

## Die Wissenschaft der »Starken, Jungen und Frischen«

Vor dem Hintergrund der Nietzsche-Auseinandersetzung erscheint die Tatsache, daß die Protagonistin in *Fenitschka* eine Studentin ist, von zusätzlicher Relevanz. Da sie offensichtlich in der Wissenschaft reüssiert, steht ihre prinzipielle geistige Leistungsfähigkeit nicht in Frage. Entfaltet wird demgegenüber ihre spezifisch ›weibliche‹ Haltung. Auf das Gespräch zwischen Fenia und Max über ihre jeweilige Einstellung zum Studium (F 14 f.), dem in diesem Zusammenhang eine wichtige Rolle zukommt, wurde bereits eingegangen. Die Analyse hat ergeben, daß die Positionen der beiden Gesprächspartner auf den Geschlechtergegensatz verweisen, wie Lou Andreas-Salomé ihn in *Der Mensch als Weib* ausgeführt hat. Die Ansätze einer darin enthaltenen Zeitkritik erfahren durch den impliziten Bezug, den Lou Andreas-Salomés Geschlechtertheorie zur frühen Philosophie Nietzsches aufweist, einen besonderen Nachdruck. Die ›weibliche‹ Haltung Fenias zum Studium ist auf diese Weise mit der grundsätzlichen Wissenschaftskritik Nietzsches verbunden.

In *Friedrich Nietzsche in seinen Werken* hatte Andreas-Salomé gerade dieser Wissenschaftskritik eine große Bedeutung beigemessen: Als »dasjenige, was am herrschenden Zeitgeist seine Bedenken hervorrief«, habe Nietzsche sich »gegen die Verkümmerung eines vollen, reichen Seelenlebens durch den erkältenden und lähmenden Einfluß einseitiger Verstandesbildung« gewandt.[144] »Der moderne Mensch schleppt zuletzt eine ungeheure Menge von unverdaulichen Wissenssteinen mit sich herum, die dann bei Gelegenheit ordentlich im Leibe rumpeln, wie es im Märchen heisst«, zitiert Andreas-Salomé,[145] und in *Vom Nutzen und Nachteil der Historie* heißt es weiter:

> Durch dieses Rumpeln verräth sich die eigenste Eigenschaft dieses modernen Menschen: der merkwürdige Gegensatz eines Inneren, dem kein Aeusseres, eines Aeusseren, dem kein Inneres entspricht, ein Gegensatz, den die alten Völker nicht kennen. [...] Unsere moderne Bildung ist eben deshalb nichts Lebendiges, weil sie ohne jenen Gegensatz sich gar nicht begreifen lässt, das heisst: sie ist gar keine wirkliche Bildung, sondern nur eine Art Wissen um die Bildung, [...].[146]

Der Kontrast einer Wissensanhäufung, die in keiner inneren Verbindung zum Menschen steht, zum Ideal eines Denkens, das »ein Erleben« sei, das

---

144 *Friedrich Nietzsche in seinen Werken*, S. 94.
145 Ebd. Vgl. Nietzsche, KSA, Bd. 1, S. 272.
146 Nietzsche, ebd., S. 272 f.

»den ganzen Menschen« fordere,[147] erinnert stark an die beiden einander entgegengesetzten Positionen, die Max und Fenia vertreten. Gegenüber seiner Auffassung von der Wissenschaft als »geistiger Bleichsucht« und als »Frondienst« (F 14) betont Fenia für sich und die anderen Studentinnen die Nähe des Studiums zum Leben: »Wer von uns sich dem Studium hingibt, tut es nicht nur mit dem Kopf, mit der Intelligenz, sondern mit dem ganzen Willen, dem ganzen Menschen! Er erobert nicht nur Wissen, sondern ein Stück Leben voll von Gemütsbewegungen.« (F 15)

Durch den Vergleich mit Nietzsche erlangt diese Aussage eine weitere Bedeutungsebene: In der Textanalyse wurde bereits erläutert, daß die unterschiedlichen Auffassungen zum Studium mit einem unterschiedlichen Stadium der ›Reife‹ in Zusammenhang gebracht werden. In dieser Altersmetaphorik finden sich Anknüpfungspunkte zu Nietzsches Ausführungen zur Dekadenz, die den zeitgenössischen Topos einer kulturellen ›Überalterung‹ aufnehmen: »Der geschlossenen Persönlichkeit droht also nicht nur die Gefahr, die von außen kommt«, resümiert Andreas-Salomé in ihrer Nietzsche-Arbeit, »sondern auch diejenige, die sie in sich trägt, die mit ihr geboren ist, – jene ›Instinct-Widersprüchlichkeit‹, die das Erbe aller Spätlinge ist, denn – Spätlinge sind Mischlinge.«[148] Der zugrunde liegende Vergleichsmaßstab ist der der eigenen Gesellschaft zu den frühen Kulturvölkern (bei Nietzsche speziell den Griechen). Der Vorwurf von Max, das weibliche Geschlecht sei in seinem Zugang zum Wissen weit zurück, es lebe da, wo das männliche »vor Jahrhunderten stand« (F 15), wäre in diesem Zusammenhang ein Vorzug.

Von Andreas-Salomé nicht zitiert, vermutlich aber rezipiert, setzt Nietzsche in *Vom Nutzen und Nachtheile der Historie* den Aspekt der »Instinct-Widersprüchlichkeit« mit dem Wissenschaftsbetrieb in Beziehung. Dabei geht es nicht mehr um einen diachronen Vergleich verschiedener Zeitalter, sondern um eine Betrachtung der eigenen Zeit, die den Aspekt der Erziehung ins Zentrum stellt. Für die eigene Gesellschaft diagnostiziert er

ein recht falsches und oberflächliches Wissen […], weil man den Widerspruch von Leben und Wissen ertrug, weil man das Charakteristische an der Bildung wahrer Culturvölker gar nicht sah: dass die Cultur nur aus dem Leben hervorwachsen und herausblühen kann; […]. Die

---

147  *Friedrich Nietzsche in seinen Werken*, S. 104.
148  Ebd., S. 95. Zum Begriff der »Instinct-Widersprüchlichkeit« vgl. Nietzsche: Epilog zu *Der Fall Wagner*, KSA, Bd. 6, S. 53. Wagner dient Nietzsche als symptomatisches Fallbeispiel des Dekadenten.

deutsche Jugenderziehung geht aber gerade von diesem falschen und unfruchtbaren Begriffe der Cultur aus: ihr Ziel, recht rein und hoch gedacht, ist gar nicht der freie Gebildete, sondern der Gelehrte, der wissenschaftliche Mensch, und zwar der möglichst früh nutzbare wissenschaftliche Mensch, der sich abseits von dem Leben stellt, um es recht deutlich zu erkennen; [...]. Dass eine Erziehung mit jenem Ziele und mit diesem Resultate eine widernatürliche ist, das fühlt nur der in ihr noch nicht fertig gewordene Mensch, das fühlt allein der Instinct der Jugend, weil sie noch den Instinct der Natur hat, der erst künstlich und gewaltsam durch jene Erziehung gebrochen wird. Wer aber diese Erziehung wiederum brechen will, der muss der Jugend zum Worte verhelfen, [...].[149]

In dem langen Ausschluß der Frauen von der Bildung läge in dieser Vorstellung ein Vorteil: Sie wären als die grundsätzlich ›Unverbildeten‹ dazu prädestiniert, die Rolle der »Jugend« einzunehmen. Fenias Überzeugung spiegelt genau diese Übertragung auf die Geschlechter wider:

Was Sie von der Wissenschaft sagen, klingt so, als sei sie nur noch die geeignetste Beschäftigung für Greise, für abgelebte Menschen. Aber vielleicht seid nur ihr greisenhaft. Bei uns begeistert sie die Starken, die Jungen, die Frischen! (F 15)

Für die Bewertung der Studentin als Figur bei Andreas-Salomé ist dabei relevant, daß nicht nur das Potential der Frauen einer überalterten Kultur der Männer gegenübergestellt wird, sondern die Gruppe der Frauen unterteilt wird: Die zitierte Formulierung impliziert, daß es auch unter den Frauen »abgelebte Menschen« gibt, und das sind offenbar diejenigen Frauen, die sich nicht den neu gewonnenen Bildungsmöglichkeiten und damit der eigenen geistigen Erweiterung öffnen. Die »Starken, die Jungen, die Frischen« unter den Frauen »begeister[n]« sich für die Wissenschaft. Damit bestätigt sich ein Ergebnis der Textanalyse, nach dem gerade die studierenden Frauen bei Lou Andreas-Salomé einer voll entfalteten ›Weiblichkeit‹ näher kommen können. Für eine mögliche Erneuerung der Kultur in vitalistischer Perspektive, eine Erneuerung also, die der »Kultur von heute, die *über* den Dingen schwebt« (F 15), das Leben zurückgewinnen müßte, spielen demnach die Frauen, und speziell diejenigen unter ihnen, die sich auch der Wissenschaft zuwenden, eine entscheidende Rolle.

---

149 Nietzsche, KSA, Bd. 1, S. 325 f.

Um den Begriff der »Kultur« geht es Andreas-Salomé dabei allerdings nicht. In der Erzählung *Fenitschka* wird er nur ein einziges Mal von Max Werner ins Spiel gebracht, ein Befund, der sich mit den Ausführungen in *Der Mensch als Weib* deckt: Dort spricht Andreas-Salomé von der männlichen und der weiblichen »Welt« und ihrem jeweiligen schöpferischen Beitrag zum allgemeinen »Leben«. Im Unterschied zu Simmels Einbettung der Geschlechterdifferenz in kulturtheoretische Fragestellungen ist ihr Konzept hier deutlicher vitalistisch akzentuiert. Im Essay *Der Mensch als Weib* findet sich immerhin eine kurze Passage, in der sie die Frauen als »weniger kultivirbar« bezeichnet: Sie argumentiert analog zu Simmel, der den Akt der Kultivierung an eine ›männliche‹ Fähigkeit zur sachlichen Objektivierung bindet, die den Frauen fehle. Bei Andreas-Salomé wird der Begriff jedoch pejorativ verwendet im Sinne männlicher Selbstverausgabung:

> [...] alle Wahrheit und Schönheit und Reinheit der Welt fängt ihr [der Frau] doch erst mit ihrem eigenen Gefühl an, während der Mann die Dinge historischer begreift und sachlicher taxirt. Dies Ungerechtere am Weibe, das, im traditionellen Sinn, weit Gewissenlosere, macht sie auch so viel weniger kultivirbar als ihn, macht, daß sie sich als Natur nicht verlieren, nicht so leicht schwächen kann wie er, der sich alle Augenblicke überkultivirt, indem er seine darin opferwilligere Natur zu den verschiedensten Aufgaben theils dressirt theils wirklich sublimirt, bis sie gar keine einheitlich wirkende Organisation mehr sein kann.[150]

Die »Kultivierung« wird mit einem Verlust an Lebenspotential gleichgesetzt, so daß die Beantwortung der schon zitierten Frage »Wer sich als stärker erweisen wird: das Weib, oder aber das, was es sich Unweibhaftes zumuthet«, in die Zukunft verschoben wird: »– das muß die Zeit lehren«.[151]

### 3.3 Fenitschka und Martha: die Studentin und das ›Leben‹

In Andreas-Salomés *Fenitschka* und Kolbenheyers *Montsalvasch* zeigen sich gerade in der Rolle des Lebens konträre Positionen, die sich aus dem zeitgenössischen Diskurs heraus konturieren. Über Andreas-Salomés Weiblichkeitstheorie und über die Gestaltung der Titelheldin in *Fenitschka*

---

150  *Der Mensch als Weib*, S. 237.
151  Ebd., S. 235.

manifestiert sich das Ideal eines lebensbezogenen ganzheitlichen Daseins, das sich in der individuellen Selbstverwirklichung der Frau realisiert. Diesem individualistischen Ansatz steht der Lebensbegriff in *Montsalvasch* diametral gegenüber. Obwohl es auch hier, wie erwähnt, Anknüpfungen an vitalistische Vorstellungen gibt, wird in ganz anderer Weise mit dem Begriff operiert. Das Leben fungiert hier als biologistisch gewendete Kategorie: Über die Metapher des Organismus steht nicht mehr die Persönlichkeit des einzelnen Menschen zur Debatte, sondern – quasi ›Naturgesetzen‹ folgend – seine ›Funktion‹ im Gesamtgefüge. Die Zuschreibungen, die nun wiederum für dieses Gesamtgefüge vorgenommen werden, geben Kolbenheyers Weltanschauung und deren ›Anwendung‹ im Roman ihre nationalistische Ausprägung.

In beiden Erzähltexten kristallisieren ihre einander entgegengesetzten Perspektiven – die vitalistische, individualistische in *Fenitschka* und die biologistische, gerade anti-individualistisch ausgerichtete in *Montsalvasch* – an der Figur der Studentin. Aufgrund des diskursiven Spannungsfeldes, in dem der Begriff des Lebens in der Zeit der Jahrhundertwende steht, liegt es zunächst einmal nahe, daß in beiden Erzähltexten Wissenschaft zu einem wichtigen Thema wird: Abgesehen davon, daß die philosophischen Ansätze in ihrer Metaphorik ja auch an die naturwissenschaftlichen Debatten um Vitalismus und Mechanizismus anknüpfen, geht es vor allem um den traditionellen Antagonismus zwischen Wissenschaft und Leben. Produktiv gemacht wird dieser Antagonismus jedoch über die Geschlechterfrage: Das Novum studierender Frauen wird zum Auslöser einer Auseinandersetzung mit dem Wissenschaftsbetrieb, der als symptomatisch für bestimmte Tendenzen der modernen Gesellschaft gesehen wird. Konstatiert wird eine Wissenschaft, die den Bezug zum Leben verloren habe. In der genaueren Besetzung kommt nun allerdings die unterschiedliche Ausrichtung beider Texte zum Tragen. Während sich der Vorwurf in *Montsalvasch* gegen eine positivistische Wissenschaft richtet, die ein Wissen vermittle, das äußerlich bleibe, wird in *Fenitschka* die Entfremdung der Wissenschaft vom Leben einer ›männlich‹ abstrahierenden und sich spezialisierenden Geisteshaltung zugeschrieben. Aufgrund des vorausgesetzten Modells einer natürlichen Geschlechterdifferenz liegt darin nun allerdings eher eine Feststellung als ein Vorwurf, während die Betrachtungen zum modernen Wissenschaftsbetrieb in Kolbenheyers Roman in seine fundamentale Zivilisationskritik eingebettet sind. Die Bedeutung der Studentin als Figur leitet sich aus diesen Positionen zur Wissenschaft ab: Martha Rörs, die sich der positivistischen Wissenschaft verschrieben hat, dient als Repräsentantin der kritisierten Zivilisation. Im Sinne einer klassischen Abschreckungsdidaktik wird hier die moderne Studentin zum Beispiel einer Frau, die ihre eigentliche weibliche ›Bestimmung‹ verfehlt. Die Studentin in *Fenitschka* ist dagegen Ausdruck einer ›weiblichen‹ Ganzheitlichkeit, die – am Beispiel der Wissenschaft thematisiert – einer ›männlich‹ spezialisierten und entfremdeten Gesellschaft gegenüber eine Bereicherung bedeutet: nämlich nicht weniger als den Rückbezug zum Leben, der aus der vorliegenden vitalistischen Perspektive ja gerade entscheidend ist. In beiden Fällen steht auf diese Weise das Studium der weiblichen Hauptfigur mit der jeweils zentralen Frage des Textes in Zusammenhang: der Frage nach dem ›Wesen‹ der Frau in *Fenitschka*, der Frage nach der ›wahren‹ Kultur in *Montsalvasch*.

# Die Akademikerin im naturalistischen Drama

Für das Drama des 19. Jahrhunderts konstatiert Klotz, »das ernste Theater« habe es »[b]is auf wenige Ausnahmen [...] unterlassen, die zeitgenössischen politischen Umwälzungen aufzugreifen«.[1] Statt dessen springe
»das komische Theater ein[ ], wo das ernste ausfällt. Denn das ernste gibt
ja die gemeinverbindliche Gegenwartsthematik frei, indem es sein altes
Monopol darauf ausschlägt.«[2] Tatsächlich findet sich auch das Thema
des Frauenstudiums vor allem im seichten Unterhaltungstheater: Die
Wissenschaftlerin als komische Figur in der Verlachkomödie bildet ein
Pendant zu den Karikaturen über Studentinnen, die in der Anfangszeit
des Frauenstudiums in den Printmedien kursierten.[3] Daneben aber, und
darin liegt eine doch gewichtige »Ausnahme«, nahm speziell das naturalistische Drama die Akademikerin in ihr Repertoire auf.

Gemäß dem Programm, sich der sozialen Wirklichkeit der eigenen
Zeit zu stellen, wurde auch die ›Frauenfrage‹ zum Theaterstoff. Entscheidende Impulse kamen dabei aus dem Ausland: mit Zolas *Nana* (1880),
auf die auch in Schirmachers *Die Libertad* rekurriert wird, im Bereich des
Dramas aber vor allem mit Ibsens *Nora* (*Ein Puppenheim*) (1879). Für die
naturalistische Kunst erkannte man,

> daß im ›Thema Frau‹ ein bisher ebenso tabuisiertes Gebiet sozial en-
> gagierter Literatur bereitstand wie im Thema des Alkoholismus oder
> des Proletariers: die Frauenfrage mit all ihren Filiationen ist Teil der so-
> zialen Frage, mithin ein Bereich sozialpathologischer Verkrustung, den
> es ins Bewußtsein zu rücken gilt, der rückhaltlos, ›wahr‹ darzustellen

---

1  Klotz, Volker: *Bürgerliches Lachtheater. Komödie, Posse, Schwank*. München/Wien
   1984, S. 14.
2  Ebd., S. 15 f.
3  Vgl. dazu *Die Universität in der Karikatur. Böse Bilder aus der kuriosen Geschichte
   der Hochschulen*. Hrsg. u. kommentiert von Michael Klant. Hannover 1984,
   S. 108-115. Michaela Giesing spricht von einer »Welle der Akademikerinnenlustspiele« (Giesing, Michaela: *›Ibsens Nora und die wahre Emanzipation der Frau‹.
   Zum Frauenbild im wilhelminischen Theater*. Frankfurt a.M./Bern/New York 1984,
   S. 216). Das eindeutige Bild, das Giesing von dieser Gattung als trivial und die
   herrschende Gesellschaftsordnung ausschließlich bestätigend zeichnet (vgl. ebd.),
   wird der realen Vielfalt der Stücke allerdings nicht gerecht.

ist, um auf dem Weg aufklärerischer Analyse einer Lösung näherge-
bracht zu werden.[4]

Der Bezug auf aktuelle soziale Brennpunkte war konstitutiv, von ihm her
gewann die naturalistische Kunst ihre Impulse. Innerhalb dieses Rahmens wurde, so Mahal, insbesondere die Lage der Frau

> für den Naturalismus zum Prüfstein der »Modernität« des Bewußt-
> seins: dieses Thema, etwa auf der Bühne zur Sprache gebracht, provo-
> ziert Auseinandersetzung und verlangt Stellungnahme. Die Rolle der
> Frau in der Männerwelt zu revolutionieren, geht parallel zu der Ab-
> sicht, die Rolle des Unterdrückten und Ausgebeuteten als aufgezwun-
> gen deutlich zu machen.[5]

Als symbolischer Austragungsort sozialer Auseinandersetzungen, so betont Greenblatt, eignet sich das Theater aufgrund seines öffentlichen
Aufführungscharakters in besonderem Maße. Das Theater als »Erschei-
nungsform[ ]« der Macht,[6] das – zu diesem Schluß kommt Greenblatt in
seinen Renaissance-Studien – traditionellerweise auf Konsolidierung der
herrschenden Ordnung angelegt ist, wird hier jedoch gerade zum Forum
einer Gegenöffentlichkeit. Im Gegensatz zum elisabethanischen Theater,
das Greenblatt im Blick hat, ist die Subversion nicht Effekt innerhalb
einer Repräsentation der Macht, sondern das zentrale Movens der Inszenierung: Der Naturalismus wurde als Gegendiskurs stilisiert, indem man
erklärte, die bislang von der Kunst nicht repräsentierte ›andere‹, häßliche,
aber eben ›wahre‹ Wirklichkeit abzubilden. In diesem Sinne verstand
man sich als Sprachrohr der bislang vom Diskurs Ausgeschlossenen: Gesellschaftliche Mißstände und Unterdrückungsverhältnisse sollten zur
Schau gestellt werden, neben dem zentralen Arbeitermilieu auch die Rolle der Frau. Das Thema Prostitution erklärt sich aus dieser Absicht, auch
die Gestaltung der Tochter in familiären Abhängigkeiten und die der dis-
kriminierten Ehefrau. Wie aber reagierte das naturalistische Drama auf
die Studentin als Repräsentantin der Bildungs- und Berufsforderungen
der Frauenbewegung? Auch das beginnende Frauenstudium barg das
Thema struktureller Benachteiligung, gleichzeitig war ein Aufbruchs-
moment damit verbunden: Die Frauen, die erfolgreich ein Studium aufgenommen hatten, standen für erste Triumphe der Frauenbewegung.

---

4  Mahal, Günther: *Naturalismus*. 3. Aufl. München 1996, S. 135.
5  Ebd.
6  Greenblatt, *Verhandlungen*, S. 64.

Damit ist die Ausgangssituation der Figur eine grundsätzlich andere als im Fall der Prostituierten oder der Ehefrau und der Tochter in beengten Familienverhältnissen. Als Sonderfall der berufstätigen Frau findet die Wissenschaftlerin als Figur Eingang in die Stücke von Gerhart Hauptmann und Elsa Bernstein (alias Ernst Rosmer), große Namen in der Theaterlandschaft der Zeit. Im Fall der Studentin Anna Mahr in Hauptmanns *Einsame Menschen* und der Augenärztin Dr. Sabine Graef in Bernsteins *Dämmerung* soll untersucht werden, welche Funktion der Akademikerin in den jeweiligen Handlungskonzeptionen zukommt.

## 1. »Was *soll* man denn schließlich noch lieben?«
Gerhart Hauptmanns *Einsame Menschen* (1891)

Das dritte Bühnenstück von Gerhart Hauptmann (1862-1946), *Einsame Menschen*,[7] traf im Vergleich zu seinen vorangegangenen (*Vor Sonnenaufgang*, Uraufführung 1889; *Das Friedensfest*, Uraufführung 1890) auf eine besonders große Resonanz. Nach der Uraufführung durch den Verein *Freie Bühne* am 11.1.1891 im Residenztheater in Berlin hatte das Stück bereits zwei Monate darauf, am 21.3.1891, Premiere am Deutschen Theater. Über diese Aufführung in Berlin berichtet Hauptmann: »Die kommende Premiere war schon Wochen vorher die allgemeine Sensation. Die Billethändler nahmen hundert bis doppelt so viele Mark für eine Karte.«[8] Mit dem Deutschen Theater nahm zum ersten Mal eine renommierte Bühne ein Hauptmann-Stück in ihren Spielplan auf,[9] weitere große Schauspielhäuser, beispielsweise das Wiener Burgtheater, folgten.[10] Auch die zeitgenössische Kritik schenkte dem Stück große Beachtung.[11] Die Reaktionen waren in vielen Fällen ausgesprochen positiv. Der holländische Kritiker Simons wertete dieses Stück gar als künstlerischen Durchbruch des

---

7  Zitiert wird nach der Centenar-Ausgabe: Hauptmann, Gerhart: *Sämtliche Werke.* Hrsg. v. Hans-Egon Hass. Bd. 1: *Dramen.* Berlin 1966 (im Folgenden EM). Die Erstveröffentlichung erfolgte in der Zeitschrift *Freie Bühne für modernes Leben* 1/2 (1890/91).

8  Hauptmann, Gerhart: *Nachlese zur Autobiographie.* In: Ders.: *Sämtliche Werke.* Hrsg. v. Hans-Egon Hass, fortgef. v. Martin Machatzke. Bd. XI: *Nachgelassene Werke, Fragmente.* Frankfurt a.M./Berlin/Wien 1974, S. 459-598, hier S. 548.

9  Vgl. Hauptmann: *Nachlese,* S. 547 f.

10  Zu den Aufführungsorten vgl.: Cowen, Roy Chadwell: *Hauptmann-Kommentar zum dramatischen Werk.* München 1980, S. 51.

11  Einen (wenn auch nicht vollständigen) Überblick gibt Cowen, S. 53 f.

Autors.[12] Man lobte sowohl die Gestaltungsweise als auch den Inhalt. Ulrika Woerner mutmaßt, es sei »dieser zahme und zahm behandelte Stoff«, der »endlich […] die Gemüter [versöhnte]«.[13] Was aber den »Stoff« ausmacht, darüber waren sich die Kritiker uneins. Das eigentliche Thema des Dramas wurde entweder in einem mehr oder weniger zeitlosen Liebeskonflikt des Helden Johannes Vockerat gesehen, der zwischen zwei Frauen steht, oder aber gerade in einem Thema, das sich über den aktuellen Zeitbezug definiert: Johannes Vockerat erscheint hier als repräsentatives Beispiel für den »Übergangsmenschen« zwischen Tradition und Moderne. Dieser Typus hat in der Literatur der Jahrhundertwende Konjunktur und kann als Ausdruck einer als krisenhaft empfundenen Zeit der Umbrüche gelten. Vor allem in der neueren Forschung werden beide Themenkomplexe als ineinander verwoben gedeutet.[14]

Schauplatz der Handlung ist das Haus des jungen Ehepaares Johannes und Käthe Vockerat in Friedrichshagen am Müggelsee. Bereits der Beginn des Dramas ist von einer negativen Atmosphäre geprägt. Anläßlich der gerade vollzogenen Taufe des gemeinsamen Kindes erfährt man, daß Johannes aufgrund seiner Weltanschauung, die sich an den modernen Naturwissenschaften orientiert, mit Religion, insbesondere mit religiösen Ritualen, eigentlich nichts zu tun haben möchte. Er hat sich nur aus Rücksicht auf seine strenggläubigen Eltern deren Wunsch gebeugt – eine Rücksichtnahme, die ihm der nihilistisch gesinnte Freund Braun als Halbheit vorwirft. Während sein Vater nach den Feierlichkeiten wieder abreist, bleibt seine Mutter noch, um für Käthe, die sich noch nicht ganz von der Geburt erholt hat, den Haushalt zu führen. In dieser Situation tritt eine weitere Person auf: Es ist die Russin Anna Mahr, die in Zürich Philosophie studiert. Obwohl sie der Familie Vockerat völlig fremd ist und eigentlich nur ihren Bekannten Braun aufsuchen wollte, wird aus dem kurzen Gelegenheitsbesuch Annas ein dauerhafter Aufenthalt im Hause Vockerat: Johannes, begeistert, in der Studentin die langersehnte Gesprächspartnerin für seine wissenschaftliche Arbeit zu finden, lädt sie ein, als Gast bei ihnen zu bleiben, und auch bei den übrigen Familienmitgliedern erfährt sie zunächst eine herzliche Aufnahme. Die anfängliche Sympathie der Familie und Brauns schwindet jedoch zunehmend,

---

12 Simons, zit. nach Andreas-Salomé, Lou: *Ein holländisches Urteil über moderne deutsche Dramen. Teil VI: Einsame Menschen.* In: *Freie Bühne für modernes Leben* 2 (1891), S. 696-701, hier S. 699.

13 Woerner, Ulrika C.: *Gerhart Hauptmann.* München 1897, S. 20. Vgl. auch S. 26.

14 Vgl. Requardt, Walter/Machatzke, Martin: *Gerhart Hauptmann und Erkner. Studien zum Berliner Frühwerk.* Berlin 1980, S. 167 ff.; Cowen, S. 54.

je intensiver Johannes in der neuen Freundschaft aufgeht. Als Anna ihre geplante Abreise auf Bitten von Johannes wieder verschiebt, beschließt Mutter Vockerat mit Hilfe Brauns und ihres Mannes zu intervenieren, um die Beendigung von Annas Aufenthalt zu erwirken. Johannes, der weder mit seinen Eltern brechen noch die Trennung von Anna verwinden kann, gerät in einen Zwiespalt, aus dem heraus er schließlich Selbstmord begeht.

### 1.1 Die Studentin Anna Mahr: eine widersprüchliche Figur?

Das Stück wurde von der zeitgenössischen Theaterkritik zunächst fast ausschließlich positiv aufgenommen,[15] doch bald schlossen sich kritische Töne an. Vor allem die Disposition des tragischen Helden wurde moniert, die als schwächlich und kränklich, als »nervös« im zeitgenössischen Verständnis des Wortes empfunden wurde. Vom »Jammermann«[16] und verachtenswerten »nervösen Weibmann[]«[17] Johannes ist die Rede. Eine solche Gestalt – so wird geschlußfolgert – eigne sich nicht als tragischer Held.[18]

In den Beiträgen mit kritischer Grundhaltung widmet man sich auch eingehender der Figur der Studentin Anna Mahr. Im allgemeinen wird diese Gestalt in der zeitgenössischen Rezeption aber wenig beachtet, das eigentliche Interesse gilt der männlichen Hauptfigur Johannes Vockerat. Wenn von Anna die Rede ist, dann nur en passant, indem ihre ›echte Weiblichkeit‹[19] lobend betont wird, oder sie findet Erwähnung als Gesprächspartnerin und Kontrastfigur von Johannes. Nur auf die Mängel in der Gestaltung der Figur der Anna Mahr wird näher eingegangen.

Als »ziemlich blutleere Gestalt aus der neuen Welt«[20] beschreibt die engagierte Kämpferin für Frauenbildung Helene Lange die Figur in ihrem

---

15  Vgl. das Resümee Ulrika Woerners von 1897 (Woerner, S. 20).

16  Bulthaupt, Heinrich: *Dramaturgie des Schauspiels. Bd IV: Ibsen, Wildenbruch, Sudermann, Hauptmann.* Oldenburg/Leipzig 1902, S. 500.

17  Hanstein, Adalbert von: *Das jüngste Deutschland. Zwei Jahrzehnte miterlebter Litteraturgeschichte.* Leipzig 1900, S. 220 f.

18  Vgl. ebd.; des weiteren Woerner, S. 28; Röhr, Julius: *Gerhart Hauptmanns dramatisches Schaffen.* Berlin 1912, S. 64.

19  Sternberg, Kurt: *Gerhart Hauptmann: Die Entwicklung seiner Dichtung.* Berlin 1910. Zit. nach Schroeder, Sabine: *Anna Mahr in Gerhart Hauptmann's »Einsame Menschen« – the »Emancipated Woman« Re-examined.* In: *Germanic Review* 54 (1979), H. 3, S. 125-130, hier S. 125. Vgl. dazu auch Heuser, Frederick W. J.: *Gerhart Hauptmann. Zu seinem Leben und Schaffen.* Tübingen 1961, S. 253.

20  Lange, Helene: *Moderne Frauencharaktere in literarischer Konstruktion.* In: *Die Frau* 3 (1895-96), S. 14-17, hier S. 15.

Überblicksartikel von 1895. Lou Andreas-Salomé hebt in ihrer Rezension direkt 1891 ihrerseits hervor, man vermisse an Anna

> diejenigen Züge, die sie in ihrer geistigen Ungewöhnlichkeit und in ihrem intellektuellen Einfluß auf Johannes uns verdeutlichen müßten; als die »Studentin von Zürich« wird sie für uns fast nur lebendig, weil sie unter dieser Bezeichnung eingeführt und uns vorgestellt wird.[21]

Ähnlich argumentiert Ulrika Woerner in ihrer Forschungsarbeit von 1897. Sie beanstandet, Annas Verstand werde im Verlauf des Stücks ebensowenig nachgewiesen wie der von Johannes, und das, obwohl es sich doch um Menschen handle, »die die beste Bildung unseres Jahrhunderts besitzen sollten«.[22] Woerner weitet ihre Kritik auf die Handlungsweise Annas aus, die für sie im krassen Gegensatz zu der ›Weiblichkeit‹ der Figur stehe, die ja in den Regieanweisungen[23] betont werde: Es fehle Anna »ebenso sehr wie die klare Einsicht ein klares Gefühl für das Schickliche«.[24] Die Verstöße gegen »das Schickliche«, die Woerner in Annas unangemeldetem Besuch bei Braun, dem sie noch in eine fremde Wohnung hinein nachspüre, vor allem aber in der Überbeanspruchung der Vockeratschen Gastfreundschaft sieht, werden als ›unweiblich‹ gewertet. Anna, so Woerner, »ist keine echt weibliche Erscheinung. Sie nimmt uns eher gegen die studierte Frau ein, was doch der Absicht des Verfassers zuwiderläuft«.[25] Als Studentin überzeugt Anna Mahr Woerner

21  Andreas-Salomé, Lou: *Ein holländisches Urteil*, S. 699. Dieser Artikel entstammt einer Reihe von Auseinandersetzungen mit den Rezensionen von L. Simons über naturalistische Dramen deutscher Autoren in der holländischen Monatsschrift *De Gids*. Inhaltlich ist Andreas-Salomés Kritik angesichts der Darstellung von Studentinnen in ihren Novellen (in *Fenitschka* verhält es sich selbstverständlich anders) einigermaßen überraschend. Sowohl in *Inkognito* als auch in *Ein Wiedersehen* hatte sie das geistige Potential ihrer Heldinnen nicht explizit gestaltet, sondern durch die Erwähnung des erfolgreich abgeschlossenen Studiums oder eines geistigen Berufs gleichsam impliziert.
22  Woerner, S. 22, vgl. auch S. 23.
23  Bei ihrem ersten Auftritt wird Anna in den Regieanweisungen folgendermaßen beschrieben:»Fräulein Anna Mahr ist vierundzwanzig Jahre alt, mittelgroß, mit kleinem Kopf, dunklem, schlichtem Haar, feinen, nervösen Zügen. In ihren ungezwungenen Bewegungen ist Grazie und Kraft. Eine gewisse Sicherheit im Auftreten, eine gewisse Lebhaftigkeit andrerseits ist durch Bescheidenheit und Takt derart gemildert, daß sie niemals das Weibliche der Erscheinung zerstört.« (EM 185)
24  Woerner, S. 23.
25  Ebd., S. 24.

also weder in akademischer Hinsicht noch als Frau. Das Resultat ist für sie eine Gestalt, die unglaubwürdig und ambivalent erscheint.

Diesem zumeist moralisch codierten Werturteil der zeitgenössischen Beiträge ist die neuere Forschung nicht gefolgt, zumal vornehmlich ästhetische Bewertungskriterien die Perspektive bestimmen, so etwa in den Untersuchungen von Sabine Schroeder, Naomi Stephan und Raleigh Whitinger.[26] In diesen Arbeiten finden sich zwar andere Urteile über Annas Bedeutung im Drama und ihr Auftreten als Frau, nach wie vor jedoch bildet die Widersprüchlichkeit der Figur – bedingt durch Diskrepanzen zwischen Annas Handlungen, ihren eigenen Äußerungen sowie ihrer Charakterisierung durch Regieanweisungen – den Schwerpunkt der Auseinandersetzungen. Whitinger und Schroeder interessiert die Figur der Anna als frühe Darstellung einer vorbildlichen emanzipierten Frau. Bei der Frage, wie sich dieses postulierte Anliegen Hauptmanns zu den Brüchen in Annas Handlungsweise verhalte, kommen sie allerdings zu entgegengesetzten Schlüssen: Für Schroeder offenbaren die Widersprüchlichkeiten eine völlig mißlungene Gestaltung, Hauptmann sei nicht fähig gewesen, eine emanzipierte Frau zu entwerfen. Demgegenüber versucht Whitinger eine Art Rehabilitation der Figur, die sie durch die Sekundärliteratur bisher unterbewertet sieht. Anna Mahr, die bei Whitinger zur gleichberechtigten Hauptfigur neben Johannes und Käthe avanciert, gilt ihr als gekonnt gezeichnetes Paradebeispiel der Emanzipierten. Die Ambivalenzen in Annas Verhalten würden einem Entfremdungseffekt (»alienating effect«) dienen, der dafür sorge, daß keine einfachen Antworten entstünden.[27]

Auch Stephan empfindet die Widersprüchlichkeiten in der Figur nicht als störend, vielmehr seien sie eine notwendige Folge eines Lebensentwurfes, der im Geschlechterdiskurs der Jahrhundertwende eine paradoxe Konstruktion darstelle, nämlich der einer Frau mit intellektueller Orientierung. Allerdings wertet Stephan Anna Mahr innerhalb des dramatischen Gefüges nicht als gleichberechtigte Figur:

---

26 Schroeder; Stephan, Naomi: *Die Frauenfiguren in Gerhart Hauptmanns »Einsame Menschen« und Ulrika Woerners »Vorfrühling«: universal oder trivial?* In: *Die Frau als Heldin und Autorin. Neue kritische Ansätze zur deutschen Literatur.* Hrsg. v. Wolfgang Paulsen. Bern/München 1979, S. 190-199; Whitinger, Raleigh: *Rethinking Anna Mahr: Reflections on the Characterization and Function of the Emancipated Woman in Gerhart Hauptmann's »Einsame Menschen«.* In: *Seminar* 29 (1993), H. 3, S. 233-252.

27 Vgl. Whitinger, S. 243.

Anna funktioniert nur als Katalysator. Sie löst den dramatischen Konflikt aus, hat aber keine selbständige Funktion in Hauptmanns Stück. Sie kommt aus dem Nichts und kehrt ins Nichts zurück. Sie gibt uns keinen positiven Einblick in das Leben einer emanzipierten Frau.[28]

### Eigenständigkeit oder Funktionalität?

Der Hinweis auf eine Katalysatorfunktion für die Entfaltung des Konflikts im Drama erweist sich als aufschlußreich. In den Rezensionen und Forschungsbeiträgen wird meist wenig auf die spezifischen Bedingungen der dramatischen Form eingegangen. Aus ihnen lassen sich die angesprochenen Widersprüchlichkeiten in der Figur der Studentin Anna Mahr plausibler erklären. Im Gegensatz zu Stephan jedoch, die ja die Brüche in der

---

28 Stephan, Naomi, S. 194. Auch Ruth Florack spricht vom Auftritt der Studentin als »Katalysator«, bezieht dies aber nur auf die Schwäche von Johannes, dessen »Entartung« im Sinne der Geschlechterideologie um 1900 sie als eigentlichen Grund des dramatischen Konflikts bewertet: Mit der intellektuellen und willensstarken Anna treffe der »(komplementäre[ ]) Widerpart« auf den »emotionalen, nervösen und willensschwachen« Familienvater. »Und durch diese Konfrontation [...] bricht das System Familie auseinander, treibt klar hervor, was gleich zu Beginn deutlich ist, noch vor dem Auftritt der Anna Mahr, der dann wie ein Katalysator wirkt: Wird der Mann seiner ›Bestimmung‹ nicht gerecht, so gerät die Ehe aus dem Gleichgewicht, läuft das ›geschlechtskonforme‹ Verhalten seiner Frau notwendig ins Leere.« (Florack, Ruth: *Entartete Geschlechter. Sexualcharakter und Degeneration in Gerhart Hauptmanns Familiendramen.* In: *Gerhart Hauptmann.* Text + Kritik 142 (1999), S. 64-76, hier S. 70.) Überzeugender erscheint demgegenüber der Ansatz Streisands, die in *Einsame Menschen* statt einer Illustration der Geschlechterideologie im Sinne von Möbius eine krisenhafte Übergangssituation repräsentiert sieht: »›Männlichkeit‹ und ›Weiblichkeit‹ sind hier in der Krise. [...] Da, wo die Figuren mit den kulturellen Mustern und Normen an geschlechtsspezifischen Zuschreibungen eins sind, [...] wirken sie verstaubt und teilweise lächerlich, sie richten innerhalb der Dramen-Familie nur Unheil an. Da, wo sich die Figuren den Rollen nicht anpassen, leiden sie an Orientierungslosigkeit, schlechtem Gewissen und der Unfähigkeit zum Handeln« (Streisand, Marianne: *Intimität. Begriffsgeschichte und Entdeckung der »Intimität« auf dem Theater um 1900.* München 2001, S. 242). Der fehlende Bezug auf Anna in Streisands Interpretation unterstützt implizit die These der Funktionalität der Figur. Heike Schmid wiederum wertet Anna Mahr als typisches Beispiel der »weiblichen Protagonisten Hauptmanns«, die »– in ihrer Funktion als Supplement und zweitrangiges Beiwerk der ›eigentlichen‹, nämlich männlichen Welt – blaß gezeichnet« bleiben würden (Schmid, Heike: *»Gefallene Engel«. Deutschsprachige Dramatikerinnen im ausgehenden 19. Jahrhundert.* St. Ingbert 2000, S. 109 f.). Sie konstatiert den Effekt in der Charakterzeichnung, geht den Ursachen jedoch nicht weiter nach.

Figur noch mit einem inhaltlichen Sinn belegt, indem sie darin die Unmöglichkeit von Annas Lebensentwurf als weibliche Gelehrte widergespiegelt sieht, kann man sie auch ausschließlich handlungsfunktional verstehen. Tatsächlich bietet es sich an, aus der These der Katalysatorfunktion zu folgern, daß die Brüche zwischen der Charakterisierung und der Handlungsweise Annas innerhalb der Handlung dem Fortgang der Handlung geschuldet sind. Die Widersprüchlichkeiten in der Figur werden erklärbar, wenn man die Studentin Anna nicht als eine für sich stehende und psychologisch ausgestaltete Figur betrachtet, sondern als eine notwendige, aber keineswegs gleichrangige oder eigenständige Figur im dramatischen Gefüge. Im Folgenden soll im Anschluß an Stephan die These vertreten werden, daß die Figur der Studentin in *Einsame Menschen* eine dramatische Funktion erfüllt, die dazu beiträgt, den Konflikt zu entfalten, dem das eigentliche Interesse gilt: das unlösbare Dilemma des Johannes Vockerat. Bei der Bewertung von Annas Handlungsweise müssen also handlungsstrategische Gesichtspunkte ebenfalls berücksichtigt werden.

Besonders deutlich ist dieser Zusammenhang an einer Stelle nachzuweisen, die bezüglich der Gestaltung der Anna immer wieder als zentrales Ärgernis gewertet wurde: Es handelt sich um die aufgeschobene Abreise Annas im dritten Akt. Die Tatsache, daß Anna – schon auf dem Weg zum Bahnhof – sich von Johannes überreden läßt, nicht zu fahren, obwohl sie selbst die Notwendigkeit ihrer Abreise bereits eingesehen hatte (vgl. EM 219 f.), wird allgemein als unverständliche oder aber moralisch abstoßende Inkonsequenz empfunden.[29] Der Vorwurf der Widersprüchlichkeit beruht dabei auf folgenden Argumenten: Das Handeln wider bessere Einsicht lasse sich nicht mit der geistigen Überlegenheit der starken Frau und Studentin vereinbaren oder aber man müsse von einem bewußten Vorgehen Annas ausgehen, das egoistische Ziele verfolge, was jedoch nicht zu der Bescheidenheit und dem Taktgefühl passe, die in den Regieanweisungen explizit hervorgehoben werden.

Solche Ungereimtheiten mögen die Ursache dafür gewesen sein, daß der Regisseur Adolf L'Arronge für die Aufführung am Deutschen Theater einen radikalen Eingriff tätigte: Es handelt sich um die Streichung des gesamten dritten Aktes, der inhaltlich um die vereitelte erste Abreise herum konstruiert ist.[30] Wenngleich damit für den Charakter der Anna eine

---

29 Vgl. z.B. Woerner, S. 23 f. Ein Überblick über die Einschätzung von Annas Auftreten in den zeitgenössischen Kritiken findet sich bei Schroeder, S. 125.

30 Vgl. Giesing, S. 196. Vgl. dazu zeitgenössische Stellungnahmen: Woerner befürwortete diese Kürzung explizit (vgl. Woerner, S. 24 f.), und v. Hanstein urteilte, daß »der Zusammenhang des Stückes dadurch für nicht eingeweihte Zuschauer in der That gar nicht gestört wurde« (Hanstein, *Das jüngste Deutschland*, S. 222).

zentrale Unwägbarkeit wegfällt, läßt sich doch gerade hieran der Funktionszusammenhang, in dem die Figur steht, deutlich machen: Was L'Arronge für die Geradlinigkeit der Persönlichkeit Annas opfert, beeinträchtigt die Entfaltung des dramatischen Konflikts in erheblichem Maße. Das Drama besteht, der klassischen Bauform entsprechend, aus fünf Akten. Zwischen der Einführung in Personenkreis und Problemlage im ersten Akt und der Katastrophe im fünften käme traditionellerweise den mittleren Akten die Aufgabe zu, ausgehend von den Annoncen des ersten Aktes die Unausweichlichkeit der Katastrophe zu entwickeln. Erst diese Unausweichlichkeit macht den Konflikt zu einem tragischen. Daß in Hauptmanns Drama *Einsame Menschen* der Mittelteil den dramatischen Wendepunkt enthält, der eine unerwartete Verschärfung des Konflikts zur Folge hat, zeigt sich, wenn man den zweiten Akt dem vierten direkt gegenüberstellt. Der zweite Akt entfaltet das Zusammenleben der Familie Vockerat und Annas noch unter relativ positivem Vorzeichen. Neben der Schilderung harmonischer Momente – nicht nur Johannes profitiert von der geistig anregenden Gegenwart Annas, auch Anna blüht durch die herzliche Aufnahme in den Familienkreis auf – ist auch Raum für kunstkritische Diskussionen.[31] Einen deutlichen Mißklang bilden allerdings die in einer Szene offen zutage tretenden Probleme zwischen Johannes und seiner Frau Käthe. Die Szene endet jedoch mit Versöhnung und gegenseitigen Liebesbekundungen. Der vierte Akt ist demgegenüber von einer ausnahmslos negativen Grundstimmung geprägt, die die herannahende Katastrophe bereits erahnen läßt: Schon der Beginn des Aktes ist von Todesanspielungen durchzogen, Käthes Gesundheits- und Seelenzustand hat sich massiv verschlechtert, und Mutter Vockerat ist so verzweifelt, daß sie die Hilfe ihres Mannes herbeisehnt und ihn unter einem Vorwand anzureisen bittet. Die erwartete Ankunft des Familienvaters, dem man die Situation wird schildern müssen, erklärt zwar hinreichend die weitere Zuspitzung, nicht aber, warum Käthe, Mutter Vockerat und Braun diese Situation als so hoffnungslos und verhängnisvoll einschätzen und warum zumindest die beiden letzteren bereit sind, in einer Deutlichkeit einzugreifen, die ihren ansonsten dominierenden Wesenszügen (Gutmütigkeit bei Mutter Vockerat, Gleichgültigkeit bei Braun) widerspricht. Die vereitelte erste Abreise im dritten Akt erfüllt eine entscheidende Funktion. Dramaturgisch handelt es sich um eine Schlüsselszene. Bereits im Vorfeld

---

31 Whitinger hat das poetologische Element, das in diesen Passagen zum Ausdruck kommt, ausführlich analysiert. Sie weist auch auf die Bedeutung hin, die Anna für diesen Zusammenhang einnimmt. Vgl. Whitinger, S. 235.

liefert sie die Gelegenheit, die veränderte Stimmungslage deutlich zu machen, indem – in wechselnden Konstellationen – die handelnden Personen über die bevorstehende Abreise Annas sprechen. Der herannahende Abschied nun führt zu einer weiteren Anspannung der Situation, die die Positionen klarer werden läßt und die bestehenden Brüche noch verstärkt. Für Mutter Vockerat, Käthe und Braun kommt aber auch die Lösung des Konflikts in Sicht: Indem Anna das Haus verläßt, so hoffen sie, werde sich die Krise von selbst lösen. Diese Hoffnung wird zerstört, als Johannes, der Anna zur Bahn bringen sollte, zurückkommt und verkündet: »Kinder, sie bleibt!« (EM 227) Mit dieser Wendung ist für die Entwicklung des Geschehens in Richtung auf die Katastrophe eine neue Stufe erreicht. Die unterbliebene Abreise führt dazu, daß aus dem bisher nur schwelenden Konflikt ein offener wird. Der vollzogene Stimmungsumschwung, der im vierten Akt zu konstatieren ist, findet hier seine Motivierung. Er geht damit einher, daß man nicht mehr auf eine sich von selbst ergebende Lösung baut. Damit ist für den weiteren Verlauf des Dramas die Voraussetzung für eine Zuspitzung der Ereignisse gegeben, die durch das Eingreifen von außen forciert wird. Die Tatsache, daß Anna entgegen ihrer besseren Einsicht nicht abfährt, erfüllt also für die Entwicklung des dramatischen Konflikts eine wichtige Funktion.

Wenn die These zutrifft, daß es Hauptmann nicht darum ging, in Anna eine emanzipierte Frau möglichst wirklichkeitsgetreu darzustellen, sondern daß umgekehrt die Figur in einem spezifischen Funktionszusammenhang für den Handlungsverlauf steht, bleibt die Frage, warum für diese Zwecke gerade eine Studentin gewählt wird.[32]

---

32 Natürlich ist hierbei der biographische Hintergrund zu berücksichtigen, auf den Hauptmann in der dem Drama vorangestellten Widmung, »Ich lege dies Drama in die Hände derjenigen, die es gelebt haben« (EM 168), anspielt und den er selbst in seiner *Nachlese zur Autobiographie* spezifiziert hat: Es handelt sich dabei um den Ehekonflikt seines Bruders Carl, der durch dessen Bekanntschaft mit einer polnischen Studentin (Josepha [bei Hauptmann: Anna] Krzyzanowska) ausgelöst wurde, vgl. Hauptmann: *Nachlese*, S. 548 f.; Cowen, S. 50. Die Frau, der Anna nachgezeichnet ist, war also selbst Studentin. Gleichzeitig geht aber aus Hauptmanns Aufzeichnungen hervor, daß diese Bezüge nicht überzubewerten sind, daß die literarische Konstruktion die Verwendung und Modifizierung des biographischen Materials im Kunstwerk bestimmt, vgl. Hauptmann: *Nachlese*, S. 549. Dazu auch Cowen, S. 51. Sørensen hat überdies glaubhaft nachgewiesen, daß die Figur vermutlich ein weiteres Vorbild aus dem Bekanntenkreis Hauptmanns hatte: die bekannte Publizistin und Nietzsche-Anhängerin Laura Marholm [d.i. Laura Mohr, verheiratete Hansson] aus Riga, die selbst nicht studiert hat; vgl. Sørensen, Bengt Algot: *Laura Marholm, Fr. Nietzsche und G. Hauptmanns »Einsame Menschen«.* In: *Orbis litterarum* 47 (1992), S. 52-62, hier S. 56-60.

Der Studentin Anna kommt zunächst einmal diskurstypisch, wie in den anderen untersuchten Texten, eine wichtige Bedeutung als Vertreterin der modernen Zeit zu. Durch diese Figur läßt sich Johannes' Zerrissenheit zwischen Moderne und Tradition prägnant dramatisieren: Anna steht als moderne Frau in deutlichem Kontrast zu Johannes' Eltern und seiner Ehefrau, die – sei es über die Weltanschauungen (die Eltern) oder das eigene Rollenverständnis (Käthe) – noch ganz der Tradition verhaftet sind. »Schade, daß Hauptmann diese Anna Mahr nicht zur eigentlichen Heldin gemacht hat. Dann wäre es ein Zukunftsdrama geworden«, schreibt Adalbert von Hanstein in seiner Literaturgeschichte von 1900 und bringt damit die Positionsbestimmung auf den Punkt.[33] Im Gegensatz zu Johannes, der noch unter dem Einfluß der vergangenen Zeit steht, hat sie sich davon bereits befreit. Ihre Auffassung von der Gegenwart ist von einer Ahnung der zukünftigen Zeit geprägt:

Es ist eigentlich eine große Zeit, in der wir leben. – Es kommt mir vor, als ob etwas Dumpfes, Drückendes allmählich von uns wiche. – Meinen Sie nicht auch, Herr Doktor? [...] Auf der einen Seite beherrschte uns eine schwüle Angst, auf der andern ein finstrer Fanatismus. Die *übertriebene* Spannung scheint nun ausgeglichen. So etwas wie ein frischer Luftstrom, sagen wir aus dem zwanzigsten Jahrhundert, ist hereingeschlagen. (EM 237)

Es ist die typische Tragik des Übergangsmenschen, daß Johannes den Bruch mit der Vergangenheit nicht zuwege bringt und sich nicht der Zukunft zuwenden kann. Hinter seiner Formulierung, er könne »noch nicht recht zur Lebensfreude durchdringen« (EM 237), verbirgt sich der Melancholiker, dem es nicht gelingt, aus seinen Idealen eine positive, lebensbejahende Energie zu schöpfen. Statt dessen führt sein Leiden daran, sie nicht verwirklichen zu können, wiederholt zu Selbstmordgedanken (vgl. EM 228, 247).[34]

Indem eine Frau die Rolle als Vorreiterin der Moderne übernimmt,[35] die ja auch dem Freund Braun hätte zugeschrieben werden können, wird

---

33 Hanstein: *Das jüngste Deutschland*, S. 221. Der Abschnitt über Hauptmanns *Einsame Menschen* findet sich gleichlautend auch in seiner 2 Jahre zuvor erschienenen Abhandlung *Gerhart Hauptmann. Eine Skizze*. Leipzig 1898.

34 Florack interpretiert in diesem Zusammenhang Johannes Vockerat als Fallbeispiel des Neurasthenikers; vgl. Florack, S. 69.

35 Sørensen betont, daß Anna Mahr Nietzsche-Positionen repräsentiere; vgl. Sørensen, S. 55 f., 58, 59. Vgl. auch Florack, S. 68 f.

es möglich, den zeittypischen Konflikt über die Verbindung mit der Liebesthematik zu einem integral persönlichen werden zu lassen. Die studierende – und damit über ihre Lebensführung und Geisteshaltung moderne – Frau nimmt also bereits eine in der Grundstruktur des Dramas notwendige Position ein.

Es bleibt festzuhalten, daß auch Anna Mahr keine glückliche Existenz führt. Der Preis für ihren kompromißlos modernen Lebensentwurf ist die Bindungslosigkeit.[36]

Es ist nicht so alles bloß Süße und Süße durch und durch, was süß duftet. [...] So ist's in Wahrheit. – Ach!! Freiheit!! Freiheit!! Man muß frei sein in jeder Hinsicht. Kein Vaterland, keine Familie, keine Freunde soll man haben. [...] Ach Gott! mir ist herzbrechend weh und bange. [...] Aber ich *muß* fort. Ich *muß*. (EM 220)

Daß Anna in kein festes Sozialgefüge eingebunden ist, stellt eine auffällige Parallele zu den anderen in dieser Untersuchung behandelten literarischen Texten dar: Die Studentin erscheint stets losgelöst von familiären Beziehungen.[37] Wie in Elsa Bernsteins *Dämmerung* bildet diese Bindungslosigkeit in Hauptmanns Drama die Voraussetzung dafür, daß sie in ein vermeintlich intaktes soziales Gefüge (Ehe, Familie) als Störfaktor eindringen kann.

---

36 Einen anderen Ansatz verfolgt Gesa von Essen, die Anna Mahr als Tochterfigur in der Familie Vockerat interpretiert, vgl. ihren Aufsatz *Duldende und aufbegehrende Töchter: Zum Frauenbild im Drama des deutschen Naturalismus.* In: *Fin de Siècle.* Hrsg. v. Monika Fludernik u. Ariane Huml. Trier 2002, S. 251-275, hier S. 262. Tatsächlich wird an drei Stellen im Drama diese andere Möglichkeit für Anna angedeutet: als Hausfrau und Muse an Johannes' Seite, eingebunden in seine Familie, vgl. EM 195, 199, 200. Diese alternative Entwicklungslinie wird aber gerade nicht ausgeführt. Statt dessen wird der Gegensatz, der zwischen Anna und der Familie besteht, im Verlauf der Handlung immer stärker herausgearbeitet.

37 In den Fällen, in denen der familiäre Hintergrund der jeweiligen Heldin überhaupt erwähnt wird, ist sie verwaist. Lilie Halmschlag (*Wir Frauen haben kein Vaterland*), Fanny Stanthien (*Auf Vorposten*) und Anne-Marie (*Die Libertad*) werden auch von ihren Verwandten nicht unterstützt, während Fenia (*Fenitschka*) und Phil (*Die Libertad*) noch über einen gewissen Rückhalt durch den Großonkel bzw. den Schwager verfügen. Die einzige Ausnahme bildet Josefine Geyer (*Arbeit*), die sowohl Vater und Schwestern hat als auch Ehemann und Kinder. Auch Sabine Graef, die Ärztin in Elsa Bernsteins Drama *Dämmerung*, auf das im folgenden Kapitel eingegangen wird, hat keine Familie. Zur Elternlosigkeit von Anna Mahr vgl. Roh, Yeong-Don: *Gerhart Hauptmann und die Frauen: Studien zum naturalistischen Werk.* Siegen 1998, S. 205.

Entsprechend dem Titel *Einsame Menschen* werden verschiedene Formen von Einsamkeit vorgeführt: Im Vergleich zu Johannes, dessen Einsamkeit im geistigen Bereich liegt, ist Anna durch den fehlenden Bezug zu Heimat und Familie sozial einsam. Im Text wird darauf über das Motiv der Kälte mehrfach angespielt (vgl. z.B. EM 189, 194, 199).[38] Diese Form des Alleinseins befähigt Anna jedoch zu einer Konsequenz in geistigen Haltungen, die für Johannes aufgrund seiner emotionalen Bindungen undenkbar ist. »Ihr Herz, Herr Doktor, das ist ihr Feind«, sagt Anna (EM 207), und er selbst hält seinen Eltern, nicht lange bevor er sich das Leben nimmt, vor: »Eure Liebe hat mich gebrochen.« (EM 250) Ein Aspekt der Konstruktion ist dabei besonders bemerkenswert: Die gewohnte Zuordnung der Begriffspaare Gefühl/Wärme versus Geist/Kälte wird umgekehrt, indem Johannes die Liebe zu den Eltern als zerstörerisches Element wahrnimmt, während er in der geistigen Nähe zu Anna emotionale Geborgenheit empfindet und entsprechend ihre ›kalte‹ Intellektualität emotional auflädt. Diese Bewertung, mit der sich Johannes in deutlichem Kontrast zu den übrigen handelnden Personen befindet, liefert bereits ein erstes Indiz für ein zentrales Moment des Dramas, auf das im Folgenden eingegangen werden soll: die unterschiedliche Bewertung Annas durch die verschiedenen Figuren.

Bei einem genaueren Blick auf die Figurenkonstellationen wird deutlich, daß sich die These der Katalysatorfunktion in die Figurenebene hinein verlängern läßt: Für die handelnden Personen wird die fremde Studentin zu einer Projektionsfläche ihrer eigenen Konflikte. Es ist auffällig, daß sich mit dem Auftauchen von Anna Mahr eigentlich keine neuen Probleme ergeben haben. Statt dessen führt ihre Anwesenheit dazu, daß sich das jeweilige Problem, das die einzelnen Familienmitglieder bereits zu Beginn des Dramas umtrieb, verstärkt.

Wenn man die Rolle Annas im Beziehungsgefüge der anderen beteiligten Personen analysiert, wird deutlich, daß die Figur zwar für die Gesamtanlage des Dramas bedeutsam ist, aber nicht, wie Stephan behauptet, den dramatischen Konflikt auslöst.[39] Will man, wie es hier geschehen soll, dennoch behaupten, daß Anna im Drama eine katalytische Funktion zukommt, so hat man Stephans Verständnis vom Katalysator zu modifizieren: Katalysatoren sind in der Regel nicht die Urheber einer

---

38  Dieses Motiv findet auch bei Käthe Anwendung, und zwar als Ausdruck der wachsenden emotionalen Kälte, unter der sie dadurch, daß ihr Mann sich ihr mehr und mehr entzieht, zunehmend leidet (vgl. EM 199, 233).

39  Vgl. Stephan, Naomi, S. 194.

216

Reaktion, sondern sie befördern diese. Anna, so die These, ist für das dramatische Geschehen weniger konfliktauslösendes Ferment als beschleunigender Katalysator.

Bereits in der Eingangsszene, die mit der gerade vollzogenen Taufe von Johannes' und Käthes Kind beginnt, wird deutlich, daß die familiäre Idylle getrübt ist. Johannes fühlt sich im Zwiespalt zwischen seinen Überzeugungen und seiner emotionalen Gebundenheit, die ihn dazu zwingt, Rücksichten auf seine Umgebung (seine Familie und seinen Freund) zu nehmen (vgl. EM 176). Zudem leidet er darunter, daß er keinen Gesprächspartner für seine wissenschaftliche Arbeit hat – ein Mangel, den er als geistige Vereinsamung empfindet:

> Wenn nur ein Mensch in der weiten Welt etwas für mich übrig hätte. Es braucht ja nicht viel zu sein. 'n klein bissel guter Wille. 'n klein bissel Verständnis für meine Arbeit. (EM 181)

Seiner Frau Käthe, wiewohl man ihr den guten Willen nicht absprechen kann, fehlt das geistige Vermögen und nicht zuletzt die Ausbildung. Seine Eltern lehnen seine Arbeit ganz ab, weil sie aus ihrer Sicht auf einer falschen Weltanschauung fußt. Auch sein Freund Braun, für den die genannten Einschränkungen nicht gelten, ist ihm keine Hilfe, da er kein Interesse aufbringt: »Du … wahrhaftig, lies jetzt nicht. Ich bin jetzt in einer so faulen Stimmung … 'n andermal.« (EM 180) Daß es sich bei Brauns Haltung keineswegs um eine momentane Laune handelt, zeigt die Resignation, mit der Johannes auf diese Ablehnung reagiert (vgl. EM 181).

Den Nöten Johannes' stehen die seiner Frau und seiner Eltern gegenüber. Käthe hat aus dem Eindruck heraus, als Ehefrau zu versagen, weil sie ihrem Mann geistig nichts zu bieten hat, ein generelles Minderwertigkeitsgefühl entwickelt (vgl. EM 171 sowie 174). Daß ihre Ehe tatsächlich nicht glücklich ist, konstatiert auch ihre Schwiegermutter, die Käthe damit zu trösten versucht, mit dem Kind werde nun alles besser und auch Johannes werde jetzt – als Familienvater – ganz sicher zufriedener (vgl. EM 172 f.). Die Ursache von Johannes' Unzufriedenheit sieht Mutter Vockerat ihrerseits nicht in der mangelnden Bildung seiner Ehefrau, sondern in fehlender religiöser Gesinnung. Ihre Deutung der Situation entspricht ganz dem Problemkreis, der ihre persönlichen Sorgen bestimmt. Wie ihr Mann ist auch sie dem christlichen Glauben verbunden. Mutter Vockerats Kummer besteht darin, daß ihr Sohn, dem sie beinahe erfolgreich die Laufbahn des Theologen nahegelegt hatte (vgl. EM 183), sich von der Religion abgewendet und an ihre Stelle die moderne Naturwissenschaft gesetzt hat. Sichtbarer Ausdruck dessen sind die Gelehrtenbilder, die Johannes über seinem Schreibtisch angebracht hat – unter anderen eins von Darwin und ein signiertes von Haeckel – und die in einem deutlichen Kontrast zu den gleichfalls die Wand zierenden theologischen Motiven stehen (vgl. EM 178). Markiert wird damit der in der Zeit der Jahrhundertwende virulente Gegensatz zwischen naturwissenschaftlicher Welterklärung und Religion, der seinen schärfsten Ausdruck in der Gegenüberstellung von Schöpfungsmythos und Evolutionstheorie findet.

Im Abfall vom rechten Glauben nun liegt für Mutter Vockerat das eigentliche Übel und das Versagen Käthes als Ehefrau ihres Sohnes:

> Nein, nein! und da mögen meinetwegen die Gelehrten sagen, *was* sie wollen –: es gibt einen Gott, Käthchen! – einen treuen Vater im Himmel, das kannst du mir glauben. Ein Mann ohne Frömmigkeit, das ist schon schlimm genug. Aber eine Frau, die nicht fromm ist … Sei mir nicht böse, Käthchen! […] Ich bitte Gott ja täglich. Er erhört meine Bitten schon noch, ich weiß es. Ihr seid ja so gute Menschen. Der liebe Gott wird euch auch noch zu frommen Menschen machen. (EM 173)

Mit Käthes Furcht, ihrem Mann nichts bedeuten zu können, und Mutter Vockerats Überzeugung, der Unglaube ihrer Kinder führe dazu, daß dem Haus der Segen fehle, sind die Problemkreise benannt, mit denen die Familienmitglieder auf die offensichtliche Unzufriedenheit und Rastlosigkeit von Johannes reagieren. Diese Konflikte sind, das muß betont werden, schon vorhanden, als Anna Mahr ungefähr in der Mitte des ersten Aktes auftritt.[40]

Während Johannes Anna als eine Art Retterin aus seiner geistigen Einsamkeit begrüßt, wird im Verlauf der Handlung die Studentin sowohl für Käthe als auch für Mutter Vockerat zum Inbegriff ihrer Ängste, so unterschiedlich diese auch gelagert sein mögen. Wie stark dabei die Haltung beider Frauen zu Anna von Projektionen bestimmt wird, zeigt sich bei Käthe direkt zu Beginn: Aus Angst vor der Begegnung läßt sie sich zu-

---

40 Marianne Streisand hat darauf aufmerksam gemacht, daß die erste Szene, in der Käthe, Mutter Vockerat und die Amme um das zu taufende Kind versammelt sind, die »Brüchigkeit der Harmonie« deutlich werden läßt: »An dem Gespräch der drei Frauenfiguren über den Säugling offenbaren sich drei Modelle weiblicher Funktionalisierung«, nämlich der »Mythos ›Natur‹« (die Amme), die »Fortführung der Familientradition« (Mutter Vockerat) und die »Zweifel« an der eigenen »Rollenidentität« (Käthe) (Streisand, S. 241). Bereits hier läßt sich der Mechanismus der Projektionen in Ansätzen erkennen.

nächst entschuldigen (vgl. EM 188 f.). Ihre Äußerungen Braun gegenüber offenbaren, wem sie erwartet in Anna gegenüberzutreten: einer Art
›Überfrau‹, die Käthes eigene Minderwertigkeit um so deutlicher zutage
treten lassen wird. »Mir is wirklich ordentlich beklommen zumute«, gesteht Käthe und fügt hinzu:

> Ich habe einen furchtbaren Respekt vor ihr. […] Ach! – Unsereiner
> spielt doch solchen gebildeten Wesen gegenüber eine etwas armselige
> Rolle. […] Ach! man ist eben verpfuscht! (EM 190 f.)

Mit dem Auftreten einer Akademikerin in ihrem Hause werden Käthes
Sorgen konkret, rechnet sie doch nun damit, daß ihrem Mann das Beispiel einer Frau vor Augen geführt wird, die zu leisten imstande ist, worin
Käthe versagt: wirkliches »Verständnis« (EM 181) für Johannes' wissenschaftliche Arbeit zu haben. Diese Befürchtungen, die zunächst nur imaginiert sind, werden tatsächlich Realität, indem Anna für Johannes genau
diese Rolle übernimmt. Käthe dagegen, der er die praktische Organisation des gemeinsamen Lebens allein aufnötigt, wird für ihn zum Inbegriff
des Kleingeistigen:

> Das macht ja wirklich den Eindruck, als ob dein Kopf und dein Herz
> ganz und gar voll Geld wären. Und da hat man seine Ideale von der
> Frau gehabt … Was *soll* man denn schließlich noch lieben. […] Fräu-
> lein Anna hat ganz recht. Die Küche und die Kinderstube, das sind im
> besten Fall eure Horizonte. Darüber hinaus existiert nichts für die
> deutsche Frau. (EM 210)

Die Art, in der er Käthe den Plan, Anna für eine längere Zeit einzuladen,
nahezubringen versucht – »Dir ist es viel nötiger als mir, du sollst wollen!
Von so einem Wesen kannst du noch sehr viel lernen« (EM 193) –, macht
ihr klar, daß das, was sie gefürchtet hat, eingetreten ist. Wie verhängnisvoll sie ihre Situation einschätzt, wird über die Regieanweisung markiert:
»In Käthe ist etwas vorgegangen. Sobald Johannes fort ist, wird sie gleichsam welk« (EM 193).

Im Gegensatz zu Käthe, deren Zuschreibungen mit einer realistischen
Einschätzung der Lage einhergehen, bezeugen die einander widersprechenden Bewertungen, mit denen Mutter Vockerat Anna belegt, wie sehr
sie Produkt eigener Vorstellungen sind. Bei ihrer ersten Begegnung ist
Mutter Vockerat überrascht, wie wenig der Eindruck, den Anna Mahr
auf sie macht, mit dem Bild, das sie von einer Studentin hat, überein-
stimmt. »Sie … an der Universität? […] Das is wohl nicht möglich!«
(EM 186) ruft sie aufs äußerste erstaunt aus und folgert schließlich:

Es hat mich wirklich gefreut, einmal eine richtige Studentin von Angesicht zu Angesicht zu sehn. Unsereins bildet sich mitunter so dumme Vorstellungen. (EM 187)

Mutter Vockerat, die »immer so schlecht zu sprechen [war] auf die Emanzipierten« (EM 197), faßt im zweiten Akt sogar eine herzliche Zuneigung zu ihrem Gast, was sie auch mehrfach äußert (vgl. EM 195, 197). Vor diesem Hintergrund ist es erstaunlich, daß sie später, als sich die Lage dadurch verschärft hat, daß sich Johannes immer weniger um seine Familie kümmert, das Gegenteil kundtut: »I nee, nee, sie gefällt mir nicht; se is mir zu modern.« (EM 216) Je mehr die Spannung im Hause Vockerat wächst – und das wird durch Johannes' Verhalten und (als direkte Reaktion darauf) durch Käthes sich verschlechternden Gesundheitszustand bewirkt, nicht durch Annas Handlungen –, desto mehr geht Mutter Vockerat dazu über, die Situation in ihrem Sinne zu interpretieren und Anna zum Sündenbock zu machen. Aus dem bereits skizzierten Konflikt, der schon eingangs bestand, konstruiert sie einen speziellen Deutungsrahmen mit religiöser Dimension. »[E]kstatisch ausbrechend, wie unter dem Eindruck einer plötzlichen Erleuchtung«, so die Regieanweisung (EM 223), zeichnet sie das Bild eines drohenden Unheils, das seine Ursache in der Ungläubigkeit ihres Sohnes hat:

> Seht ihr nun! Seht ihr! was hab' ich gesagt! Seht ihr! Ein Haus, hab' ich gesagt, aus dem der liebe Gott verjagt ist, bricht über Nacht zusammen. Seht ihr! Irret euch nicht! Seht ihr nun? Was hab' ich gesagt? Erst Gottesleugner, dann Ehebrecher, dann … Käthchen! (EM 224)

Die Störung des häuslichen Friedens wird als Gottesstrafe für Johannes' atheistische Einstellung empfunden. Der Studentin Anna wird in diesem Szenarium eine Schlüsselrolle zugewiesen: Sie ist die Verführerin, die Johannes – mittels der gemeinsamen Begeisterung für die moderne Wissenschaft – ganz vom ›rechten Pfad‹ abbringt. Nach der unterbliebenen Abreise im dritten Akt bezeichnet Mutter Vockerat Anna als »durchtriebene Kokette«, die ihren Sohn »eingesponnen [hat] in ihre Netze« (EM 228). Aus der Studentin, der das Lernen gefällt (vgl. EM 186), ist in dieser Sicht eine sittlich verdorbene Frau geworden, die die Wissenschaft bewußt einsetzt, um egoistische und sexuell motivierte Ziele zu erreichen. Bemerkenswert ist die Verbindung von Wissen, Abkehr von Gott und Sexualität, die von der gottesfürchtigen Mutter hergestellt wird und mit der sie eine Parallele zum Sündenfall evoziert. Die göttliche Ordnung, repräsentiert durch Kirche, Tradition und Familie, die Mutter Vockerat bei ihrem Sohn bereits gestört weiß, sieht sie endgültig durch eine Frau bedroht, die in allen drei Bereichen eine Gegenposition einnimmt: Sie ist Wissenschaftlerin, ihr Lebensentwurf paßt nicht zur traditionellen Rolle der Frau, und eine Familie hat sie nicht.

Die Gefahr, die Mutter Vockerat in Anna verkörpert sieht, hat in einer Hinsicht einen wahren Kern: Johannes, der – wenngleich nicht zufrieden – über seine Familie noch in die alte Ordnung eingebunden ist, erhält durch diese Frau einen weiteren Impuls, sich aus ihr zu lösen. »Er war ja immer leicht kratzig, aber er machte doch schließlich, was man wollte«, so die Darstellung Mutter Vockerats. Nun aber sei er durch die Studentin »förmlich wie verhext«: »Er sieht nicht, er hört nicht. [...] Nur immer diese Person. Nicht Mutter, nicht Frau« (EM 234). Dabei ist zu betonen, daß die ›Versuchung‹ nicht von einer körperlichen Anziehung ausgeht, sondern von einer geistigen. Das Wissen, über das Anna Johannes nahekommt, ist für Mutter Vockerat die verderbende Macht. In ihrer Sicht freilich präsentiert sich eine sehr spezielle Kausalkette, bei der die Studentin das Wissen zielgerichtet einsetzt, um sich bei Johannes als Frau ins Spiel zu bringen und den Ehemann einer anderen für sich zu gewinnen.

Mit dieser Deutung steht Mutter Vockerat nicht allein. Neben ihrem Mann, der allerdings – da er selbst nicht anwesend war – in seiner Einschätzung der Lage darauf angewiesen ist, was seine Frau ihm darlegt, ist es Braun, der ähnlich argumentiert. Er unterstellt Anna, sie versuche aktiv, Johannes von ihr abhängig zu machen. Gegenüber Käthe behauptet er, Anna »beeinflu[sse]« Johannes im Sinne ihrer eigenen Interessen, und charakterisiert sie folgendermaßen: »Überhaupt, die Mahr mag eine kluge Person sein, aber das steht fest: zäh und egoistisch, rücksichtslos, wo sie Ziele verfolgt.« (EM 214)[41] Angesichts der Tatsache, daß Braun mit Anna Mahr befreundet war, sie ihm in einer schwierigen Lebensphase weitergeholfen hatte (vgl. EM 241) und er sich bei ihrem Eintreffen im Hause Vockerat ganz anders, nämlich ausgesprochen positiv, über sie geäußert hat (vgl. EM 190), wirkt dieser plötzliche Wandel unglaubwürdig. Verräterisch ist denn auch die weitere Entwicklung, die das Gespräch mit Käthe nimmt. Unversehens kommt er auf sich zu sprechen, und es wird deutlich, daß seine Rede von verletzter Eitelkeit motiviert ist: »Sie

---

41 Diese eindeutig wertende Einschätzung findet sich in zeitgenössischen wie in neueren Beiträgen zu Hauptmanns Drama wieder (mit Bezug auf Nietzsche vgl. z.B. Sørensen, S. 57) und wird dabei häufig mit Rebekka West aus Ibsens *Rosmersholm* in Zusammenhang gebracht. Vgl. z.B. Bulthaupt, S. 495 f., 504; Röhr, S. 65; Hilscher, Eberhard: *Gerhart Hauptmann*. 2., durchges. Aufl. Berlin 1974, S. 115; Osborne, John: *The Naturalist Drama in Germany*. Manchester 1971, S. 104; s. auch den Forschungsüberblick bei Cowen, S. 52.

braucht ihn [Johannes], wer weiß zu was. Ich passe ihr nicht. Mein Einfluß paßt ihr nicht. [...] Ich dränge mich nicht auf. Auf Hannes' Bitten
hin bin ich hier rausgezogen. Wenn ich überflüssig bin, gehe ich wieder.«
(EM 215) »Überflüssig« gemacht also fühlt er sich, Anna gibt er die
Schuld daran, daß er bei Johannes nicht mehr die Beachtung findet, die
er braucht. Um Anna wieder loszuwerden, appelliert er an Johannes'
Familiensinn. Seine subjektiven Beweggründe verbergend mimt er den
wohlmeinenden, ›objektiv‹ urteilenden Freund: »Sieh mal, Hannes! Ich
fasse die Sachen absolut nüchtern auf. [...] Es handelt sich hier darum:
entweder Anna oder deine Familie.« (EM 228 f.) Braun, der Johannes
ehemals vorgeworfen hatte, zu viele Rücksichten zu nehmen (vgl. EM
176, 203), fordert diese nun wiederum ein:»Du kannst doch nicht leug-
nen, daß du gewisse Verpflichtungen gegen deine Familie hast.« (EM
229)

Wie Mutter Vockerat, die dazu beiträgt, daß der Konflikt sich verschärft, hat auch Braun seinen Anteil daran, daß das Drama seinem tragischen Höhepunkt zusteuert: Indem er die Opposition zwischen der
Studentin und Johannes' Familie betont und verstärkt, erhöht er seinerseits den Druck, unter dem Johannes steht: Der »Kompromißler«, als
den Braun ihn durchaus zutreffend bezeichnet (EM 203), gerät gerade
durch den Zwang, sich entscheiden zu müssen, in größte Bedrängnis.

### Anna als »Bedingung« männlicher »Entfaltung«

Johannes allerdings wird auch Opfer seiner eigenen Projektionen auf
Anna. Die pathetischen Worte, mit denen er seine Beziehung zu Anna
darstellt, schreiben Anna quasi göttliche Erweckungskräfte zu:

Seit sie hier ist, erlebe ich gleichsam eine Wiedergeburt. Ich habe Mut
und Selbstachtung zurückgewonnen. Ich fühle Schaffenskraft, ich fühle, daß das alles geworden ist unter ihrer Hand gleichsam. Ich fühle,
daß sie die Bedingung meiner Entfaltung ist. (EM 229)

So wie er Anna als Mensch überhöht, so auch ihre Verbindung zueinander: Seine Beziehung zu Anna definiert er als eine ideale, die in ihrer
Reinheit unanzweifelbar sei. Im Gegensatz zum Ehebruch, den die Eltern
und Braun annehmen, handele es sich um eine rein geistige Seelenverwandtschaft, die eine Ergänzung, keine Bedrohung seiner ehelichen
Partnerschaft zu Käthe darstelle (vgl. EM 229, 238, 239). Sich an der Idee
einer Vergeistigung des Lebens orientierend, meint er, der Einfluß, den
Anna auf ihn ausübt, befähige ihn dazu, über das triebgesteuerte menschliche Dasein hinauszuwachsen. Darauf, daß Johannes die Verhältnisse in

einer Weise idealisiert, die den Bezug zur Realität verliert, weist ihn nicht zuletzt Anna Mahr selbst hin.[42] Sie, die bei »solche[n] Worte[n] – an denen man sich leicht berauscht […] gleichsam gewohnheitsmäßig – etwas Spöttisches« überkommt (EM 239), hält ihm entgegen, daß sie beide noch weit davon entfernt seien, den menschlichen Trieben enthoben zu sein: »In mir … in uns ist etwas, was den geläuterten Beziehungen, die uns dämmern, feindlich ist, auf Dauer auch überlegen, Herr Doktor.« (EM 240)

Für Johannes ist Anna jedoch zum Symbol für das Höhere geworden – und zur Garantin seiner eigenen Vervollkommnung. Der Grad dieser Idolisierung und Johannes' Abhängigkeit davon zeigt sich, als die Trennung von Anna bevorsteht:

> Nicht einmal der bin ich in diesem Augenblick, der ich war, eh Sie zu uns kamen. Ich habe nur noch Ekel in mir und Lebenswiderwillen. […] Aber ich fühle, daß ich etwas war, durch Sie, Ihre Gegenwart, Ihre Worte – und wenn ich das nicht wieder sein kann, dann – dann kann mir auch alles andre nichts mehr nutzen. Dann mach' ich einen Strich unter die Rechnung *und – schließe – ab*. (EM 252)

»Geben Sie mir einen Anhalt«, »etwas, woran ich mich aufrichten kann«, fleht er Anna an.[43] Der Halt, den sie ihm zu geben versucht, ist die Utopie einer höheren Menschenwürde, die sich in einer geläuterten Beziehung zwischen den Geschlechtern ausdrückt (vgl. EM 252). Der Glaube daran soll ihm die verlorene Lebensenergie wiedergeben. Ein solches Ideal kann aber – wenn überhaupt – nur aufrechterhalten werden, wenn man vermeidet, es mit der Realität zu konfrontieren. Voraussetzung ist also, sich nicht wiederzubegegnen. »Dürften wir das [den Kontakt aufrechterhalten; RW]? Ist es nicht die größte Gefahr, daß wir an uns selbst scheitern? Und wenn wir scheitern – dann sind wir auch noch betrogen«, sagt Anna (EM 253) und folgert: »Wenn wir uns wiedersehn, haben wir

---

42 Vgl. auch den Beginn des Gesprächs zwischen Anna und Johannes, der »Dunkelstunde«, deren Atmosphäre bei Johannes die Erinnerung an Märchen evoziert. Anna nimmt das Märchen als Metapher für ihre Beziehung auf, um so auf die Unhaltbarkeit seines Ideals anzuspielen: »Und wissen Sie, wie die schönsten [Märchen] gewöhnlich schließen? – Da zog ich mir einen gläsernen Pantoffel an – und da stieß ich an einen Stein – und da machte er ›kling‹ – und da sprang er entzwei.« (EM 236)

43 Weber deutet Annas Rolle für Johannes als »Ich-Stütze«; Weber, Ernst: *Naturalismuskritik in Gerhart Hauptmanns frühen Dramen* Das Friedensfest *und* Einsame Menschen. In: *Literatur für Leser* 25 (2002), S. 168-188, hier S. 182.

uns verloren.« (EM 254) Johannes soll den Verzicht als Bedingung eines angestrebten Lebensideals annehmen.

Zunächst scheint es zu gelingen, enthusiastisch nimmt er Annas Vorschlag an:

> Fräulein Anna! – – Nun gut, ich *will!* ich *will!* – Die Ahnung eines neuen, freien Zustandes, einer fernen Glückseligkeit gleichsam, die in uns gewesen ist – die wollen wir bewahren. Was wir einmal gefühlt haben, die Möglichkeit, die wir gefühlt haben, soll von nun an nicht mehr verlorengehn. Gleichviel, ob sie Zukunft hat oder nicht, sie soll bleiben. Dies Licht soll fortbrennen in mir, und wenn es erlischt, so erlischt mein Leben. (EM 253)

Doch das Scheitern ist dadurch vorprogrammiert, daß Johannes nicht über eine realistische Einschätzung der Situation verfügt. Daß die Idealisierung ihrer Beziehung, von der er glaubt, sie sei bereits ein gelebtes Beispiel für den erträumten höheren Zustand der Menschheit, von ihm imaginiert wurde, zeigt sich im Augenblick des Abschieds. »Soll ein Bruder – seine Schwester nicht küssen dürfen – bevor sie sich trennen, auf ewig?« fragt Johannes. Der Kuß, den Anna nicht mehr verhindern kann, ist allerdings, wie aus der Regieanweisung hervorgeht, alles andere als ein Bruderkuß: »Er umschlingt sie, und beider Lippen finden sich in einem einzigen, langen, inbrünstigen Kusse, dann reißt Anna sich los und verschwindet.« (EM 254)

Während Anna fähig ist, für eine Utopie zu leben, obwohl sich durch ihre eigene Unzulänglichkeit zeigt, daß dieser Zustand in der Gegenwart noch nicht erreichbar ist, verzweifelt Johannes an dieser Diskrepanz. Man kann mutmaßen, daß der Moment, in dem er sich dazu hinreißen läßt, Anna zu küssen, sein Schicksal besiegelt – zeigt sich doch nun, daß seine Überzeugung, seine Beziehung zu Anna sei eine höhere Verbindung, eine, die über geschlechtliche Triebe erhaben sei, eine Selbsttäuschung war.[44] Die »Möglichkeit, die wir gefühlt haben«, erweist sich als unmöglich – die Konsequenz, die sich für Johannes daraus ergibt, ist der Selbstmord.

In der Überhöhung seiner Beziehung zu Anna offenbart sich wiederum die Tragik des Übergangsmenschen. Der ihn zerreißende Gegensatz

---

44 Roh interpretiert Johannes demgegenüber als »ideal gesinnte[n]« Vertreter für eine »neue Freundschaftsidee«, womit er »für die Grundidee des Dichters in der Beziehung der Geschlechter ein[trete]« (Roh, S. 207). In der Kußszene manifestiere sich eher die Unzulänglichkeit Annas; vgl. ebd., S. 208.

*Übergangsmenschen!*

besteht nicht nur zwischen seinen inneren Überzeugungen und den Kompromissen, zu denen ihn die soziale, durchaus aber auch emotionale Gebundenheit an seine Familie und deren Überzeugungen zwingt, sondern auch innerhalb seiner eigenen Geisteshaltung: Mit der Notwendigkeit, trotz seiner expliziten Orientierung an der modernen Naturwissenschaft, die die Entzauberung der Welt bedeutet, an etwas Höheres im Menschen zu glauben, wird der bereits angesprochene Konflikt zwischen Theologie und Evolutionstheorie wiederaufgenommen. Der zunächst äußerliche Gegensatz, der mit dem Wissenschaftler Johannes und dem Pastor Kollin sowie den Eltern über verschiedene Personen verkörpert wird, erweist sich auch als Gegensatz im Innern des Helden. Die »bunte Gesellschaft« aus den Evolutionstheoretikern Darwin und Haeckel und theologischen Gelehrten, die die Bildersammlung in Johannes' Arbeitszimmer darstellt (vgl. EM 178), ist ein Abbild seines inneren Zwiespalts.

*Regieanweisung*

## 1.3 Projektionen und Konstruktionen

Für die Figurenkonstellation im Stück ist festzuhalten, daß sich die spezifischen Nöte aller beteiligten Personen in ihrer Haltung gegenüber der Studentin widerspiegeln. Obgleich sie aus den unterschiedlichsten, teilweise sich gegenseitig ausschließenden Blickwinkeln heraus argumentieren, ist Anna Mahr jeweils die Verkörperung ihrer Ängste oder Wünsche. Es ist strukturell bedeutsam, daß dabei eine einzige Figur zur Trägerin der verschiedenen Zuweisungen wird, die sich aus den persönlichen Problemlagen von Mutter Vockerat (und mit ihr ihrem Mann), Käthe, Braun und Johannes ergeben.

Wenngleich als Repräsentantin der neuen Zeit in Szene gesetzt, wird die Studentin bei Hauptmann nicht als Figur aufgebaut, der ein individueller Eigenwert zukommt. Im Gegensatz zu den Heldinnen der anderen untersuchten Texte bleibt Anna, von wenigen Szenen abgesehen, während der gesamten Handlung ausgesprochen passiv. Was in der Sekundärliteratur wiederholt dem Autor als Gestaltungsmangel vorgeworfen wird, ist vor dem Hintergrund der widersprüchlichen Zuschreibungen notwendig: Annas geringe Bühnenpräsenz. Meist ist sie nicht anwesend, und es wird über sie gesprochen. Wenn sie aber am Gespräch teilnimmt, so enthält sie sich mit wenigen Ausnahmen (eine solche ist die »Dunkelstunde«, EM 236-240) einer persönlichen Stellungnahme. Dadurch daß sich die Figur kaum durch eigene Handlungen und Meinungen definiert, ist gewährleistet, daß die Projektionen nicht sofort auf ihren Wahrheitsgehalt überprüft und damit entschärft werden können.

*Anna aus Phantom*

Die tragische Entwicklung erweist sich als Produkt der bestehenden Gegensätze zwischen den Einstellungen und Überzeugungen der handelnden Personen. Johannes gegenüber, dem sie die eingeforderte Zustimmung zu seiner Sicht der Dinge – »Ja, hab' ich denn nicht recht, Fräulein?« – verweigert, benennt Anna dieses Grundproblem: »Ja, und nein. – Sie werten anders, wie Ihre Eltern werten. Ihre Eltern werten anders, wie Frau Käthe wertet. Darüber läßt sich gar nichts sagen, meiner Meinung nach.« (EM 238) Der Befund der bewußt inszenierten Vielstimmigkeit wird durch die Bühnengestaltung noch unterstützt: »Das Spiel mit Akustik und Blick«, so Schößler, »wird in *Einsame Menschen* von Hauptmann radikalisiert, und zwar durch die Konstruktion einer doppelten Bühne.« Durch die in der Regieanweisung vorgesehene Glastür zur Veranda (vgl. EM 169) werde es möglich, »simultane Ereignisse vor Augen zu führen«.[45] Damit werde das Fragmentarische der Wahrnehmung ebenso deutlich wie ihre Subjektivität.[46] Das Nebeneinander der verschiedenen individuellen Perspektiven, die sich gerade nicht zu einer Synthese verbinden lassen, wird so für das Publikum augenfällig unterstrichen. Im Sprechen über die Studentin nun überlagern sich die konfligierenden Sichtweisen. Die latent vorhandenen Konflikte werden greifbar und verschärfen sich schließlich so sehr, daß sie – im Ringen um Annas Anwesenheit – zur Katastrophe führen.

Offensichtlich ist gerade eine studierende Frau als Figur besonders gut geeignet, als Projektionsfläche für die Probleme der anderen Personen zu dienen. In der Neuheit der wissenschaftlich gebildeten Frau liegt eine besondere diskursive Sprengkraft: Einerseits provoziert die Akademikerin Einordnungsversuche, andererseits verursacht sie den Figuren aus ihrem sozialen Umfeld Schwierigkeiten der Zuordnung. Sie ist nicht unter die gängigen, traditionellen Klassifikationen zu subsumieren, sondern läßt – diskursanalytisch gesprochen – als interdiskursives Element der Literatur verschiedenste Diskursanschlüsse zu. Die Studentin veranlaßt ihr Umfeld, zeittypische Krisenerfahrungen auf sie zu projizieren. Auf diese Weise katalysiert sie die Versprachlichung dieser Erfahrungen und läßt die unterschwellig bestehenden Konfliktpotentiale im Umgang mit der Moderne, für die die Akademikerin steht, zum Ausbruch kommen.

---

45 Schößler, Franziska: *Wahrnehmungsprozesse und Sehertum in Hauptmanns frühen Dramen*. In: *Maske und Kothurn* 46 (2001/02), H. 3/4, S. 131-150, hier S. 137.
46 Vgl. ebd., S. 138.

## 2. »Ich hatte doch so 'ne Oede in mir, ehe Sie kamen.«
### Elsa Bernsteins *Dämmerung* (1893)

Ihr [Frau Rosmers] Name wurde im engen Kreise rasch bekannt und berühmt. Man nannte ihn mit Gerhart Hauptmann in einem Atem. Und er bestand in Ehren solche Nachbarschaft. [...] Frau Rosmer kann mit Stolz von sich sagen, dass sie das erste Weib ist, dessen dramatisches Wirken ernst genommen wird,[47]

so das enthusiastische Urteil in einer zeitgenössischen Literaturgeschichte. Für den beachtlichen Erfolg, den die unter dem Pseudonym Ernst Rosmer[48] schreibende Schriftstellerin Elsa Bernstein (1866-1949) als Dramatikerin in ihrer Zeit erlangte, bedeutete ihr Stück *Dämmerung*,[49] eine wichtige Etappe. Nicht ihr erstes veröffentlichtes Drama[50] war es doch das erste, das auch zur Aufführung gelangte: Am 30. März 1893 wurde *Dämmerung* durch die *Freie Bühne* in Berlin uraufgeführt.[51] Der große

47 Lothar, Rudolph: *Das deutsche Drama der Gegenwart*. München/Leipzig 1905, S. 163 f.
48 Die Anspielung auf Ibsen ist offensichtlich. Warum die Autorin den Bezug zu *Rosmersholm* wählte, bleibt allerdings unklar. Möglicherweise liegt darin eine Anspielung auf das »Gesetz von Rosmersholm« und auf die Tatsache, daß Elsa Bernstein sich trotz aller modernen Gedanken als in der Tradition verwurzelt empfunden hat; vgl. Zophoniasson-Baierl, Ulrike: *Elsa Bernstein alias Ernst Rosmer*. Bern/Frankfurt a.M./New York 1985, S. 23; vgl. zum Pseudonym und seiner Offenlegung auch Bake, Rita/Kiupel, Birgit: *Königskinder im Salon – Zum Leben und Schaffen Elsa Bernsteins*. In: Rosmer, Ernst: *Das Leben als Drama. Erinnerungen an Theresienstadt*. Hrsg. v. Rita Bake u. Birgit Kiupel. Dortmund 1999, S. 11-29, hier S. 11, 12.
49 Der erste Abdruck des Dramas *Dämmerung* erfolgte (im Anschluß an die Uraufführung im März desselben Jahres) in der Zeitschrift *Freie Bühne für den Entwicklungskampf der Zeit* 4 (1893), Bd. 1, S. 609-629, 737-752, Bd. 2, S. 882-899, 1000-1008. Zitiert wird nach der Buchausgabe: Rosmer, Ernst: *Dämmerung. Schauspiel in 5 Akten*. Berlin 1894 (im Folgenden: D). Das wieder zunehmende Interesse an der Autorin spiegelt sich in der von Susanne Kord besorgten Neuherausgabe von *Dämmerung* (New York 2003) und einer gleichzeitig erschienenen (von Kord übersetzten) englischsprachigen Ausgabe (*Twilight*. New York 2003).
50 Vorangegangen war insbesondere *Wir drei: fünf Akte*. München 1893 (entstanden 1890/91). Zophoniasson-Baierl datiert auch *Milost Pan* vor *Dämmerung*, nämlich auf 1891 (vgl.: Zophoniasson-Baierl, S. 40, Anm. 1). *Milost pan. Schauspiel in einem Aufzug* (bestehend aus drei »Scenen«) wird meist fälschlicherweise als Novelle eingestuft, weil das Stück in Bernsteins Novellenband *Madonna* (Berlin 1894) aufgenommen wurde.
51 Vgl. Zophoniasson-Baierl, S. 47.

Stellenwert, der dem Stück für die naturalistische Bewegung beigemessen wurde, läßt sich an dieser Aufführung ablesen: Bereits die Annahme des Stücks durch den Verein *Freie Bühne*, der zur Förderung der naturalistischen Kunst gegründet worden war, spricht dafür, um so mehr, als es sich um eine besondere Aufführung handelte: Mit *Dämmerung* beendete der damalige Leiter, Otto Brahm, seine Tätigkeit.[52] Obgleich die Bedeutung des Vereins zu der Zeit bereits im Schwinden begriffen war,[53] wurde die Autorin durch die Inszenierung bekannt.[54] Immerhin spielte man dort die großen Dramatiker der naturalistischen Bewegung, nicht zuletzt Gerhart Hauptmann, dessen neuestes Werk *Die Weber* kurz vor *Dämmerung* am 26.2.1893 uraufgeführt wurde. Allerdings mag sich gerade die aufführungsbedingte direkte Konkurrenz mit den *Webern* ungünstig auf die Aufnahme des Stücks ausgewirkt haben: Die zeitgenössischen Theaterkritiken lesen sich mehrheitlich als Verrisse. Fritz Mauthner spricht gar von einem »Fehltritt« der *Freien Bühne*, und das »unmittelbar nach ihrem schönsten Erfolge«[55] (gemeint ist die Aufführung der *Weber*). Auf diese Wirkung Bezug nehmend, plädiert Wilhelm Bölsche in seiner Rezension dafür, das Familiendrama *Dämmerung* doch nicht mit dem Sozialdrama, sondern eher mit den Familiendramen Hauptmanns zu vergleichen:

> Am Maßstab Gerhart Hauptmann's in den »Webern« ist Ernst Rosmer von den meisten gemessen worden. Woran man ihn aber messen *sollte*, war der Hauptmann des »Friedensfestes« und der »Einsamen Menschen«.

---

52 Vgl. Giesing, S. 187.

53 Vgl. ebd. Zur Geschichte der »Freien Bühne« vgl. auch: Schley, Gernot: *Die Freie Bühne in Berlin: der Vorläufer der Volksbühnenbewegung. Ein Beitrag zur Theatergeschichte in Deutschland.* Berlin 1967; sowie zur Einschätzung ihrer Bedeutung für das zeitgenössische Drama: Jaron, Norbert/Möhrmann, Renate/Müller, Hedwig: *Berlin – Theater der Jahrhundertwende: Bühnengeschichte der Reichshauptstadt im Spiegel der Kritik (1889-1914).* Tübingen 1986; ferner Arnold, Robert F.: *Das moderne Drama.* 2., verb. Aufl. Straßburg 1912, S. 180-189.

54 Zur Bedeutung der »Freien Bühne« für Bekanntheit und Erfolg von »naturalist (modern) authors«, deren Stücke an den traditionsreichen Bühnen kaum aufgenommen wurden, sowie der besonders schwierigen Situation für Dramatikerinnen vgl. Ametsbichler, Elizabeth Graff: *Society, Gender, Politics, and Turn-of-the-Century Theater: Elsa Bernstein (ps. Ernst Rosmer) and Arthur Schnitzler.* College Park, Univ. of Maryland [Mikrofiche-Ausg.] 1992, S. 58 f.

55 Mauthner, Fritz: *Theater. (Freie Bühne: »Dämmerung« von Ernst Rosmer.)* In: *Die Nation. Wochenschrift für Politik, Volkswirtschaft und Litteratur* 10 (1892/93), S. 431 f., hier S. 431.

Wer die intimen Wirkungen dieser Stücke – und besonders die des letzteren – gleichsam in einer besonderen Falte seines ästhetischen Gehirns sich unbeirrt bewahrt hatte, der empfand das Bedeutende und empfand auch das Neue der »Dämmerung«.[56]

Tatsächlich ist der Grundkonflikt in *Einsame Menschen* und *Dämmerung* vergleichbar: Auch in dem Drama Elsa Bernsteins ist es eine Akademikerin, die als Fremde in eine bestehende Familie einbricht und das labile System, das auf Kompromissen und Konventionen aufgebaut ist, nachhaltig stört. Wieder ist der zentrale Konflikt der Handlung als Konflikt des Mannes konzipiert, der zwischen familiärer Pflicht und persönlicher Entfaltung durch die Liebe zu einer modernen Frau wählen muß. Ausgehend von der spezifischen Konfliktgestaltung in *Dämmerung* soll zunächst dem Vergleich mit *Einsame Menschen* nachgegangen werden, der die Forschung immer wieder beschäftigt hat. Im Anschluß daran werden zwei weitere von der Forschung nahezu unbeachtet gebliebene Kontexte ins Zentrum der Analyse gerückt: zum einen Elsa Bernsteins Stück *Maria Arndt*, in welchem dem Aspekt der weiblichen Bildung eine Schlüsselrolle zukommt; zum anderen der in *Dämmerung* selbst durch intertextuelle Verweise angedeutete Bezug auf die Dreieckskonstellation in Richard Wagners *Tristan und Isolde*.

### 2.1 Die »wissenschaftlich gebildete Frau der Arbeit«

Im Gegensatz zu Johannes Vockerat, dessen Familie neben Ehefrau und Kind auch die Eltern umfaßt, lebt der Witwer Heinrich Ritter allein mit seiner Tochter Isolde. Seiner an einer schweren Augenkrankheit leidenden Tochter zuliebe hat er seine Mutter verlassen und ist mit Isolde von Wien nach München gezogen – vordergründig, weil dort die ärztliche Versorgung besser sei. Bald jedoch offenbart sich ein weiterer Grund: Eifersüchtig ist Isolde darauf bedacht, die Liebe ihres Vaters mit niemandem teilen zu müssen, auch nicht mit ihrer Großmutter. Bereits die Ausgangslage des Dramas zeigt Ritter in seiner Bereitschaft, die eigenen Bedürfnisse denen der kranken Tochter unterzuordnen: Nicht nur persönliche Vereinsamung hat der Weggang aus Wien mit sich gebracht, sondern auch berufliche Kompromisse. Ritter, Dirigent und leidenschaftlicher Wagnerianer, hat die gesellschaftlich angesehene und künstlerisch anspruchsvolle Direktion der Wiener Gesellschaftskonzerte auf-

---

56 Bölsche, Wilhelm: »*Dämmerung*«. In: *Freie Bühne für den Entwicklungskampf der Zeit* 4 (1893), H. 1, S. 462-466, hier S. 463.

geben müssen. Statt dessen ist er nun als Musiklehrer in einer Stadt tätig, unter deren kultureller Provinzialität er leidet und die zunehmend von einer »antiwagnerische[n] Strömung« (D 24) geprägt wird. In dieser Situation tritt die Augenärztin Dr. Sabine Graef auf, die als Vertretung zur Behandlung Isoldes ins Haus kommt. Zunächst wird sie lediglich von Isolde akzeptiert – ihr Vater (und mit ihm der Student Carl, der als guter Freund Isoldes häufiger Gast im Hause Ritter ist) hegt starke Ressentiments gegen weibliche Ärzte. Doch dieses Verhältnis kehrt sich langsam um. Neben der wachsenden Achtung vor ihrer medizinischen Kompetenz (sie führt eine schwierige Operation an Isoldes Augen mit beachtlichem Erfolg durch) wird ihm Sabine Graef allmählich zur unentbehrlichen, geistig anregenden Gesprächspartnerin:

> Mit wem soll ich mich denn raufen, wenn Sie nicht mehr da sind? Mit keinem Menschen hab' ich mich so viel gerauft als mit Ihnen; außer mit Hanslick, dem bissigen Brahmsianer. Ich hatte doch so 'ne Oede in mir, ehe Sie kamen. (D 111)

Die schließlich entstehende Liebe zwischen beiden weckt jedoch Isoldes Eifersucht. Sie setzt ihre Krankheit als letztes Mittel ein, um ihren Vater an sich zu binden: Infolge eines halbherzigen Selbstmordversuchs erblindet Isolde vollständig, woraufhin Ritter auf sein privates Glück verzichtet. Nicht nur einer Ehe mit Sabine entsagt er, auch ihr Angebot, nur in der Funktion einer Pflegerin im Hause zu bleiben, um in seiner Nähe sein zu können, lehnt er mit Rücksicht auf seine Tochter ab. Die Tragweite seines Verzichts spiegelt sich in den Schlußworten wider, in denen das das ganze Drama durchziehende Leitmotiv der Dämmerung ein letztes Mal aufgenommen wird. Eine Aussage seiner Tochter, die diese auf ihre Blindheit bezogen hatte, erhält vor dem Hintergrund seines Schicksals eine metaphorische Bedeutung: »Ja mein Kind –«, so Ritter am Schluß des Dramas, »man kann auch im Dunkel leben.« (D 139)

Die Nähe zwischen *Dämmerung* und *Einsame Menschen*,[57] auf die bereits Bölsche und nach ihm auch die Forschung verweisen, zeigt sich in

---

57 Häufiger jedoch wird *Einsame Menschen* mit Bernsteins früherem Drama *Wir drei* verglichen; vgl. Giesing, S. 188 f.; Gjestvang, Irmgard Leiser: *Machtworte: Geschlechterverhältnisse und Kommunikation in dramatischen Texten (Lenz, Hauptmann, Bernstein, Streeruwitz)*. Wisconsin, Madison 1998; Skrine, Peter: *Elsa Bernstein: Germany's Major Woman Dramatist?* In: *German Women Writers 1900-1933. Twelve Essays*. Hrsg. v. Brian Keith-Smith. Lewiston, NY u.a. 1993, S. 43-63, hier S. 52 f.; Schmid, S. 105-110. Tatsächlich ist die Grundkonstellation dieses Stücks Hauptmanns Text noch sehr viel ähnlicher: Auch hier steht der Protagonist zwi-

der Grundkonstellation der Figuren, die ihrerseits die Gegenüberstellung der Zeiten illustriert: Über die Lebensweise und Weltanschauung der handelnden Personen wird mit den persönlichen Konflikten gleichzeitig der Gegensatz zwischen Tradition und Moderne evoziert. Wie die Studentin Anna Mahr fungiert auch die promovierte Ärztin Sabine Graef als Repräsentantin der neuen Zeit, mit der sich die Familie Ritter, in diesem Fall Vater und Tochter, plötzlich konfrontiert sieht. Die naturalistischen Dramen *Einsame Menschen* und *Dämmerung* sind keine Familiendramen im engeren Sinne mehr, deren Tragik sich auf das Individuelle und Persönliche beschränkt, vielmehr verweisen sie auf grundsätzliche Probleme der zeitgenössischen Gesellschaft. Entsprechend liegt nicht nur ein Konflikt zwischen Pflichterfüllung und persönlicher Selbstverwirklichung des männlichen Helden vor, sondern gleichsam einer zwischen alter und neuer Zeit. Im Kontrast zum ›Übergangsmenschen‹ Johannes Vockerat, der weder der einen noch der anderen Zeit ganz anzugehören vermag, wurzelt Heinrich Ritter – deutlich markiert durch den Namen und seine Vorliebe für das Mittelalter[58] – noch vollständig in der Vergangenheit, so daß sein resignativer Verzicht am Schluß des Dramas folgerichtig scheint.

Es ist auffällig, wie sehr auch in *Dämmerung* die Handlung auf den männlichen Helden hin ausgerichtet ist. Wiewohl die Figur der Sabine Graef in ihren sie selbst betreffenden Überzeugungen und Wünschen schärfer konturiert ist als Anna Mahr, wird auch bei Bernstein der potentielle Konflikt der Frau, der aus der Gegenüberstellung von Beruf und Liebe hätte resultieren können, nicht entfaltet. Mit dem Heiratsantrag ändert sich Sabines Selbstentwurf radikal, dabei aber offenbar problemlos. Waren ihr zuvor wissenschaftliche Leistung und Dienst an den Kranken die zentralen Lebensinhalte, ist es nun der geliebte Mann. Anläßlich dieser plötzlichen Wandlung ist es erstaunlich, daß im ersten Teil des Dramas, und zwar noch bis in den Anfang des vierten Akts hinein, Sabines wissenschaftlicher Kompetenz und geistiger Eigenständigkeit soviel Platz eingeräumt wird. Gerade darauf, daß Sabine ausführlich in ihrer Eigenschaft als Wissenschaftlerin gezeigt wird, beruhen die uneingeschränkt positiven Urteile in der zeitgenössischen Rezeption durch Ella Mensch

schen seiner Ehefrau und einer Intellektuellen, einer Schriftstellerin, die aufgrund anregender geistiger Gespräche für ihn unentbehrlich wird und für die er seine Frau verlassen will. Daß auf diese Parallele erst in der neueren Forschung eingegangen wird, mag seinen Grund darin haben, daß *Wir drei* im Gegensatz zu *Dämmerung* nie aufgeführt wurde.

58 Vgl. Kord, Susanne: *Introduction.* In: Bernstein, Elsa: *Dämmerung. Schauspiel in fünf Akten.* Ed. by Susanne Kord. New York 2003, S. XI-XXXIV, hier S. XXV f.

und Wally Zepler. Sabine, so Zepler, sei »eine vollendete Darstellung dieses Neuen«,[59] und Mensch hebt hervor, daß der Autorin etwas gelungen sei, woran Hauptmann gescheitert sei, nämlich die Gestaltung einer modernen, wissenschaftlich tätigen Frau:

> Der Zustand der Leidenden [...] wird uns mit fast klinischer Genauigkeit beschrieben. Diese ausführliche Krankheitsgeschichte ist abe[r] keineswegs überflüssig, denn sie bereitet die Stimmung für das Erscheinen der jungen Augenärztin Sabine Graef, welche in das Rittersche Haus [...] ihren Eingang in ähnlicher Weise nimmt wie die Anna Mahr in Hauptmanns »Einsamen Menschen«, nur mit grösserer äusserer und innerer Berechtigung. Auch kommt ihr medicinischer Doctor für den ganzen Verlauf der Handlung ungleich mehr in Frage als die »Studentin« bei der Hauptmannschen Heldin. In der Rosmerschen Sabine wird zum ersten Mal und zwar ohne jede tendenziöse Absichtlichkeit, die wissenschaftlich gebildete Frau der Arbeit auf die Bühne gebracht.[60]

Zunächst spricht tatsächlich alles dafür, daß mit der Figur der Ärztin Sabine Graef »die wissenschaftlich gebildete Frau der Arbeit auf die Bühne gebracht« werden soll. Seine Bekanntschaft mit Dr. Graef bringt Heinrich Ritter dazu, seine Vorurteile gegenüber weiblichen Akademikern abzulegen. Ähnlich wie in Lou Andreas-Salomés *Fenitschka* wird dabei zunächst die Sicht des männlichen Protagonisten vorgeführt. Bereits vor dem ersten Auftritt der Ärztin steht Ritters Meinung über ihre beruflichen Qualitäten fest: »Blödsinn!« ist sein spontaner Ausruf, als das Dienstmädchen meldet, statt des erwarteten Professors sei eine Dame erschienen, die behaupte, Doktor zu sein (D 25). »[S]o ein Unterrock«, das ist seine Überzeugung, könne keinen Verstand haben, »Fingerhutverstand – höchstens« (D 29). Ritters Erwartung, zwischen den Fähigkeiten der Medizinerin und denen ihrer männlichen Kollegen werde eine große Kluft bestehen, erfüllt sich anders, als von ihm vermutet: Nicht nur ihr Arbeitsethos (vgl. D 26), auch die gewissenhafte Untersuchung und die neuartigen Behandlungsmethoden zeugen von ihrem besonderen Verantwortungsbewußtsein und ihrer größeren fachlichen Kompetenz. Beides führt dazu, daß sie – im Gegensatz zu den männlichen Ärzten, die Isolde bisher behandelt haben – keine gesellschaftlichen Tabus respektiert, die

59 Zepler, Wally: *Die neue Frau in der neuen Frauendichtung.* In: *Sozialistische Monatshefte* 20 (1914), Bd. 1, S. 53-65, hier S. 54 f.
60 Mensch, Ella: *Die Frau in der modernen Litteratur. Ein Beitrag zur Geschichte der Gefühle.* Berlin 1898, S. 91.

einer erfolgreichen Therapie im Wege stehen könnten. Zu Ritters Empörung fragt sie ihn nach einer möglichen erblichen Belastung Isoldes durch eine Geschlechtskrankheit (Syphilis) des Vaters, ein Verdacht, der sich allerdings als unbegründet erweist. Die medizinische Frage, die er als Ehrverletzung empfindet, wendet er als Vorwurf gegen die Fragestellerin. »Das kommt davon!« resümiert Ritter gegenüber Carl,

> [w]enn Frauenzimmer Medizin studieren. Ich bin doch 'n anständiger Kerl. Und so eine Gemeinheit. [...] Seh' ich aus wie – wie – es ist bodenlos. Und da steht ein Frauenzimmer – und sie ist gar nicht einmal alt – und sagt ein Wort – na!! Der Teufel soll das ganze moderne Sauzeug holen. [...] Glauben Sie, daß einer von den zwanzig Doktoren, die wir zu haben das Vergnügen hatten, sich das zu fragen unterstanden hat, was die gefragt hat? (D 46)

Aufgrund der sich einstellenden Erfolge[61] wandelt sich Ritters Auffassung von Dr. Graef jedoch bald. »Ein tüchtiges Frauenzimmer. Merkwürdig! Aber sie hat Verstand« (D 61), muß er einräumen, und schließlich ist er von ihren fachlichen Fähigkeiten so überzeugt, daß er sie überredet, eine notwendig gewordene gefährliche Operation an Isoldes Augen selbst durchzuführen. Das sei das einzige, was ihm die Angst um sein Kind erleichtern könne, denn nur zu ihr habe er Vertrauen (vgl. D 102). Als »wissenschaftlich gebildete Frau der Arbeit« hat Sabine Graef also reüssiert, so wie der anfänglich skeptische Heinrich Ritter dürfte auch das Theaterpublikum keine Zweifel mehr an ihrer Kompetenz als Medizinerin hegen.

Allerdings scheint es um mehr zu gehen als um die Darstellung einer berufstätigen Frau: Mit ihrer Eignung als praktizierende Ärztin ist es nicht getan, das offenbart Ritter in dem Moment ihres größten fachlichen Erfolges, dem »Meisterstück« (D 105) der gelungenen Operation. Neben aller Hochachtung, die Sabine Graef ihm abverlangt, gibt es eine Seite, die ihm an ihr fehlt: »Sind Sie wirklich nur aus Wissenschaft und Menschenliebe konstruiert? Gar nicht mehr ein bißchen Weib?« fragt er sie und rekurriert damit auf Gefühl und Liebessehnsucht (D 110 f.), also auf Elemente einer Herzensbildung. Tatsächlich vermag die wachsende innere Verbundenheit mit Ritter diese Seite in ihr hervorzubringen. Ihm gegenüber gerät sie ins Schwärmen über die Landschaft ihrer Kindheit

---

61 Die Behandlung Isoldes durch ihre bisherigen Ärzte mit hochdosiertem Quecksilber, eine für die Zeit gängige Medikation bei Syphilis, könnte hier darauf hinweisen, daß falsch behandelt wurde, weil die Ärzte die heikle Frage nicht stellten und damit auch ihre Diagnose nicht berichtigen konnten.

(vgl. D 82), durch ihn entdeckt sie, die »Antimusikalische[ ]« (D 80), die Freude an Musik, von ihm läßt sie sich schließlich Gesangsunterricht geben (vgl. D 85).

Das, was Graef zu einer modernen Frau macht, nämlich ihre wissenschaftliche Tätigkeit, lernt Ritter zwar anzuerkennen. Dennoch bleiben seine traditionellen Vorstellungen von dem, was eine ›wirkliche‹ Frau ausmacht, ausschlaggebend. Sich Sabine als Braut vorstellend, fragt er: »Ist das nun nicht hunderttausendmal schöner als die ganze lumpige Medizinkomödie?« Und Sabine, sich an ihn lehnend, antwortet: »Schöner – ist es.« (D 113)


*»Fehler der Charakteristik«?*

Angesichts dieser Entwicklung verwundert es nicht, daß die zeitgenössische Rezeption wie auch die neuere Forschung dem emanzipatorischen Gehalt der Figur wenig Gewicht beigemessen haben. Der Tenor der Beiträge von Zepler und Mensch stellt eine Ausnahme dar. Die Figur wird bereits in den ersten Rezensionen zum Anlaß einer grundsätzlichen Kritik. Für Fritz Mauthner verliert das Stück mit der Entwicklung Sabine Graefs sein innovatives Potential:

> Was dem Stücke im Wege steht, ein wahrhaft modernes Drama zu sein, ist gerade der Versuch, eine so moderne Erscheinung wie eine Frau von gelehrtem Beruf in den Mittelpunkt zu stellen. Aeußerlich ist das ja geglückt. Aber mit modernen Augen gesehen ist dieses Weib nicht.[62]

Die Figur sei inkonsequent gestaltet, sie falle in nicht nachvollziehbarer Weise von einem Extrem ins andere. In seiner Kritik wirft Mauthner der Autorin »Fehler der Charakteristik« vor, die sich darin verraten würden,

> wie die Gestalten nach Wunsch des Verfassers umfallen, nach rechts oder nach links, wie es hübscher aussieht. […] Die Aerztin, die Anfangs wie ein Rezeptenautomat funktionirt, wunschlos und geschlechtslos, wird plötzlich verliebt wie ein Käfer oder wie – ich will lieber keinen Vergleich aus der schlimmeren Weiberlitteratur heranziehen.[63]

Vor allem aber die neuere Forschung kommt aufgrund dieses Wandels zu einer Einschätzung der Figur, die der von Zepler und Mensch entgegengesetzt ist. »But while I can understand and even feel an interest in

---

62 Mauthner, S. 432.
63 Ebd.

a character like Sabine [...] in an historical context«, schreibt Colvin,»I cannot read her with Zepler's enthusiasm. *Dämmerung* [...] has become a document of female humiliation and the choice of self-deceit.«[64] Von Sabines »slow slide into conformity« spricht Kord in ihrer Einleitung zur Neuherausgabe des Stücks,[65] und Giesing macht in ihrer Interpretation, die sich wie Mensch auf einen Vergleich mit *Einsame Menschen* stützt, Bernsteins Stück den Vorwurf, die Möglichkeiten der eigentlich modern konzipierten Frauengestalt in einer konventionellen Wendung wieder zurückzunehmen.[66] War im Fall Anna Mahrs die geistige Bildung geradezu die Bedingung für die erträumte ideale Partnerschaft gewesen, verschieben sich die Wertmaßstäbe für Sabine Graef in dem Moment der Verlobung mit Ritter radikal: Das, was ihr Leben bislang bestimmt hat, nämlich Selbständigkeit und wissenschaftliche Kompetenz, findet sich angesichts von Liebe und Ehe abgewertet, ja sogar in Opposition dazu gestellt. Obgleich Heinrich nicht darauf drängt, daß Sabine ihre Berufstätigkeit aufgibt (vgl. D 112), werden doch die Prioritäten klargestellt: »Du wirst dich überhaupt jetzt an Begleitung gewöhnen. Meine Braut ist eine Dame, kein Doktor«, fordert Heinrich (D 115), und Sabine nimmt sich vor, sie wolle »ganz dumm werden – ganz glücklich dumm« (D 114). Daß sie schließlich doch ihren eigenständigen Weg weiterverfolgt, ist keine aktive Entscheidung, sondern eine Folge, die sich aus Isoldes Verhalten ergibt: Die Möglichkeit, an die Stelle ihres berufsorientierten Lebens die Ehe mit Ritter zu setzen, ist durch Isolde zunichte gemacht worden. Ihre Abreise nach Berlin, wo sie eine für ihre berufliche Karriere wichtige Stelle antreten wird, bedeutet, so Kord, nicht mehr die Erfüllung im Beruf, sondern nur noch die Trennung von Heinrich: »Das tragische Ende besteht für sie darin, daß sie das ›Glück‹, das die Weiblichkeitsrolle für sie beinhaltet, aufgibt und sich mit ihrem Beruf, der früher ihr Glück ausmachte, nur noch bescheiden kann.«[67] Im späteren Verlauf dieser Analyse

64 Colvin, Sarah: *The Power in the Text: Reading Women Writing Drama*. In: *Gendering German Studies. New Perspectives on German Literature and Culture*. Hrsg. v. Margaret Littler. Oxford/Malden, MA 1997, S. 67-81, hier S. 74.
65 Kord, *Introduction*, S. XXIII.
66 Vgl. Giesing, S. 189 f. Auch Zophoniasson-Baierl spricht von vergebenen Chancen, wenn sie feststellt: »[A]usgerechnet die Figur der Sabine, die, als emanzipierte Frau aus der Unterschicht und dazu noch mit naturwissenschaftlich ausgerichtetem Beruf, ja geradezu ein Prototyp der naturalistischen Literatur wäre, [bleibt] allzu blass und farblos« (Zophoniasson-Baierl, S. 59).
67 Vgl. Kord, Susanne: *Die Gelehrte als Zwitterwesen in Schriften von Autorinnen des 18. und 19. Jahrhunderts*. In: *Querelles. Jahrbuch für Frauenforschung* 1, (1996): *Gelehrsamkeit und kulturelle Emanzipation*, S. 158-189, hier S. 181.

wird sich zeigen, daß der Bezug auf Wagners *Tristan und Isolde* auch eine andere Interpretation des Schlusses möglich macht. Der Vergleich mit *Einsame Menschen* aber scheint eine negative Ausdeutung zunächst nahezulegen. Für Giesing wird der Schluß Anlaß einer grundlegenden Kritik:

> Durch den von den ›Umständen‹ etwas gewaltsam erzwungenen Verzicht, mit dem die ›Dämmerung‹ endet, wird zwar ein Minimum an Glaubwürdigkeit und ›Seriosität‹ der Ärztin bewahrt, die doch auf die damals brisanteste Berufsforderung der bürgerlichen Frauenbewegung verweist, doch dieser Schluß enthält nicht mehr, wie noch der der ›Einsamen Menschen‹, ein – wenn auch fragwürdiges – Versprechen zukünftigen Glücks. Eine emanzipative, utopische Qualität kann Bernstein der ›geistigen Freiheit‹ und materiellen Selbständigkeit der Frau nicht abgewinnen.[68]

Das Fazit, das Giesing zieht, spricht dafür, daß mit dem überraschenden Wandel Dr. Graefs ein Topos der Zeit eingelöst wird, der wissenschaftliche Bildung und Berufstätigkeit in einen Gegensatz zu weiblicher Erfüllung stelle. Susanne Kord folgert für *Dämmerung* entsprechend: »Obwohl die Fähigkeit der Frau zu beruflicher Tätigkeit hier nicht angezweifelt wird, wird doch eins unmißverständlich ausgedrückt: für die Frau ist der Beruf nicht der Weg zum Glück.«[69]
Als Grund für den plötzlichen Gesinnungswandel Sabine Graefs kann Verschiedenes gemutmaßt werden. Zophoniasson-Baierl verweist auf die Biographie der Autorin: In der Inkonsequenz der Figur spiegele sich Bernsteins eigene Befangenheit in traditionellen Rollenvorstellungen.[70] Colvin wiederum wertet die erstaunliche Entwicklung als opportunistisches Zugeständnis an den Zeitgeist und den vorherrschenden Geschmack, wenngleich Bernstein daraus kein Vorwurf gemacht werden solle:

> It is not my intention to pillory Rosmer/Porges for finding a measure of success as a dramatist in this way. Because her work approximated to the dominant perspective of her age it found relatively wide appreciation and popularity [...].[71]

---

68 Giesing, S. 189 f.
69 Kord, Susanne: *Ein Blick hinter die Kulissen: deutschsprachige Dramatikerinnen im 18. und 19. Jahrhundert.* Stuttgart 1992, S. 86.
70 Vgl. Zophoniasson-Baierl, S. 58.
71 Colvin, S. 74. Porges ist der Mädchenname Elsa Bernsteins.

Man kann auch Sabine Graef – ähnlich wie Hauptmanns Anna Mahr – als eine Figur deuten, die als Person für den Konflikt Heinrich Ritters notwendig ist. Die Wandlung in Sabines Lebenszielen, die im Angebot gipfelt, alle eigenen Wünsche zu opfern, um nur dem geliebten Mann beistehen zu können, könnte dramaturgisch darauf abzielen, die Größe von Heinrichs Verzicht noch zu verstärken. Auch Sabines medizinischer Beruf läßt sich funktional begründen, liefert er doch einen geeigneten Vorwand dafür, daß Heinrich sie kennenlernen kann. Zophoniasson-Baierl hat bereits darauf hingewiesen, daß damit ein naturalistisches Form-Postulat eingelöst wird.[72]

Mit einer solchen funktionalen Sicht ist aber die Sorgfalt und Detailtreue, mit der das Profil Sabines als wissenschaftlich geschulte Frau herausgearbeitet wird, unvereinbar. Sabines medizinische Tätigkeit und ihr Berufsethos nehmen im Drama einen zu breiten Raum ein, um sie zu vernachlässigen. Die Ausführlichkeit in diesem Bereich läßt sich nicht mehr handlungsfunktional auf die Entwicklung des dramatischen Konflikts um Heinrich Ritter beziehen. Daß sie hierfür ganz im Gegenteil eher störend wirkt, weil sie den Handlungsgang verzögert, wird auch in verschiedenen Rezensionen betont: Es handle sich um Ausschweifungen – so die Einschätzung –, die in der Gattung des Dramas nicht zu tolerieren seien. Das Resultat sei ein »endloses Erstlingswerk, das im Verein Freie Bühne das erschienene Häuflein klein von ½ 8 Uhr bis nahe an die Mitternachtsstunde heran jämmerlich langweilte«.[73]

Gegenüber dem wenig zufriedenstellenden Verweis auf Autobiographie und ›Zeitgeist‹ spricht die Bedeutung, die dem wissenschaftlichen Hintergrund Sabines zugemessen wird, dafür, ihre wissenschaftliche Bildung als Faktor im Stück ernstzunehmen. Statt dabei allerdings wie Mauthner – und in der neueren Forschung Zophoniasson-Baierl, Colvin und Giesing – den Schwerpunkt auf die Berufstätigkeit der Frau zu legen, soll hier in Weiterentwicklung der Perspektive von Kord und Ametsbichler[74] ein anderer Aspekt ins Zentrum gerückt werden. Indem im Stück die beiden Frauen Sabine Graef und Isolde kontrastiv aufeinander bezogen werden, wird der Blick auf das Thema der Bildung gelenkt. Hier soll die These vertreten werden, daß nicht dem Beruf Sabines die eigent-

---

72 Vgl. Zophoniasson-Baierl, S. 50.

73 [Anonym:] *Dramatische Aufführungen.* In: *Die Gegenwart. Wochenschrift für Literatur, Kunst und öffentliches Leben* 43 (1893), S. 238 f., hier S. 239.

74 Kord, *Die Gelehrte als Zwitterwesen;* Ametsbichler, *Society, Gender, Politics, and Turn-of-the-Century Theater.*

liche Bedeutung zukommt, sondern ihrer wissenschaftlichen Bildung, die sie erst zu einer ganzheitlichen Entwicklung befähigt – einer Entwicklung, die eben auch das traditionell ›Weibliche‹ einschließt.

## 2.2 Bildungskonzepte: Sabine und Isolde

In *Dämmerung* werden explizit verschiedene Formen von ›Bildung‹ gegeneinander ausgespielt. Dr. Graef verkörpert die wissenschaftlich gebildete Frau. Sie verfügt über ein herausragendes Wissen in ihrem Fach (vgl. z.b. D 77), am gesellschaftlich relevanten kulturellen Bildungskanon hat sie jedoch keinen Anteil. Unter den handelnden Personen des Stücks trägt ihr das den Ruf ein, »ungebildet« zu sein (D 59). Carl, Student der Kunstgeschichte, urteilt:

> Von bildender Kunst versteht sie jedenfalls gar nichts. Ich wollt' bißchen anklopfen – über italienische Malerei. Vernagelt. Meinst du, die war schon in der Pinakothek? Ich glaube, die kennt keinen Phidias von einem Zuckerbäcker weg. (D 59)

Heinrich Ritter seinerseits ist fassungslos über ihre Bildungslücken im musikalischen Bereich.»[U]ngläubig«, so die Regieanweisung, reagiert er auf ihr Bekenntnis, die Werke Wagners nicht zu kennen:»Gar – nicht? Nicht einmal Lohengrin? […] Unglaublich! – Wie kann man –«. (D 70) Daß diese Definition von Bildung, die sich auf ein Oberflächenwissen im kulturellen Bereich bezieht, nicht nur auf den musischen Hintergrund Carls und Ritters zurückzuführen ist, beweisen die ähnlich gearteten Kommentare Isoldes. Die Tatsache, daß Sabine fehlendes Wissen in diesem Feld vorgeworfen wird, während ihre wissenschaftliche Bildung nicht geachtet wird, verweist auf eine an den Geschlechterdiskurs des 18. und 19. Jahrhunderts erinnernde grundsätzliche Trennung und unterschiedliche Bewertung von ›Bildung‹ und Gelehrsamkeit bei Frauen.[75] Im Hinblick auf die strukturelle Geschlechterdifferenz, die mit dieser Unterscheidung verbunden ist, fällt Sabine Graef gleich zweimal aus der Rolle: Statt sich um repräsentationsfähige Kenntnisse zu bemühen, die man in bürgerlichen Kreisen der Zeit bei Frauen schätzte, hat sie sich mit der Wissenschaft – und noch dazu der medizinischen – in einen Bereich begeben, der als ganz und gar unpassend für eine Frau galt.[76]

---

75 Vgl. Bennholdt-Thomsen/Guzzoni.

76 Vgl. zum »doppelten Regelbruch[]« auch Kord, *Die Gelehrte als Zwitterwesen*, S. 180.

Vor allem durch Isolde wird ein weiterer Aspekt weiblicher ›Bildung‹ ins Spiel gebracht: eine Gewandtheit in gesellschaftlichen Umgangsformen. Auch hier verfügt Sabine nicht über die nötige Kompetenz, die von einer erwachsenen Frau erwartet wird. »[G]esellschaftlich ist sie schüchtern wie ein Backfisch«, urteilt Isolde (D 58) – eine Einschätzung, die ihr Vater teilt: »Du hast noch viel zu lernen, mein Kind«, kündigt er Sabine sofort nach der Verlobung an (D 115).

Aus Sicht des traditionellen Rollenverständnisses ist Dr. Graef eine Frau, die in keinem Aspekt den Bildungserwartungen an Frauen gerecht wird. Hier aber entfaltet das Drama eine Perspektive, die gerade diese in der zeitgenössischen bürgerlichen Gesellschaft dominierende Vorstellung unterwandert. Gegenüber Sabine, deren Bildung so gar nicht dem üblichen Rahmen entspricht, liefert Isolde das Beispiel für eine dem Milieu gemäße ›normale‹ Mädchenerziehung. Früh in die Gesellschaft eingeführt (vgl. D 44), betrachtet sie die in ihren Kreisen üblichen Tanzveranstaltungen als ihren Lebensalltag: Toilettenfragen und Liebeständeleien prägten den Gedankenkreis der Heranwachsenden (vgl. D 74). Als einzige Beschäftigung abseits von gesellschaftlicher Repräsentation diente ihr aufgrund einer vorhandenen Anlage das Zeichnen und Malen. Diese nach Worten ihres Vaters »eminente Begabung« wurde nicht in professioneller Weise gefördert, sondern blieb – dem traditionellen Rollenverständnis entsprechend – privater Zeitvertreib und beschränkte sich auf »Porzellan und Pastell« (D 43). Sowohl ihre künstlerische Leidenschaft als auch das eigentliche Ziel, für das sie vorbereitet wurde, nämlich die Suche nach einem geeigneten Ehemann, aber werden durch ihre Augenkrankheit unmöglich gemacht. Über eine nennenswerte Schulbildung verfügt sie nicht, ihre Unkenntnis in verschiedensten Bereichen offenbart sich immer wieder (vgl. z.B. D 57 f.). Statt dessen lebt sie in einer Traumwelt aus Opernstoffen und Märchen (vgl. D 59 f., 69), deren Realitätsferne sich deutlich zeigt, wenn sie mit Menschen anderer Schichten und Vorstellungen zusammentrifft (vgl. D 51 f., 67, 69).

Das einzige Zwiegespräch zwischen Isolde und Sabine Graef, das auf der Bühne ausgetragen wird (D 72-77), wird zu einer Schlüsselszene für die Bewertung der entgegengesetzten Bildungskonzepte, die beide Frauen verkörpern. Zum Bewertungsmaßstab wird dabei – und hierin rekurriert die Autorin auf den zeitgenössischen Geschlechterdiskurs – die Sittlichkeit der Frau. Hier aber, und das ist entscheidend, erweist sich die Frau, die Medizin studiert hat, der behüteten Tochter moralisch weit überlegen. Gerade in diesem Punkt kehrt Bernstein die Erwartungen um, denen zufolge bei der Medizinerin, nicht bei der nach gesellschaftlichem Muster erzogenen Bürgertochter Anlagen zum unsittlichen Lebenswandel vorliegen. Diese Erwartungen, die im 19. Jahrhundert verbreitet waren und sich ja auch in Argumenten gegen das Frauenstudium niederschlugen, spricht Isolde aus:

> Sie müssen doch ein zu ereignisreiches und pikantes Leben hinter sich haben. […] Ein Fräulein Doktor! […] Sie müssen überhaupt eine Menge wissen, was man sonst nicht weiß, – Mädchen. In Büchern wird manchmal angedeutet – in medizinischen muß doch das viel ärger stehen? Wird man nicht verdorben dadurch? (D 75)

Im Gegensatz zu Sabine Graef jedoch, deren Unberührtheit und gedankliche Reinheit außer Frage stehen (vgl. auch D 114), ist es Isolde, deren ›Verdorbenheit‹ sich im Gespräch offenbart. Angesichts Isoldes wollüstiger Phantasien äußert Sabine ihr Befremden:

> In einem Sinn könnte es sein, daß Sie mehr wissen als ich. Und was ich weiß, das paßt nicht für ein ungesundes Gefühl – für diese halbwüchsige Hysterie. (D 76)

Der Begriff der Hysterie, den die Augenärztin eher allgemeinsprachlich verwendet als im Sinne einer exakten medizinischen Diagnose, verweist in Hinblick auf das ›Ungesunde‹ an Isolde bereits auf einen psychosozialen Zusammenhang. Aus einem Halbwissen heraus, da Isolde nicht über sexuelle Zusammenhänge aufgeklärt wurde, und der frühzeitigen Orientierung auf Männer entsteht eine Disposition, die der Sabine Graefs, bei der sich die fachliche Kenntnis der Sexualität mit einer sittlichen Überlegenheit verbindet, diametral entgegengesetzt ist. Einer Geisteshaltung wie der Isoldes gegenüber, die aus mangelndem Wissen hervorgeht – »Geheimnisse machen neugierig. Man denkt nach darüber – und es ist angenehm – so ein schläfriger Sommerabend – in der weichen Hitze …« (D 76) –, betont Sabine die Wichtigkeit von Aufklärung: »Es gibt Dinge, denen man das Geheimnis und den Nimbus nehmen muß. Darin liegt ihre Gefahr.« (D 44) Nicht Wissen und Aufklärung führen zur Unsittlichkeit, so die die herrschende Meinung umkehrende Aussage, sondern Unwissenheit und Unaufgeklärtheit. Der Gegensatz zwischen Dekadenz und Moderne wird auf diese Weise in einen inneren Zusammenhang mit der Bildung der weiblichen Protagonisten gestellt.

Verfall und Krankheit werden dabei zu zentralen Metaphern. Nicht nur im physischen Sinn ist Isolde krank. Als »ungesund[ ]« charakterisiert Sabine Isoldes Gefühl (D76), und ins Pathologische übersteigert sind auch ihre extreme Eifersucht, ihre Ich-Bezogenheit, die Launenhaftigkeit und Herrschsucht gegenüber ihrer Umgebung und nicht zuletzt ihre frühe, anfangs noch spielerische Beschäftigung mit Tod und Selbstmord (vgl. D 59). Der kranken Isolde, deren Sehvermögen immer geringer wird, die aber auch im metaphorischen Sinn in einem Dämmerzustand lebt, tritt die in allen Belangen gesunde Sabine Graef gegenüber. »So kalt gesund« ist der Ausdruck, den Isolde für sie findet (D 88), – eine Wendung, mit der sie auf Sabines Verstand rekurriert und damit die für das Stück zentrale metaphorische Verbindung von Gesundheit und Wissen explizit macht. Der Kontrast, den Sabine zu Isolde darstellt, wird entsprechend durch die Lichtmetaphorik unterstützt. Der Dämmerung, die Isolde umgibt, steht die Helligkeit um Sabine entgegen: Es ist auffällig, wie oft die Auftritte Sabine Graefs mit Sonnenlicht korrelieren.[77]

Sabine Graefs Suche nach den Ursachen von Isoldes Krankheit zieht sich als Frage durch das gesamte Stück. Der erste Erklärungsansatz kann als typisch für eine naturalistische Konzeption gelten: Vererbung. Die sorgsam hergeleitete Szene gegen Ende des ersten Akts, in der die Ärztin Heinrich Ritter nach einer möglichen Belastung väterlicherseits durch Syphilis fragt, bildet einen frühen Höhepunkt im Stück. Dieser Weg wird jedoch nicht weiterverfolgt. Ritters Verneinung wird als glaubwürdig präsentiert (vgl. D 46), und später stellt Sabine Graef noch einmal klar:»Die längere Beobachtung der Krankheit hat mich überzeugt, daß ich mich geirrt habe, vollständig, mit meiner Vermutung.« (D 79)[78]

Tatsächlich ist diese Wendung für ein naturalistisches Drama außergewöhnlich. Zophoniasson-Baierl, die für die formale Seite von *Dämmerung* die naturalistische Charakteristik nachgewiesen hat, sieht diese im Inhaltlichen nicht mehr stringent durchgeführt:

> Mit der Uebernahme der inhaltlichen Topoi [des naturalistischen Lagers] allerdings tut sie [Bernstein] sich wesentlich schwerer. Ganz deutlich zeigt sich dies an der Halbherzigkeit, mit der sie typische Themen aufnimmt, in ihrem zweiten Stück [gemeint ist *Dämmerung*] eben das der Vererbungsproblematik. [...] Hätte Elsa Bernstein diesen Faden konsequent weitergesponnen und nicht kurze Zeit später wieder ab-

---

77 Vgl. z.B. D 89, im Zusammenhang mit Sabines Fortgang D 137, 138. Eine genaue Darstellung der Szenenanweisungen bezüglich Licht und Dunkelheit findet sich bei Skrine, S. 56 f.

78 Kauermann beharrt dagegen auf dem Vererbungsgedanken. Seiner Meinung nach handelt es sich lediglich um ein gelungenes Täuschungsmanöver des Vaters, auf das Sabine Graef hereinfällt. In seiner Interpretation wird *Dämmerung* zu einer Verlängerung von Ibsens *Gespenster.* Hier werde mit dem Vater aus *Gespenster* abgerechnet. Vgl. Kauermann, Walther: *Das Vererbungsproblem im Drama des Naturalismus.* Kiel 1933, S. 101-105.

rupt abgeschnitten, so hätte sich aus diesem Motiv eine interessante und ganz typische naturalistische Struktur dieses Dramas ergeben können.[79]

Der Rezensent Fritz Mauthner bewertet den nicht ausgeführten Vererbungsgedanken sogar als »ärgsten Streich«, das deutlichste Beispiel für Bernsteins »Anfängerschaft in der Technik«.[80] Diesen Bruch mit gängigen Deutungsmustern jedoch einfach mit Unachtsamkeit und Ungeschicklichkeit der Autorin zu begründen hieße außer acht zu lassen, daß im Drama selbst mit der davon ausgehenden Verunsicherung gespielt wird. Im Gegensatz zur eindeutigen Erklärung und Schuldzuweisung, die bereits im ersten Akt geleistet worden wäre, wenn sich der Verdacht Graefs bestätigt hätte, ist nun wieder alles offen. Im Verlauf des Dramas entwickelt sich daraus eine quälende Frage, die Sabine Graef explizit formuliert: »Diese Ursache, diese Ursache! Aus dem Schlafe weckt's mich auf – und nicht herauszufinden!« (D 79)

Verschiedene Signale im Text lassen jedoch vermuten, daß der Gemütszustand Isoldes einen entscheidenden Anteil am Krankheitsverlauf hat. Neben der Tatsache, daß Aufregungen und Weinen eine direkte schädliche Wirkung auf ihre Augen ausüben, ist auffällig, wie oft sie ihre Krankheit funktionalisiert, um ihre Wünsche und Launen durchzusetzen (vgl. z.B. D 62 f., 73, 116, 127). Ametsbichler greift im Zusammenhang mit Isoldes Krankheit die Hysterie als mögliche Ursache auf: Die zunehmende Erblindung deutet sie über diesen Konnex als konkreten Effekt einer psychischen Störung.[81]

Sabine Graef ahnt etwas von einem gefühlsbedingten Anteil der Krankheit (vgl. D 76, 78, 100 f.), wirklich helfen kann sie aber nicht. Dem seelischen Faktor vermag Sabines medizinische Heilkunst nicht beizukommen. »Sie könnten sich täuschen«, sagt Carl, als Sabine angesichts einer vermeldeten Verschlechterung meint, sie »werde ja sofort sehen, was es bedeutet« (D 94). Schließlich scheitert auch die Operation, die sie an Isoldes Augen durchführt. Nicht die Ärztin aber ist dafür verantwortlich – der medizinische Eingriff gelingt ja mit großem Erfolg –, sondern Isoldes seelische Verfassung, die sie dazu bringt, ihre Erblindung eigenhändig zu verursachen. Für Isolde, die selbst nichts darstellt, wird die Krankheit zum Mittel, das ihr das Mitleid des Vaters garantiert. Die Erblindung, die sie sich aktiv wünscht, um der sich entwickelnden Be-

79 Zophoniasson-Baierl, S. 54 f.
80 Mauthner, S. 432.
81 Vgl. Ametsbichler, S. 114, 141 f.; auch Schmid, S. 100 f.

ziehung zwischen ihrem Vater und Sabine Graef etwas entgegensetzen zu können – »wär' ich ihr doch ins Messer gefahren, daß sie mir das Aug' zerschnitten hätte« (D 116) –, tritt schließlich als Folge ihres Selbstmordversuchs ein.

Damit ergibt sich für die Krankheit der Tochter eine bemerkenswerte Kausalität: Ihr Erblinden ist in *Dämmerung* nicht Folge physiologischer Zwangsläufigkeiten, sondern einer psychisch bedingten Ausweglosigkeit, die ihre Grundlage in einer fehlgeleiteten Erziehung hat.[82]

Wilhelm Bölsches Interpretation setzt an genau dieser psychischen Dimension der Krankheit an:

> [...] die Möglichkeit blitzt auf, daß das Gespenst der Blindheit doch noch verscheucht werde [durch Sabines erfolgreiche Operation; R. W.]. Aber es giebt – und hier setzt die *realistische* Dichtung mit vollem Recht den Umschlag zum entscheidend *tragischen* Ausgang an – Gespenster, die stärker sind, als die *physische* Krankheit: seelische Gespenster, erzeugt durch die Jahre des Krankseins zum einen Teil, durch die äußerste Verzärtelung des weichlichen Mitleids aber zum noch größeren andern Teil.[83]

Für eine Deutung des Schlusses greift Bölsche jedoch wieder – wenn auch in deutlich markierter spekulativer Form – auf den Vererbungsgedanken zurück. Um den Verzicht Ritters zu erklären, um plausibel machen zu können, warum er sich nicht zum Gesunden durchringen kann, sondern sich für das Kranke opfert, meint Bölsche, eine Schuld des Vaters voraussetzen zu müssen. Diese Schuld sieht er in einer allen Beteuerungen im Text zum Trotz doch vorhandenen Krankheit des Vaters.

> Wie nun, wenn grade dieses Motiv [das der Vererbung] auch in die Schlußszene seine Schatten würfe? Wenn aus der Frage der Aerztin heraus, ohne daß er es *ihr* damals zugab, dem Vater selbst doch die Ahnung aufgestiegen, daß er selbst nicht mehr der Gesunde sei, der das Anrecht an die Gesunde besitzt?[84]

---

82 Hier und in Bernsteins Drama *Maria Arndt* deutet sich eine Skepsis an den Möglichkeiten der Medizin an. Sabines Heilkunst versagt bei Isoldes Krankheit, und Claußner in *Maria Arndt* hat den Arztberuf mit der Begründung aufgegeben: »Forschen ist viel lohnender als Heilen. Denn heilen läßt sich eigentlich gar nichts. Erforschen doch einiges.« (Rosmer, Ernst: *Maria Arndt. Schauspiel in fünf Akten*. Berlin 1908, S. 21.)

83 Bölsche, S. 465.

84 Ebd., S. 466.

Tatsächlich spricht Heinrich Ritter selbst von seiner Schuld, und zwar in einer Formulierung, die vermuten läßt, daß er mehr meint als seine Liebe zu Sabine, die den Anlaß zu Isoldes Selbstmordversuch gegeben hat: »Ach!! Einen ganzen Buckel voll Sünden hab' ich mir aufgeladen. Wie steh' ich vor dir da!« (D 136) Daß es sich dabei, wie Bölsche anregt, um eine Krankheit handeln soll, wird jedoch im Text nicht nahegelegt. Berücksichtigt man die Gegenüberstellung der bereits veralteten Vorstellungen Heinrichs und der aufgeklärten, modernen Anschauung Sabines, kann man dennoch den Vererbungsgedanken – allerdings metaphorisch verstanden – weiterverfolgen. In diesem Licht liegt die Schuld des Vaters in der Erziehung, die er seiner Tochter hat angedeihen lassen. Auch Kafitz hebt die Bildungsdefizite als eigentliches Problem Isoldes hervor: »Ihre Blindheit am Ende steht sinnbildlich für die gesellschaftliche Befangenheit ihres Bewußtseins.« In der Entsagung der Liebenden zugunsten der hilflosen Tochter schließlich liege »Kritik an einer Frauenerziehung, die zur Abhängigkeit führt«.[85]

## 2.3 Herzensbildung durch Aufklärung: Bernsteins Dramen und Richard Wagner

### »Dämmerung« und »Maria Arndt« (1908)

Die Deutung, bei der dem Aspekt der Erziehung und Bildung bei Frauen eine Schlüsselrolle zukommt, entspricht einer Konzeption, die bei Elsa Bernstein wiederbegegnet: Das 1908 erschienene Drama Maria Arndt[86] bildet gleichsam das Gegenstück zu Dämmerung. Die Art, in der Maria ihre Tochter Gemma erzieht, ist der Erziehung Isoldes diametral entgegengesetzt. Hatte Isolde bereits als junges Mädchen Bälle besucht, entzieht Maria ihre Tochter, solange es möglich ist, den Zwängen des gesellschaftlichen Lebens. Der naiven Haltung Heinrich Ritters, der damit einverstanden war, daß seine Frau die Tochter »ziemlich früh ein[führte] – in die Gesellschaft«, da es »so hübsch« war, daß Mutter und Tochter wie Schwestern aussahen (D 44), steht die völlig andere Einstellung Marias gegenüber. Sie sieht im verfrühten Eintritt in das gesellschaftliche Leben einen negativen Einfluß, da dadurch

---

85 Kafitz, Dieter: Grundzüge einer Geschichte des deutschen Dramas von Lessing bis zum Naturalismus. 2. Aufl. Frankfurt a.M. 1989, S. 324.
86 Rosner, Ernst: Maria Arndt. Schauspiel in fünf Akten. Berlin 1908; im Folgenden zitiert als MA. Die Uraufführung fand am 17.10.1908 im Münchner Schauspielhaus statt.

[a]lles Künstlerische und Geistige [...] nur zu einem Luxus der Persönlichkeit gemacht [wird], besonders für Frauen. Etwa wie eine Robe oder ein Armband. [...] Ich möchte um keinen Preis, daß Gemma eine Dame wird, ehe sie ein Weib geworden ist. (MA 26)

In der Formulierung Maria Arndts steht die an den gesellschaftlichen Umgang angepaßte Frau, die »Dame«, dem »Weib« gegenüber, das sich frei, seinen natürlichen Anlagen gemäß entfalten konnte. Als schädlich empfindet Maria jedoch offenbar nur die falsche Reihenfolge, die gegeben ist, wenn der Einfluß der Gesellschaft einsetzt, bevor die Natur der Frau ihren Ausdruck gefunden hat. In *Dämmerung* findet sich genau diese Vorstellung in den beiden Antagonistinnen Isolde und Sabine repräsentiert: Isolde wurde schon als Kind zur »Dame« erzogen, Sabine wird dagegen mit Heinrichs Forderung, seine Braut sei »eine Dame, kein Doktor« (D 115), erst konfrontiert, als sie bereits eine eigenständig denkende Frau ist. Aufgrund ihrer fundierten Bildung ist für Sabine nicht zu befürchten, daß äußere Faktoren ihre Persönlichkeit beeinträchtigen.

Sabine Graefs Bildung basiert auf Faktoren, die Gemma helfen sollen, sich weiterzuentwickeln und »ein Weib« zu werden: Aufklärung und Erkenntnis. Maria formuliert es als ihre »Lebensaufgabe«, daß sie für ihr

Kind die Brücke baue, auf der es gerade und sicher von der Einfalt zur Erkenntnis gelangen kann. [...] Zu jeder – so weit sie Menschen gegeben ist. (MA 27)

Gemma erhält ernsthaften Unterricht, auch in den Naturwissenschaften (vgl. MA 22), der sie auf ein späteres Universitätsstudium vorbereiten soll. Auf den Einwand des Freundes Claußner, sie solle nicht vergessen, daß Gemma ein Mädchen ist, »Gottes Sohn aber« sei der Mann, entgegnet Maria: »Dann wär' es für die Frau wohl an der Zeit, Gottes Tochter zu werden.« (MA 27) In ihrer Sicht besteht kein Unterschied in den Erziehungsgrundsätzen für Mädchen und Jungen; in beiden Fällen geht es um die Bildung des Geistes. Am Ende einer erfolgreichen Erziehung steht für Maria ein aufgeklärter Mensch; ein Mensch, der sich – durchaus im Sinne Kants – aus geistiger Unmündigkeit befreit hat. Erst durch die Entwicklung des Geistes ist die Entfaltung der eigenen, natürlichen Persönlichkeit – nun aber als Mann oder Frau – möglich. Die Konstruktion ist vor dem Hintergrund des zeitgenössischen Geschlechterdiskurses bemerkenswert, da in ihr die bekannte Ausgrenzung der Frau aus einer als ›männlich‹ definierten geistigen Sphäre aufgehoben wird. Der Verstand bedingt eine gesunde Entwicklung der eigenen ›Natur‹, so daß sich für

Frauen eine wissenschaftliche Schulung geradezu als notwendige Voraussetzung für ›wahre Weiblichkeit‹ erweist.

Man kann – wie bereits referiert – mit Grund im Gesinnungswandel Dr. Graefs, die sich von ihrer selbständigen Berufstätigkeit abwenden will, um dem geliebten Mann zu dienen, einen eklatanten Bruch sehen und ihn als Rückfall in die ›Konventionen‹ werten. Liest man die Entwicklung allerdings vor dem Hintergrund der dargestellten speziellen Bildungsvorstellungen, ergibt sich eine andere Perspektive. In ihrem Licht erweisen sich Sabines Haltungen zu Beginn und gegen Ende des Stücks als keineswegs so widersprüchlich.

In beiden Stücken Bernsteins, sowohl in *Dämmerung* als auch in *Maria Arndt*, ist das Thema der Bildung mit dem der Liebe verknüpft. Der Zusammenhang, der in *Dämmerung* in der bereits angesprochenen »ungesunde[n]« Sinnlichkeit Isoldes (D 76) seinen negativen Ausdruck findet, wird in *Maria Arndt* zu einem zentralen Thema: An Gemmas Entwicklung wird eine kausale Verbindung zwischen Wissen und Liebesfähigkeit, die von triebgesteuerter Sinnlichkeit zu trennen ist, explizit vorgeführt. Gemma, die sich immer durch ihre Natürlichkeit und Offenheit ausgezeichnet hat, beginnt sich unter dem Einfluß eines sich anbahnenden ersten Liebesabenteuers zu verändern: Unruhe, Flüchtigkeit der Gedanken, Unaufrichtigkeit (vgl. MA 63 f.) kennzeichnen eine Verfassung, unter der sie selbst leidet (vgl. MA 64 f.). Die Anspielung auf ›Nervosität‹ als Ausdruck von etwas Krankhaftem bildet eine gewisse Analogie zur angedeuteten Hysterie Isoldes. Um diesen Zustand zu überwinden, gibt es nach Auffassung ihrer Mutter nur einen Weg: »Klar werden – sich bewußt werden –« (MA 65). Was Maria damit meint, ist das Wissen über die sexuellen Zusammenhänge. Sie macht deutlich, daß erst die Kenntnis darüber bewußtes Handeln ermöglicht und so die Voraussetzung für eine wahre Liebe schafft, nämlich eine, die den Geist mit einschließt:

> Verschwendest du dich an das erste körperliche Verlangen, so wirst du verarmt sein vor deinem letzten geistigen. Sinne und Seele müssen einig über dich beschließen und nicht in Dunkelheit vor einander. […] Dein Unbehagen, […] damit kann man fertig werden, wenn man sich's erklärt und sich ihm nicht ängstlich und heimlich überläßt. (MA 66)

Bildung erweist sich somit als dasjenige Element, über das Sinnlichkeit in Liebe transformiert werden kann. Die Fähigkeit zu dieser höheren Liebe aber ist in *Maria Arndt* Ausdruck von errungener Menschenwürde (vgl. MA 65 f.).

Auch in dem früheren Drama *Dämmerung* werden die beiden Formen von Liebe einander gegenübergestellt, aber mit Isolde und Dr. Sabine Graef unversöhnlich auf zwei verschiedene Figuren verteilt. Die zugrundeliegende Konzeption bleibt dabei die gleiche: Isoldes Sinnlichkeit geht mit Unwissen einher, die Wissenschaftlerin Sabine mit ihren genauen Kenntnissen über den menschlichen Körper erweist sich als fähig zu vollkommener Liebe. Sie wäre sogar bereit, auf körperliche Erfüllung zu verzichten:

Aber was will ich denn? Nichts von dir! Begreif' mich, Heinrich. Nichts. Nicht deinen Namen, nicht – dich! Nimm mich als Pflegerin ins Haus – für sie [Isolde]. Nur daß ich da bin. Daß du nicht allein bist. (D 135)

Innerhalb der Argumentation des Textes sind die beiden Positionen, die Sabine als selbständige berufstätige Frau am Anfang und als sich selbst unterordnende Liebende am Ende einnimmt, nicht getrennt voneinander zu verstehen. Vielmehr bilden sie Stufen einer Entwicklung, während der Sabine zu einem ganzheitlich empfindenden Menschen wird. In ihrer bedingungslosen und auf Geistigkeit und Innerlichkeit gerichteten Liebe erreicht sie etwas, was ihr vorher verschlossen blieb und was Heinrich Ritter ihr anläßlich ihres halbherzigen Glaubens als Gottlosigkeit vorgeworfen hatte: »Das ist auch so ohne innere Ueberzeugung – nicht bedingungslos.« (D 109) Inzwischen ist aus der sachlichen Naturwissenschaftlerin eine Frau geworden, von der Heinrich sagt:

Du hast das Zeug in dir, über deinen eigenen Jammer hinauszukommen. Du kannst einer von den Menschen werden, die über alle andern hinwegschauen – still und riesengroß. (D 136)

Die Tatsache, daß Sabine als idealer Mensch vorgeführt wird, widerspricht zunächst nicht der Deutung als konventionelle Wendung. Im Gegenteil: Das Muster der Frau, die erst in der Liebe ihre wahre Menschwerdung erfährt, ist nur zu bekannt und führt die Frau trotz einer ideologischen Überhöhung auf ihre traditionelle Rolle als liebende Ehefrau zurück.

Bernsteins Ansatz ist jedoch durch die Bedeutung, die Sabines wissenschaftlicher Bildung dabei zukommt, ungewöhnlich. Er steht im Gegensatz zu den Entwürfen, bei denen die Wissenschaft als Irrweg für die Heldin dargestellt wird – oder bestenfalls als Lebensabschnitt, der für die spätere Erfüllung in der Liebe nicht hinderlich ist: Statt von der Liebesbeziehung getrennt gedacht zu werden, ist hier die geistige Bildung der Frau eine unabdingbare Voraussetzung für ihre innere Weiterentwicklung: für eine ›Bildung des Herzens‹. Der »materiellen Selbständigkeit der Frau«, also ihrer Berufstätigkeit, kommt tatsächlich keine »emanzipative, utopische Qualität« zu, wie Giesing festgestellt hat, wohl aber »der ›geistigen Freiheit‹«.[87] Daraus nämlich ergibt sich eine neue Komponente im Bildungsdiskurs der Zeit, indem fundiertes Wissen explizit als Grundlage der weiblichen Entwicklung eingefordert wird.

*Die aufgeklärte Frau und die »Nachtgeweihten«: Wagner-Subversion*

Als Schlüssel für die Konzeption in Bernsteins *Dämmerung*, bei der Sabines intellektuelle Bildung nicht das Ziel ist, aber zur Voraussetzung für die Herzensbildung wird, erweist sich der im Stück angelegte intertextuelle Bezug auf Wagners *Tristan und Isolde* (UA 1865). Die Anspielungen gerade auf diesen Prätext sind deutlich. Bereits die – nach naturalistischem Muster ausgesprochen detaillierte – einleitende Bühnenanweisung stattet die Umgebung, in der Isolde zum ersten Mal präsentiert wird, mit ersten Hinweisen aus: In der Einrichtung, »altmodisch, aber geschmackvoll und bequem« (D 7), fehlt auch die »Wagnerbüste« nicht. Der Vater ist schließlich der »Johannes der Wagnerschen Sache« (D 70). Seine Tochter hat er »Isolde« getauft, und sie selbst gibt in ihrem Spiel mit der verdorbenen Medizin – »[r]otes Gift. Das ist doch wie aus einem Trauerspiel« (D 59) – den entscheidenden Hinweis auf den Prätext:

So, nun pickre ich mir – pickre ich mir – einen Zettel auf die Phiole – aber was schreib' ich für ein Motto darauf – was Altes – Mittelalterliches – ich schwärme fürs Mittelalter. […] Jetzt weiß ich es. Das Motto. Aus Tristan und Isolde. »Für tiefsten Schmerz, für höchstes Leid gab sie den Todestrank.« Todestrank. Das klingt so schön gruselig und ich mag das Gruselige. (D 60)[88]

Daß diesen Anspielungen in der Forschung nicht viel mehr abgewonnen wurde als der Hinweis auf ein autobiographisch motiviertes musikalisches Ambiente,[89] mag damit zusammenhängen, daß die Bezüge nicht

---

87 Giesing, S. 190.

88 Vgl. Wagner, Richard: *Tristan und Isolde*. In: Ders.: *Dichtungen und Schriften.* Jubiläumsausg. in zehn Bänden. Hrsg. v. Dieter Borchmeyer. Frankfurt a.M. 1983. Bd. 4, S. 7-82, I. Aufzug, S. 25: »für tiefstes Weh, / für höchstes Leid – / gab sie den Todestrank.«

89 Vgl. Zophoniasson-Baierl, S. 59 f.; Ametsbichler, S. 140; Kord, *Introduction*, S. XXV, sowie bereits Arnold, S. 304. Für Bernsteins naturalistische Dramen *Wir drei* und *Dämmerung* konstatiert Arnold: »Auf den Meister, in dessen Bann ihre

einfach aufgehen. Statt von Analogien kann eher von einem verwobenen Spiel mit Versatzstücken gesprochen werden. Der Dreiecksbeziehung in Wagners Musikdrama zwischen den Liebenden Isolde und Tristan und dem Bräutigam Marke steht eine andere Konstellation in *Dämmerung* gegenüber. Hier bilden Heinrich Ritter und Sabine Graef das ideale Liebespaar, das aneinander wächst und sich ergänzt: Ritter beginnt wieder zu komponieren, und Sabine erschließt sich die Welt des Gefühls, sie wird zur ›ganzen‹ Frau. In der eifersüchtigen Tochter Isolde, die trennend zwischen den Liebenden steht, findet sich das reine Liebesverlangen der Wagnerschen Isolde pervertiert. Isolde Ritter will ausschließlich ihren Vater lieben (vgl. D 63) und ist auch nicht bereit, dieser inzestuös codierten Bindung zu entsagen, wie etwa Marke am Ende der Wagner-Oper.[90] Statt dessen bindet sie ihren Vater durch den Selbstmordversuch an sich, worin sich das Wagnersche Motiv des Liebes- und Todestranks[91] bricht: Sie trinkt die zu »Gift« gewordene Medizin, die sie ja schon zu Beginn des Dramas selbst als Zaubertrank im Wagnerschen Sinne stilisiert hatte. Der Vater, der nicht aus Liebe, sondern aus Mitleid bei ihr bleibt, erreicht gerade in dieser Handlung die Größe, über die eigene egoistische Liebe hinauszuwachsen, die bei Wagner in der Figur des Marke angelegt ist. Für Sabine wird er dadurch zum »heilige[n] Mensch[en]« (D 137), was ihr selbst die Kraft zu entsagen verleiht. Die Worte »Nun hab' ich Frieden« (D 137), mit denen sie ihn verläßt, zeigen, daß der Schluß des Dramas gerade für die Figur der Sabine durchaus nicht nur resignativ ist.[92] Obwohl Sabine Heinrich bewundert und seine Entsagung in sakraler Überhöhung dargestellt wird, liegt das positive, zukunftsweisende Potential allein in Sabine: Sie ist diejenige, die über ihren »eigenen Jam-

---

[Bernsteins] ganze Jugend gestanden, auf Richard Wagner wies noch nichts hin als eine hohe Auffassung der Kunst, das musikalische Milieu der ›Dämmerung‹ und die Verherrlichung Hans Sachsischer Resignation«. Bernsteins Vater, Heinrich Porges, selbst »Johannes des Wagnertums« genannt, war ein bekannter Dirigent, Musiker und Musikschriftsteller sowie Mitarbeiter Wagners in München; vgl. Bake/Kiupel, S. 14.

90 Vgl. Wagner, *Tristan und Isolde*, III. Aufzug, S. 80. Auch im *Ring des Nibelungen* spielt das Entsagungsmotiv eine zentrale Rolle, so schon im *Rheingold*; vgl. *Der Ring des Nibelungen, Das Rheingold*. In: Wagner: *Dichtungen und Schriften*, Bd. 3, S. 9-72, hier S. 21.

91 Vgl. zur Verwobenheit von Tod und Liebe im Motiv des Zaubertranks: Wagner, *Tristan und Isolde*, I. Aufzug, S. 22, 25 und schließlich (die Einnahme des Tranks) S. 32.

92 Kord und Ametsbichler sehen in dem Ende keinen positiven Wert für Sabine mehr; vgl. Kord, *Die Gelehrte als Zwitterwesen*, S. 181; Ametsbichler, S. 129.

mer hinauszukommen« vermag, die zu einem »von den Menschen werden [kann], die über alle andern hinwegschauen« (D 136), während Ritter in seiner Welt verzweifelt zurückbleibt. Die Regieanweisung vermerkt: Ritter »setzt sich […] ans Klavier und weint bitterlich«. »Es dämmert.« (D 137)

In welcher Weise *Dämmerung* gerade über abweichende Umsetzungen von Elementen der Wagnerschen Vorlage Kontur gewinnt, zeigt sich besonders deutlich in der Nacht- und Tagmetaphorik. Während Tristan und Isolde »Nachtgeweihte«[93] sind, deren Liebe der Nacht bedarf und die sich schließlich im Tod vereinen, bringt der »öde Tag« mit Licht und »Tagsgespenster[n]« die Entdeckung der Liebenden und damit das Ende ihrer Liebe im Diesseits.[94] Der Liebestod verweist auf die Erfüllung der Liebe im Jenseits, metaphorisch mit absoluter Dunkelheit verknüpft. Bei Bernstein dagegen ist die Liebe, die Heinrich mit Sabine findet, leitmotivisch mit Licht und Klarheit verbunden. Wenn Isolde am Schluß ihren Vater mit in das »Dunkel« (D 139) zieht, liegt darin keine mythische Verklärung mehr, sondern die Hoffnungslosigkeit einer dekadenten Welt, aus der sich Ritter nicht befreien kann und die keine Zukunft hat. Das Kind, das seinen Vater nicht überleben wird – »Wenn du stirbst, bring' ich mich auch um« (D 138) –, erinnert an den jungen Osvald Alving aus Ibsens *Gespenster* (1881), der, am Schluß im Wahnsinn versinkend, nach der Sonne ruft.

Im Gegensatz zu *Gespenster*, dem Text, der Bölsche in seiner Interpretation von *Dämmerung* geleitet hat, wird der Ausweglosigkeit in Bernsteins Drama über die Figur der Wissenschaftlerin ein utopisches Potential gegenübergestellt. Über die Verkehrung Wagnerscher Motive wird nicht nur eine Dekadenzkritik ausgeführt, sondern auch eine deutliche Positionsnahme für Aufklärung, Fortschritt und intellektuelle Bildung – auch und gerade für Frauen. Hier wird das Wagnersche Modell abgelöst: Aus einer von der Natur vorbestimmten Liebe – in der Wagnerschen Fassung des Stoffs verleiht der Liebestrank dem lediglich Ausdruck –, die ihre Erfüllung in mythischer Dunkelheit findet, wird die pervertierte inzestuös-egoistische Liebe der kranken Isolde, die nicht ›sehen‹ kann. Dieser durch Isolde in ein unnatürliches ›Liebesverhältnis‹ gesteigerten Vater-Tochter-Beziehung steht die Liebe Ritters zur Augenärztin Sabine Graef gegenüber, einer Frau, die über geistige Bildung zur Herzensbildung be-

---

93 Wagner, *Tristan und Isolde*, II. Aufzug, S. 47.
94 Ebd., II. Aufzug, S. 54, 55. Vgl. dazu das Kapitel *Welt im sterbenden Licht – Tristan und der Mythos der Nacht* in Borchmeyer, Dieter: *Das Theater Richard Wagners. Idee – Dichtung – Wirkung*. Stuttgart 1982, S. 261-287.

fähigt wird. Statt eines unmotivierten, plötzlichen Wandels der Figur von einer emanzipierten, berufstätigen Frau zu einer, »who resign[s] to established patriarchal conditions«,[95] legt gerade auch der Vergleich mit Wagner einen anderen Zusammenhang nahe: eine Entwicklung Sabines, die ihre Voraussetzung in ihrer intellektuellen Bildung und geistig-moralischen Eigenständigkeit hat, die jedoch durch die Liebe zu Heinrich ihre Gefühle kennenlernt (vgl. D 82), mütterlich agiert (vgl. D 104) und »das Fürchten« lernt (D 102).

Das Motiv des Fürchten-Lernens, Ausdruck des Gefühls und des Mitleids, die Sabine anläßlich der Operation an Isoldes Augen überkommen, erweist sich wiederum als Wagner-Subversion: Ist es im *Ring des Nibelungen* der naive Siegfried, der erst durch die Liebe das Fürchten lernt,[96] ist es hier die wissende Frau. Gegenüber Siegfrieds dummer Unschuld, mit der die Macht des reflektierenden, räsonnierenden Wotans gestürzt und die Götterdämmerung eingeleitet wird, ist Sabines Wunsch, »ganz glücklich dumm« zu werden (D 114), eher im Sinne des Schillerschen ›Sentimentalischen‹ zu verstehen: als Sehnsucht nach dem Naiven, die aber erst im Durchgang durch die Vernunft ihre eigene Qualität gewinnt.[97] Sabines Sehnsucht nach ihrer Kindheit und – in Anspielung auf Motive aus *Tristan und Isolde* – nach Meer und Dämmerung (vgl. D 82), schließlich auch nach ›gedankenlosem Glück‹ entspringt einer durch den aufgeklärten Verstand tiefer empfundenen Sehnsucht nach dem Ursprünglichen. Im Gegensatz zu Wagners Modell einer Rückkehr in den Urzustand der Natur bedeutet Sabines Haltung keinen regressiven Rückschritt in

95 Ametsbichler, S. 129.
96 Vgl. Wagner: *Der Ring des Nibelungen, Siegfried*, III. Aufzug, S. 231. Weder der »Wurm« noch Wotan hatten ihn zuvor in Furcht versetzen können, vgl. ebd., S. 198, 224, 227 f. Eingeführt wird das Motiv durch Wotan, vgl. ebd., I. Aufzug, S. 176 f.
97 Vgl. Schiller, Friedrich: *Über naive und sentimentalische Dichtung*. In: Ders.: *Sämtliche Werke*. Auf Grund der Originaldr. hrsg. v. Gerhard Fricke u. Herbert G. Göpfert. Bd. 5: *Erzählungen/Theoretische Schriften*. München 1959, S. 694-780, hier S. 695: »Sie [die Gegenstände der Natur] *sind*, was wir *waren*; sie sind, was wir wieder *werden sollen*. Wir waren Natur wie sie, und unsere Kultur soll uns, auf dem Wege der Vernunft und der Freiheit, zur Natur zurückführen. Sie sind also zugleich Darstellung unserer verlorenen Kindheit, die uns ewig das Teuerste bleibt; daher sie uns mit einer gewissen Wehmut erfüllen. Zugleich sind sie Darstellungen unserer höchsten Vollendung im Ideale, daher sie uns in eine erhabene Rührung versetzen. / Aber ihre Vollkommenheit ist nicht ihr Verdienst, weil sie nicht das Werk ihrer Wahl ist. […]; was uns von ihnen unterscheidet, ist gerade das, was ihnen selbst zur Göttlichkeit fehlt.«

Abkehr von Bildung und Verstand, sondern eine Weiterentwicklung. Vor diesem Hintergrund kann man das Ende des Dramas als Abschluß einer Entwicklung deuten: Sabine, die sich die Liebesfähigkeit erschlossen hat, lernt über das Vorbild Heinrichs, in dem sie einen ›Heiligen‹ sieht, über ihr Begehren hinauszukommen und ihrerseits mitleidig zu entsagen. Aber auch wenn sie Ritter bewundert, so weist er doch keinen Weg aus der Dekadenz, dieser Weg führt nur über die Reflexion und die wissenschaftliche Bildung. Die Akademikerin wird dabei zur Repräsentantin eines im Kantschen Sinn aufklärerischen Ideals – eines Ideals, das für Isolde aufgrund ihres sozialen Umfelds und ihrer Erziehung nicht erreichbar ist. Als die vollständig erblindete Isolde ihrem Vater vorschlägt,

Du sollst sehen, ich kann noch allerlei lernen. Wenn du mir mal vorlesen wolltest aus gescheiten Büchern – (*etwas zaghaft*) Kant – meinst du? (D 131),

winkt Ritter ab.

Der als resignativ und ›konventionell‹ gedeutete Schluss,[98] so ist abschließend festzuhalten, erhält über die wissenschaftlich gebildete Sabine durchaus eine »emanzipative, utopische Qualität«, und das, obwohl ihre Berufstätigkeit selbst nicht als eigentliches Ziel dargestellt wird.

## 3. Botinnen aus der Fremde: Anna Mahr, Sabine Graef und der Naturalismus

Mit der Studentin in der Funktion eines Katalysators (*Einsame Menschen*) und der Wissenschaftlerin als Modell für Herzensbildung (*Dämmerung*) findet die Figur der Akademikerin im naturalistischen Drama zwei inhaltlich und konzeptionell ganz unterschiedliche Ausprägungen. Dabei zeigt die kontroverse zeitgenössische Rezeption, die für beide Figuren festzustellen war, daß man es mit einem besonderen Fall diskursiver Vernetzung zu tun hat. Die Beurteilung beider Protagonistinnen schreibt sich aus dem Kontext der – mitunter polemischen – Naturalismusrezeption her (Kritik am schwächlichen »Jammermann« als Held, Tadel oder Kompliment hinsichtlich naturalistischer Technik und Inhalte) oder aus dem – ebenfalls heftig umkämpften – Kontext der Frauenbewegung (Kritik oder Lob bezüglich der Gestaltung einer modernen Frau). In den unterschiedlichen Deutungen und Bewertungen von Hauptmanns Anna

---

98 Vgl. Giesing, S. 189 f.; Kord, *Die Gelehrte als Zwitterwesen*, S. 181; Ametsbichler, S. 129.

Mahr und Bernsteins Sabine Graef spiegelt sich die im diskursiven Feld gegen Ende des 19. Jahrhunderts konfliktgeladene Verbindung von Naturalismus und Frauenemanzipation.

Im Umfeld einer im Zeichen des nationalen Aufbruchs stehenden, sich betont männlich stilisierenden Bewegung, gegen die auf der anderen Seite mit dem Vorwurf des Dekadenten, Pathologischen und ›Weibischen‹ polemisiert wurde, war die Bezugnahme auf Emanzipationsbestrebungen von Frauen von Anfang an ambivalent. Bot sich hier zum einen ein Ansatzpunkt für Kritik an sozialen Mißständen, mit der man an eine bereits breit geführte sozialpolitische Debatte anknüpfen konnte, zeigte sich zum anderen, daß die naturalistische Bewegung, die gleichzeitig zum Bezugspunkt für nicht wenige Schriftstellerinnen wurde, doch von einem männlich dominierten Diskurs bestimmt war, der sich nicht selten aus dem herrschenden Geschlechterdiskurs speiste. Aufschlußreich ist der Blick auf die programmatischen Eröffnungen naturalistischer Publikationsorgane.[99] Wo die *Freie Bühne* in ihrem Eröffnungsheft 1890 eine neue Ästhetik der Wahrheit im Pathos der Kriegsmetaphern heraufbeschwört,[100] ist die Einführung im ersten Heft der *Gesellschaft* 1885 von einer Abgrenzungsstrategie gekennzeichnet, die sich ganz offen einer geschlechterstereotypen Metaphorik bedient:

> Unsere »*Gesellschaft*« bezweckt zunächst die Emanzipation der periodischen schöngeistigen Litteratur und Kritik von der Tyrannei der »höheren Töchter« und der »alten Weiber beiderlei Geschlechts«; [...].
> Wir wollen die von der spekulativen Rücksichtnehmerei auf den schöngeistigen Dusel, auf die gefühlvollen Lieblingsthorheiten und moralischen Vorurteile der sogenannten »Familie« (im weibischen Sinne) arg gefährdete Mannhaftigkeit und Tapferkeit im Erkennen, Dichten und Kritisieren wieder zu Ehren bringen.
> Fort, ruft unsere »*Gesellschaft*«, mit der geheiligten Backfisch-Litteratur, mit der angestaunten phrasenseligen Altweiber-Kritik, mit der kastrirten Sozialwissenschaft![101]

---

99 Vgl. dazu: Bänsch, Dieter: *Naturalismus und Frauenbewegung*. In: *Naturalismus. Bürgerliche Dichtung und soziales Engagement*. Hrsg. v. Helmut Scheuer. Stuttgart/Berlin/Köln/Mainz 1974, S. 122-149, hier spez. S. 125-135.

100 Vgl. die Einleitung der Redaktion: *Zum Beginn*, in: *Freie Bühne für modernes Leben* 1 (1890), S. 1 f., hier S. 1.

101 *Zur Einführung*. [Beitrag d. Redaktion.] In: *Die Gesellschaft. Realistische Wochenschrift für Litteratur, Kunst und öffentliches Leben* 1 (1885), S. 1.

Der naturalistische Gegendiskurs wurde über Oppositionsbildungen inszeniert, die ihrerseits auf Elemente des herrschenden Diskurses zurückgriffen.

Als Opfer, und damit im Einklang mit bestehenden Geschlechterstereotypen, ließen sich Frauen in das naturalistische Programm integrieren, weniger leicht allerdings als Akteurinnen. Die Emanzipationsbestrebungen von Frauen richteten sich gegen die – im Streit um die neue Kunst eben auch von Naturalisten aktualisierte – Geschlechterideologie. Entsprechend konstatiert Bänsch in seiner Textüberschau auffallende Brüche in naturalistischen Texten um emanzipierte Protagonistinnen und führt aus:

> Das Schema ist überall zu erkennen: Wo die der Herrschaft entglittenen Frauen auftreten, ist das soziale Alarmsignal mitgegeben; was mit ihnen geschieht, hat auch die Bedeutung von Abstoßungs- oder Reintegrationsmodellen.[102]

Für die Konzeption der Figur der Akademikerin ist zunächst einmal der familiäre Kontext relevant. Tatsächlich hätte sie sich auch als Figur in Unterdrückungsverhältnissen gestalten lassen: nämlich innerhalb des herrschenden Wissenschaftsbetriebs und der Berufswelt. Innerhalb der Familie aber wird sie zur Repräsentantin des Aufbruchs, zu einem Element des Neuartigen und Fremden: Hier übernimmt sie die für das naturalistische Theater konstitutive Rolle des ›Boten aus der Fremde‹. Im Sinne des Gegendiskurses präsentiert das naturalistische Drama die andere Seite der herrschenden Ordnung: gesellschaftliche Mißstände, welche innerhalb der Dramenhandlung nicht überwunden, wohl aber aufgezeigt werden. Der Bote aus der Fremde liefert dabei den entscheidenden Anstoß: Er ist die ›fremde Stimme‹ im System, die ein utopisches Element in die festgefügten Verhältnisse trägt. Bei den naturalistischen Dramen richtet sich dementsprechend der kritische Impuls nicht gegen diese Botschaft von außen, obwohl sie natürlich die tragische Entwicklung auslöst, sondern auf die gesellschaftliche Situation, auf die der Bote trifft. Der Konzeption wurde im allgemeinen auch in der frühen Rezeption Rechnung getragen. So wurden mitunter an Figuren wie Hauptmanns Alfred Loth (*Vor Sonnenaufgang*) oder Moritz Jäger (*Die Weber*) charakterliche Mängel moniert; die Idee, die sie vertreten, blieb jedoch weitgehend von der Kritik ausgeschlossen.

Die Botinnen Anna Mahr und Sabine Graef dagegen wurden durchaus auch als Gegenstand der Kritik wahrgenommen: Die Rezeption der vom

---

102 Bänsch, S. 144.

naturalistischen Drama dargestellten Inhalte als Kehrseite der modernen Gesellschaft führte so noch zur Abwertung der vorgeführten Emanzipationsbestrebungen der Frau. Unterstützt wurde diese Deutung dadurch, daß es sowohl in *Einsame Menschen* als auch in *Dämmerung* um eine Dreiecksbeziehung im privaten Bereich geht. Die gesellschaftliche Problematik wird in das Persönliche der partnerschaftlichen Beziehung im familiären Kontext transponiert: eine Konstellation, die qua constructionem als ›Reintegrationsmodell‹ für die moderne Frau (die nicht umsonst mit dem Attribut der familiären Bindungslosigkeit ausgestattet die Bühne betreten hatte) verstanden werden konnte. Entsprechend wertet eine frühe Forschungsarbeit aus den dreißiger Jahren (Erich Bleichs Dissertation über den Boten aus der Fremde) Anna Mahr und Sabine Graef »als Vertreterinnen des mit Tragik erfüllten ›sozialen‹ Gedankens der Frauenemanzipation«.[103] Darin liege die Botschaft dieser speziellen Botinnen aus der Fremde. Gleichzeitig wird ihre Existenz als sozialer Mißstand interpretiert. So müsse Hauptmanns Anna Mahr trotz der bewiesenen »geistige[n] Auch-Wertigkeit und [...] wissenschaftliche[n] Leistungsfähigkeit [...], die keinesfalls mit äußerlicher oder innerlicher Vermännlichung erkauft worden sind«,[104] schließlich

das Unbefriedigtsein des fraulichen Wesens in dieser rein geistigen Sphäre bekennen. Die volle Erfüllung des Daseins der Frau kann, so sieht sie nach dieser Begegnung mit Dr. Johannes Vockerat, doch nur die Ehe [...] geben.[105]

Und die Ärztin in Bernsteins *Dämmerung* offenbare »[e]ine stille Tragik, die Tragik der von der Ehe ausgeschlossenen berufstätigen Frau«. »Das Fiasko in der Durchführung des sozialen Gedankens der Frauenemanzipation«, so Bleichs vereinheitlichendes Fazit, »wird also zum zweiten Mal evident.«[106] Aufgrund seiner stillschweigenden Prämisse, die kritische Überprüfung richte sich gegen die Emanzipation der Frau, gerät die Deutung zu einer Bestätigung des herrschenden Geschlechterdiskurses. Für Anna Mahr resümiert Bleich: »So erweist sich denn im Ablauf der Handlung, daß der sozial betonte Wesensinhalt dieser Botschaft durch-

---

103 Bleich, Erich Herbert: *Der Bote aus der Fremde als formbedingender Kompositionsfaktor im Drama des deutschen Naturalismus. Ein Beitrag zur Dramaturgie des Naturalismus.* Berlin 1936, S. 43.
104 Ebd., S. 43 f.
105 Ebd., S. 44.
106 Ebd., S. 46.

aus sehr problematisch ist, weil er göttlich bestimmte Gemeinschaftsformen zu zerstören, aufzulösen und zu korrigieren bestrebt ist.« Wie zuvor für Sabine Graef lautet das daran anschließende Fazit:»Am Schluß des Dramas ist der Gedanke der Frauenemanzipation völlig ad absurdum geführt [...].«[107]

Die Betrachtung nivelliert dabei die grundsätzlichen Unterschiede, die in der Bearbeitung der Figur durch Hauptmann und Bernstein liegen, und mißachtet die Konsequenzen bzw. Überschreitungen innerhalb naturalistischer Programmatik. Hauptmanns Anna Mahr ist viel mehr noch, als Bleich dies darstellt, paradigmatischer ›Bote aus der Fremde‹: Sie ist, und das ist das Besondere der Konstruktion in *Einsame Menschen*, Botin ohne Botschaft. Das, wofür sie steht, fällt schließlich durch die verschiedenen Familienmitglieder variabel aus und entfaltet gerade dadurch seine – von innen determinierte – Zerstörungskraft. Die Spannung, die zwischen naturalistischer Orientierung und dem Auftreten der emanzipierten Frau besteht, stellt für Hauptmanns Drama kein Problem dar, weil er gerade nicht an der Studentin als solcher interessiert ist, sondern lediglich an ihrer Wirkung auf das System, in das sie einbricht.

Bei Bernstein geht die Entwicklung der Figur mit der Überschreitung naturalistischer Vorgaben einher, was die zeitgenössische Theaterkritik der Autorin als Unvermögen vorgeworfen hat: Für die moderne Gestalt im Stück, die Ärztin Sabine Graef, würden die Attribute des Modernen im Verlauf der Handlung wieder fallengelassen, der Vererbungsgedanke zwar angesetzt, dann aber doch wieder abgebrochen. Verärgert hatte Fritz Mauthner das Stück als Mißerfolg für die naturalistische Bewegung verbucht:»[D]ieses Schauspiel [ist] kein Werk der modernen Kunst [...], sondern alte, durch und durch sentimentale Poesie, die sich nur sehr geschickt mit den gebrochenen Farben der diesjährigen Mode geschmückt hat.«[108] Demgegenüber, so hat sich in der Interpretation gezeigt, werden diese Bezüge zu einer Kontrastfolie, über die im Stück das innovative Bildungsideal für Frauen entfaltet wird. Erst in der produktiven Enttäuschung der Publikumserwartung gewinnt die Handlung ihre weiterführenden Impulse.

Bei den untersuchten naturalistischen Dramen um Akademikerinnen ergibt sich eine Wechselwirkung zwischen Diskurs und Gegendiskurs, Subversion und Bestätigung der herrschenden Ordnung, die sich zwischen der Anlage der Stücke im sozialgeschichtlichen Kontext und ihrer

107 Ebd., S. 44.
108 Mauthner, S. 432.

zeitgenössischen Rezeption entfaltet. In diesem Spannungsfeld offenbart sich das sozial- und kulturpolitische Potential des Theaters und die besondere Brisanz der untersuchten Konstellation.

Als entscheidende Mechanismen, mit denen das Drama seiner Bedeutung als Repräsentationsort sozialer Auseinandersetzungen gerecht wird, nennt Greenblatt drei »Praktiken«: »Überprüfen, Dokumentieren, Erklären«.[109] In seinen Renaissance-Studien entfaltet er sie als Praktiken der Macht, die sich der Subversion als Mittel zur Festigung bedient: das subversive »Überprüfen« einer These, die für die Ordnung grundlegend ist, das »Dokumentieren« kritischer ›fremder Stimmen‹, um sie auszugrenzen und damit unschädlich zu machen, und das erneute »Erklären« der herrschenden Ordnung, das aufgrund einer Schwäche oder Irritation ebendieser Ordnung notwendig geworden ist.[110]

In naturalistischer Umwertung wird bei Hauptmann und Bernstein die alte Ordnung durch den subversiven Impetus ernsthaft bedroht. Die Stabilisierungsfähigkeit des Systems wird ad absurdum geführt. In *Einsame Menschen* löst die Studentin – als fremde Stimme im System – die bereits im Raum stehende Überprüfung der bestehenden Zustände aus. Die Versuche der Eltern und des Freundes Braun, durch diskursive Strategien (aktivierte Vorurteile gegen die Studentin, Rekurs auf Religion und Familienideologie) und angedrohte Sanktionen (Abreise, göttliche Strafe) den alten Zustand wiederherzustellen, scheitern. Johannes Vockerat, der ›Übergangsmensch‹, steht bereits »auf einem andern Boden« (EM 248): Wenngleich er sich noch nicht zum Neuen durchringen kann, greifen doch die bislang gültigen Muster bei ihm nicht mehr, das »Erklären« der herrschenden Ordnung kann diese nicht mehr stabilisieren.

In der Schlußsituation in *Dämmerung* sieht man zwar den Status quo ante wiederhergestellt, der Eindringling, die moderne Frau, verläßt die Bühne, aber auch hier hat die alte Ordnung irreparablen Schaden genommen: Ihre Vertreter bleiben desillusioniert und in symbolisch bedeutsamer Dunkelheit zurück. Anders als in der üblichen naturalistischen Konzeption des Boten aus der Fremde sieht sich im Verlauf des Stücks Sabine selbst einer Überprüfungssituation ausgesetzt: Was jedoch in eine Bestätigung der herrschenden Ordnung (als ›Reintegration‹) hätte münden können, entwickelt eine zukunftsweisende Komponente, indem sich die Ärztin gerade durch ihre moderne wissenschaftliche Ausbildung zu einer ganzheitlichen Entwicklung fähig erweist. Statt einer polarisie-

---

109 Greenblatt, *Verhandlungen*, S. 57.
110 Vgl. ebd., S. 51-56.

renden Gegenüberstellung von Tradition und Moderne zeigt Sabine den Weg zu einer Synthese.

Die Rezeption durch die zeitgenössische Theaterkritik zeigt nun wiederum, wie die auf der Bühne auftretende Akademikerin zum Anlaß genommen wurde, um die durch studierende Frauen bedrohte Geschlechterordnung zu verhandeln. Während aus den Kreisen der Frauenbewegung Lob, aber auch Enttäuschung über die jeweilige Gestaltung der Figur geäußert wurde, ist auf der anderen Seite eine wirkungsmächtige Abwertung gerade der emanzipatorischen Konzeption der Figur zu konstatieren. Als »Prüfstein der ›Modernität‹ des Bewußtseins«, so hatte Mahal resümiert, habe die Frauenfrage für den Naturalismus fungiert. Am Beispiel der Akademikerinnen zeigt sich, wie sehr sich das auf die naturalistische Programmatik selbst beziehen läßt und auf die zeitgenössische Rezeption.

# Fremde Stimmen:
## Studentinnen in der Literatur der Jahrhundertwende

Der Typus der gelehrten Frau, so Silvia Bovenschens Fazit für das 18. Jahrhundert,

> eignet sich wenig zur Ästhetisierung, d.h. das Prinzip der weiblichen Gelehrsamkeit und die gelehrten Frauen haben die Phantasien nicht sonderlich beschäftigt.

Während der »Typus der empfindsamen Frau […] eher literaturfähig, ergiebiger als Präsentationsfigur« gewesen sei, habe die Gelehrte ihren »verhältnismäßig sicheren Platz am Rande einer frühaufklärerischen Regel- und Anweisungspoetik« gefunden.[1] Lediglich im »Reich der Satire«, so Alexander Košenina, »wird den Frauen lange vor der erhofften Gleichstellung in der Wirklichkeit ein Gleichmaß an Gelehrtenspott zuteil«.[2]

Die Situation um 1900 präsentierte sich anders. Auch zu dieser Zeit nahm sich das komische Fach, Satire und Lustspiel, der Figur der Akademikerin in prominenter Weise an, darüber hinaus aber avancierte sie zum ernstzunehmenden Gegenstand: Die literarische Produktion der Zeit beschäftigte sich mit der studierenden Frau in vielfältiger und kontroverser Ausprägung. Ob als Revisorin der Gesellschaftsordnung (*Die Libertad, Wir Frauen haben kein Vaterland, Arbeit*) oder als Bewahrerin deutscher Kultur (*Auf Vorposten*), als Frau, die »menschliche Mannigfaltigkeit« verkörpert (*Fenitschka*), als aufgeklärter Mensch, der zu einer vollkommenen Liebe fähig ist (*Dämmerung*), oder als ›degeneriertes Zivilisationsprodukt‹, nämlich als Frauenrechtlerin, die ihr Kind abtreibt (*Montsalvasch*): Die Studentin hat die poetische Phantasie um 1900 in besonderer Weise angeregt, über sie werden virulente zeitgenössische Diskurse aktiviert und für innovative, aber auch konservative Entwürfe genutzt.

Damit diente der Literatur als produktiver Spielraum, was sich sozialgeschichtlich als Skandalon erwies: Mit dem Kampf um Zulassung zum Hochschulstudium begehrte die Frau, die strukturell von einer Mitsprache ausgeschlossen war, schließlich ausgerechnet in die Institution Einlaß, die für die Herausbildung des gültigen Wissens maßgeblich war.

---

1  Bovenschen, S. 80.
2  Košenina, S. 95.

›Fremde Stimmen‹ (Greenblatt) im Innern des Systems? Von einer an-
stehenden »Revolution in Permanenz« hatte Jacob Caro gesprochen. Die
etablierte Ideologie sah sich mit einer neuen Situation konfrontiert, die
sie in Frage zu stellen drohte und zu Reaktionen herausforderte. Die Literatur, das ist Ergebnis der Textanalysen, geht weit über Positionsnahmen
innerhalb der publizistischen Debatte hinaus. Statt Produkt einer zunehmenden Festschreibung zu sein, ein »Typus« wie die gelehrte Frau in der
Literatur des 18. Jahrhunderts, wird die Universitätsstudentin zum Ausgangspunkt einer grundsätzlichen Dynamisierung des diskursiven Feldes
der Zeit. Anstelle einer einseitigen ›Überprüfung‹ der studierenden Frau
hinsichtlich ihrer wissenschaftlichen Leistungsfähigkeit und ihrer Weiblichkeit geraten mit der Studentin als handelnder Person die damit ver-
knüpften Bezugssysteme in den Blick.

Das subversive Potential, das sich dabei offenbart, wirft gleichzeitig ein
Licht auf die literarhistorische Situation der Jahrhundertwende. Greenblatts Kategorien von Subversion und Ordnung, die dieser im Rahmen
seiner Beschäftigung mit der Renaissance entwickelt hat, müssen hier in
ein anderes Verhältnis gesetzt werden. Hatte Greenblatt die subversiven
Elemente als Strategien innerhalb eines Machtdiskurses dargestellt, ist
die eindeutige Ausrichtung anläßlich der hier untersuchten Texte um
1900 zu revidieren. Die Analyse hat gezeigt, daß die ›fremden Stimmen‹
der Studentinnen zwar durchaus dazu genutzt werden, die herrschende
Ordnung zu festigen (so – in unterschiedlicher Vorgehensweise – bei
Mensch und bei Kolbenheyer). Gleichzeitig aber bringen sie das labil
gewordene alte System zum Zusammenbruch (*Einsame Menschen*), for-
miert sich über sie eine aktive Kritik an bestehenden Zuständen (*Die
Libertad, Wir Frauen haben kein Vaterland, Arbeit*) und an der gängigen
bürgerlichen Vorstellung einer Bildung für Mädchen und Frauen (*Dämmerung*) oder entfaltet sich eine subversive Energie, die einer eindimensionalen männlichen Gesellschaft ein weiblich codiertes Ganzheitlichkeitsideal gegenüberstellt (*Fenitschka*). »Ich habe mich bisweilen so ausgedrückt«, resümiert Greenblatt seinen Ansatz,

als ob Kunst immer die vorherrschenden Überzeugungen und Gesell-
schaftsstrukturen ihrer Kultur bestärke, als sei Kultur immer har-
monisch und nicht wechselhaft und konfliktgeschüttelt und als gebe
es notwendigerweise ein affirmatives wechselseitiges Verhältnis von
künstlerischer Produktion und den anderen Arten von Produktion
und Reproduktion, die eine Gesellschaft ausmachen. Eine solch einfache und bequeme Verbindung gibt es gewiß manchmal, doch ist das
keinesfalls notwendigerweise so. Die Fähigkeit der Künstler zu neu-

artiger Montage und Gestaltung der Kräfte ihrer Kultur, wodurch Elemente machtvoll interagieren, die im allgemeinen Haushalt kaum miteinander in Kontakt treten, hat die Kraft zur Erschütterung dieses affirmativen Verhältnisses.[3]

In der Inszenierung des zeitgeschichtlich aktuellen Sujets des Frauenstudiums in der Literatur um 1900 entsteht eine Spannung zwischen Subversion und Ordnung, die deutlich macht, daß sich die Umbruchszeit, als die sich die Jahrhundertwende in sozial- und geistesgeschichtlicher Hinsicht darstellt, in der literarischen Produktion widerspiegelt. Über die Studentin werden dabei verschiedene Diskurse verhandelt, »interagieren« »Elemente«, die vorher »kaum miteinander in Kontakt« traten. Dazu prädestiniert ist die Figur, weil sich in ihr zwei Bereiche treffen, die im herrschenden Geschlechterdiskurs als unvereinbar galten: Weiblichkeit und Wissenschaft. An dieser Stelle ist es geboten, die untersuchten Texte im Hinblick auf das Verhältnis von Weiblichkeit und Wissenschaft Revue passieren zu lassen. Auf diese Weise läßt sich ein Überblick über das diskursive Spektrum der literarischen Entfaltungen gewinnen und nach der spezifischen Funktion der Literatur für die Diskursformierung fragen.

Mit der Figur der Studentin vollzog sich um 1900 ein Paradigmenwechsel, bei dem die bislang dominierende Entgegensetzung von Wissenschaft und Leben sowie von Wissenschaft und Weiblichkeit in grundlegender Weise in Bewegung geriet. In dem – zunächst für beide Geschlechter gültigen – Bild, das sich im 18. Jahrhundert herauskristallisierte, wurde Gelehrsamkeit mit Lebensfremdheit und Askese assoziiert.[4] Košeninas Untersuchung der Gelehrtensatire belegt die Dominanz dieses kulturellen Deutungsmusters und die Ausprägung eines relativ festen Repertoires: Einen beliebten Ausgangspunkt der Satire bildete die Unfähigkeit des oder der Gelehrten, das alltägliche Leben zu meistern und speziell sich in eine Ehe hineinzufinden. Im Fall der weiblichen Gelehrten wurde zudem die Vernachlässigung der Haushaltsführung zum Topos.[5] Im Zuge der Empfindsamkeit wandelte sich das Bild, indem nun der Frau weniger die Rolle der Gelehrten als vielmehr die der lebensklugen Partnerin an der Seite des lebensuntüchtigen männlichen Gelehrten zugeschrieben wurde. Im Vergleich zum frühaufklärerischen Modell der Gelehrsamkeit gestaltete sich das der Empfindsamkeit zunehmend geschlechterdifferent:

3  Greenblatt, *Kultur*, S. 57.
4  Vgl. daneben den frühaufklärerischen positiven Entwurf der Läuterung zu Vernunft und Tugend durch Gelehrsamkeit (Bovenschen, S. 81 f.).
5  Košenina, S. 95.

Das Weibliche wurde nicht mehr analog, sondern supplementär zum Männlichen begriffen. War die Gelehrte gleichsam ein kleinformatiger Gelehrter, so sollte die Frau nun keineswegs dem empfindsamen Mann eine gleichartige oder gar gleichrangige Gefährtin sein.[6]

Gegenüber dem Rückzug von der Wissenschaft zugunsten einer Hinwendung zum Leben wurde mit der Studentin in der Literatur der Jahrhundertwende der umgekehrte Weg beschritten: Die Frau, die innerhalb des Geschlechterdiskurses im 19. Jahrhundert zunehmend aus der geistigen Sphäre ausgeschlossen und auf die Bereiche von Gefühl und Leben festgelegt wurde, wurde nun über ihr Studium zum Auslöser, den Wissenschaftsbetrieb mit der Frage nach dem Lebensbezug zu konfrontieren. Das Leben wurde zum Faktor der Wissenschafts- und Gesellschaftskritik. Die Konstellation bürgte gerade um 1900, als mit dem Begriff des ›Lebens‹ verschiedene Diskurse verschaltet wurden, für die kulturgeschichtliche Aktualität der Figur.

Besonders prononciert wird die Wissenschaftskritik in den dieser Untersuchung zugrunde liegenden Erzähltexten angebracht. Die programmatisch ausgerichteten Erzähltexte von Studentinnen der ersten Generation, deren Handlung sich von der konkreten Lebenssituation der Akademikerin aus entfaltet, halten dem herrschenden Wissenschaftsbetrieb und der wissenschaftlichen Lehrmeinung die Praxis des Lebens als authentische weibliche Lebenserfahrung entgegen. Auf der Folie der festen Genre-Erwartungen des Studentenromans entwickeln diese Texte durch die Darstellung der ganz anderen Erfahrungen der Studentinnen ihr subversives Potential: Hier wird keine nostalgische Studentenidylle entworfen, sondern ein kritischer fremder Blick auf die bestehenden gesellschaftlichen Zustände gerichtet.

Der Lebensanspruch, den Käthe Schirmacher 1895 in der *Neuen Deutschen Rundschau* für die »Züricher Studentinnen« formuliert hat, wird dabei zum poetischen Programm. Für Studentinnen, so Schirmacher, bilde das eigene fachliche Vorankommen nur einen Teil ihrer Studien,

von Eifer [zu] glühen, das alles zu bewältigen, was man ihnen als Frauen bisher vorenthalten hat und in Allem zu thun, »was Männer thun«. […] Nur muss es nicht das dauernde Ideal bleiben »zu thun, was Männer thun«, sondern im Gegentheil, die studirende Frau soll auch *sich* studiren […], sie soll mit ihrer grösseren Frische an das überlieferte System der herkömmlichen Studien herantreten und sich klar machen,

6  Bovenschen, S. 163.

was davon überlebt [...] ist. »Kritik üben lernen« das ist die zweite Aufgabe der Studentin. Endlich ihre dritte Aufgabe ist, »das Leben kennen zu lernen« [...]. Denn die Frauen, die wir brauchen, dürfen nicht allein Buchwissen haben, sondern wichtiger ist Erfahrungswissen [...]; jede Einseitigkeit rächt sich da schwer, und wer z.b. den Mann aus der Frauenfrage streichen, wer die Arbeiterfrage unberücksichtigt lassen, wer die politischen Consequenzen übersehen will, der wird stets nur viertel und halbe Schritte thun. Wir aber brauchen heute etwas Ganzes.[7]

In *Die Libertad*, *Wir Frauen haben kein Vaterland*, *Arbeit* und *Auf Vorposten*, den sogenannten ›Studentinnenromanen‹, werden Frauen aufgrund ihres »Erfahrungswissen[s]« selbst zu Analysierenden, durch ihr Studium haben sie eine Stimme erworben, mit der sie sich nun im Medium der Literatur zu Wort melden. In Abhängigkeit vom Studienfach der Protagonistinnen wird jeweils ein anderes Feld zum Angelpunkt einer Kritik, die von Frauen ausgeht und auf Grundsätzliches zielt: Die Juristinnen Charlotte (*Die Libertad*) und Lilie (*Wir Frauen haben kein Vaterland*) beklagen die Ungerechtigkeit des Rechtssystems, die Medizinerin Josefine (*Arbeit*) das Mißverhältnis zwischen dem gesellschaftlich produzierten Leiden der Menschen und einem gesellschaftsstabilisierenden Gesundheitswesen, die Philologinnen wiederum fordern entweder den Beitrag der Literatur zur sozialen Analyse (Phil, *Die Libertad*) oder die Besinnung auf deutsche Kultur gegen einen modernen Zeitgeist (Fanny, *Auf Vorposten*).

Die veränderte, auf aktive Teilhabe am Diskurs zielende Perspektive findet ihre prägnanteste Ausprägung im Umgang mit dem Themenkomplex Freie Liebe und Prostitution, dessen – aus heutiger Sicht zunächst befremdlich anmutende – wiederholte Aufnahme in den Texten über Studentinnen sich aus dem Geschlechterdiskurs um 1900 herschreibt. Der kontrastive Vergleich zeigt dabei die erzähltechnische Besonderheit: Prostitution war, wie Eva Borst nachgewiesen hat, in der Literatur des 19. Jahrhunderts insgesamt bereits zu einem wichtigen Sujet avanciert, dessen sich zunehmend auch Schriftstellerinnen in gesellschaftskritischer Absicht annahmen.[8] Diese Kritik aber wird in der Regel implizit ausgetragen, indem die psychische und physische Zerstörung der Heldin vorgeführt wird. Die Darstellung der Zustände soll – eventuell unterstützt

---

7 Schirmacher, *Züricher Studentinnen*, S. 823 f.
8 Borst, S. 17.

durch Metakommentare eines auktorialen Erzählers – den Widerspruch beim Lesepublikum hervorrufen. Damit aber bleibt die Frau in ihrer Rolle als passives Opfer gefangen. Kommt die Prostitution hingegen vermittelt über die studierende Protagonistin in den Blick, geht dies mit einem offensiveren Gestus einher: Die Studentinnen bei Schirmacher, Frapan und – im Sinne des herrschenden Sittlichkeitsdiskurses – bei Mensch beziehen selbst Stellung. In den Erzähltexten von Schirmacher und Frapan erfährt das Thema eine weitere Akzentverschiebung, indem es nicht in bezug auf agierende Personen (wie etwa die Nebenfigur der Linda in *Auf Vorposten*) verhandelt wird, sondern als Gesprächsthema unter Studentinnen: Als Symptom einer geschlechterhierarchischen und ausbeuterischen Gesellschaft analysiert, nimmt das Thema dabei jeweils eine Schlüsselstelle für den kritischen Blick auf die Gesellschaft ein.

Die kritische Bestandsaufnahme, die von der studierenden Heldin angegangen wird, kann – und darin zeigt sich das Besondere der Figur – sowohl auf Subversion (Schirmacher, Frapan) als auch auf Festigung der herrschenden Gesellschaftsordnung (Mensch) zielen. Die spannungsreiche Konstellation beschränkt sich dabei nicht auf den Vergleich der Texte, sie hat sich in der Textanalyse noch im einzelnen Text aufspüren lassen. In besonderer Weise gilt dies für Ilse Frapans *Arbeit*, da die Ordnung dadurch unterminiert wird, daß die Heldin im Versuch der Übernahme der männlichen Rolle scheitert, vom Resultat her also die Postulate des Geschlechterdiskurses bestätigt: Wissenschaft und Beruf sind nichts für die Frau. Da als Grund ihres ›Scheiterns‹ aber ihre im Vergleich zu den Männern größere moralische Integrität dargelegt wird, kehrt sich das Ergebnis gegen die Geschlechterordnung und den herrschenden Wissenschaftsbetrieb und öffnet den Blick für eine sozialistische Utopie.

Gegenüber den sozialpolitisch zu situierenden Texten von Schirmacher, Mensch und Frapan erschließen sich die Erzähltexte von Lou Andreas-Salomé und Erwin Guido Kolbenheyer erst im Kontext des philosophisch-weltanschaulichen Diskurses der Zeit. Gegen die verbreitete Annahme, Lou Andreas-Salomés Weiblichkeitskonzept sei in seiner ›Konventionalität‹ unvereinbar mit den ›progressiven‹ Haltungen, die ihre literarischen Heldinnen vertreten, sind dabei andere Zusammenhänge sichtbar geworden. Fenias Studium und ihren Wunsch, berufstätig zu sein, nur im Sinne der Emanzipation und Selbständigkeit zu lesen verkennt die lebensphilosophische Substanz des Textes, die sich im Zusammenhang mit Andreas-Salomés Geschlechtertheorie und ihrer Auseinandersetzung mit Nietzsche eröffnet. Die vergleichende Perspektive hat ergeben, daß nicht nur Theorie und Erzählung sehr wohl miteinander in Verbindung gebracht werden können, sondern auch, daß das

Geschlechtermodell der Autorin in seinen geistesgeschichtlichen Bezügen auf der Höhe seiner Zeit war: eine Emphase des ganzheitlichen Lebens und Kulturkritik Nietzschescher Prägung werden bei Andreas-Salomé über die Geschlechterdifferenz verhandelt. Das Ergebnis ist eine doppelte Provokation: Nietzsches Ideen werden (mit romantischen Ganzheitlichkeitsvorstellungen angereichert) ins Weibliche transponiert, womit das Ideal über die Frau, nicht den Mann formuliert wird, und als Verkörperung einer idealen Weiblichkeit und damit Menschlichkeit wird ausgerechnet eine Studentin präsentiert.

Kolbenheyers Konstruktion operiert gerade umgekehrt. In seinem biologistischen Konzept hat die Frau ihre Aufgabe in der Familie, speziell in der Mutterschaft. Hierüber definiere sich ›wahre‹ Weiblichkeit, die studierende Frau entfremde sich von ihrer ›natürlichen‹ Rolle und werde damit zum Symptom für die Krise der zeitgenössischen Gesellschaft. Wo bei Andreas-Salomé über die studierende Frau implizit die Hoffnung auf eine lebensbezogene Erneuerung der Kultur aufscheint, repräsentiert sie bei Kolbenheyer die Auswüchse einer dekadent gewordenen modernen Zivilisation. Durch Marthas fortgesetzten Verrat an der Natur, der in der Abtreibung ihres Kindes gipfelt, bestätigt sie die von Ulrich und dem kommentierenden Erzähler präsentierte Weltanschauung. Der Erfolg der Frau im Wissenschaftsbetrieb, von dem sich der männliche Protagonist in seinen Studien der Philosophie bewußt fernhält, markiert dabei auch den Niedergang der Wissenschaften. Kolbenheyers schablonenhafte Konstruktion hat System; am Gegensatz zwischen dem Studenten und seiner Studienkollegin entwirft der Autor Grundzüge seiner kulturpessimistischen biologistischen Ideologie.

Im Zuge der wechselseitigen Irritation von Wissenschaft und Weiblichkeit wird mit der Studentin gleichzeitig die um 1900 viel diskutierte Frage nach dem ›Geschlechtscharakter‹ der Frau neu akzentuiert. Hatte Bovenschen für das 18. Jahrhundert noch festgestellt, daß die »Gelehrte […] zum Kulturtypus [wurde], jedoch nicht zu einer Repräsentationsfigur des Weiblichen in der Literatur«, wird die Studentin in der Literatur der Jahrhundertwende zum Anlaß, Weiblichkeit neu und anders zu diskutieren. Die den Geschlechterdiskurs der Zeit dominierende Frage nach dem ›Wesen des Weibes‹ wird von einem spezifischen Blickwinkel aus neu gestellt: Sie wird zu einer Frage nach der Einordnung einer aus dem Rahmen fallenden Figur in bereits vorliegende Weiblichkeitsmuster. Dabei richtet sich die Betrachtung nicht immer nur auf die Studentin, sondern unterzieht auch diese Muster einer kritischen Revision.

An die literarische Thematisierung der Studentin knüpft sich ein differenzierteres Spektrum der Geschlechterdiskussion, als das Stereotyp der vermeintlich ›unweiblichen‹ Akademikerin zunächst erwarten läßt.[9] Zwar findet sich auch das Klischee des ›Blaustrumpfs‹, die burschikose und unattraktive, als asexuell, zwitterhaft oder maskulin dargestellte Wissenschaftlerin, die im Bereich der Satire immer wieder Gegenstand des Spotts ist,[10] in einigen (vor allem den späteren) Erzähltexten: Die Frauenrechtlerin Franziska Norbert in *Auf Vorposten*, die Mathematikerin Helene Begas in *Arbeit* sowie die Ärztin Dr. Josefine Braad in *Montsalvasch*, die bei Martha die Abtreibung durchführt, und auch die Lesbierin Dr. Fuhrberger in Andreas-Salomés *Zurück ans All* sind diesem Typus entsprechend gestaltet. Als Roman*heldin* ist diese Figur aber anscheinend indiskutabel. Häufig dient sie als negative Folie, von der sich die studierende Protagonistin hinsichtlich ihrer Weiblichkeit positiv abheben kann (so bei Mensch, Frapan und Kolbenheyer).

Wird nicht von vornherein jeder Zweifel daran, daß die Heldin ›ganz weiblich‹ ist, ausgeräumt (in den programmatischen Erzähltexten, auch in Hauptmanns *Einsame Menschen*), so wird die Frage nach ihrer Weiblichkeit zu einer Leitfrage der Handlung. Wie brisant die Diskussion weiblicher Rollenmodelle über die Figur der Akademikerin um 1900 ist, zeigt sich in den literarischen Konstruktionen, die von Bernsteins Konzeption einer wissenschaftlichen Ausbildung als Grundlage einer ›wahren‹ weiblichen Herzensbildung bis hin zu Kolbenheyers Darstellung einer Studentin, die sich immer mehr von ihrer eigenen ›Natur‹ und ihrem ›deutschen Gemüt‹ entfremdet, reichen. Die Studentin wird dabei zum Testfall für die Weiblichkeitsbilder, die um die Jahrhundertwende dominant sind: die Ehefrau (so in *Arbeit* und in *Fenitschka*), die Mutter (in *Arbeit* und in *Montsalvasch*), die Femme fatale (in *Fenitschka*) und die ›gefallene Frau‹ (als Thema in *Die Libertad*, *Auf Vorposten*, *Wir Frauen haben kein Vaterland* und *Arbeit* sowie im Zusammenhang mit sinnlicher Liebe auch in *Fenitschka* und *Dämmerung*).

Häufig wird die Frage nach der Weiblichkeit der Akademikerin sogar anschaulich als Frage inszeniert. Der dramaturgisch wirkungsvollen Entfaltung der Fragestellung im Drama, etwa im Fall der Ärztin in *Dämmerung*, korrespondiert eine ›analysierende‹ Gestaltung in den Erzähltexten:

9 Zum Stereotyp der entsexualisierten oder gar ›vermännlichten‹ Gelehrten vgl. Kord, *Die Gelehrte als Zwitterwesen*, S. 167: In den stereotypen Darstellungen stehe »das tote bzw. tödliche Buchwissen in prinzipielle[m] Widerspruch zur lebensspendenden Funktion des weiblichen Körpers«.

10 Vgl. z.B. Brinkmanns *Das Corps »Schlamponia«* oder Conrad/Willfrieds Lustspiel *Die Emanzipirten*. Auch Hans Dittrich, die Titelheldin aus Walther/Steins *Fräulein Doktor*, wird zunächst so dargestellt.

Die studierende Frau wird vorgeführt als ein zu erforschendes Objekt, der Analysierende ist eine männliche Person auf der Figurenebene: in *Montsalvasch* der Studienkollege Ulrich Bihander, in *Fenitschka* der Psychologe Max Werner.[11] Dabei aber wird die ›Analyse‹ mitunter unversehens selbst zum Gegenstand, Lou Andreas-Salomés *Fenitschka* führt die Demontage der Kategorien vor: Mit der Studentin Fenia, die Max nicht einzuordnen vermag, geraten die Ordnungssysteme, auf die er sich bezieht, selbst in Auflösung. Hierin liegt die Eignung der Figur für die Entfaltung einer Weiblichkeitsvorstellung, die an sich gar nicht auf Wissenschaft und Berufstätigkeit ausgerichtet ist. In einem subtilen Spiel von Konstruktion und Destruktion der Erwartungen, an denen die Lesenden über die Perspektivfigur Max Werner teilhaben, wird eine Vorstellung von Weiblichkeit entfaltet, deren Ganzheitlichkeitsideal nicht in den engen Rahmen gesellschaftlicher Normen oder stereotyper Bilder paßt, sondern sich erst in der individuellen, intensiven Auseinandersetzung erschließt.

Über den engeren Zusammenhang des Frauenstudiums hinaus ist eine von der Figur ausgehende grundlegende Irritation zu konstatieren, die in der Literatur für die Verhandlung anderer Diskurse produktiv gemacht wird. Die Literatur erweist sich hier in der Tat als ›Interdiskurs‹ (Link), also als Diskurs, der unterschiedliche Diskurse bündelt. Die Studentin als literarische Figur fungiert als Schnittstelle, an der die Relationierung der Diskurse sichtbar wird. Dies führt dazu, daß selbst in Texten, in denen es gar nicht primär um das Frauenstudium geht, das Potential der Figur als Irritationselement, Ferment oder Katalysator genutzt werden kann: in *Fenitschka* als Ausgangssituation für das Thema Weiblichkeit, in *Dämmerung* im Kontext weiblicher Herzensbildung als deutlicher Gegenpol zur bürgerlichen Töchtererziehung. In Hauptmanns *Einsame Menschen* schließlich wird die Irritation, die mit der studierenden Frau verbunden ist, für innerliterarische Zwecke eingesetzt. Anna Mahrs Studium wird zum Auslöser verschiedener Projektionen der einzelnen Mitglieder der Familie Vockerat. Als Repräsentantin eines weiblichen Lebensentwurfs, der noch zu neu ist, um mit eindeutigen Vorstellungen verbunden zu sein, ruft sie – je nach Disposition ihres Gegenübers – bei diesem unterschiedliche Assoziationen hervor. Diese Uneindeutigkeit der

---

11 Der analysierende Gestus kann aber auch – abstrakt – auf der Erzählebene realisiert werden: Wolzogens Roman *Das dritte Geschlecht* (Berlin 1899) ist geradezu als Versuchsanordnung zu verstehen, bei der verschiedene Frauentypen mit dem Phänomen Ehe konfrontiert werden.

Zuschreibungen, die bereits in den zeitgenössischen Rezensionen und noch in der neueren Forschung Unbehagen ausgelöst hat, erweist sich als zentrale Bedingung der Handlung. Indem die handelnden Personen ihre Konflikte auf die Studentin Anna projizieren, werden sie manifest und verstärken sich, bis sie zur Katastrophe führen. Dabei entspricht es dem naturalistischen Konzept, daß der dramatische Konflikt seine eigentliche Ursache in der Familie selbst hat; der Eindringling von außen, hier die fremde Studentin, wirkt dabei lediglich als Katalysator. Hauptmanns Stück zeigt, wie sich gerade aufgrund dieser funktionalen Einbettung die Figur literarisch produktiv im Text auswirkt.

Die Studentin, so ist zu resümieren, ist nicht irgendeine literarische Gestalt, sondern eine, die ihr besonderes Potential im aktuellen Zeitbezug entfaltet: In dieser Figur überlagern sich die um 1900 virulenten Diskurse um Geschlechterdifferenz, Sittlichkeit, Wissenschaft und Leben. Die diskursanalytische Perspektive hat dabei ermöglicht, für das Sujet des Frauenstudiums ein Wechselverhältnis zwischen Literatur und Diskurs nachzuweisen, das weit über eine Widerspiegelung sozialgeschichtlicher Phänomene hinausgeht.

Vor diesem Hintergrund kann abschließend die Frage gestellt werden, welche Funktion der Literatur für den Diskurs um das Frauenstudium zukommt. Hier hat sich gezeigt, daß die literarische Gestaltung der studierenden Frau natürlich zunächst zum Indikator konkreter sozialpolitischer Auseinandersetzungen wird. Mit den ›programmatischen‹ Erzähltexten von Schirmacher, Frapan und Mensch und auch, wenngleich in ganz anderer Funktionalisierung für einen übergeordneten Kontext, mit Kolbenheyers *Montsalvasch* wird deutlich, in welchem Maße Literatur zum »Schaupl[atz] institutioneller und ideologischer Kämpfe« (Greenblatt) wird. Das Spektrum umkämpfter Positionen ist dabei differenziert. Die Texte zielen teils auf Subversion, indem über die Außenseiterinnen Kritik eingebracht wird (bei Schirmacher und Frapan), teils auf Stabilisierung der bestehenden Ordnung: sei es über eine Studentin, die sich nicht nur als Sprachrohr, sondern als zentralen konservierenden Bestandteil des Systems inszeniert (bei Mensch), sei es über eine, deren Verhalten die von ihr vertretenen ›modernen‹ Positionen untergräbt (bei Kolbenheyer). Die sozialpolitische Aussage steht in den Erzähltexten von Schirmacher, Frapan, Mensch und (in weltanschaulich-ideologischer Aussageabsicht) bei Kolbenheyer im Vordergrund, wobei, wie Kolbenheyer auch selbst thematisiert hat, das Medium der Literatur die Darstellungsmöglichkeiten erweitert. Ella Mensch und vor allem Käthe Schirmacher waren ansonsten eher im publizistischen Bereich aktiv, nutzten nun aber die Erzählprosa, um ihre programmatische Position narrativ zu entfalten und das wissenschaftliche Studium der Frau am Beispiel handelnder und reflektierender Figuren lebensweltlich zu konkretisieren.

Die Positionskämpfe um die sozialgeschichtlichen Transformationsprozesse spiegeln sich in der Literatur nicht nur in der Bandbreite der politischen Positionen wider: Die mit Greenblatt akzentuierte Analyse hat erkennbar werden lassen, daß mit dem Transfer des Themas Frauenstudium in die Literatur weitreichende diskursive Prozesse ausgelöst werden. Selbst scheinbar klare Positionsnahmen im sozialpolitischen Spektrum, wie sie den ›programmatischen‹ Erzähltexten von Schirmacher, Frapan und Mensch zugrunde liegen, weisen inhaltliche Ambivalenzen auf, die sich der Kontrolle durch den herrschenden Diskurs zu entziehen scheinen und Ausdruck eines subtilen Wechselverhältnisses zwischen Subversion und Bestätigung der Ordnung sind. Was bei Kolbenheyer aufgrund der ideologischen Konstruktion, bei der die Literatur als Illustrationsmittel funktionalisiert wird, bruchlos aufgeht und gerade darin seine literarische Schwäche offenbart, zeigt sich in den anderen Texten mehrdimensionaler. Einerseits erscheint die studierende Frau durch die Literarisierung des Stoffes nicht mehr ausschließlich als Objekt theoretischer Erörterungen und Zuschreibungen, sondern wird als handelnde Person in lebensnahen Alltagssituationen entworfen, andererseits reflektieren und problematisieren die Texte diese Entwürfe und verleihen somit dem Diskurs eine im wissenschaftlichen (ebenso wie im alltagssprachlichen) Diskurs nicht gleichermaßen zu erzeugende Tiefendimension.

Es zeigt sich die besondere Eignung der Literatur als Verhandlungsort diskursiver Positionen, obwohl – und gerade weil – im 19. Jahrhundert die Wissenschaften zur zentralen Deutungsmacht aufgestiegen sind. In Analogie zur inhaltlich ausgetragenen Wissenschaftskritik bietet das literarische Schreiben eine Gegenstrategie zum wissenschaftlichen Diskurs, die im Schreiben der Autorinnen Schirmacher, Mensch und Frapan zum explizit oder implizit thematisierten poetologischen Programm wird: Der Anspruch des Lebens wird im Medium der Literatur gegen die Wissenschaft stark gemacht. Was die Erzählungen der Protagonistinnen auf der Figurenebene vorführen (auch in *Wir Frauen haben kein Vaterland*), wird bei Schirmacher und Mensch mit ›Authentizitätsbelegen‹ auf der Autorenebene (Markierung der Zeitzeugenschaft) flankiert oder in Frapans *Wir Frauen haben kein Vaterland* durch die gewählte Form des fiktiven Tagebuchs unterstützt: ›Authentisch‹ soll erzählt werden, am ›wirklichen‹ Leben orientiert. Nicht das zu tun, »was Männer thun« (Schirmacher), wird im bewußt persönlichen Erzählen der Schriftstellerinnen Schirmacher, Mensch und Frapan zum Anspruch im Schreiben. Literatur eröffnet die Möglichkeit mitzureden.

Die spezifischen literarischen Mittel nutzend, kann der literarische Diskurs auf diese Weise auch am Prozeß der diskursiven Transformationen teilhaben und (als Faktor) am Diskurs um das Wesen der Frau und um das Verhältnis von Wissenschaft und Weiblichkeit mitwirken. Besonders deutlich wird dies an Lou Andreas-Salomés *Fenitschka*, einem Text, der durch gekonnten Umgang mit den narrativen Gestaltungsmitteln und erzähltechnische Raffinesse die literarischen Subversions- und Reflexionsmöglichkeiten zu nutzen versteht: Hier wird die Kontrastierung von Wissenschaft und Leben literarisch inszeniert, um die Dominanz des männlichen Herrschaftsdiskurses zu reflektieren und zu brechen. Max Werner, der Repräsentant des wissenschaftlichen Diskurses, scheitert mit seinen vermeintlich wissenschaftlich verbürgten Kategorien an der Frau im wirklichen Leben. Das literarische Schreiben, so scheint es, wird der Darstellung des Lebens in seiner »widerspruchsvollen Mannigfaltigkeit« (F 14) gerechter. In der Wahl des Mediums spiegelt sich wider, was die Untersuchung für die inhaltliche Entfaltung der Weiblichkeitsvorstellungen ergeben hat: Das Verhältnis von herrschendem Diskurs und Gegendiskurs kehrt sich um, in souveräner Selbstverständlichkeit erweist sich das ›Weibliche‹ dem ›Männlichen‹, das literarische Sprechen dem wissenschaftlichen überlegen.

Im Anschluß an die Analyse der Gestaltung der Studentin in der Literatur der Jahrhundertwende stellt sich die Frage nach dem Fortgang der Entwicklung: In welcher Weise blieb in den Jahren der Weimarer Republik und darüber hinaus die Verhältnisbestimmung von Weiblichkeit und Wissenschaft virulent und für die Literatur attraktiv? Hier sei nur soviel angedeutet: Nach Ende des Ersten Weltkrieges, als das öffentliche Interesse an dem Thema wieder erwachte, gehörten Frauen überall im Deutschen Reich zum universitären Alltag. Der Kampf um die prinzipielle Zulassung von Frauen zum wissenschaftlichen Studium war beendet, die Situation während des Krieges, in der die Frauen – aufgrund des Kriegseinsatzes vieler Studenten – durchschnittlich ein Drittel der gesamten Studierendenschaft ausmachten,[12] hatte ein übriges geleistet, um die Gesellschaft mit weiblichen Studierenden vertraut zu machen. Das Frauenstudium, das Thomas Mann 1904 noch polemisch als Absonderlichkeit »streitbare[r] Frauenzimmer der Neuzeit« bezeichnet hatte, die meinten, auf diese Weise »den Gipfel der Modernität erklommen« zu

---

12 Der offizielle Anteil der Frauen lag bei 9 %, war aber aufgrund der Abwesenheit vieler eingeschriebener männlicher Kommilitonen »reine Fiktion« (Huerkamp, S. 76).

haben,[13] war zum Faktum in der Hochschullandschaft geworden. Dennoch traten weiter, nun aber in weniger politisch-programmatischer Ausrichtung, Akademikerinnen in der Literatur auf. In der Erzählliteratur der Weimarer Republik findet man im Vergleich zur Situation um 1900 zumeist einen anderen Typ von Studentin. In der Regel handelt es sich um Versuche, im Verlauf der Handlung eine Synthese zwischen wissenschaftlicher Ausbildung und ›wahrem Frausein‹ im Sinn eines traditionellen Rollenverständnisses herzustellen, so z.b. in Gertrud Grotes *Studentinnen* (1927) oder in Vicky Baums Bestsellerroman *stud. chem. Helene Willfüer* (1928). Die Studentinnen, die hier vorgestellt werden, sind eigenständig und weniger kontrapunktisch angelegt als ihre Studienkolleginnen in der Literatur der vorausgehenden Jahrzehnte. Sie bestimmen die Handlung der Romane, haben aber auch die handlungstragenden Konflikte auszutragen, die nunmehr, anders als noch um 1900, nicht mehr durch äußere gesellschaftliche Faktoren hervorgerufen werden, sondern sich im Inneren der Figur konstituieren. Hier liegt der deutlichste Unterschied: Im Zuge der Entwicklung, innerhalb deren sich der Status studierender Frauen normalisierte, wurde die Studentin nun häufiger als psychologisch auszugestaltende Heldin eines Bildungsromans gewählt, gleichzeitig aber nahm die diskursive Produktivität der Figur ab. Sie stand nicht mehr für das große Experiment, in dessen Verlauf grundsätzliche Fragen der Moderne aufbrachen und neu verhandelt wurden. Um die Jahrhundertwende induzierte die Sujetwahl dagegen, so die Bilanz, noch ein diskursives und erzählerisches Potential, das seinen Ausgang bei der Neuheit und Unwägbarkeit der Figur nehmen konnte.

»Die Stadt ist ja bekannt, und über die Universität ist bereits viel geschrieben, aber es bleibt doch immer noch etwas über dies sehr eigenartige Stück der Welt zu sagen übrig«,[14] schreibt Käthe Schirmacher über den Ort, der zum Symbol für die Anfänge des Frauenstudiums im deutschsprachigen Raum geworden ist. ›Eigenartig‹ ist dieses »Stück der Welt« in seinem Charakter als Experimentierfeld für Neuerungen und Abweichungen, für Fragen der politischen Gesellschaftsordnung und – als dynamisierendes Zentrum des Experiments – der Geschlechterordnung:

---

13 Thomas Mann in seinem Essay über Gabriele Reuter (1904). In: Ders.: *Große kommentierte Frankfurter Ausgabe. Werke – Briefe – Tagebücher*. Hrsg. v. Heinrich Detering/Eckhard Heftrich/Hermann Kurzke u.a. Bd. 14.1: *Essays I, 1893-1914*. Hrsg. u. textkrit. durchges. v. Heinrich Detering unter Mitarb. v. Stephan Stachorski. Frankfurt a.M. 2002, S. 61-72, hier S. 67.

14 Schirmacher, *Züricher Studentinnen*, S. 817.

Wer irgend einen lebhaften Geist hat, wer wissen will, was alles in der Welt passiren kann, und welche neuesten Früchte der Baum der modernen Entwicklung zeitigt, der gehe auf eine Zeit nach Zürich und schaue sich das Leben dort an. Es ist ein sehr interessanter Ort, weil die meisten Menschen, die dort hinkommen, um zu studiren, eine Geschichte haben, weil sie durch irgend etwas von dem Hergebrachten abweichen. Es ist ein sehr interessanter Ort, [...] weil man mit einem Fuss in den geordneten bürgerlichen Verhältnissen stehen und den anderen – ohne Gefahr und Anstoss – auf das Neuland sozialistischer Verhältnisse setzen kann. Es ist interessant, weil es einen Kernpunkt bildet, an dem neue Sitten und Gewohnheiten im Verkehr zwischen Frauen und Männern geschaffen werden; – das Ganze gleicht einem chemischen Kolben, in dem eine neue Mischung probirt wird, von der heute noch Niemand sagen kann, ob sie nicht eine grosse Zukunft hat.[15]

Die Literatur der Zeit jedenfalls hat sich des Experiments in besonderer Weise angenommen: in katalytischer Funktion (Hauptmann), als Ausgangspunkt für eine kritische Revision der Gesellschaftsordnung (Frapan, Schirmacher), für die Entfaltung einer national-konservativen Rückbesinnung über die Frau als Kulturträgerin (Mensch), als Versuchsanordnung, um biologistische Ideologeme zu veranschaulichen (Kolbenheyer), aber auch – nicht zuletzt – für weitgehende Umwertungen, innerhalb deren menschliche Vervollkommnung weiblich gedacht wird (Andreas-Salomé, Bernstein). Die »neue Mischung«, so ist zu schließen, wird für die literarischen Texte um Studentinnen zum Programm.

15 Ebd., S. 825.

# Literaturverzeichnis

## Erzählliteratur und Dramen um Akademikerinnen aus der Zeit der Jahrhundertwende[1]

Andreas-Salomé, Lou: *Fenitschka*. In: Dies.: *Fenitschka. Eine Ausschweifung.* 2 Erzählungen. Neu hrsg. u. mit einem Nachw. vers. v. Ernst Pfeiffer. Frankfurt a.m./Berlin 1993, S. 5-67. (Zitiert als F)
- *Inkognito.* In: Dies.: *Menschenkinder. Ein Novellencyclus.* Stuttgart 1899, S. 239-272.
- *Ein Wiedersehen.* In: Dies.: *Menschenkinder. Ein Novellencyclus.* Stuttgart 1899, S. 169-190.
- *Zurück ans All.* In: Dies.: *Menschenkinder. Ein Novellencyclus.* Stuttgart 1899, S. 313-364.
Bernstein, Elsa: s. Rosmer, Ernst
Brinkmann, Max: *Das Corps »Schlamponia«. Eine Studentin-Geschichte aus dem 20sten Jahrhundert. In zierliche Reimlein gebracht und gezeichnet.* Berlin 1899. [Satire]
Conrad, Michael Georg/Willfried, L. [d.i. Marie Ramlo]: *Die Emanzipirten. Lustspiel in vier Akten.* Leipzig 1888.
Croner, Else: *Das Tagebuch eines Fräulein Doktor.* Stuttgart/Berlin/Leipzig 1908. [Tagebuchfiktion]
Dohm, Hedwig: *Christa Ruland.* Berlin 1902. [Roman*]
Dreyer, Max: *In Behandlung. Komödie in drei Aufzügen.* 4. Aufl. Leipzig 1899.
Duc, Aimée [d.i. Minna Wettstein-Adelt]: *Sind es Frauen? Roman über das dritte Geschlecht.* Berlin 1901.
Felseneck, Marie von [d.i. Marie Mancke]: *Fräulein Studentin.* Mit Ill. v. Heinrich Susemihl. Berlin 1910. [Jugendliteratur]
Frapan, Ilse (auch: Frapan-Akunian, Ilse): *Arbeit.* Berlin 1903. [Roman] (Zitiert als A)
- *Arbeit mein Opium.* In: *Westermanns Illustrierte Deutsche Monatshefte. Ein Familienbuch für das gesamte geistige Leben der Gegenwart* 46 (1902), Bd. 92, H. 547-550, S. 1-24, 137-159, 273-309, 413-450.
- *Die Betrogenen.* Berlin 1898. [Roman]

---

1  In den mit * markierten Texten tauchen Studentinnen nur als Nebenfiguren auf.

– *Blaues Land.* In: Dies.: *Auf der Sonnenseite.* Berlin 1906, S. 213-263. [Kurzprosa]
– *Fräulein Doktor.* In: Dies.: *Schönwettermärchen.* Berlin 1908, S. 109-200. [dramatische Skizze]
– *Die Preisarbeit.* In: Dies.: *Schönwettermärchen.* Berlin 1908, S. 165-196. [Novelle]
– *Das Schönste und das Schrecklichste.* In: Dies.: *Auf der Sonnenseite.* Berlin 1906, S. 93-106. [Erzählung]
– *Wir Frauen haben kein Vaterland. Monologe einer Fledermaus.* Berlin 1899. [Roman] (Zitiert als W)
Günther, Maria: *Die beiden Hausärzte. Lustspiel in 4 Aufzügen.* Bühnenmanuskript. Schwerin 1889.
Hauptmann, Gerhart: *Einsame Menschen.* In: Ders.: *Sämtliche Werke.* Centenar-Ausgabe zum 100. Geburtstag des Dichters. Hrsg. v. Hans-Egon Hass. Bd. I: *Dramen.* Berlin 1966, S. 167-258. (Zitiert als EM)
Heine, Anselma: *Hinter dem Walle.* In: Dies.: *Vom Markte der Liebe.* Berlin 1907, S. 129-154. [Erzählung]
Huch, Ricarda: *Erinnerungen von Ludolf Ursleu dem Jüngeren.* Berlin 1893. [Roman*]
Katsch, Hermann: *Die Kollegin. Schauspiel in vier Akten.* Berlin/Stuttgart 1901.
Klar, Ferdinand: *Sonnenwanderer.* In: *Freie Bühne für modernes Leben* 2 (1891), S. 451-455. [Kurzprosa]
Kolbenheyer, Erwin Guido: *Montsalvasch: ein Roman für Individualisten.* München 1912. Neuausgabe: *Montsalvasch.* Heusenstamm bei Offenbach a.M. 1982. (Zitiert als M)
Lee, Heinrich [d.i. Heinrich Landsberger]: *Weibliche Studenten. Roman aus der Gegenwart.* Berlin 1898.
Mensch, Ella: *Auf Vorposten. Roman aus meiner Züricher Studentenzeit.* 2. Aufl. Leipzig 1903. (Zitiert als V)
Rosmer, Ernst (d.i. Elsa Bernstein): *Dämmerung. Schauspiel in 5 Akten.* Berlin 1894. (Zitiert als D). Neuausgabe: [Bernstein, Elsa]: *Dämmerung. Schauspiel in fünf Akten.* Ed. by Susanne Kord. New York 2003.
Schäfer, Wilhelm: *Faustine, der weibliche Faust. Tragödie in sechs Aufzügen nebst Vorspiel und Prolog.* Zürich 1898.
Schirmacher, Käthe: *Halb.* o.O. 1893. [Roman]
– *Die Libertad.* Zürich 1891. (Zitiert als L)
Spyri, Johanna: *Sina. Eine Erzählung für junge Mädchen.* Stuttgart 1884.
Stein, Sophie [d.i. Anna Klapp]: *Vor Tagesanbruch.* Berlin 1896. [Jugendliteratur]
Stratz, Rudolph: *Alt-Heidelberg, du Feine … Roman einer Studentin.* Stuttgart/Berlin 1902.

– *Das neue Weib. Lustspiel in vier Akten.* Bühnenmanuskript. Berlin 1897.

Ury, Else: *Studierte Mädel. Eine Erzählung für junge Mädchen.* Stuttgart/Berlin/Leipzig 1906.

Walther, Oskar/Stein, Leo: *Fräulein Doktor.* Bühnenmanuskript. Berlin o.J. [Lustspiel, UA 1895].

Wassermann, Jakob: *Die Geschichte der jungen Renate Fuchs.* Berlin 1901. [Roman*]

Wichodil, Anna [d.i. Maria Theresia May]: *Fräulein Doctor. Eine Novelle.* Klagenfurt 1881.

Wolzogen, Ernst von: *Das dritte Geschlecht.* Berlin 1899. [Roman]

Weitere Primärliteratur

Andreas-Salomé, Lou: *Friedrich Nietzsche in seinen Werken.* Mit Anm. v. Thomas Pfeiffer. Hrsg. v. Ernst Pfeiffer. Frankfurt a.M./Leipzig 2000.

– *Ein holländisches Urteil über moderne deutsche Dramen. Teil VI: Einsame Menschen.* In: *Freie Bühne für modernes Leben* 2 (1891), S. 696-701.

– *Die Erotik. Vier Aufsätze.* Neu hrsg. u. mit einem Nachw. v. Ernst Pfeiffer. München 1992.

– *Ketzereien gegen die moderne Frau.* In: *Die Zukunft* 7 (1898/99), H. 26, S. 237-240.

– *Lebensrückblick. Grundriß einiger Lebenserinnerungen.* Aus d. Nachl. hrsg. v. Ernst Pfeiffer. Neu durchges. Ausg. mit einem Nachw. d. Hrsg. Frankfurt a.M./Leipzig 1974.

– *Der Mensch als Weib. Ein Bild im Umriß.* In: *Neue Deutsche Rundschau* 10 (1899), S. 225-243.

Baum, Vicki: *stud. chem. Helene Willfüer.* Berlin 1928.

Bebel, August: *Die Frau und der Sozialismus.* 9., gänzl. umgearb. Aufl. Stuttgart 1891.

– *Die Frau und der Sozialismus.* Mit einem einl. Vorw. v. Eduard Bernstein. (Neusatz d. 1929 ersch. Jubiläumsausg.). 3. Aufl. Bonn 1994.

Bernstein, Elsa: s. Rosmer, Ernst

*Die Edda. Götterlieder und Heldenlieder.* Aus dem Altnordischen v. Hans von Wolzogen. Leipzig o.J.

*Edda. Die Lieder des Codex Regius nebst verwandten Denkmälern.* Hrsg. v. Gustav Neckel. Bd. 1. Umgearb. v. Hans Kuhn. Heidelberg 1962.

Fichte, Johann Gottlieb: *Grundriß des Familienrechts (als erster Anhang des Naturrechts).* In: Ders. *Gesamtausgabe der Bayerischen Akademie der Wissenschaften.* Hrsg. v. Reinhard Lauth u. Hans Gliwitzky. Bd. I, 4: Werke 1797-1798. Stuttgart-Bad Cannstatt 1970, S. 95-149.

– *Reden an die deutsche Nation.* Mit einer Einl. v. Reinhard Lauth. Hamburg 1978.

Fontane, Theodor: *Mathilde Möhring*. Stuttgart 1997.

Hauptmann, Gerhart: *Nachlese zur Autobiographie*. In: Ders.: *Sämtliche Werke*. Centenar-Ausgabe zum 100. Geburtstag des Dichters. Hrsg. v. Hans-Egon Hass †, fortgef. v. Martin Machatzke. Bd. XI: *Nachgelassene Werke, Fragmente*. Frankfurt a.M./Berlin/Wien 1974, S. 459-598.

Joël, Karl: *Wandlungen der Weltanschauung. Eine Philosophiegeschichte als Geschichtsphilosophie*. Bd. 2. Tübingen 1934.

Klopstock, Friedrich Gottlieb: *Oden*. Ausw. u. Nachw. v. Karl Ludwig Schneider. Stuttgart 1994.

Kolbenheyer, Erwin Guido: *Die Bauhütte. Elemente einer Metaphysik der Gegenwart*. München 1925.

– *Die Bauhütte. Grundzüge einer Metaphysik der Gegenwart*. (*Gesamtausgabe der Werke letzter Hand in zwei Abteilungen*: Abt. 2, Bd. 1.) Darmstadt 1968.

– *Bauhüttenphilosophie. Ergänzende und erläuternde Abhandlungen*. München 1942.

– *Metaphysica Viva. Das Abschlußwerk der Bauhüttenphilosophie*. Gartenberg 1960.

– *Das Lächeln der Penaten*. München 1927.

– *Reps, die Persönlichkeit: Roman in einer kleinen Stadt*. München 1931.

– *Sebastian Karst über sein Leben und seine Zeit*. (*Gesamtausgabe der Werke letzter Hand in zwei Abteilungen*: Abt. 2, Bde. 3-5.) Gartenberg bei Wolfratshausen, Nürnberg u.a. 1957/58.

Mann, Thomas: *Große kommentierte Frankfurter Ausgabe. Werke – Briefe – Tagebücher*. Hrsg. v. Heinrich Detering, Eckhard Heftrich, Hermann Kurzke u.a. Bd. 14.1: *Essays I, 1893-1914*. Hrsg. u. textkrit. durchges. v. Heinrich Detering unter Mitarb. v. Stephan Stachorski. Frankfurt a.M. 2002.

Marx, Karl/Engels, Friedrich: *Manifest der Kommunistischen Partei. Grundsätze des Kommunismus*. Mit einem Nachw. v. Iring Fetscher. Stuttgart 2002.

Mensch, Ella: *Die Frau in der modernen Litteratur. Ein Beitrag zur Geschichte der Gefühle*. Berlin 1898.

– *Der Geopferte. Liebesroman eines modernen Mannes*. Leipzig 1902.

– *Bilderstürmer in der Berliner Frauenbewegung*. 3. Aufl. Berlin [1906].

– *Jean Jacques Rousseau. Der Philosoph des Naturrechts*. 2. Aufl. Berlin/Leipzig [1908].

Meyer-Förster, Wilhelm: *Karl Heinrich. Erzählung*. Stuttgart/Leipzig 1900.

Mill, John Stuart: *The Subjection of Women*. In: *Collected Works of John Stuart Mill*. Hrsg. v. John M. Robson. Bd. 21. Toronto 1984, S. 259-340.

Nietzsche, Friedrich: *Brief an Lou Andreas-Salomé*. In: Andreas-Salomé, Lou: *Friedrich Nietzsche in seinen Werken*. Mit Anm. v. Thomas Pfeiffer. Hrsg. v. Ernst Pfeiffer. Frankfurt a.M./Leipzig 2000, S. 298.

– *Sämtliche Werke.* Kritische Studienausg. in 15 Bdn. Hrsg. v. Giorgio Colli u. Mazzino Montinari. 3. Aufl. München 1999. (Zitiert als KSA)

Riehl, Wilhelm Heinrich: *Die Naturgeschichte des Volkes als Grundlage einer deutschen Social-Politik.* Bd. 3: *Die Familie.* 4. Aufl. Stuttgart/Augsburg 1856.

Rosmer, Ernst (d.i. Elsa Bernstein): *Das Leben als Drama. Erinnerungen an Theresienstadt.* Hrsg. v. Rita Bake u. Birgit Kiupel. Dortmund 1999.

– *Maria Arndt. Schauspiel in fünf Akten.* Berlin 1908.

– *Wir drei: fünf Akte.* München 1893.

Schelling, Friedrich Wilhelm Joseph: *Werke.* Historisch-kritische Ausg. Hrsg. v. Hans Michael Baumgartner †, Wilhelm G. Jacobs u.a. Bd. 7: *Erster Entwurf eines Systems der Naturphilosophie* (1799). Hrsg. v. Wilhelm G. Jacobs u. Paul Ziche. Stuttgart 2001.

Schiller, Friedrich: *Über naive und sentimentalische Dichtung.* In: Ders.: *Sämtliche Werke.* Auf Grund d. Originaldr. hrsg. v. Gerhard Fricke u. Herbert G. Göpfert. Bd. 5: *Erzählungen/Theoretische Schriften.* München 1959, S. 694-780.

Schirmacher, Käthe: *Flammen. Erinnerungen aus meinem Leben.* Leipzig 1921.

– *Nachlaß. Die Dr.-Käthe-Schirmacher-Schenkung an der Universitätsbibliothek Rostock.* [Mikrofiche-Ausg.] Mit einem Nachlaßverzeichnis auf CD-ROM. (Historische Quellen zur Frauenbewegung und Geschlechterproblematik 30) Erlangen 2000.

– *Studentinnen.* In: *Über Land und Meer* 86 (1901), S. 818 f.

– *Züricher Studentinnen.* In: *Neue Deutsche Rundschau* 6 (1895), Teil 2, S. 817-825.

Shakespeare, William: *King Lear.* Hrsg. v. Raimund Borgmeier u. Barbara Puschmann-Nalenz. Stuttgart 1999.

Simmel, Georg: *Der Begriff und die Tragödie der Kultur.* In: Ders.: *Gesamtausg.*, Bd. 14: *Hauptprobleme der Philosophie. Philosophische Kultur.* Hrsg. v. Rüdiger Kramme u. Otthein Rammstedt. Frankfurt a.M. 1996, S. 385-416.

– *Zur Psychologie der Frauen.* In: Ders.: *Schriften zur Philosophie und Soziologie der Geschlechter.* Hrsg. v. Heinz-Jürgen Dahme u. Klaus Christian Köhnke. Frankfurt a.M., S. 27-59.

– *Das Relative und das Absolute im Geschlechter-Problem.* In: Ders.: *Schriften zur Philosophie und Soziologie der Geschlechter.* Hrsg. v. Heinz-Jürgen Dahme u. Klaus Christian Köhnke. Frankfurt a.M. 1985, S. 200-223.

– *Weibliche Kultur* [in d. ersten Fass. v. 1902]. In: Ders.: *Schriften zur Philosophie und Soziologie der Geschlechter.* Hrsg. v. Heinz-Jürgen Dahme u. Klaus Christian Köhnke. Frankfurt a.M. 1985, S. 159-176.

– *Weibliche Kultur* [in d. zweiten Fass. v. 1911]. In: Ders.: *Gesamtausg.*, Bd. 14: *Hauptprobleme der Philosophie. Philosophische Kultur.* Hrsg. v. Rüdiger Kramme u. Otthein Rammstedt. Frankfurt a.M. 1996, S. 417-459.

Strauß, Botho: *Paare, Passanten*. 9. Aufl. München 2000.

Tönnies, Ferdinand: *Gemeinschaft und Gesellschaft. Abhandlung des Communismus und des Socialismus als empirische Culturformen.* Leipzig 1887.

Tolstoi, Leo Graf: *Auferstehung. Roman.* Erste vollst. im Auftr. d. Verf. hergest. Übers. v. Wladimir Tronin u. Ilse Frapan. Berlin 1900.

Wagner, Richard: *Der Ring des Nibelungen*. In: Ders.: *Dichtungen und Schriften*. Jubiläumsausg. in zehn Bdn. Hrsg. v. Dieter Borchmeyer. Bd. 3. Frankfurt a.M. 1983, S. 7-314.

– *Tristan und Isolde*. In: Ders.: *Dichtungen und Schriften*. Jubiläumsausg. in zehn Bdn. Hrsg. v. Dieter Borchmeyer. Bd. 4. Frankfurt a.M. 1983, S. 7-82.

Woolf, Virginia: *Ein Zimmer für sich allein*. Aus d. Engl. v. Renate Gerhardt, Übers. d. Gedichte v. Wulf Teichmann. Mit einigen Fotos u. Erinnerungen an Virginia Woolf v. Louie Mayer. 19. Aufl. Frankfurt a.M. 2000.

## Quellen und zeitgenössische Rezensionen

*Die akademische Frau: Gutachten hervorragender Universitätsprofessoren, Frauenlehrer und Schriftsteller über die Befähigung der Frau zum wissenschaftlichen Studium und Berufe.* Hrsg. v. Arthur Kirchhoff. Berlin 1897.

Alexander-Katz, Claudia: *Zum »Typenwandel der studierenden Frau«.* In: *Die Studentin* 6 (1917), H. 8, S. 49-51.

[Anonym:] *Dramatische Aufführungen.* In: *Die Gegenwart. Wochenschrift für Literatur, Kunst und öffentliches Leben* 43 (1893), S. 238 f.

[Anonym:] *Literarischer Heuet.* In: *Der neue Postillion. Humoristisch satirisches Monatsblatt der schweizerischen Arbeiterschaft* 9 (1903), H. 9 (Sept.), o.S.

Aram, Kurt: *Ilse Frapan-Akunian.* In: *Die Nation. Wochenschrift für Politik, Volkswirthschaft und Litteratur* 20 (1903), H. 44, S. 697-701.

Arnold, Robert F.: *Das moderne Drama.* 2., verb. Aufl. Straßburg 1912.

Behler, Mally: *Die Studentin in der modernen Literatur. Versuch einer Uebersicht.* In: *Kölnische Zeitung. Beilage zur Morgenausgabe* v. Dienstag, den 26. Juni 1928 (Nr. 346), o.S.

*Bildung und Kultur bürgerlicher Frauen 1850-1918: eine Quellendokumentation aus Anstandsbüchern und Lebenshilfen für Mädchen und Frauen als Beitrag zur weiblichen literarischen Sozialisation.* Hrsg. v. Günter Häntzschel. Tübingen 1986.

Bischoff, Theodor L. W. von: *Das Studium und die Ausübung der Medicin durch Frauen.* München 1872.

Bluhm, Agnes: *Leben und Streben der Studentinnen in Zürich.* In: *Jahresbericht des Vereins für erweiterte Frauenbildung.* Wien 1890, S. 2-27.

Böhmert, Carl Victor: *Das Studieren der Frauen mit besonderer Rücksicht auf das Studium der Medicin*. Leipzig 1872.

Bölsche, Wilhelm: *»Dämmerung«*. In: *Freie Bühne für den Entwicklungskampf der Zeit* 4 (1893), H. 1, S. 462-466.

Bülow, Frieda Freiin von: *Männerurtheil über Frauendichtung*. In: *Die Zukunft* 7 (1898/99), H. 26, S. 26-29.

Bulthaupt, Heinrich: *Dramaturgie des Schauspiels*. Bd. IV: *Ibsen, Wildenbruch, Sudermann, Hauptmann*. Oldenburg/Leipzig 1902.

Caro, Jacob: o.T. In: *Die akademische Frau: Gutachten hervorragender Universitätsprofessoren, Frauenlehrer und Schriftsteller über die Befähigung der Frau zum wissenschaftlichen Studium und Berufe*. Hrsg. v. Arthur Kirchhoff. Berlin 1897, S. 186 f.

Carus, Carl Gustav: *Symbolik der menschlichen Gestalt. Ein Handbuch zur Menschenkenntnis*. (Fotomechanischer Nachdr. d. 2., vielf. verm. Aufl. Leipzig 1858) Darmstadt 1962.

Cohn, Gustav: *Die deutsche Frauenbewegung* [in 4 Teilen]. In: *Deutsche Rundschau* 86 (1895/96), S. 440-468; *Deutsche Rundschau* 87 (1895/96), S. 47-59, S. 89-109, S. 201-223.

Cramer, Carl Friedrich: *Klopstock. (In Fragmenten aus Briefen von Tellow an Elisa)*. Hamburg 1777.

Dohm, Hedwig: *Die Antifeministen. Ein Buch der Verteidigung*. (Nachdr. d. Ausg. Berlin 1902.) Neu hrsg., mit kurzer Bibliogr. u. Anm. vers. v. Arno Widmann. Frankfurt a.M. 1976.

– *Die wissenschaftliche Emancipation der Frau*. In: Dies.: *Emanzipation*. Mit Vorw. u. Nachw. v. Berta Rahm. Nachdr. d. Aufl. Berlin 1874. 2. Aufl. Zürich 1982, S. 1-188.

Dohrn, Rudolf: *Ueber die Zulassung weiblicher Aerzte, speciell zur Ausübung der Geburtshilfe*. In: *Deutsche medizinische Wochenschrift* 19 (1893), S. 179 f.

Erismann, Friedrich H.: *Gemeinsames Universitätsstudium für Männer und Frauen, oder besondere Frauen-Hochschulen?* In: *Die Frau* 6 (1898/99), S. 537-544 u. 602-613.

Fischer, Hans: *Arbeit*. In: *Die Christliche Welt. Evangelisches Gemeindeblatt für Gebildete aller Stände* 17 (1903), H. 33, Sp. 781 f.

*Das Frauenstudium an den Schweizer Hochschulen/Les Etudes des Femmes dans les Universités Suisses*. Hrsg. v. Schweizerischen Verband d. Akademikerinnen. Zürich/Leipzig/Stuttgart 1928.

Gierke, Otto: o.T. In: *Die akademische Frau: Gutachten hervorragender Universitätsprofessoren, Frauenlehrer und Schriftsteller über die Befähigung der Frau zum wissenschaftlichen Studium und Berufe*. Hrsg. v. Arthur Kirchhoff. Berlin 1897, S. 21-27.

Gundling, Katharina: *Die weiblichen Studenten in Zürich*. In: *Der Bazar. Illustrirte Damen-Zeitung* 17 (1871), H. 32, S. 262.

Hanstein, Adalbert von: *Gerhart Hauptmann. Eine Skizze.* Leipzig 1898.

– *Das jüngste Deutschland. Zwei Jahrzehnte miterlebte Litteraturgeschichte.* Leipzig 1900.

Hart, Julius: *Montsalvasch.* In: *Der Tag.* Illustrierter Teil, 6.8.1912, o.S.

Heilborn, Ernst: *Das Frauenstudium vor dem Abgeordnetenhause.* In: *Die Frau* 4 (1896-97), H. 9, S. 555-558.

Heine, Margarete: *Studierende Frauen.* 3. Aufl. Leipzig 1896.

Hermann, Ludimar: *Das Frauenstudium und die Interessen der Hochschule Zürich.* Zürich 1872.

Ipsen, Gunther: *Die soziale Volkskunde W. H. Riehls.* In: Riehl, Wilhelm Heinrich: *Die Naturgeschichte des deutschen Volkes.* Zusammengef. u. hrsg. v. Gunther Ipsen. Stuttgart 1939, S. VII-XXVII.

Kirchhoff, Arthur: *Vorwort.* In: *Die akademische Frau: Gutachten hervorragender Universitätsprofessoren, Frauenlehrer und Schriftsteller über die Befähigung der Frau zum wissenschaftlichen Studium und Berufe.* Hrsg. v. dems. Berlin 1897, S. VII-XVI.

Kohler, J.: *Die geistige Mitarbeit des Weibes.* In: *Die Frau* 1 (1893/94), S. 147-149.

Krafft-Ebing, Richard von: *Psychopathia sexualis. Mit besonderer Berücksichtigung der Conträren Sexualempfindung. Eine klinisch-forensische Studie.* 4., verm. u. theilw. umgearb. Aufl. Stuttgart 1889.

– *Zur weiblichen Homosexualität.* In: *Jahrbuch für sexuelle Zwischenstufen* 3 (1901), S. 20-36.

Krönlein, Rudolph Ulrich: *Ein Wort zur Abwehr.* Separatdruck d. *Neuen Zürcher Zeitung.* Zürich 1903, S. 1.

Lange, Helene: *Mädchenerziehung und Frauenstudium.* In: *Die Frau* 1 (1893-94), S. 214-220.

– *Moderne Frauencharaktere in literarischer Konstruktion.* In: *Die Frau* 3 (1895-96), S. 14-17.

Lange, Renate: *Russische Identitäten im Werk von Lou Andreas-Salomé.* In: *Wien und St. Petersburg um die Jahrhundertwende.* Bd. 2. Hrsg. von Alexandr W. Belobratow. St. Petersburg 2001, S. 441-456.

*Literarische Manifeste der Jahrhundertwende 1890-1910.* Hrsg. v. Erich Ruprecht u. Dieter Bänsch. Stuttgart 1970.

Lombroso, C./Ferrero, G.: *Das Weib als Verbrecherin und Prostituirte: anthropologische Studien gegründet auf einer Darstellung der Biologie und Psychologie des normalen Weibes.* Hamburg 1894.

Lorenz, Max: *Frauenwerke.* In: *Preußische Jahrbücher* 94 (1898), S. 164-169.

Lothar, Rudolph: *Das deutsche Drama der Gegenwart.* München/Leipzig 1905.

Mauthner, Fritz: *Theater. (Freie Bühne:»Dämmerung« von Ernst Rosmer.)* In: *Die Nation. Wochenschrift für Politik, Volkswirthschaft und Litteratur* 10 (1892/93), S. 431 f.

Möbius, Paul Julius: *Geschlecht und Unbescheidenheit. Beurteilung des Buches von O. Weininger »Ueber Geschlecht und Charakter«.* 3. Aufl. Halle a. S. 1907.

– *Über den physiologischen Schwachsinn des Weibes.* 6., veränd. Aufl. Halle 1904.

Mühle, Erich: *Der menschliche Staat als Problem der vergleichenden Biologie. Beitrag zur organismischen Staatsauffassung im Anschluß an E. G. Kolbenheyer.* Leipzig 1937.

Müller, Peter: *Über die Zulassung der Frauen zum Studium der Medizin.* Hamburg 1894.

Otto, Louise: *Das Recht der Frauen auf Erwerb. Blicke auf das Frauenleben der Gegenwart.* Mit einem Vorw. v. Joseph Heinrichs. Hamburg 1866.

– [Otto-Peters, Louise:] *Das erste Vierteljahrhundert des Allgemeinen deutschen Frauenvereins gegr. am 18. Okt. 1865 in Leipzig. Auf Grund der Protokolle mitgeteilt.* Leipzig 1890.

*Zur Psychologie der Frau.* Hrsg. u. eingel. v. Gisela Brinker-Gabler. Frankfurt a.M. 1978.

Raché, Paul: *Jena oder Heidelberg?* In: *Das litterarische Echo. Halbmonatsschrift für Litteraturfreunde* 6 (1904), H. 9, Sp. 832-838.

Riegel, Franz: o.T. In: *Die akademische Frau: Gutachten hervorragender Universitätsprofessoren, Frauenlehrer und Schriftsteller über die Befähigung der Frau zum wissenschaftlichen Studium und Berufe.* Hrsg. v. Arthur Kirchhoff. Berlin 1897, S. 76-78.

Röhr, Julius: *Gerhart Hauptmanns dramatisches Schaffen.* Berlin 1912.

Rosenbach, Ottomar: o.T. In: *Die akademische Frau: Gutachten hervorragender Universitätsprofessoren, Frauenlehrer und Schriftsteller über die Befähigung der Frau zum wissenschaftlichen Studium und Berufe.* Hrsg. v. Arthur Kirchhoff. Berlin 1897, S. 78-85.

Runge, Arnold: *Das Wesen der Universitäten und das Studium der Frauen. Ein Beitrag zur modernen Kulturbewegung.* Leipzig 1912.

Runge, Max: *Das Weib in seiner geschlechtlichen Eigenart.* 3. Aufl. Berlin 1898.

Schleinitz, Alexandra von: *Offener Brief einer Studierenden an die Gegner der »Studentinnen« unter den Studenten und Berichtigung dieses Schreibens.* Zürich 1872.

Schubert-Feder, Cläre: *Das Leben der Studentinnen in Zürich.* 3. Aufl. Berlin 1894.

*Sein ist das Weib – Denken der Mann. Ansichten und Äußerungen für und wider den Intellekt der Frau.* Gesammelt v. Renate Feyl. München/Zürich 2002.

Spiero, Heinrich: *Geschichte der deutschen Frauendichtung seit 1800.* Leipzig 1913.

– *Hammonia literata.* In: *Das literarische Echo* 7 (1904/05), H. 19, Sp. 1389.

Tolstoi, Graf Leo: *Zweites Nachwort zur »Kreutzersonate«. Was soll der Mann, und was soll die Frau arbeiten? Zwei Fragmente.* In: *Freie Bühne* 1 (1891), H. 39, S. 1009-1014.

Troll-Borostyáni, Irma von: *Die Gleichstellung der Geschlechter und die Reform der Jugend-Erziehung. Die Mission unseres Jahrhunderts.* 3. Aufl., hrsg. vom Bayerischen Verein für Frauenstimmrecht. München 1913.

– *Das Recht der Frau* [3 Teile]. In: *Freie Bühne* 4 (1893), S. 543-553, 630-645 u. 753-775.

Twellmann, Margrit: *Die Deutsche Frauenbewegung im Spiegel repräsentativer Frauenzeitschriften. Ihre Anfänge und erste Entwicklung 1843-1889.* Bd. 2: Quellen. Meisenheim a. Glan 1972.

Weber, Marianne: *Vom Typenwandel der studierenden Frau.* [1917] In: Dies.: *Frauenfragen und Frauengedanken. Gesammelte Aufsätze.* Tübingen 1919, S. 179-201.

Weininger, Otto: *Geschlecht und Charakter. Eine prinzipielle Untersuchung.* (Nachdr. d. 1. Aufl. Wien 1903) München 1980.

Weyer, Hermann von: *Die Frauen und der ärztliche Beruf.* In: *Die Gartenlaube* 1890, S. 674 f.

Woerner, Ulrika C.: *Gerhart Hauptmann.* München 1897.

Zepler, Wally: *Die neue Frau in der neuen Frauendichtung.* In: *Sozialistische Monatshefte* 20 (1914), Bd. 1, S. 53-65.

Zetkin, Clara: *Die Arbeiterinnen- und Frauenfrage der Gegenwart.* (Berliner Arbeiter-Bibliothek. Hrsg. v. Max Schippel. I. Serie, Heft 3.) Berlin 1893.

*Zum Beginn.* [Beitrag der Redaktion.] In: *Freie Bühne für modernes Leben* 1 (1890), S. 1 f.

*Zur Einführung.* [Beitrag der Redaktion.] In: *Die Gesellschaft. Realistische Wochenschrift für Litteratur, Kunst und öffentliches Leben* 1 (1885), S. 1.

## Forschungsliteratur

Albisetti, James C.: *The Fight for Female Physicians in Imperial Germany.* In: *Central European History* 15 (1982), S. 99-123.

Allen, Julie Doll: *Male and Female Dialogue in Lou Andreas-Salomé's ›Fenitschka‹.* In: *Frauen: MitSprechen, MitSchreiben.* Hrsg. v. Marianne Henn u. Britta Hufeisen. Stuttgart 1997, S. 479-489.

Ametsbichler, Elizabeth Graff: *Society, Gender, Politics, and Turn-of-the-Century Theater: Elsa Bernstein (ps. Ernst Rosmer) and Arthur Schnitzler.* College Park, Univ. of Maryland [Mikrofiche-Ausg.] 1992.

Anderson, Susan C.: *Seeing Blindly: Voyeurism in Schnitzler's* Fräulein Else *and Andreas-Salomé's* Fenitschka. In: *Die Seele ... ist ein weites Land.* Hrsg. v. Joseph P. Strelka. Bern [u.a.] 1997, S. 13-27.

*»Aus den Anfängen des Frauenstudiums in Zürich«. Eine Dokumentation der gleichnamigen Ausstellung.* Zusammengest. u. redigiert v. Regula Schnurrenberger. In: *Ebenso neu als kühn. 120 Jahre Frauenstudium an der Universität Zürich.* Hrsg. v. Verein Feministische Wissenschaft Schweiz. Zürich 1988, S. 115-234.

Bänsch, Dieter: *Naturalismus und Frauenbewegung.* In: *Naturalismus. Bürgerliche Dichtung und soziales Engagement.* Hrsg. v. Helmut Scheuer. Stuttgart/Berlin/Köln/Mainz 1974, S. 122-149.

Ballauff, Theodor/Scheerer, Eckart: *Organ.* In: *Historisches Wörterbuch der Philosophie.* Hrsg. v. Joachim Ritter u. Karlfried Gründer. Neubearb. Ausg. v. Rudolf Eisler. Bd. 6. Darmstadt 1984, Sp. 1317-1325.

Bake, Rita/Kiupel, Birgit: *Königskinder im Salon – Zum Leben und Schaffen Elsa Bernsteins.* In: Rosmer, Ernst (d.i. Elsa Bernstein): *Das Leben als Drama. Erinnerungen an Theresienstadt.* Hrsg. v. Rita Bake u. Birgit Kiupel. Dortmund 1999, S. 11-29.

*Barrieren und Karrieren. Die Anfänge des Frauenstudiums in Deutschland.* Hrsg. v. Elisabeth Dickmann u. Eva Schöck-Quinteros. Dokumentationsband der Konferenz »100 Jahre Frauen in der Wissenschaft« im Februar 1997 an der Universität Bremen. Bremen 2000.

Barthes, Roland: *Der Tod des Autors.* Übers. v. Matias Martinez. In: *Texte zur Theorie der Autorschaft.* Hrsg. u. komm. v. Fotis Jannidis, Gerhard Lauer, Matias Martinez u. Simone Winko. Stuttgart 2000, S. 185-193.

Baßler, Moritz: *Einleitung.* In: *New Historicism: Literaturgeschichte als Poetik der Kultur.* Hrsg. v. dems. 2., aktual. Aufl. Tübingen/Basel 2001, S. 7-28.

*Bedrohlich gescheit. Ein Jahrhundert Frauen und Wissenschaft in Bayern.* Hrsg. v. Hiltrud Häntzschel u. Hadumod Bußmann. München 1997.

Bennholdt-Thomsen, Anke/Guzzoni, Alfred: *Gelehrte Arbeit von Frauen. Möglichkeiten und Grenzen im Deutschland des 18. Jahrhunderts.* In: *Querelles. Jahrbuch für Frauenforschung 1* (1996): *Gelehrsamkeit und kulturelle Emanzipation.* Hrsg. v. Angelika Ebrecht, Irmela von der Lühe, Ute Pott, Cettina Rapisarda u. Anita Runge. Stuttgart/Weimar 1996, S. 48-76.

Bleich, Erich Herbert: *Der Bote aus der Fremde als formbedingender Kompositionsfaktor im Drama des deutschen Naturalismus. Ein Beitrag zur Dramaturgie des Naturalismus.* Berlin 1936.

Bleker, Johanna/Schleiermacher, Sabine: *Ärztinnen aus dem Kaiserreich. Lebensläufe einer Generation.* Weinheim 2000.

Bock, Gisela: *Frauen in der europäischen Geschichte. Vom Mittelalter bis zur Gegenwart.* München 2000.

Böckenförde, Ernst-Wolfgang: *Organ, Organismus, Organisation, politischer Körper.* In: *Geschichtliche Grundbegriffe. Historisches Lexikon zur politisch-sozialen Sprache in Deutschland.* Hrsg. v. Otto Brunner, Werner Conze u. Reinhart Koselleck. Bd. 4. Stuttgart 1978, S. 519-622.

Borchmeyer, Dieter: *Das Theater Richard Wagners. Idee – Dichtung – Wirkung*. Stuttgart 1982.

Borst, Eva: *Über jede Scham erhaben: das Problem der Prostitution im literarischen Werk von Else Jerusalem, Margarete Böhme und Ilse Frapan unter besonderer Berücksichtigung der Sittlichkeits- und Sexualreformbewegung der Jahrhundertwende*. Frankfurt a.M. u.a. 1993.

Bovenschen, Silvia: *Die imaginierte Weiblichkeit. Exemplarische Untersuchungen zu kulturgeschichtlichen und literarischen Präsentationsformen des Weiblichen*. Frankfurt a.M. 1979.

Braun, Christina von: *Männliche Hysterie – weibliche Askese: zum Paradigmenwechsel der Geschlechterrollen*. In: Dies.: *Die schamlose Schönheit des Vergangenen: zum Verhältnis von Geschlecht und Geschichte*. Frankfurt a.M. 1989, S. 51-79.

Brinker-Gabler, Gisela: *Selbständigkeit oder Liebe? Frauen sehen ihre Zeit*. In: *Thusnelda Kühl: die Dichterin der Marschen*. Hrsg. v. Arno Bammé. München u.a. 1992, S. 89-107.

Bührmann, Andrea: *Das authentische Geschlecht. Die Sexualitätsdebatte der neuen Frauenbewegung und die Foucaultsche Machtanalyse*. Mit einem Vorw. v. Hannelore Bublitz. Münster 1995.

Burchardt, Anja: *Blaustrumpf – Modestudentin – Anarchistin? Deutsche und russische Medizinstudentinnen in Berlin 1896-1918*. Stuttgart/Weimar 1997.

Colvin, Sarah: *The Power in the Text: Reading Women Writing Drama*. In: *Gendering German Studies. New Perspectives on German Literature and Culture*. Hrsg. v. Margaret Littler. Oxford/Malden, MA 1997, S. 67-81.

Costas, Ilse: *Der Kampf um das Frauenstudium im internationalen Vergleich. Begünstigende und hemmende Faktoren für die Emanzipation der Frauen aus ihrer intellektuellen Unmündigkeit in unterschiedlichen bürgerlichen Gesellschaften*. In: *Pionierinnen, Feministinnen, Karrierefrauen? Zur Geschichte des Frauenstudiums in Deutschland*. Hrsg. v. Anne Schlüter. Pfaffenweiler 1992, S. 115-144.

– *Das Verhältnis von Profession, Professionalisierung und Geschlecht in historisch vergleichender Perspektive*. In: *Profession und Geschlecht. Über die Marginalität von Frauen in hochqualifizierten Berufen*. Hrsg. v. Angelika Wetterer. Frankfurt a.M./New York 1992, S. 51-82.

Cowen, Roy Chadwell: *Hauptmann-Kommentar zum dramatischen Werk*. München 1980.

Del Caro, Adrian: *Andreas-Salomé and Nietzsche: New Perspectives*. In: *Seminar* 36 (2000), H. 1, S. 79-96.

Diethe, Carol: *Lou Andreas-Salomé and Female Sexuality at the Turn of the Century*. In: *German Woman Writers, 1900-1933: Twelve Essays*. Hrsg. v. Brian Keith-Smith. Lewiston, NY 1993, S. 25-40.

*Ebenso neu als kühn. 120 Jahre Frauenstudium an der Universität Zürich*. Hrsg. v. Verein Feministische Wissenschaft Schweiz. Zürich 1988.

Eggert, Hartmut: *Vom Reich der Seele: Mystiker und Mythologen des Geistes, des Blutes und der Technik*. In: *Faszination des Organischen. Konjunkturen einer Kategorie der Moderne*. Hrsg. v. Hartmut Eggert, Erhard Schütz u. Peter Sprengel. München 1995, S. 53-71.

Einsele, Gabi: *»Kein Vaterland«. Deutsche Studentinnen im Zürcher Exil (1870-1908)*. In: *Pionierinnen, Feministinnen, Karrierefrauen? Zur Geschichte des Frauenstudiums in Deutschland*. Hrsg. v. Anne Schlüter. Pfaffenweiler 1992, S. 9-34.

Elias, Norbert: *Über den Prozeß der Zivilisation. Soziogenetische und psychogenetische Untersuchungen*. Bd. 1: *Wandlungen des Verhaltens in den weltlichen Oberschichten des Abendlandes*. 4. Aufl. Frankfurt a.M. 1997, S. 124-131.

Erler, Gotthard: *Zum Text*. In: Theodor Fontane: *Mathilde Möhring*. Stuttgart 1997, S. 116 f.

Essen, Gesa von: *Duldende und aufbegehrende Töchter: Zum Frauenbild im Drama des deutschen Naturalismus*. In: *Fin de Siècle*. Hrsg. v. Monika Fludernik u. Ariane Huml. Trier 2002, S. 251-275.

Euchner, Walter: *Ideengeschichte des Sozialismus in Deutschland. Teil 1*. In: *Geschichte der sozialen Ideen in Deutschland: Sozialismus – katholische Soziallehre – protestantische Sozialethik. Ein Handbuch*. Hrsg. v. Helga Grebing. Essen 2000, S. 15-350.

Fink, Oliver: *»Memories vom Glück«. Wie der Erinnerungsort Alt-Heidelberg erfunden, gepflegt und bekämpft wurde*. Heidelberg 2002.

Fink-Eitel, Hinrich: *Michel Foucault zur Einführung*. 4. Aufl. Hamburg 2002.

Fisch, Jörg: *Zivilisation, Kultur*. In: *Geschichtliche Grundbegriffe. Historisches Lexikon zur politisch-sozialen Sprache in Deutschland*. Hrsg. v. Otto Brunner, Werner Conze u. Reinhart Koselleck. Bd. 7. Stuttgart 1992, S. 679-774.

Florack, Ruth: *Entartete Geschlechter. Sexualcharakter und Degeneration in Gerhart Hauptmanns Familiendramen*. In: *Gerhart Hauptmann*. Text + Kritik 142 (1999), S. 64-76.

Foucault, Michel: *Archäologie des Wissens*. Aus d. Franz. v. Ulrich Köppen. 4. Aufl. Frankfurt a.M. 1990.

– *Die Ordnung des Diskurses*. Aus d. Franz. v. Walter Seitter. Mit einem Essay v. Ralf Konersmann. 8., erw. Aufl. Frankfurt a.M. 2001.

– *Sexualität und Wahrheit*. Bd. 1: *Der Wille zum Wissen*. Übers. v. Ulrich Raulff u. Walter Seitter. Frankfurt a.M. 1983.

Frank, Ernst: *Jahre des Glücks, Jahre des Leids. Eine Kolbenheyer-Biographie*. Velbert 1969.

Frenzel, Elisabeth: *Stoffe der Weltliteratur. Ein Lexikon dichtungsgeschichtlicher Längsschnitte*. 9., überarb. u. erw. Aufl. Stuttgart 1998.

Frevert, Ute: *»Mann und Weib, und Weib und Mann«. Geschlechter-Differenzen in der Moderne*. München 1995.

Gahlinger, Chantal: *Der Weg zur weiblichen Autonomie. Zur Psychologie der Selbstwerdung im literarischen Werk von Lou Andreas-Salomé*. Bern 2001.

Gemkow, Michael Andreas: *Ärztinnen und Studentinnen in der Münchener Medizinischen Wochenschrift (Aerztliches Intelligenzblatt) 1870-1914*. [Mikrofiche-Ausg.] Münster 1991.

Georgeacopol-Winischhofer, Ute/Mikoletzky, Juliane/Pohl, Margit: *»Dem Zuge der Zeit entsprechend ...«: zur Geschichte des Frauenstudiums in Österreich am Beispiel der Technischen Universität Wien*. Wien 1997.

Gerhard, Ute/Link, Jürgen/Parr, Rolf: *Diskurs und Diskurstheorien*. In: *Metzler-Lexikon Literatur- und Kulturtheorie: Ansätze – Personen – Grundbegriffe*. Hrsg. v. Ansgar Nünning. 2., überarb. u. erw. Aufl. Stuttgart/Weimar 2001, S. 115-117.

*Geschichte der Mädchen- und Frauenbildung*. Hrsg. v. Elke Kleinau u. Claudia Opitz. Bd. 2: *Vom Vormärz bis zur Gegenwart*. Frankfurt a.M./New York 1996.

*Geschichte der sozialen Ideen in Deutschland: Sozialismus – katholische Soziallehre – protestantische Sozialethik. Ein Handbuch*. Hrsg. v. Helga Grebing. Essen 2000.

Giesing, Michaela: *Ibsens Nora und die wahre Emanzipation der Frau: zum Frauenbild im wilhelminischen Theater*. Frankfurt a.M./Bern/New York 1984.

Gjestvang, Irmgard Leiser: *Machtworte: Geschlechterverhältnisse und Kommunikation in dramatischen Texten (Lenz, Hauptmann, Bernstein, Streeruwitz)*. Wisconsin, Madison 1998.

Glaser, Edith: *Hindernisse, Umwege, Sackgassen: Die Anfänge des Frauenstudiums am Beispiel der Universität Tübingen (1904-1934)*. Weinheim 1989.

Glaser, Edith/Herrmann, Ulrich: *Konkurrenz und Dankbarkeit. Die ersten drei Jahrzehnte des Frauenstudiums im Spiegel von Lebenserinnerungen – am Beispiel der Universität Tübingen*. In: *Zeitschrift für Pädagogik* 34 (1988), S. 205-226.

Greenblatt, Stephen: *Bauernmorden. Status, Genre und Rebellion*. In: *New Historicism. Literaturgeschichte als Poetik der Kultur*. Hrsg. v. Moritz Baßler. 2., aktual. Aufl. Tübingen/Basel 2001, S. 164-208.

– *Kultur*. In: *New Historicism. Literaturgeschichte als Poetik der Kultur*. Hrsg. v. Moritz Baßler. 2., aktual. Aufl. Tübingen/Basel 2001, S. 48-59.

– *Verhandlungen mit Shakespeare. Innenansichten der englischen Renaissance*. Aus dem Amerik. v. Robin Cackett. Frankfurt a.M. 1993.

Groeling-Che, Hui-wen von: *Frauenhochschulbildung in China (1907-1937). Zur Geschichte der Yanjing-Universität in Beijing*. Weinheim/Basel 1990.

Gropp, Rose-Maria: *Das Weib existiert nicht*. In: *Lou Andreas-Salomé*. Hrsg. v. d. Rilke-Gesellschaft, Red.: Hansgeorg Schmidt-Bergmann. Karlsruhe 1986, S. 46-54.

Haines, Brigid: *›Ja, so würde ich es auch heute noch sagen‹: Reading Lou Andreas-Salomé in the 1990s*. In: *Publications of the English Goethe-Society* 62 (1991/92, ersch. 1993), S. 77-95.

– *Lou Andreas-Salomé's ›Fenitschka‹. A Feminist Reading.* In: *German Life and Letters* 44 (1991), H. 5, S. 416-425.

Hausen, Karin: *Die Polarisierung der »Geschlechtscharaktere« – Eine Spiegelung der Dissoziation von Erwerbs- und Familienleben.* In: *Sozialgeschichte der Familie in der Neuzeit Europas. Neue Forschungen.* Hrsg. v. Werner Conze. Stuttgart 1976, S. 363-393.

– *Wirtschaften mit der Geschlechterordnung. Ein Essay.* In: *Zwischen Vorderbühne und Hinterbühne. Beiträge zum Wandel der Geschlechterbeziehungen in der Wissenschaft vom 17. Jahrhundert bis zur Gegenwart.* Hrsg. v. Theresa Wobbe. Bielefeld 2003, S. 83-107.

Heimann, Bodo: *Die Konvergenz der Einzelgänger. Literatur als Integration des problematischen Individuums in die Volksgemeinschaft: Hermann Stehr – Emil Strauß – Erwin Guido Kolbenheyer.* In: *Deutsche Literatur im Dritten Reich: Themen – Traditionen – Wirkungen.* Hrsg. v. Horst Denkler u. Karl Prünn. Stuttgart 1976, S. 118-137.

Helferich, Hede: *Frauen zwischen Eigen- und Fremdkultur. Weiblichkeitsbilder im Spannungsfeld von Tradition und Moderne.* Münster 1995.

Hervé, Florence: *Dem Reich der Freiheit werb' ich Bürgerinnen. Von den Anfängen bis 1889.* In: *Geschichte der deutschen Frauenbewegung.* Hrsg. v. ders. 5., neu bearb. u. vollst. veränd. Neuausg. Köln 1995, S. 11-35.

Heuser, Frederick W. J.: *Gerhart Hauptmann. Zu seinem Leben und Schaffen.* Tübingen 1961.

Hey'l, Bettina: *Geschichtsdenken und literarische Moderne. Zum historischen Roman in der Weimarer Republik.* Tübingen 1994.

Hilliard, Kevin: *Klopstock in den Jahren 1764 bis 1770: metrische Erfindung und die Wiedergeburt der Dichtung aus dem Geiste des Eislaufs.* In: *Jahrbuch der Deutschen Schillergesellschaft* 33 (1989), S. 145-184.

Hilmes, Carola: *Die Femme fatale: ein Weiblichkeitstypus in der nachromantischen Literatur.* Stuttgart u.a. 1990.

Hilscher, Eberhard: *Gerhart Hauptmann.* 2., durchges. Aufl. Berlin 1974.

Hoefert, Sigfrid: *Das Drama des Naturalismus.* 4., überarb. u. erg. Aufl. Stuttgart/Weimar 1993.

Honegger, Claudia: *Die Ordnung der Geschlechter. Die Wissenschaften vom Menschen und das Weib 1750-1850.* Frankfurt a.M. 1991.

Huerkamp, Claudia: *Bildungsbürgerinnen. Frauen im Studium und in akademischen Berufen 1900-1945.* Göttingen 1996.

Janz, Marlies: *»Die Frau« und »das Leben«. Weiblichkeitskonzepte in der Literatur und Theorie um 1900.* In: *Faszination des Organischen. Konjunkturen einer Kategorie der Moderne.* Hrsg. v. Hartmut Eggert, Erhard Schütz u. Peter Sprengel. München 1995, S. 37-52.

Jaron, Norbert/Möhrmann, Renate/Müller, Hedwig: *Berlin – Theater der Jahrhundertwende: Bühnengeschichte der Reichshauptstadt im Spiegel der Kritik (1889-1914).* Tübingen 1986.

Kafitz, Dieter: *Grundzüge einer Geschichte des deutschen Dramas von Lessing bis zum Naturalismus.* 2. Aufl. Frankfurt a.M. 1989.

Kauermann, Walther: *Das Vererbungsproblem im Drama des Naturalismus.* Kiel 1933.

Keller, Ernst: *Der Weg zum deutschen Gott: E. G. Kolbenheyer.* In: *Nationalismus und Literatur.* Hrsg. v. dems. Langemarck/Weimar/Stalingrad 1970, S. 110-121.

Ketelsen, Uwe-K.: *Auch ein Kapitel aus der Geschichte des Hermetismus: Ein Schleichweg aus den Zumutungen des Modernisierungsprozesses.* In: *Hermetik. Literarische Figurationen zwischen Babylon und Cyberspace.* Hrsg. v. Nicola Kaminski, Heinz J. Drügh u. Michael Herrmann unter Mitarb. v. Andreas Beck. Tübingen 2002, S. 161-178.

Kliewer, Annette: *Geistesfrucht und Leibesfrucht. Mütterlichkeit und »weibliches Schreiben« im Kontext der ersten bürgerlichen Frauenbewegung.* Paffenweiler 1993.

Klotz, Volker: *Bürgerliches Lachtheater. Komödie, Posse, Schwank.* München/Wien 1984.

Konersmann, Ralf: *Organizismus.* In: *Historisches Wörterbuch der Philosophie.* Hrsg. v. Joachim Ritter u. Karlfried Gründer. Neubearb. Ausg. v. Rudolf Eisler. Bd. 6: Darmstadt 1984, Sp. 1358-1361.

– *Der Philosoph mit der Maske. Michel Foucaults »L'ordre du discours«.* In: Foucault, Michel: *Die Ordnung des Diskurses.* Aus dem Franz. v. Walter Seitter. Mit einem Essay v. Ralf Konersmann. 8., erw. Aufl. Frankfurt a.M. 2001, S. 51-94.

Kord, Susanne: *Ein Blick hinter die Kulissen: deutschsprachige Dramatikerinnen im 18. und 19. Jahrhundert.* Stuttgart 1992.

– *Die Gelehrte als Zwitterwesen in Schriften von Autorinnen des 18. und 19. Jahrhunderts.* In: *Querelles. Jahrbuch für Frauenforschung* 1 (1996): *Gelehrsamkeit und kulturelle Emanzipation.* Hrsg. v. Angelika Ebrecht, Irmela von der Lühe, Ute Pott, Cettina Rapisarda u. Anita Runge. Stuttgart/Weimar 1996, S. 158-189.

– *Introduction.* In: Bernstein, Elsa: *Dämmerung. Schauspiel in fünf Akten.* Ed. by Susanne Kord. New York 2003, S. XI-XXXIV.

Koselleck, Reinhart: *Einleitung.* In: *Geschichtliche Grundbegriffe. Historisches Lexikon zur politisch-sozialen Sprache in Deutschland.* Hrsg. v. Otto Brunner, Werner Conze u. Reinhart Koselleck. Bd. 1. Stuttgart 1972, S. XIII-XXVII.

Košenina, Alexander: *Der gelehrte Narr. Gelehrtensatire seit der Aufklärung.* Göttingen 2003.

Kraft-Schwenk, Christa: *Ilse Frapan: eine Schriftstellerin zwischen Anpassung und Emanzipation.* Würzburg 1985.

Kreide, Caroline: *Lou Andreas-Salomé: Feministin oder Antifeministin? Eine*

*Standortbestimmung zur wilhelminischen Frauenbewegung.* New York u.a. 1996.

Krüger, Hanna: *Die unbequeme Frau. Käthe Schirmacher im Kampf für die Freiheit der Frau und die Freiheit der Nation 1865-1930.* Berlin 1936.

Küppers, Bernd-Olaf: *Wissenschaftstheoretische Probleme der Biologie.* In: *Handbuch wissenschaftstheoretischer Begriffe.* Hrsg. v. Josef Speck. Bd. 1. Göttingen 1980, S. 102-110.

Lamott, Franziska: *Die vermessene Frau. Hysterien um 1900.* München 2001.

Lerner, Paul: *Hysterical Men. War, Psychiatry, and the Politics of Trauma in Germany, 1890-1930.* Ithaca 2003.

Lindhoff, Lena: *Einführung in die feministische Literaturtheorie.* Stuttgart 1995.

Link, Jürgen/Link-Heer, Ursula: *Diskurs/Interdiskurs und Literaturanalyse.* In: *Zeitschrift für Literaturwissenschaft und Linguistik* 20 (1990), H. 77, S. 88-99.

Link-Heer, Ursula: *»Männliche Hysterie«. Eine Diskursanalyse.* In: *Weiblichkeit in geschichtlicher Perspektive. Fallstudien und Reflexionen zu Grundproblemen der historischen Frauenforschung.* Hrsg. v. Ursula A. J. Becher u. Jörn Rüsen. Frankfurt a.M. 1988, S. 364-396.

Luckhardt, Ute: *Die Frau als Fremde. Frauenbilder um die Jahrhundertwende.* In: *Tel Aviver Jahrbuch für deutsche Geschichte* 21 (1992), S. 99-126.

Lütge, Jürgen: *Der Mensch als Material. Erwin Kolbenheyers »Bauhütten«-Konzept.* In: *Propheten des Nationalismus.* Hrsg. v. Karl Schwedhelm. München 1969, S. 228-242.

Mahal, Günther: *Naturalismus.* 3. Aufl. München 1996.

Mahncke, Sabine: *Frauen machen Geschichte: Der Kampf von Frauen um die Zulassung zum Studium der Medizin im Deutschen Reich 1870-1910.* Hamburg 1998.

Mareske, Irina: *»… als wolle sie aus sich selbst heraus«: die Darstellung weiblicher Körperlichkeit in Pose, Bewegung und Raum im fiktionalen (Früh)Werk Ricarda Huchs und Lou Andreas-Salomés.* Ann Arbor, Michigan 2000.

Markotic, Lorraine: *Transformative Consequences. Lou Andreas-Salomé's Interpretation of Nietzsche's Doctrine of Eternal Recurrence.* In: *Seminar* 36 (2000), H. 1, S. 339-365.

Martin, Biddy: *Woman and Modernity. The (Life)Styles of Lou Andreas-Salomé.* Ithaca u.a. 1991.

Meier, Ulrich: *Verführerinnen der Jahrhundertwende. Kunst – Literatur – Film.* In: *Don Juan und Femme Fatale.* Hrsg. v. Helmut Kreuzer. München 1994, S. 155-163.

Mennemeier, Franz Norbert: *Widersprüche weiblicher Emanzipation: Lou Andreas-Salomé.* In: *Literatur für Leser* 3 (1987), S. 268-275.

Menzer, Ursula: *Subjektive und objektive Kultur. Georg Simmels Philosophie der Geschlechter vor dem Hintergrund seines Kultur-Begriffs.* Pfaffenweiler 1992.

Micale, Mark S.: *Approaching Hysteria. Disease and its Interpretations.* Princeton 1995.

Michaud, Stéphane: *Lou Andreas-Salomé. L'Alliée de la Vie.* Paris 2000.

– *Plurilinguisme et modernité au tournant de siècle – Nietzsche, Wedekind, Lou Andreas-Salomé.* In: *Mulitilinguale Literatur im 20. Jahrhundert.* Hrsg. v. Manfred Schmeling u. Monika Schmitz-Emans. Würzburg 2002. S. 189-203.

Mikoletzky, Juliane: *Teil 1: Von den Anfängen bis zur Zulassung von Frauen zum ordentlichen Studium an österreichischen Technischen Hochschulen 1919.* In: Dies./Georgeacopol-Winischhofer, Ute/Pohl, Margit: »*Dem Zuge der Zeit entsprechend …*«: *zur Geschichte des Frauenstudiums in Österreich am Beispiel der Technischen Universität Wien.* Wien 1997, S. 17-105.

Mommsen, Wolfgang J.: *Zur Entwicklung des Englandbildes der Deutschen seit dem Ende des 18. Jahrhunderts.* In: *Studien zur Geschichte Englands und der deutsch-britischen Beziehungen.* Festschrift für Paul Kluke. Hrsg. v. Lothar Kettenacker, Manfred Schlenke u. Hellmut Seier. München 1981, S. 375-397.

Neumann, Daniela: *Studentinnen aus dem Russischen Reich in der Schweiz (1867-1914).* Zürich 1987.

Oliver, Kelly/Pearsal, Marilyn: *Introduction: Why Feminists Read Nietzsche.* In: *Feminist Interpretations of Friedrich Nietzsche.* Hrsg. v. dens. University Park, Pennsylvania 1998, S. 1-17.

Osborne, John: *The Naturalist Drama in Germany.* Manchester 1971.

Otto, Ingrid: *Bürgerliche Töchtererziehung im Spiegel illustrierter Zeitschriften von 1865 bis 1915. Eine historisch-systematische Untersuchung anhand einer exemplarischen Auswertung des Bildbestandes der illustrierten Zeitschriften »Die Gartenlaube«, »Über Land und Meer«, »Daheim« und »Illustrirte Zeitung«.* Hildesheim 1990.

Pauen, Michael: *Pessimismus. Geschichtsphilosophie, Metaphysik und Moderne von Nietzsche bis Spengler.* Berlin 1997.

Peters, Dietlinde: *Mütterlichkeit im Kaiserreich. Die bürgerliche Frauenbewegung und der soziale Beruf der Frau.* Bielefeld 1984.

Pimingstorfer, Christa: *Zwischen Beruf und Liebe. Minna Kautsky und Lou Andreas-Salomé im Vergleich.* In: *Schwierige Verhältnisse: Liebe und Sexualität in der Frauenliteratur um 1900.* Hrsg. v. Theresia Klugsberger, Christa Gürtler u. Sigrid Schmid-Bortenschlager. Stuttgart 1992, S. 43-56.

Pohle, Bettina: *Kunstwerk Frau. Inszenierungen von Weiblichkeit in der Moderne.* Frankfurt a.M. 1998.

Raab, Heike: *Foucault und der feministische Poststrukturalismus.* Dortmund 1998.

Rabain, Jean-François: *L'hystérie masculine entre mythes et réalités.* In: *Revue Française de Psychanalyse* 62 (1998), H. 2, S. 429-446.

Requardt, Walter/Machatzke, Martin: *Gerhart Hauptmann und Erkner. Studien zum Berliner Frühwerk*. Berlin 1980.

Rogger, Franziska: *Der Doktorhut im Besenschrank: das abenteuerliche Leben der ersten Studentinnen – am Beispiel der Universität Bern*. Bern 1999.

Roh, Yeong-Don: *Gerhart Hauptmann und die Frauen: Studien zum naturalistischen Werk*. Siegen 1998.

Rohde-Dachser, Christa: *Expedition in den dunklen Kontinent. Weiblichkeit im Diskurs der Psychoanalyse*. 2. Aufl. Berlin/Heidelberg 1991.

Rohner, Hanny: *Die ersten 30 Jahre des medizinischen Frauenstudiums an der Universität Zürich 1867-1897*. Zürich 1972.

Röser, Jutta: *Frauenzeitschriften und weiblicher Lebenszusammenhang: Themen, Konzepte und Leitbilder im sozialen Wandel*. Opladen 1992.

Sachße, Christoph: *Mütterlichkeit als Beruf. Sozialarbeit, Sozialreform und Frauenbewegung 1871-1929*. Weinheim 2003.

Scheerer, Eckart: *Organismus*. In: *Historisches Wörterbuch der Philosophie*. Hrsg. v. Joachim Ritter u. Karlfried Gründer. Neubearb. Ausg. v. Rudolf Eisler. Bd. 6. Darmstadt 1984, Sp. 1330-1358.

Schley, Gernot: *Die Freie Bühne in Berlin: der Vorläufer der Volksbühnenbewegung. Ein Beitrag zur Theatergeschichte in Deutschland*. Berlin 1967.

Schmaußer, Beatrix: *Blaustrumpf und Kurtisane. Bilder der Frau im 19. Jahrhundert*. Stuttgart 1991.

Schmersahl, Katrin: *Medizin und Geschlecht. Zur Konstruktion der Kategorie Geschlecht im medizinischen Diskurs des 19. Jahrhunderts*. Opladen 1998.

Schmid, Heike: *»Gefallene Engel«. Deutschsprachige Dramatikerinnen im ausgehenden 19. Jahrhundert*. St. Ingbert 2000.

Schmidbauer, Wolfgang: *Der hysterische Mann: eine PsychoAnalyse*. Frankfurt a.M. 2000.

Schößler, Franziska: *Wahrnehmungsprozesse und Sehertum in Hauptmanns frühen Dramen*. In: *Maske und Kothurn* 46 (2001/02), H. 3/4, S. 131-150.

Schroeder, Sabine: *Anna Mahr in Gerhart Hauptmann's »Einsame Menschen« – the »Emancipated Woman« Re-examined*. In: *Germanic Review* 54 (1979), H. 3, S. 125-130.

Schuller, Marianne: *»Weibliche Neurose« und »kranke Kultur«. Zur Literarisierung einer Krankheit um die Jahrhundertwende*. In: Dies.: *Im Unterschied: Lesen, Korrespondieren, Adressieren*. Frankfurt a.M. 1990, S. 13-45.

Simek, Rudolf: *Lexikon der germanischen Mythologie*. 2., erg. Aufl. Stuttgart 1995.

Simon, Gertrud: *Hintertreppen zum Elfenbeinturm. Höhere Mädchenbildung in Österreich – Anfänge und Entwicklung*. Wien 1993.

Skrine, Peter: *Elsa Bernstein: Germany's Major Woman Dramatist?* In: *German Women Writers 1900-1933. Twelve Essays*. Hrsg. v. Brian Keith-Smith. Lewiston, NY u.a. 1993, S. 43-63.

Soden, Kristine von: *Zur Durchsetzung des Frauenstudiums im Wilhelminischen Deutschland.* In: *Frauen in der Geschichte des Rechts.* Hrsg. v. Ute Gerhard. München 1997, S. 617-632.

Sørensen, Bengt Algot: *Laura Marholm, Fr. Nietzsche und G. Hauptmanns »Einsame Menschen«.* In: *Orbis litterarum* 47 (1992), S. 52-62.

Stegmann, Franz Josef/Langhorst, Peter: *Geschichte der sozialen Ideen im deutschen Katholizismus.* In: *Geschichte der sozialen Ideen in Deutschland: Sozialismus – katholische Soziallehre – protestantische Sozialethik. Ein Handbuch.* Hrsg. v. Helga Grebing. Essen 2000, S. 599-862.

Stephan, Inge: *Musen und Medusen. Mythos und Geschlechterdiskurs in der Literatur der Moderne und Postmoderne.* Köln 1997.

– *»Wir Frauen haben kein Vaterland«: Ilse Frapan (1849-1908) und ihre »Vaterstadt« Hamburg.* In: *»Heil über dir, Hammonia«: Hamburg im 19. Jahrhundert. Kultur, Geschichte, Politik.* Hrsg. v. Inge Stephan u. Hans-Gerd Winter. Hamburg 1992, S. 369-394.

Stephan, Naomi: *Die Frauenfiguren in Gerhart Hauptmanns »Einsame Menschen« und Ulrika Woerners »Vorfrühling«: universal oder trivial?* In: *Die Frau als Heldin und Autorin. Neue kritische Ansätze zur deutschen Literatur.* Hrsg. v. Wolfgang Paulsen. Bern/München 1979, S. 190-199.

*Stieftöchter der Alma mater? 90 Jahre Frauenstudium in Bayern am Beispiel der Universität München.* Katalog zur Ausstellung. Hrsg. v. Hadumod Bußmann. München 1993.

Streisand, Marianne: *Intimität. Begriffsgeschichte und Entdeckung der »Intimität« auf dem Theater um 1900.* München 2001.

Taylor, Ann Allen: *Feminismus und Mütterlichkeit in Deutschland, 1800-1914.* Aus d. Amerik. v. Regine Othmer. Weinheim 2000.

Titze, Hartmut: *Datenhandbuch zur deutschen Bildungsgeschichte.* Bd. 1: *Hochschulen.* T. 1: *Das Hochschulstudium in Preußen und Deutschland 1820-1944.* Göttingen 1987.

Titzmann, Michael: *Skizze einer integrativen Literaturgeschichte und ihres Ortes in einer Systematik der Literaturwissenschaft.* In: *Modelle des literarischen Strukturwandels.* Hrsg. v. dems. Tübingen 1991, S. 395-438.

Treder, Uta: *Von der Hexe zur Hysterikerin. Zur Verfestigungsgeschichte des ›Ewig Weiblichen‹.* Bonn 1984.

Twellmann, Margrit: *Die Deutsche Frauenbewegung im Spiegel repräsentativer Frauenzeitschriften. Ihre Anfänge und erste Entwicklung 1843-1889.* 2 Bde. Meisenheim a. Glan 1972.

*Die Universität in der Karikatur. Böse Bilder aus der kuriosen Geschichte der Hochschulen.* Hrsg. u. kommentiert von Michael Klant. Hannover 1984.

Walzer, Anke: *Käthe Schirmacher. Eine deutsche Frauenrechtlerin auf dem Wege vom Liberalismus zum konservativen Nationalismus.* Pfaffenweiler 1991.

Wandrey, Conrad: *Kolbenheyer. Der Dichter und der Philosoph.* München 1934.

Weber, Ernst: *Naturalismuskritik in Gerhart Hauptmanns frühen Dramen Das Friedensfest und Einsame Menschen*. In: *Literatur für Leser* 25 (2002), S. 168-188.

Weigel, Sigrid: *Frau und »Weiblichkeit«. Theoretische Überlegungen zur feministischen Literaturkritik*. In: *Feministische Literaturwissenschaft. Dokumentation der Tagung in Hamburg vom Mai 1983*. Hrsg. v. Inge Stephan u. Sigrid Weigel. Berlin 1984, S. 103-113.

Welsch, Ursula/Wiesner, Michaela: *Lou Andreas-Salomé: vom »Lebensurgrund« zur Psychoanalyse*. München/Wien 1988.

Wernz, Birgit: *Sub-Versionen: Weiblichkeitsentwürfe in den Erzähltexten Lou Andreas-Salomés*. Pfaffenweiler 1997.

White, Alfred D.: *Kolbenheyer's Use of the Term ›Volk‹, 1910-1933. A Study in Nationalist Ideology*. In: *German Life and Letters* 23 (1970), S. 355-362.

Whitinger, Raleigh: *Rethinking Anna Mahr: Reflections on the Characterization and Function of the Emancipated Woman in Gerhart Hauptmann's »Einsame Menschen«*. In: *Seminar* 29 (1993), H. 3, S. 233-252.

Wieser, Walter G.: *Der Prager deutsche Studentenroman in den ersten vier Jahrzehnten des 20. Jahrhunderts*. Als Manuskript vervielfältigt. Wien 1994.

Wiesner, Michaela: *Leben in seinem Ursinn – Lou Andreas-Salomés Essays zur Erotik*. In: *Lou Andreas-Salomé*. Hrsg. v. d. Rilke-Gesellschaft, Red.: Hansgeorg Schmidt-Bergmann. Karlsruhe 1986, S. 36-45.

Winko, Simone: *Diskursanalyse, Diskursgeschichte*. In: *Grundzüge der Literaturwissenschaft*. Hrsg. v. Heinz Ludwig Arnold u. Heinrich Detering. München 1996, S. 463-478.

Wischermann, Ulla: *Frauenfrage und Presse: Frauenarbeit und Frauenbewegung in der illustrierten Presse des 19. Jahrhunderts*. München u.a. 1983.

Wittmann, Livia Z.: *Zwischen »femme fatale« und »femme fragile«, die Neue Frau? Kritische Bemerkungen zum Frauenbild des literarischen Jugendstils*. In: Jahrbuch für internationale Germanistik 17 (1985), H. 2, S. 74-100.

Wünsch, Marianne: *Das Modell der ›Wiedergeburt‹ zu ›neuem Leben‹ in erzählender Literatur 1890-1930*. In: *Klassik und Moderne. Die Weimarer Klassik als historisches Ereignis und Herausforderung im kulturgeschichtlichen Prozeß*. Walter Müller-Seidel zum 65. Geburtstag. Hrsg. v. Karl Richter u. Jörg Schönert. Stuttgart 1983, S. 379-408.

Wurms, Renate: *Kein einig' Volk von Schwestern. Von 1890 bis 1918*. In: *Geschichte der deutschen Frauenbewegung*. Hrsg. v. Florence Hervé. 5. Aufl. Köln 1995, S. 36-84.

Zimmermann, Harro: *Freiheit und Geschichte. F. G. Klopstock als historischer Dichter und Denker*. Heidelberg 1987,

Zophoniasson-Baierl, Ulrike: *Elsa Bernstein alias Ernst Rosmer*. Bern/Frankfurt a.M./New York 1985.

# Dank

Mit der Drucklegung dieses Buches kommt ein Projekt zum Abschluß, das seinen Anfang in einem Göttinger Café namens »Esprit« nahm: im Gespräch mit Prof. Dr. Irmela von der Lühe über den Geschlechterdiskurs um 1900 und über eine Erzählung von Lou Andreas-Salomé (*Fenitschka*), die mich besonders faszinierte. Wie es begann, so setzte es sich fort: Meine Arbeit verdankt Prof. von der Lühe Entscheidendes. Im intensiven Austausch mit ihr entstand und gestaltete sich das Thema, die Stelle als wissenschaftliche Mitarbeiterin bei ihr bedeutete weit mehr als eine finanzielle Absicherung: die Gelegenheit, einen universitären Alltag kennenzulernen, in dem Forschung und Lehre füreinander produktiv werden. Als Zweitgutachter konnte ich, sehr zum Nutzen meiner Untersuchung, Prof. Dr. Dr. h.c. Horst Turk gewinnen. Er gab mir nicht selten Anlaß, die Dinge von einer vielversprechend neuen, unerwarteten Seite zu sehen. Wichtig für die vorliegende Arbeit war es auch, immer inspirierend und weiterführend, mit Dr. Andrea Albrecht zu konferieren, meiner ›ersten‹ Korrekturleserin. Einen besonderen Anteil an dem Projekt in allen seinen Phasen hatte Prof. Dr. Marc-Thorsten Hütt. Dafür möchte ich ihm danken – und für viel mehr als das: Die Gespräche mit ihm über die Fächergrenzen hinweg sind mir längst unentbehrlich geworden. Als Dissertation (im Juli 2003 an der Universität Göttingen angenommen) stand diese Untersuchung in einem größeren Diskussionszusammenhang, insbesondere dem der Forschungskolloquia von Prof. von der Lühe und Prof. Turk. Den Teilnehmerinnen und Teilnehmern verdanke ich zahlreiche Anregungen und spannende Debatten, die mir zeigten, wieviel Spaß der wissenschaftliche Austausch machen kann. In der konkreten Fertigstellung der Arbeit haben Barne Flatow, Mathias Hong, Melanie Hong, Margret Karsch und Astrid Popien, die effizient und kritisch Korrektur gelesen haben, nicht unerheblich zum Gelingen beigetragen. Ohne Renate Namvar wiederum, die nicht nur bei Druckerproblemen immer für mich da war, hätte ich mir in dieser Zeit mein Institutsdasein nicht denken mögen. Mein ganz besonderer, persönlicher Dank gilt Andrea Albrecht, Nina Gülcher, Marc Hütt, Nadja Lux und Birte Werner, meinem ›Team‹ in einer privat so schweren Zeit: für Eure Freundschaft und Unterstützung und dafür, daß Ihr da wart. Meiner Mutter Helga Weiershausen und den Gedanken an sie ist diese Arbeit gewidmet – für mehr, als hier zu sagen ist. Mein Vater Prof. Dr. Walter Weiershausen hat mich in meinen Vorhaben bestärkt, auf ihn konnte ich in jedem Moment zählen, obwohl ihm mein Fach wohl doch ein bißchen suspekt geblieben ist. Auch meine Tochter Milena Weiershausen mit ihrer unerschütterlichen Aufgeschlossenheit für »Mamas Buch« darf hier nicht fehlen, mit einer Entschuldigung dafür, daß ihre Illustrationen des Manuskripts nicht mit abgedruckt wurden. Bei der umfangreichen Recherchearbeit in den Zeitschriften der Jahrhundertwende, bei der nochmaligen Überprüfung der Quellen, nicht zuletzt auch bei der Überarbeitung für die Druckfassung bin ich Sabine Buck zu großem Dank verpflichtet, auf deren Sachkompetenz und Engagement ich mich jederzeit verlassen konnte. Herzlich danken möchte ich zudem Dr. Franziska Rogger, der Leiterin des Universitätsarchivs in Bern, die mich auf einige interessante Dokumente aufmerksam gemacht hat. Einen Abkürzungspunkt in einer eMail zunächst als Satzende fehllesend, ist mir ein Satz verblieben, den ich ganz speziell mit Dr. Rogger verbinde: »Wenden Sie sich vertrauensvoll an die Schweiz.« Annette Bächstädt, meiner persönlichen Bildredakteurin, schließlich ist das glücklich gefundene Titelbild zu verdanken. Für die Übernahme der Druckkosten danke ich den Verantwortlichen der Reihe »Ergebnisse der Frauen- und Geschlechterforschung« der Freien Universität Berlin, insbesondere aber Dr. Anita Runge für Beratungen und Lektorat.

Gedruckt mit Unterstützung der Freien Universität Berlin

Bibliografische Information Der Deutschen Bibliothek
Die Deutsche Bibliothek verzeichnet diese Publikation in der
Deutschen Nationalbibliografie; detaillierte bibliografische Daten
sind im Internet über http://dnb.ddb.de abrufbar.

© Wallstein Verlag, Göttingen 2004
www.wallstein-verlag.de
Vom Verlag gesetzt aus der Adobe Garamond
Umschlaggestaltung: Susanne Gerhards, Düsseldorf, unter Verwendung von
Rob Colvin: Doctor with Microscope on Doctor
© Images.com/CORBIS
Druck: Hubert & Co, Göttingen
ISBN 3-89244-831-0